Peter Hansen

Kurzgefaßte zuverlässige Nachricht von den Holstein Plönischen Landen

Peter Hansen

Kurzgefaßte zuverlässige Nachricht von den Holstein Plönischen Landen

ISBN/EAN: 9783742836694

Hergestellt in Europa, USA, Kanada, Australien, Japan

Cover: Foto ©ninafisch / pixelio.de

Manufactured and distributed by brebook publishing software
(www.brebook.com)

Peter Hansen

Kurzgefaßte zuverlässige Nachricht von den Holstein Plönischen Landen

Kurzgefasste zuverläßige Nachricht
von den
Holstein-Plönischen Landen,
wobey zugleich
die Geschichte von den beiden berühmten Clöstern
Arensböck und Reinfeld
gröstentheils aus ungedruckten Uhrkunden mitgetheilet worden
von
P. H.

Plön,
gedruckt bey J. C. Wehrt, Hochfürstl. Hofbuchdrucker.

Dem Durchlauchtigsten Fürsten und

HERRN

Friderich Carl

Erben zu Norwegen, Herzogen zu Schleswig-Holstein, Stormarn und der Ditmarsen, Grafen zu Oldenburg und Dellmenhorst rc. rc.

seinem gnädigsten Herzoge und Herrn

Widmet und übergiebet gegenwärtige Nachrichten von den Holstein-Plönischen Landen,

welche gröstentheils von Ihro Hochfürstl. Durchl. selbst ihren Ursprung haben,

mit der lebhaftesten Empfindung der Dankbarkeit für alle in seinem dreißigjährigen Dienst von Höchstdenenselben genossene Fürstl. Wohlthaten und mannigfaltige Gnaden-Bezeugungen,

mit einem inbrünstigen Gebet zu Gott, Ihro Hochfürstl. Durchl. und Dero ganzes Hochfürstl. Haus und Geschlecht in einer besondern Aufmerkung zum geist- und leibl. Seegen zu

und endlich

mit einer Demuhtsvollen Erklärung, in beständiger Treue und tiefunterthänigsten Zuneigung bis an das Ende seiner Wallfahrt zu beharren,

Der Verfasser.

Vorrede.

Die Absicht, worin gegenwärtige Arbeit ausgefertiget, und hiedurch ans Licht gestellet wird, geht fürnemlich dahin, eine Nachricht von dem Hochfürstl. Holstein-Plönischen Hause, so lange solches eine besondere Regierung gehabt, der Welt mitzutheilen, und bey derselben im Andenken zu erhalten. Diese Regierung hat sich mit Herzog Johann dem Jüngern, einem würdigen Sohn des glorwürdigen und frommen Königs in Dännemark Christian des IIIten angefangen, und beruhet jetzo auf die Person des Durchl. Herzogs FRIDERICH CARLS, welcher die fünfte Generation dieses hohen Geschlechts. Wie ein jedes Haus und Ge-

 schlecht,

schlecht, es sey hoch oder niedrig, seinen Schicksalen unterworfen; so hat es auch diesem Hochfürstl. Geschlecht daran nicht gefehlet. Die Geschichte selbst werden davon zulängliche Beweisthümer geben. Unterdessen sieht man in dem Lebens-Lauf der Durchlauchtigsten Regenten aus diesem Hochfürstl. Hause auch kennbare Proben der göttlichen Regierung, welche die wiedrigsten Vorfälle oft den besten Ausgang gewinnen lassen. Insonderheit verdienen die Lebens-Umstände des jetzo rühmlichst regierenden Herrn Herzogs FRIDERICH CARLS eine besondere Aufmerksamkeit. Man erkennet in denselben deutlich, daß die ewige Vorsicht demselben die Regierung über die Holstein-Plönische Lande zugedacht, obgleich selbigem schon von seiner Geburt an unzählbare Hindernisse in den Weg geleget worden. Dergleichen Vorfälle können dem, der auf die wundervolle Regierung des Allerhöchsten merkt, nicht anders, als angenehm seyn.

Wenn auch die beyden ehedem berühmten Clöster in Holstein, als Arensböck und Reinfeld, dem Holstein-Plönischen Hause in der Erbtheilung zugefallen; so so hat man daher Gelegenheit genommen, eine Beschreibung, welche von dem Ursprung bis an das Ende derselben geht, mit einzurücken. Die Geschichte von Arensböck ist ganz vollständig. Man hat nicht ohne Mühe alle Priores desselben ausfündig gemacht. Solches hat man gewisseren geschriebenen Uhrkunden, welche aus dem Hochfürstl. Archiv gnädigst dazu mitgetheilet worden, zuzueignen. Insonderheit hat ein von den Mönchen geschriebenes Erdbuch, worauf man sich in der Geschichte selbst vielfältig bezogen, hiebey gute Dienste gethan. Von Reinfeld hat man die Nachrichten nicht so vollständig haben können, ob man gleich allen möglichen Fleiß deswegen angewandt. Unterdessen wird der Augenschein lehren, daß so wohl von den Aebten, als auch den Begebenheiten, so mit diesem Closter vorgegangen, vieles entdeckt, so bis hieher unbekannt gewesen.

Schließlich kan man nicht Umgang nehmen, noch dieses hinzuzufügen, daß der fleißige und in der gelehrten Welt zur Genüge bekannte Herr Mag. Hinrich Scholtz, jetziger Wohlverdienter Haupt-Pastor zu Heiligenligenhafen zu einer Holstein-Plönischen Geschicht-Kunde den ersten Grund gelegt. Wie derselbe noch Rector an dem Breitenauiano in Plön war, gieng seine Bemühung dahin, einige hieher gehörige Nachrichten zu sammlen. Es konnte aber diese Arbeit, da es ihm an den ungedruckten Uhrkunden fehlte, nicht die Vollenkommenheit erreichen. Man hat sich inzwischen das, was aus demselben brauchbar, so weit es der Hauptzweck der gegenwärtigen Arbeit zuläßt, zu Nutzen gemacht. Plön, den 28. Aug. 1759.

Kurz-

Kurtzgefaste zuverläßige Nachricht Von den Holstein-Plönischen Landen.

Das erste Capitel.

Von den Hochfürstlichen Holstein-Plönischen Landen überhaupt.

§. 1.

Die Holstein-Plönische Lande haben ihre Lage theils in dem eigentlich so genannten Holstein, gröstentheils aber in Wagrien. Sie bestehen aus den Ämtern Plön, Ahrensböck, Rheinfeld, Rethwisch und Traventhal. Solche fassen einen Bezirck von 6. Meilen in die Länge und etwa 4. Meilen in die Breite in sich, und gehen bey Lübeck vorbey bis an die Lauenburgische Gränze. Sie sind ein unmittelbares Reichs-Lehn und diese Kayserliche Belehnung geschieht nicht mit der Königlichen Dänischen, als Herzoge zu Holstein-Glückstadt, simultaneé; sondern ein regierender Herzog zu Holstein-Plön empfängt dieselbe über den besitzenden Antheil an dem Herzogthum Holstein und dessen incorporirten Landen, Stormarn und Dithmarschen sammt der gesammten Hand daran, jedesmal und bey allen Fällen für sich und die übrigen Linien des Hauses Sonderburg unmittelbar coram throno cæsareo.

§. 2.

Wie die Holstein-Plönische Lande ein unmittelbares Reichs-Lehn; so werden dieselbe auch gleich den übrigen unmittelbaren Reichs-Landen mit der vollenkommensten territorial Hoheit, Herrlichkeit, Recht und Gerechtigkeit besessen. Sie sind auch, wie aus dem folgenden erhellen wird, in den Theilungs-Recessen nebst dem den Holsteinischen Herzogen zustehenden Recht an der Stadt Hamburg und dem Ratione derer auf die Holsteinische Ritterschafft habenden und ebenmäßig ungetheilt gebliebenen Jurium gebührenden Rato übertragen; angesehen diese Jura sowohl ad præstandum homagium; als auch wegen der Fräulein-Steuer; durch verschiedene an den Kayserlichen Reichs-Hofraht ergangene Definitiv-Urteile vorlängst schon in Contradictorio behäuptet worden. (*)

(*) Man findet hievon eine zuverläßige Nachricht in dem IXten Theil der teutschen Uebersetzung aus dem Dictionarie des Mr. Bruzen la Martiniere, so unter dem Titel eines critischen und vollständigen Lexici 1748. zu Leipzig ans Licht getreten. Sub Voce Plœn p. 124. Aus selbigen ist obiges den Worten nach genommen.

§. 3.

Wie dieses alles auch seine unstreitige Richtigkeit hat; so wird gleichfals über die in den Holstein-Plönischen Landen befindliche Kirchen das Jus Episcopale von denen über dieselbe jedesmal regierenden Herrn in der Maasse, wie es bey andern regierenden evangelischen Reichs-Fürsten üblich ist, ausgeübet. Sie bestellen über solche ihre eigene

eigene Pröbste oder Superintendenten; lassen durch selbige ihre Prediger ordiniren und die Kirchen visitiren; formiren ihr eigenes Ober-Consistorium, in welchem die Casus Matrimoniales ohne weitere Appellation abgethan und entschieden, auch Dispensationes und was sonsten dahin gehöret, ertheilet werden. So verfügen auch Dieselbe ihre eigene Kirchen-Ordnung; setzen nach ihrem Gutbefinden Buß- und Bet-Tage an; ertheilen das Exercitium Religionis nach den Reichs-Fundamental-Gesetzen fremden Religions-Verwandten, wenn und wie sie wollen: folglich wird in diesen Landen das Jus Episcopale so vollkommen ausgeübt, als es von einem unmittelbaren Reichs-Stand nur immer kan ausgeübet werden. (*)

(*) Siehe Defensions-Schrifft des Holstein-Plönischen Hauses p. 11. de Anno 1669.

§. 4.

Die vorbeschriebenen Eigenschafften und Jura haben ihren Ursprung aus einer Erbtheilung der Holstein-Plönischen Lande und sind auch dem ersten Uhrsprunge derselben gemäß. Sie haben solchen von einer Erbtheilung, die zwischen König Friderich dem andern zu Dennemark Norwegen und dessen vollbürtigen Herrn Bruder, Herzog Johann dem jüngern zu Schleswig-Holstein den 27 Jan. 1564. in Flensburg zum Stande gebracht worden. Solches geschahe nach einem uhralten Herkommen, da das Jus Primogenituræ in diesen Ländern noch nicht eingeführet war. Denn zu geschweigen, daß eine solche Erbtheilung schon unter denen Grafen, ehe die Herren aus dem Oldenburgischen Stamm die Herrschafft über diese Länder erhalten, vorgegangen ist; so ist bekannt, daß die beyden Herren Söhne Königes Christiani I. zu Dennemark Norwegen, als König Johannes und Herzog Friderich, im Jahr 1490. eine Erbtheilung mit einander gehalten haben.

Nachdem Herzog Friderich König von Dennemarck ward; so wurden diese Länder wieder unter demselben vereiniget, aber nachhero unter den dreyen Herrn Söhnen desselben, als König Christian III. Herzog Johann dem ältern und Herzog Adolphus aufs neue wiederum in drey gleiche Theile getheilet. König Christian III. hinterließ drey Herrn Söhne, als König Friderich II. Herzog Magnus und Herzog Johannes, welcher, um ihn von seines Herrn Vaters Bruder zu unterscheiden, der jüngere genannt wird. Unter solchen muste in Befolgung des in diesen Landen eingeführten Herkommens abermal eine Erbtheilung vorgenommen werden. Diese ward auch solchergestallt zum Stande gebracht, daß ein Drittel von dem Königlichen Antheil in Schleswig-Holstein Herzog Johann dem jüngern in starcker Theilung mit aller Zubehörung, Herrlichkeit und Gerechtigkeit erblich zugetheilet und überwiesen wurde. (*)

(*) Der Theilungs-Receß ist verschiedentlich abgedruckt und zur Genüge bekannt.

§. 5.

Dieser Antheil bestand aus den beyden Häusern Norburg und Sonderburg; imgleichen aus dem Schloß und der Stadt Plön sammt dem Kloster zu Ahrensböck. Herzog Johannes der ältere gieng im Jahr 1580. in einem unverehlichten Stande mit Tode ab. Wie nun König Friderich II. den von selbigem ihme gehabten Theil von Schleswig-Holstein mit dem Herzog zu Gottorp in zweene gleiche Theile theilte; so stand er auch seinem Herren Bruder, Herzog Johann dem jüngern, von dem ihm zugefallenen Erbtheil den dritten Theil zu. Weil es nun die Umstände nicht zulassen wollten, daß solcher aus dem Haderslebischen Nachlaß genommen wurde; so erklärete sich König Friderich an statt dessen daran habenden ganzen und völligen dritten Theils dero beyden statt-

stattliche, vornehme Klöster Rheinfeld und Ruhkloster Herzog Johann dem jüngern nebst gewissen in dem Erbtheilungs-Brief vom 23. April 1582. specificirten Haderslebischen Gütern (welche aber in dem Jahr 1584. gegen andre auf der Insul Alsen und Arroe belegene Güter wieder ausgetauschet sind,) auch einer gewissen Geld-Summe aus dem Haderslebischen Zoll und ein drittel aus dem halben Theil der Zölle zu Gottorp und Rendsburg mit aller Hoheit, Herrlichkeit, Recht und Gerechtigkeit, nichts davon ausbeschieden, erb- und eigenthümlich zu überlassen: wie solches auch demselben würcklich überlassen und eingeräumet worden. Wie nun die Plönischen Lande durch das ansehnliche Kloster zu Rheinfeld einen merklichen Zuwachs erlangten; so wurden selbige auch durch Ankaufung der Adelichen Güter Wulfsfelde, Gnissau, Gronenberg und Rethwisch merklich vermehret, als welche Herzog Johann, der jüngere, für baares Geld käuflich an sich anbrachte.

§. 6.

Wie nun Johannes der jüngere ein gebohrner Herzog in Schleswig-Holstein und in beyden Herzogthümern mit Land und Leuten versehen war, über welche er vermöge der Erbtheilung, als regierender Herr, die Herrschafft hatte; so muste ihm auch die Belehnung über selbige von denen respective mit Oberlandesherrlicher Gewalt versehenen Herrn, als dem Kayser und Könige, nohtwendig zugestanden werden. Diese Belehnung über Schleswig und die Insul Femern geschahe auch im Jahr 1580. den 2 May zu Odensee in Fühnen mit vielen prächtigen Ceremonien: und wie bey dieser feyerlichen Handlung der König, sich selbst, als Herzogen von Schleswig, mit diesem Herzogthum und der Insul Femern belehnte; so wurde diese Belehnung gleichfals den Schleswig-Holsteinischen Herzogen Johann dem ältern,

Herzogen Adolph und Herzogen Johann dem jüngern ertheilt und einem jeden der gewöhnliche Lehn-Brief gegen drey Reversal-Schreiben ausgeantwortet. Solche Belehnung wurde 1582. und abermal 1589. den 4. Julius von König Christian IV. zu Cronenburg auf dem Saal feyerlich an Herzog Johann den jüngern nebst andern wiederholet. Eben so empfing er diese Belehnung nebst Herzog Johann Friderich Erz-Bischof zu Bremen persöhnlich vom König Christian IV. und zwar zu Copenhagen den 3. Jul. 1591. Es wurden zwar wegen der Kayserlichen Belehnung über die Reichs-Fürstenthümer einige Schwierigkeit gemacht. Nachdem aber selbige gehoben; so erfolgte den 11. Decembr. 1589. die Belehnung unter Kayser Rudolph vor dem Kayserlichen Thron; in welcher Johann dem jüngern die gesammte Hand an dem Fürstenthum Holstein und dessen incorporirten Landen gereichet und verliehen wurde. Wie denn auch durch dessen bevollmächtigte Gewalt-Träger D. Zacharias Fehling und Bartram Schested demselben ein besondrer Lehn-Brief den 22. Aug. 1590. ertheilet ist. Auf gleiche Art erhielt er die Belehnung vom Kayser Mathias den 20. Decembr. 1612. und von dem Kayser Ferdinand II. im Jahr 1621. den 7. April.

§. 7.

Herzog Johann der jüngere war mit einer zahlreichen Familie gesegnet. Doch wollte er in sein Fürstliches Haus das Jus Primogenituræ nicht einführen; sondern ließ es vielmehr bey der damahligen Gewohnheit, daß seine inhabende Länder unter seinen nachlebenden Herrn Söhnen sollten getheilet werden, bewenden. Damit inzwischen unter denselben der Theilung wegen keine Irrungen und Zwiespalt entstehen mögten; so verfertigte er ein väterliches Testament im Jahr 1621. am Sonntage Esto mihi. Er hatte sechs Söhne im Leben. Unter selbigen ward dem jüngsten Friderich kein Land; an dessen Statt aber

5000.

5000. Mark jährlicher Einkünfte vermacht, die er von seinen übrigen Herrn Brüdern sollte zu geniessen haben. Unter den andern fünf Herrn Söhnen wurden seine Länder in fünf Theile getheilet. Es gehöret diesmal nicht zu unserm Zweck umständlich anzuführen, was einem jeden besonders zugetheilet worden. Wir haben es blos mit den Fürstlichen Holstein-Plönischen Landen zu thun, und führen deswegen nur an, daß dem Herzog Joachim Ernst, als dem fünften Sohn, dieselben zu Theil geworden. Solche bestunden aus der Stadt und dem Amte Plön samt dem Schloß, aus dem Amte Ahrensböck und Schloß, aus dem Amte Reinfeld und dem Schloß, wie auch aus den zugekauften Gütern Rethwisch, Wulfsfelde, Gnissau und Gronenberg.

§. 8.

Nachdem Herzog Johann der jüngere den 9. Octobr. 1622. in dem 78sten Jahre seines ruhmvollen Alters durch den Todt aus der Welt gieng; so trat Herzog Joachim Ernst die Regierung der ihm zugefallenen Plönischen Lande an. Selbige wurden also von den übrigen Landen, die Herzog Johann der jüngere in dem Herzogthum Schleswig gehabt hatte, völlig abgesondert. Herzog Joachim Ernst empfing über selbige vom Kayser Ferdinand II. im Jahr 1623. den 28. Decembr. die Kayserliche Belehnung zur gesammten Hand, in der Gestalt, in welcher der König in Dennemark und Herzog zu Gottorp den 16. Jun. und den 9. Jul. des Jahres 1621. dieselbe empfangen hatten. Wie nun dieser Herr die ihm angeerbte Lande weislich und mit grosser Sorgfalt regierte; so suchte er auch dieselbe durch Ankaufung verschiedener Güter zu vergrössern. In dem Jahr 1637. kaufte er von Detlef Ranzow das bey Plön belegene Adeliche Gut Clevetz.

Solches

Solches ward mit Ankaufung des Adelichen Gutes Poemen im Jahr 1638. vermehret, wozu endlich im Jahr 1649. das Adeliche Guth Steckfee kam, welches von Joachim Brockdorf käuflich erhandelt wurde.

§. 9.

Ueberdis erlangten die Holstein-Plönische Lande einen anderweitigen Zuwachs, und die Gelegenheit dazu war folgende. Im Jahr 1667. den 9. Jun. gieng der letzte regierende Graf zu Oldenburg und Delmenhorst Anthon Günther mit Tode ab; von da fiel die Erbfolge auf Herzog Joachim Ernst, als dem nächsten Anverwandten des Hochseligen Erblassers. Nun war schon bey desselben Lebzeiten über die Lehnsfolge unter dem König von Dennemark und Herzog von Gottorp an einem und unter Herzog Johann dem jüngern am andern Theil heftig gestritten worden. Königlicher und Gottorpischer Seiten wollte man Herzog Johann dem jüngern und dessen Descendenten die Succession in den Graffschafften überall streitig machen. Nachdem nun diese Sache an dem Kayserlichen Hof vielfältig verhandelt worden; so kam endlich in dem 1642. Jahr von Kayser Ferdinand III. ein Expectance-Brief, vermöge welches die Succession in den Graffschafften Oldenburg und Delmenhorst auf Herzog Joachim Ernst, dessen Gebrüdern und Vettern, auch alle deren Erben und Nachkommen extendirt ward.

§. 10.

Als durch das Absterben des letzten Grafen Anthon Günthers die beede Graffschafften vacant wurden; so fand sichs, daß Herzog Joachim Ernst dem Verstorbenen um einen Grad näher war, als alle übrige Herrn, die von Christian, dem ersten Könige in Dennemark aus diesem Stamm ihren Ursprung hatten. Dies gab demselben zur Succession

im

an selbige ein völliges Recht. Solches ward auch an dem Kayserlichen Hofe zur Genüge eingesehen. Unterdessen drang man daselbst mit allem Eifer darauf, daß Plön sich mit dem Könige von Dännemark und den Herzogen zu Gottorp gütlich setzen und vergleichen mögte. So ungern nun Herzog Joachim Ernst von einem solchen Vergleich hörte; so wurde doch derselbe den 20. Jan. 1668. zu Lübeck vorgenommen. Selbiger zerschlug sich fruchtlos und solches verursachte eine andere Zusammenkunft zu Hamburg den 3. Jun. 1668. Aber auch diese war ohne Wirkung. Nichts desto weniger ward auf Kayserliche Vorstellung eine abermalige Versammlung zu Hamburg den 13. Decembr. 1669. veranlasset, welche aber, wie die vorigen, ohne den gehoften Erfolg aus einander gieng.

§. 11.

Endlich wurden die Herzoge von Gottorp und Plön von dem König Christian IV. nach Copenhagen eingeladen, um diese streitige Successions-Sache durch einen gütlichen Vergleich zu heben und beyzulegen. Daselbst fand sich der Plönische Erb-Prinz Hans Adolph in dem Anfang des 1671. Jahres samt dem von dessen Herrn Vaters Durchl. ihm zugeordneten Raht Christoff Gensch, der nachher den Namen von Breitenau empfieng, ein. Selbigem folgte bald hernach und zwar den 16. Febr. der Herzog Christian Albrecht von Gottorp mit seinen bey sich habenden Räthen. Plönischer Seiten war man nicht ungeneigt, mit dem König allein zu handeln. Wiewol nun derselbe sich dazu nicht entschliessen wollte; sondern vielmehr darauf bestand, daß mit Gottorp zugleich alles sollte verhandelt und beschlossen werden; so liessen sich doch S. Majestät bey der auf Gottorpischer Seiten geäuserten gar zu grossen Härte es gefallen, mit den Plönern in eine besondre

Handlung sich einzulassen. Durch dieselbe ward wegen der halben Grafschafft Oldenburg und Delmenhorst ein solcher Vergleich gestiftet, daß man Plönischer Seiten das daran habende Recht dem König und dessen Lehns-Erben gegen 100000. Rthlr. Species überlassen. Der darüber errichtete Vergleich ward den 30. Mart. des 1671ten Jahres unterzeichnet.

§. 12.

Für diese 100000. Rthlr. wurden dem Herzog zu Plön so viele Dorfschafften und Güter in dem Amte Segeberg angewiesen, als zulänglich waren, daß 4000. Rthlr. aus selbigen jährlich konten gehoben werden. Solche wurden dem Hause Plön solchergestalt eingeräumet und übergeben, daß selbige mit eben dem Recht, wie die übrigen Fürstlichen Aemter ohne einigen Eintrag und Widerrede sollten besessen und genützet werden. Dieses gab den Plönischen Landen einen merklichen Wachsthum, ob es gleich dem Herrn derselben theuer genung zu stehen kam. Dabey ward dem Plönischen Hause das Recht über die andre Hälfte der Grafschafft vollenkommen vorbehalten.

§. 13.

Nachdem man also Plönischer Seiten mit dem König von Dännemark zu Stande gekommen war; so hatte man es blos mit Gottorp zu thun. Solches gab sich auch alle nur ersinnliche Mühe, theils durch Schriften, theils durch Verhandlungen an dem Kayserlichen Hofe das nähere Succeſſions-Recht an die Grafschafften zu behaupten. Doch dis konnte nicht verhindern, daß nicht endlich den 18. Jul. 1673. ein Urtheil am Kayserl. Hofe dahin ausgesprochen ward, es sollte die Lehns-Folge in beeden Grafschafften Oldenburg und Delmenhorst

dem

dem Hochfürstlichen Hause Gottorp vorjetzo ganz ab- Plön aber zugesprochen werden, wobey zugleich Gottorp zu Ersetzung aller Unkosten verurtheilet wurde. Die von Gottorp gesuchte Restitutio in integrum ward in einem abermaligen Urteil 1676. den 23. Januar. abgeschlagen und das Herzogliche Haus Plön in der Succession beeder Grafschafften auf das neue bestätiget.

§. 14.

Diese End-Urteile hatten für Plön die Folge, daß zwischen den Herzogen zu Gottorp Christian Albrecht und dessen Herrn Bruder August Friderich, Bischofen zu Lübeck, an einem, und dem Herzog Hans Adolph zu Plön am andern Theil ratione der den 20. Jul. 1673. adjudicirten fructuum perceptorum & percipiendorum ac expensarum der Vergleich den 16. Apr. 1681. getroffen wurde, kraft dessen nebst Uebertragung des Gutes Gottesgabe auf der Insel Arroe mit allen dessen Hoheiten, Herrlichkeiten und Gerechtigkeiten an das Haus Plön zugleich die angekauften Güter Clevetz, Peemen, Stocksee, Gronenberg, Gnissau, Wulfsfelde und Rethwisch zusammen 70. Pflüge, von ihrer Adelichen Qualität und denen daher rührenden Oneribus gänzlich befreyet und den Fürstlichen Holstein-Plönischen Ämtern solchergestalt incorporiret worden, daß selbige in allem derselben Natur hinführo und bis zu ewigen Tagen haben und behalten sollten. Auch dieses war ein beträchtlicher Gewinn für die Holstein-Plönische Lande. Eben diese Befreyung der obgedachten Adelichen Güter erfolgte auch abseiten des Königes von Dännemark Christiani V. als mit regierenden Herrn über dieselbe im Jahr 1681. den 1. Octobr. doch mit dem Vorbehalt, daß der Herzog von Plön Zeitlebens jährlich 3. Rthlr. von jedem Pflug an die Königliche Casse abtragen sollte. Auch behielt sich der König vor, daß diese exemtion nicht länger dauren sollte, als noch männliche Descenden-

consentiren von Herzog Joachim Ernst im Leben; von Gottorpischer Seiten aber begab man sich dessen gänzlich und ohne Vorbehalt.

§. 15.

Es befunden sich in denen an Herzog Hans Adolph im Jahr 1675. überwiesenen Segebergischen Gütern und Dorfschafften ratione des Anschlags, der auf 4000. Rthlr. gesetzet war, verschiedene Mangel-Pöste. Um den hierüber geführten Beschwerden abzuhelfen und solche Mangel-Pöste in etwas zu ersetzen, wurden in einem zu Plön den 12. Jul. 1680. datirten Königlichen Rescript dem Hause Plön das Jus Episcopale & Patronatus über die Kirchen zu Ratkau und Gleschendorf per Compensationem cedirt und überlassen. Solche Uebergabe geschahe auch würklich im Jahr 1682. durch den damahligen General Superintendenten Hudemann. Solchemnach gehören diese beeden Kirchen zu der Plönischen Episcopal-Hoheit, wie die übrigen, so von dem Uhrsprung der Holstein-Plönischen Lande an unter derselben gewesen.

§. 16.

Da die Kayserlichen Urtheile wegen der Grafschafft Oldenburg und Delmenhorst durchaus für Plön ausgefallen, auch selbiges in Restitutorio confirmirt worden, und man dafür gehalten, wie der Grafschaften Wohlfahrt erfordere, daß solche nicht zerstücket, noch durch Communiones in Weitläuftigkeit gesetzet würden; so ist in solchem Betracht hierauf nebst der gegen die durch den obbemeldeten Vergleich dafür stipulirte Satisfaction schon versicherten einen, auch die gegen das Haus Gottorp erstrittene andre Hälfte an Ihro Königliche Majestät zu Dännemark übergeben und abgetreten worden.

§. 17.

§. 17.

Die Vergütung des an den König von dem Fürstlichen Hause Plön cedirten Rechts an die übrige Hälfte der Grafschafft Oldenburg und Delmenhorst ward zu einer namhaften Geld-Summe angesetzet. Dafür wurden die Norburgischen Güter als Norburg, Hirschsprung, Mehlsgaard, Osterholm und Friedrichshof mit allen zugehörigen Pertinentien, Häusern, Vorwerkern und Unterthanen dem Hause Plön übergeben und eingeräumet. Wenn auch bis dahin zu diesen Norburgischen Gütern nur die Landkirche zu Ecken cum omni Jure gehörig, die vier übrigen aber als Rundhoft, Oxbyl, Schwenstrup, und Hakenberg excepto solo Jure Patronatus noch unter Königlicher Jurisdiction zum Stifte Fühnen unter dem Bischof daselbst gelegen gewesen; so ist vom König bewilliget worden, daß zwar dem Bischof in Fühnen das Jus visitandi & ordinandi verbleiben müssen, jedoch daß selbiges allezeit von dem in dem Norburgischen verordneten Fürstlich Plönischen Praeposito, tanquam in hoc passu constituto vicario Episcopi exerciret, auch diese Kirchen, dero Prediger, zugehörige Priester-Höfe und Güter von allen Beschwerungen, die sie unter dem Vorwand des Juris Episcopalis oder sonst bis dahin getragen, eximirt und befreyet seyn sollten.

§. 18.

Nachdem für die dem Plönischen Hause wegen Uebergabe Dero Rechts an den andern Theil der Grafschafft Oldenburg und Delmenhorst accordirte Summe die Norburgischen Länder abgetreten waren; so blieben noch 100000. Rthlr. Species von denselben zu bezahlen übrig. Hierauf wurden für 85982. Rthlr. Species nach einem von dem König sub Dato Copenhagen den 30. Jul. 1682. ausgestellten Schreiben folgende Dörfer, als: Struckdorf, Steenbeck, Jeschendorf, Westerade,

Schieren, Stipsdorf, Schlamersdorf, lütgen Rönnau, Leetzen und Mötzen an das Haus Plön überlassen. Dabey aber ward ein Particulair-Vergleich mit dem damaligen Königlichen Regierungs-Raht und Amts-Verwalter zu Steinburg Niclas Brügmann und dessen Erben in Ansehung Leetzen und Mötzen errichtet. Man hielt es um der Grenze willen für besser, daß diese beyden Dörfer an denselben cedirt würden. Dafür wurden dem Fürstlichen Hause die Dörfer Tarbeck und Niendorf, imgleichen der Wittwe von Hätten ihre Hufe in Stipsdorf und Johann Brunns Hufe zu Schieren, sammt der grossen Gladebrügger Wiese wiedergegeben, zu welchem ein Zuschuß von 1682. Rthlr. erleget ward. Diese Permutation ward von dem König approbiret und dabey vorbehalten, daß der Herzog Hans Adolph ad Dies Vitæ 3. Rthlr. dessen Nachfolger aber 4. Rthlr. à Pflug jährlich als ein zur Abhaltung der Reichs- und Creyß-Steuer zu erlegendes Defensions-Geld an die Königliche Casse abzutragen, gehalten seyn sollten.

§. 19.

Durch diesen Vergleich erlangten die Holstein-Plönischen Lande abermal einen ansehnlichen Zuwachs, dergestalt, daß aus denen von dem Amt Segeberg übertragenen Gütern ein besondres Amt, so von dem darin erbauten Lust- und Garten-Hause den Namen Traventhal empfangen, entstanden ist. Solcher ward um ein merkliches vergrössert, als Herzog Augustus an dessen Herrn Bruder, Herzog Hans Adolph, den Kalkberg sammt dem Flecken Gieschenhagen zu Segeberg abtrat. Es hatte nemlich der König mit dem Herzog Augustus im Jahr 1684. den 30. May zu Norburg einen schriftlichen Vergleich aufgerichtet, in welchem der Kalkberg mit der darauf stehenden alten Mauer und zugehörigen sieben Kalkhütten nebst Gieschenhagen, welches zu $9\frac{7}{8}$ Pflüge gesetzet, gegen gewisse an den König abgetretene Jura dem Herzog Augustus über-

übergeben und eingeräumet wurde. Nachdem aber derselbe solchen Kalkberg sammt Gieschenhagen an seinen Herrn Bruder, Herzog Hans Adolph, wieder übergeben hatte; so trat dieser um besserer Richtigkeit der Scheiden willen verschiedene Häuser, davon das Einkommen sich auf 72. Rthlr. 24. ßl. belief, an den König wieder ab. Dafür wurden demselben von Königlicher Seiten $4\frac{3}{4}$ wüste Höfe in dem Segebergischen Dorfe Tarbeck mit Befreiung von den pacificirten jährlichen, der Reichs- und Crays-Steuer wegen, zu erlegende Defensions-Gelde eingeräumet, Gieschenhagen aber, welches sonst auf $9\frac{7}{12}$ Pflüge angeschlagen ward, nachdem für die abgehende Häuser $1\frac{3}{12}$ gekürzet worden, jetzo auf $8\frac{1}{3}$ Pflüge gesetzet, um davon die gedachte Defensions-Gelder zu bezahlen.

§. 20.

Im Jahr 1671. den 6. Septembr. machte Herzog Joachim Ernst eine väterliche Disposition, in welcher dessen innhabende und künftig zu überkommende Länder unter dessen vier Herrn Söhne getheilet wurden. Gleichwie nun das gantze Amt Norburg, welches in Ansehung der andern Hälfte der Grafschafft Oldenburg und Delmenhorst von Königlicher Seiten dem Herzog Joachim Ernst war versprochen worden, dem zweyten Herzog Augustus: und das Amt Sebygaard cum Pertinentiis, imgleichen die Bauren und Höfe auf Fühnen dem vierten Sohn Herzog Bernhard vermacht ward; so wurden die Plönischen Lande in zwey, obgleich ungleiche Theile, getheilet. Herzog Hans Adolph behielte das ganze Amt Plön, das ganze Amt Ahrensböck, das Amt Reinfeld bis an die Trave, die für dem halben Theil der Grafschafft Oldenburg und Delmenhorst aus dem Amt Segeberg cedirten Dorfschafften und Güter sammt den zugekauften Adelichen Gütern mit aller Hoheit und Gerechtigkeit. Das Amt Rethwisch hingegen mit den zugelegten Dör-

Dörfern Medewade und Benstaven, wie auch das kleine Vorwerk Wesenberger Hof, und die Kirche zu Wesenberg jenseits der Trave ward dem dritten Sohn Joachim Ernst zugetheilet.

§. 21.

Ueberdis empfing Herzog Hans Adolph nach Innhalt des §. 15. die beiden Kirchen zu Gleschendorf und Ratkau, desgleichen die §. 18. benannte Dörfer aus dem Amt Segeberg, sodann den Kalkberg mit Gieschenhagen laut §. 19. und in der Verfassung sind die Holstein-Plönische Lande bis auf den im Jahr 1729. erfolgten Sterbe-Fall des letzten Herzogs zu Rethwisch Johann Adolph Ernst Ferdinand Carl geblieben. Nach demselben aber sind solche insgesammt dem itzt regierenden Herrn Friderich Carl zu gefallen und wiederum miteinander vereiniget worden.

Das andre Capitel.

Von den Holstein-Plönischen Landen insonderheit, und zwar

Von der Stadt Plön.

§. 1.

Der Fluß Schwentien scheidet das Wagerland von dem eigentlich so genanten Holstein. Die meisten der alten Geschicht-Schreiber und unter solchen auch Dankwert setzen den Lauf dieses Flusses ausserhalb der Stadt Plön in dem Westlichen: und so würde diese Stadt in dem Wagerlande ihre ganze Lage haben. Wann aber dieser Fluß den stärksten Fall aus der grossen in die kleine See in dem durch die Stadt laufenden Mühlen-Strom

Strom hat; so muß derselbe natürlicher Weise daselbst bestimmet werden. Solchergestalt liegt der gröste Theil von Plön in dem eigentlichen Holstein und der Ueberrest in Wagrien. Sonst ist sie von der Süderseite mit der grossen, und von der Norderseite mit der kleinen See umgeben; folglich ist selbige von beyden Seiten mit Wasser umflossen, welches mit den daran liegenden Wiesen und Waldungen diesem Ort eine sehr anmutige Lage giebet, die in Teutschland wenige ihres gleichen hat.

§. 2.

Was es mit Plön in den Heidnischen Zeiten für eine Beschaffenheit gehabt; davon läßt sich aus Mangel der Nachrichten nichts anführen. Unterdessen ist es wahrscheinlich, daß, da die Plöner einen eigenen Abgott gehabt, welcher Pedaga geheissen, selbige für andern in Ansehen müssen gewesen seyn. Sonst läst sich aus der Geschichte, welche von Buthue, einem Herrn der Wagerwenden und Mecklenburgs in der Chronick erzählet wird, beurteilen, daß Plön eine der ältesten Städte in Holstein seyn müsse. Selbiger ließ sich ohngefehr im Jahr 1070. durch einen Heiden Cruco, den andre Criro nennen, in Plön, aus welchem er vorher durch seine rebellische Unterthanen war vertrieben worden, wieder hinein locken. In derselben ward er von Cruco belagert, und, nachdem selbiger sich der Fahrzeuge auf der See bemeistert, ausgehungert, daß er sich mit der bey sich habenden Mannschafft an den Cruco ergeben muste. Selbige zogen zween und zween aus der Stadt über die lange Brücke und gaben ihre Waffen an den Cruco von sich, worauf derselbe wider gegebene Versicherung mit 600. Mann, die er von Barderwick mitgebracht, ums Leben gebracht wurde. Hieraus läst sich deutlich schliessen, daß Plön eine ganz andre Lage gehabt, als darin es jetzo gefunden wird. Vermuhtlich ist es an dem Ort gelegen gewesen, wo das alte Schloß gestanden, welches jetzo, da die grosse

See durch Mühlen und Abwehren, so nachhero auf der Schwentin gebauet, über ihre natürliche Höhe getreten, mit Wasser überall bedecket ist.

§. 3.

Nach einem Ablauf von beynahe 80. Jahren, schreibt Helmoldus Priester zu Bosau: Castrum Plœnense nondum reædificatum fuerat. (*) Daraus folget, daß dieser Ort muß seyn verstöret worden. Solches ist vermuhtlich geschehen, als der Graf von Holstein Hinrich von Badewide oder Orlamünde mit seinen Holsteinern in Stormarn und Wagrien gefallen und daselbst 1138. unter andern in dem Plönischen eine grosse Verwüstung angerichtet. Daß aber selbige im Jahr 1156. wieder von Graf Adolphus II. angebauet; solches bezeuget eben der Helmoldus in diesen Worten: Circa id tempus reædificavit Comes Castrum Plœnense & fecit illic civitatem & Forum (**) (um diese Zeit hat der Graf das Schloß Plön wieder gebauet und daselbst eine Stadt und Markt angeordnet.) Es ist wahrscheinlich, daß Graf Adolph II. die Stadt auf dem Theil Landes, wo sie noch jetzo stehet, gebauet. Diese Wahrscheinlichkeit erlanget daher eine besondere Stärke, weil an diesem Ort auch die Kirche von dem Vicelino im Jahr 1151. aufgeführet. Solches erhellet aus der Ueberschrift, welche auf einem Stein über der Thurm-Pforte zu lesen, dessen Innhalt dieser ist: hoc templum oppidanum una cum turri primarium, priori, quod circa annum R. S. ciↃcli. extructum fuit, motu ruinæ funditus sublato in majori hac forma ac firmiori modo a Serenissimis Pr. Pr. D. Johanne Adolpho & Dorothea Sophia Ducali ingenio ac propensione devota Anno. ciↃiↃclxxxx. divina assistente gratia de novo restauratum est. Das alte Schloß, so mitten in der See lag, ward im Jahr 1173. völlig abgebrochen und am Ufer auf dem damals so genannten Bischofs-Berge aufgeführet. (***)

(*) Helmoldus Chron. Slavorum c. LXXV. 2. p. m. 170. (**) c. LXXXIII. 22. p. m. 189. (***) vid. Albertus Stadensis ad A. 1173.

§. 4.

Wie Adolphus II. einen Markt zu Plön angelegt, hinfolglich die Einwohner mit der Gerechtigkeit, zu handeln und zu wandeln, begnadiget; so scheint solches den Handel an diesem Ort in besondre Aufname gebracht zu haben. Dies ging gar so weit, daß sie auch des Sonntags nicht schonten, welches den damaligen Bischof Geroldum nöhtigte, bey Strafe des Bannes dis zu verbieten. Die Nachricht, welche Helmoldus davon giebt, ist wehrt hier angeführet zu werden: forum Plunense, quod singulis diebus Dominicis frequentabatur a sclavis & saxonibus in verbo Domini prohibuit & quod populus christianus deserto cultu ecclesiæ ac missarum solemniis, mercationibus tantum operam daret. Hanc ergo permaximam idololatriam præter multorum opinionem animi constantia destruxit (Episcopus Geroldius) præcipiens sub anathematis districtione, ne quis de cætero suscitaret rursus. (*)

(*) v. Chron. Slavorum c. XCV. 2. p. 213.

§. 5.

Nach der Zeit hat Plön mancherley Schicksale und Veränderungen erfahren. Im Jahr 1189. ward es von Hinrich dem Löwen nebst Hamburg und Itzehoe eingenommen, welches den gräflichen Herrschafften, die sich dazumal in Plön aufhielten, Gelegenheit gab, ihre Zuflucht nach Lübeck zu nehmen. (*) Im Jahr 1201. ward Plön von Herzog Woldemar, einem Bruder des Königes von Dännemark Canuts, erobert, welches zu der Zeit magnum præsidium genannt wurde. (**) Solches blieb bis in das Jahr 1227., da die für die Dänen unglückliche Schlacht bey Bornhöved vorfiel, unter des Königes Gewalt. Im Jahr 1261. ward Plön von Herzog Albrecht, welchen die gefangene Königin Margreta und ihr Sohn König Erich wider den

Grafen Johann zu Hülfe gerufen, besetzt, das Schloß eingenommen und den Ort mit Einschlagung starker Pfäle befestiget.

(*) Vid. Arnoldi Chronic. Slavorum lib. IV. c. 1. n. 3. (**) Arnold. l. c. lib. VI. c. XIII. 10.

§. 6.

Nach diesem Zufall ist Plön öfters von der Gewalt des Feuers heimgesucht worden. Im Jahr 1475. ward ein Dänischer Soldat von einem Bürger in Plön, bey welchem er im Quatier lag, dergestalt aufgebracht, daß derselbe, als der Bürger in der Messe war, dessen Haus ansteckte. Diese Flamme grif solchermassen um sich, daß die ganze Stadt im Rauch aufgieng. (*) Im Jahr 1497. den 22. Jun. ward die Stadt, welche sich kaum von dem vorigen Schaden erholet hatte, an vier Ecken angesteckt und litte dadurch abermal einen erschrecklichen Brand-Schaden. (**) Im Jahr 1534. ward die Stadt von einem Lübeckischen Obersten Marcus Meyer, welcher vorher ein Grob-Schmidt gewesen, bis auf einige wenige Häuser und die Kirche, nachdem die Bürger vorher rein ausgeplündert, in Brand gestecket, wobey das Schloß zugleich mit im Rauch aufgieng. (***) Im Jahr 1552. ward Plön von einem Gewitter angezündet, dadurch alle Häuser am Markt abbrandten. Dis geschahe an dem Tage Maria Magdalena, welcher deswegen noch, als ein Buß-Tag, gefeyret wird. (****) Im Jahr 1577. am Dienstage nach Lætare kam aus Unvorsichtigkeit in einem Hause auf der langen Strasse Feuer aus, wodurch die halbe Stadt und in derselben die Häuser der Priester, der Calands-Brüder und des Closters in einen Aschenhaufen verkehret wurden. (*****)

(*) Vid. Chron. Slavorum Lindenberg p. 219. (**) Lambertus Alardus bey dem Herrn von Westphal T. I. rerum cimbric. p. 1862. (***) Dankwert p. 132. Kirchring ad annum 1534. (****) Rantzau beym Westphal rerum cimbric. T. I. p. 30. (*****) Helduaderus setzt das Jahr 1576. und Dankwert 1578. Lackmann hat das Jahr 1577. und beruft sich auf das Plönische Stadt-Protocoll. L. I. p. 627. n. 168.

§. 7.

§. 7.

In dem Jahr 1438. ist in Plön eine Handlung vorgenommen, welche verdienet, bemerkt zu werden. Es empfing Graf Adolph VIII. die Lehn von dem damaligen Bischofe zu Lübeck Johannes Schele mit folgenden Ceremonien. Der Bischof hatte seine Herberge nicht weit von der Kirchen in Plön genommen. Aus derselben trat er den 26. Septembr. um drey Uhr Nachmittags heraus, setzte sich unter einem Himmel auf einen hingestellten Lehnstuhl. Als dies geschehen, kam der Herzog in voller Rüstung aus seiner Herberge, zog seinen Hut ab, fiel knieend auf die Erde, und ersuchte den Bischof mit freundlichen Worten, ihm die Grafschafft Holstein und das damit verknüpfte Fürstenthum Stormarn zur Lehn zu reichen. Der Bischof nahm dem dabey stehenden Schack Rantzau den Hut, der um des Herzogs willen mit einer goldenen Schnur gezieret war, vom Kopf, gab solchen dem Herzog in die Hände und überreichete ihm damit die Grafschaft Holstein und das Fürstenthum Stormarn mit allen Rechten und Hoheiten öffentlich zur Lehn. (*)

(*) S. Lackmanns dissert. de Symbolica investiendi ratione per pileum p. 17. sq. woselbst das Instrument, so der Bischof durch den Notarium Johann Koggenstigher davon ausfertigen lassen, ganz eingerückt.

§. 8.

In den Papistischen Zeiten fehlte es Plön nicht an Priestern, die den öffentlichen Gottesdienst verwaltet. Georg Braun führet 16. an, welche die Stadt zu dem Ende unterhalten. (*) Vielleicht werden die Vicarii und Calands-Brüder dazu gerechnet. Bey der Haupt-Kirchen, welche ihren Plebanum oder Rectorem, wie er genannt wurde, hatte, waren noch vier Vicarien, deren jegliche ihren eigenen Vicarium und

Alter hatte. So waren auch vier Capellen, davon die eine dem heiligen Creutz, die andre dem Hilperico, die dritte dem St. Nicolao, davon noch ein gewisser Ort vor der Stadt der Clausberg heisst, gewidmet, die vierte ist unbekannt. Die Capelle St. Hilperici war in dem 1367ten Jahr so bekannt, daß öffentliche Wallfahrten nach derselben sind gehalten worden. (**) Der Caland bestand aus dem Decano und etlichen Brüdern. Man meynt, daß derselben sieben gewesen. Sie hatten die Gewohnheit, ihr Geld gegen eine gewisse jährliche Einname zu verkaufen, davon sich noch Urkunden in der hiesigen Kirchen-Lade befinden. Sie sollen an dem Orte gewohnet haben, wo jetzo das Pastorat-Haus stehet. Daß sie in dem Jahr 1555. noch gegenwärtig gewesen, solches erhellet aus einer Verschreibung, welche Bartram von Ahlefeld, Erbgesessen zu Lehmkuhlen, auf 600. Mark Capital in diesem Jahr an dieselbe ausgestellet. Im Jahr 1560. aber muß ihre Zeit schon zum Ende gewesen seyn, weil bereits ein Lutherischer Prediger Ambrosius Willichius daselbst bestellet worden.

(*) General-Städte-Buch. P. v. p. 36. edit. col. 1618. f. (**) Jacob von Melle führt in seinen itineribus f. eine Wittwe zu Lübeck an Teltze Erpes, die in ihrem letzten Willen verordnet, daß jemand nach Plön zu S. Hulpericus um ihrer und der ihrigen Seelen-Seligkeit willen wallfahrten sollte. p. 92.

§. 9.

So ist auch zu Plön ein Jungfrauen Kloster gewesen, davon die Gasse, welche zwischen der Kirchen und der grossen See liegt, bis auf den heutigen Tag den Namen des Closters hat, obgleich gegenwärtig nicht die geringsten Spuren eines Closters daselbst anzutreffen. Der Vorsteherin, welche sonst Äbtißin oder Priorin heisst, ist der Name Mutter beygeleget, und die Conventualinnen haben Schwestern geheissen. Es scheinet nur klein und dabey arm gewesen zu seyn; wie

wie es dann von ihnen heist, daß sie von den Reguln St. Augustin gewesen und der Magd Maria gedienet in reiner Armuht nichts Egenes hebbende. (*) Es scheinet im Jahr 1472. oder 1473. entstanden zu seyn und ist im Jahr 1577. wieder ganz im Rauch aufgegangen. Es ist eine Urkunde von Herzog Friderich I. vorhanden, aus welcher erhellet, daß dieser Herr im Sinn gehabt, das Nonnen-Closter nach Neumünster zu verlegen. In demselben heisst es: ein Süster-Hus vor unsre Borgveste belegen. Daraus folget, daß es vor der Twite im Kloster, welche nach dem Schloß hinaufgehet, seine Lage müsse gehabt haben. Der Brand hat vermuhtlich verhindert, daß diese Umlegung nicht zur Würklichkeit gebracht. (**) Daß die Einname dieses Closters nur gering müsse gewesen seyn, erhellet auch daraus, daß eine Wittwe in Hamburg Anna Bürings einem Mädgen Wolbecke, welche sie daselbst einkleiden lassen, ein gewisses Leinwand und andere nohtwendige Stücke in ihrem Testament vermacht. (***) Aus einem gewissen Vorfall sollte man fast schliessen, daß die Mutter im Plöner Kloster schon im Jahr 1542. einen Geschmack an der Lutherischen Religion müsse gehabt haben. Es schrieb ein Pater Wilhelmus Hojiger an den Præpositum des Klosters Bordisholm, daß er die Mutter in Plön, welche ihres Amtes überdrüßig, möge besuchen und auf bessere Gedanken bringen. (****)

(*) Westphal T. II. rer. cimbr. p. 555. (**) id. T. II. n. 451. p. 535. (***) Staphorst Hamburg. Kirchenhist. T. I. vierter Band p. 490. (****) Westphali monumenta cimbrica T. II. n. 435. p. 515.

§. 10.

Noch gehöret zu den Zeiten des Pabstthums eine Clause oder Einsiedlerey, welche das Kloster Ahrensböck zu Plön gehabt. Solche soll jenseit der Holstein-Brücke, wo jetzo das Wirthshaus, die Fegetasche genannt

genannt, stehet, belegen gewesen seyn. Dabey war eine Ahlwehre, so das Closter von Joachim von Kühren für 105. Mark gekauft. Ob aber die Clausener zugleich Aufsicht auf diese Ahlwehre gehabt, solches läßt sich aus Mangel der Nachrichten nicht sagen, (*) und ist an sich von keiner Erheblichkeit.

(*) Erdbuch von Ahrensböck Manuscr. p. 123. b.

§. 11.

Von der Zeit an, da Johannes der jüngere die Regierung über Plön erlangte, giengen an diesem Orte allerley merkwürdige Veränderungen vor. Bis hieher waren die Häuser in Plön gröstentheils mit Stroh gedecket. Weil nun solches den Brandschaden merklich befördert; so ließ der Herzog Johann der jüngere bey Gelegenheit des Brandes, so sich im Jahr 1577. zugetragen, einen Befehl an Bürgermeister und Raht der Stadt Plön ergehen, daß ins künftige die Häuser mit Dachsteinen sollten verwahret werden. In der Urkunde ist der Befehl mit diesen Worten ausgedruckt: **Befehlen euch derhalben ernstlich, wollen es auch also und nicht anders gehalten haben, auf daß nicht allein die Häuser, so nun und künftighin aufgesezet und erbauet werden, mit Dachsteinen bedeckt werden, sondern auch alle die andern Häuser, so nun zur Zeit stehen.** Datirt Sonderburg, den 25. Jul. 1577.

§. 12.

Im Jahr 1627. ließ Herzog Joachim Ernst an der kleinen See einen Canal hinter den Gärten der Bürger-Häuser ziehen, um denselben die Schöpfung des Wassers dadurch zu erleichtern und bequemer

zu

zu machen. Das Schloß zu Plön war nach dem im §. 6. gegebenen Bericht im Jahr 1534. im Feuer aufgegangen. Immittelst muß es doch wieder in einen wohnbaren Stand gesetzet worden seyn, weil in dem Erbtheilungs-Receſs zwischen König Friderich II. und dessen Herrn Bruder Herzog Johann dem jüngern nicht nur des Schlosses und der Stadt Plön zu verschiedenen malen gedacht, sondern auch angeführet wird, daß die Königin Sophia von Dännemark damit im Jahr 1564. bewitthumet gewesen. Unterdessen muß es zu den Zeiten, da Herzog Joachim Ernst die Regierung über die Plönische Lande angetreten, in einem schlechten Stande gewesen seyn. Es erwählte daher dieser Herr das Schloß zu Ahrensböck, welches sein Herr Vater, Herzog Johann der jüngere, hatte bauen lassen, zu seiner Residenz, richtete aber zugleich seine Sorgen dahin, ein neues Schloß zu Plön von Grund aus aufführen zu lassen. Selbiges erreichte im Jahr 1636. seine Vollenkommenheit, wie aus der Aufschrift, welche der Hochselige Herr mit güldenen Buchstaben in einen Stein hauen und über den mitlern Eingang vor dem Hof-Platz setzen lassen, erhellet. Dieses Schloß ist geräumig und ziemlich groß. Es hat drey Stockwerk und nebst dem Haupt-Gebäude hat es zweene Flügel, so nach Süden liegen. Es liegt auf einem Berge und hat rings umher eine schöne Aussicht.

§. 13.

Als 1657. der Schwedische Krieg einfiel, ward Plön und das dahin gehörige Land auch vielfältig beunruhiget. Insonderheit verübten die Polacken vielen Muhtwillen. Dieß Bewog den Herzog Joachim Ernst nicht nur einige Leute zur Besetzung seiner Häuser und Pässe anzuwerben, (*) sondern auch im Jahr 1658. bey dem so genannten Rodoms-Thor von der kleinen See bis an die grosse einen Graben ziehen zu lassen, um dadurch die streifende Partheyen von dero Residenz und Stadt abzuhalten. (**) Dieser Graben ist noch vorhanden und an etlichen Orten durch ziemlich hohe Berge geführet worden.

(*) Vid. Plönische Defensions-Schrift p. 25. (**) Theatrum Europ. T. VIII. p. 929.

§. 14.

In der übrigen Zeit der Regierung Herzog Joachim Ernst ist, so viel man Nachricht hat, keine merkwürdige Veränderung in der Stadt vorgegangen. Dessen Herrn Sohn aber, Herzog Hans Adolph war auf eine merkliche Verbesserung derselben bedacht. In dem Jahr 1677. stifteten Ihro Durchl. ein Armen-Haus vor dem Wentdorfer Thor für zwölf Personen männlichen und weiblichen Geschlechts. Diese Stiftung besteht bis auf den heutigen Tag, obgleich in der Einrichtung einige Veränderungen vorgegangen. Im Jahr 1685. liessen S. Durchl. ausserhalb demselben Thor die jetzt so genannte Neustadt anlegen. Daselbst wurden nach der Norderseite bis an die kleine See vorerst 26. Häuser aus des Herzogs eigenen Mitteln angebauet. Es ward daselbst eine ansehnliche, wohlbesetzte Apotheck eingerichtet, auch wurden verschiedene andre Häuser von Privat-Leuten aufgeführet. Das gröste aber, worin dieser Herr seine Großmuht und Freygebigkeit zu Tage legte, bestand darin, daß er für diese Neustadt eine eigene kleine Kirche bauen, auch selbige mit einem Prediger und Küster besetzen ließ. Diese Kirche ward den 8ten Novembr. 1685. durch den damals lebenden Hof-Prediger Schmidt eingeweyhet; und an dem 12. desselben Monats ward Hinrich Petersen als erster Prediger bey derselben eingeführet. Diese Kirche ward mit Canzel- und Altar-Zieraten reichlich versehen, mit zween silbernen Leuchtern, einer silbernen verguldeguldeten Kanne, Kelch, Oblaten-Schachtel und andere Nohtwendigkeiten beschenket, und solches alles aus des Hochseligen Herzogs eigenen Mitteln.

§. 15.

In eben dem 1685. Jahr ward auch ein Waysen-Haus daselbst angeleget. Herzog Hans Adolph kaufte dazu das so genannte Goltzische Haus sammt den dazu gehörigen Grund und Gütern. In dasselbe wurden 24. Waysen, als 12. Knaben und 12. Mädgen eingenommen und zulänglich verpfleget. Zu derselben, wie auch zu des Predigers und Küsters Erhaltung wurden verschiedene Häuser im Closter und in der Neustadt, imgleichen die neue Mühle unweit Meinstorf, eine Sage-Mühle bey der Fegetasche, ein groß Stück Land an den Aschberger- und Karper Greuzen und andre Stücke mehr gelegt. Ueber diese Anstalten ward ein Inspector gesetzet, der Schlapritz hieß und von Profession ein Chirurgus war. Selbigem ward nebst der Aufsicht auf das Armen- und Waysen-Haus zugleich das Untergericht mit zween Beisitzern aus den Einwohnern solchergestalt übergeben, daß die Appellation davon unmittelbar an die Hochfürstl. Canzelei gehen sollte.

§. 16.

Noch hat Herzog Hans Adolph ein Denkmal seiner Freygebigkeit und Großmuht der Stadt Plön gelassen, welches dessen Nachruhm verewiget. Die Haupt-Kirche der Stadt, welche im Jahr 1151. erbauet, war mit den Jahren und der Zeit, die alles verdirbt, ganz baufällig geworden. Sie hatte beynahe die Gestalt eines Creutzes, worauf mitten ein Thurm hervor gieng. Um und um waren lange Fenster. Sie war gewölbt; litte aber ums Jahr 1499. an der Mauer und Sparren grossen Schaden, welches den damals regierenden Herzog

Friderich I. bewog für selbige eine Collecte in Schleswig, Holstein und Stormarn sammlen zu lassen. (*) Im Jahr 1599. war der Thurm so baufällig, daß er einzufallen drohete, welches den damals regierenden Herzog Johann den jüngern bewog, zu dessen Besserung 300. Mark zu schenken, wozu 262. Mark von den eingepfarrten Unterthanen zusammen gebracht wurden. Ueberdieß war der Kirchhof durch die vielen Leichen, welche in 500. Jahren auf selbigem begraben, dergestalt erhöhet, daß die Kirche, als eine Gruft, anzusehen, in welche das Regen-Wasser bey starken Regen-Güssen stromweise hinein stürzte.

(*) Die Urkunde ist noch vorhanden.

§. 17.

Dieser verfallene Zustand der Kirchen brachte den Hochseligen Herzog Hans Adolph auf die Entschliessnng, das alte Gebäude ganz abbrechen, und an dessen Statt ein neues wieder aufführen zu lassen. Solches ward auch den 1. August 1689. ins Werk gerichtet. Um acht Uhr des Morgens fieng man an das alte Kirchen-Gebäude einzureissen, und man fand das Mauer-Werk so feste, daß es durch Hülfe des Pulvers muste gesprenget werden. Die Kosten zu dem neuen Gebäude wurden theils aus Anlagen von der eingepfarrten Stadt und Dörfern, theils aus milden Gaben, wozu der Herzog Hans Adolph und seine Frau Gemahlin Dorothea Sophia das meiste beytrugen, gesammlet. Der Bau erreichte so weit seine Endschafft, daß die neue Kirche den 29. Jul. 1691. durch den damaligen Hof-Prediger Schmidt bey einer zahlreichen Versammlung, worunter viele Fürstliche, Gräfliche und Adeliche gegenwärtig waren, konnte eingeweihet werden.

§. 18.

§. 18.

Der Hochselige Herzog soll das Modell, wornach diese Kirche erbauet, von einer Kirche in Mastricht genommen haben. Sie ist geräumig und hell. Der Boden ist überall mit Fliesen belegt. Die Stüle sind von einerley Höhe und einander völlig gleich. Sie ist inwendig rings umher mit einer Vor-Kirchen oder Gallerie, worauf lauter Manns-Stühle, versehen, an deren einem Ende nach Norden die Canzel steht. Selbige ist, wie die Orgel, übergüldet: desgleichen ist auch mit dem Crucifix, womit der Altar gezieret, geschehen. Die Gräber, welche bey der alten Kirchen aussen vor der Mauer aufgeführet, sind itzo unter der Erde und gröstentheils gewölbet. Es sind derselben klein und groß zwanzig. Der Thurm der Kirchen stehet jetzo gegen Westen und ist mit Kupfer gedecket. Sie hat oben eine eiserne Gallerie und ist mit vier Uhr-Scheiben nach den vier Theilen der Welt versehen, an welchen die Stunden mit güldenen Lettern angezeiget werden. Wie die Häuser, welche an dem alten Kirch-Hof gestanden, gröstentheils nach dem so genannten Rodoms-Thor verleget; so ist jetzo der Kirch-Hof mit einer Mauer umgeben, welche mit Linden rings herum besetzt, welches dem Gesicht ein angenehmes Ansehen giebt.

§. 19.

Wie der Hochselige Herzog Hans Adolph seiner Residenz-Stadt durch Anbauung neuer Kirchen, auch Arm- und Waysen-Häuser keinen geringen Glanz gab; so ward solcher durch eine unerwartete Stiftung einer Evangelisch-Lutherischen, auch Rechen- und Schreib-Schulen merklich vergrössert. Der Wohlselige Königliche Dänische Herr Geheime Raht und Ritter Christoff Gensch von Breitenau, gerieht auf die

 Ent-

Entschliessung, die bisherige Lutherische Schule, welche, nebst dem Organisten als Schreib-Meistern nur einen Præceptorem hatte, mit noch dreyen Collegen zu vergrössern. Ob demselben dazu ein Handschreiben des Durchl. Herzogs, mit welchem er ihm einen alten Hirschen in Ansehung seines Alters geschenket, Anlaß, oder wenigstens dem bereits gefasten Vorsatz den Nachdruck gegeben, solches lässt sich mit Gewißheit nicht behaupten. Unterdessen ist so viel gewiß, daß der Wohlselige Herr Geheimeraht in einem Schreiben dem Herzog seine Meynung dahin eröfnet, wie er gewilliget 10000. Rthlr. zum Theil Species zum Theil Cronen zu einer Schul-Stiftung, die in Plön ihre Würcklichkeit erreichen sollte, zu widmen. Wie solches von Plönischer Seiten nicht anders als danckbarlich, konnte aufgenommen werden; so ward diese Stiftung würklich zum Stande gebracht und den 1. Jun. 1704. der Anfang zum Bau gemacht. Vermöge derselben sind gegenwärtig bey der Plönischen Haupt-Schulen vier Collegen, als ein Rector, Cantor, Schreib- und Rechenmeister und ein Pædagogus. Der Rector hat jährlich aus der Stiftung 200. der Cantor 150. der Schreibmeister 120. und der Pædagogus über seine ordentliche Besoldung 30. Rthlr. aus dem Gestifte zu geniessen. Das Patronat bleibt bey dem Hochadelichen Geschlechte des Wohlseligen Herrn Stifters und wird gegenwärtig von dem Königlichen Herrn Conferentz-Raht von Heespen verwaltet.

§. 20.

So bald der itztregierende Herzog Friderich Carl die Regierung der Plönischen Lande angetreten, waren solche auch darauf bedacht, wie sie Dero Residenz ansehnlicher machen und derselben Aufnahme befördern möchten. Es wurden verschiedene Häuser durch Dero gütigen Beytrag mit Brand-Mauren versehen, die Brücke, wodurch der

Schwen-

Schwentiener Fluß geht, mit einem steinernen Schwibbogen ausgezieret und zugleich das Rahthaus von Grund aus neu aufgeführet. Die Aufschrift, welche mit vergüldeten Buchstaben in einem Stein gehauen und über den Eingang an demselben gesetzt, kan davon einen kurzen Bericht geben und lautet also:

Sub alis Altissimi Auspice Serenissimo ac Clementissimo Principe,
Dno FRIDERICO CAROLO
H. N. D. S. H. S. E. D. C. I. O. E. D.
Hoc Almæ Themidis Sacrarium,
quod Senatui Populoque Plœnensi ante quingentos annos consecratum
A. O. R. MDCCXLVI. feliciter restauratum.

Insonderheit verdienet hier die Stiftung eines neuen Waysen- und Kinder-Hauses ein ruhmvolles Andenken! Die Durchlauchtigste Herzogin Dorothea Christina, die Frau Mutter des gegenwärtig löblich regierenden Herrn, wolte gern ein Denkmal ihrer Dankbarkeit für alle von der güten Hand Gottes in Dero Leben empfangene Wohlthaten der Welt zurück lassen. Höchstdieselbe faßten die Entschliessung ein Waysen- und Kinder-Haus in Plön anzulegen, welches auch im Jahr 1746. den 24. August zum Stande gebracht ward. Es ward dazu ein Haus in der Stadt mit einem geraumigen Platz angekaufet. Solches ward niedergebrochen und ein neues von Grund auf wieder aufgeführet. Ueber den Eingang siehet man einen eingemauerten Stein, auf welchem zur rechten Hand ein Knabe und zur linken ein Mädgen in ihrer Waysen-Kleidung nebst folgenden Worten eingehauen:

Für arme Waysen ist dis Haus hier aufgeführt
Durch Seelen, die die Noht derselben zärtlich rühret:
Laß, Leser, ihr Geschick dir auch zu Herzen gehn!
Der Lohn erfolgt, wenn einst die Frommen aufferstehn.

Die

Die Einweihung dieses Hauses geschahe den 23. Januar. 1749. mit einer Rede, darin über den Spruch Hiobs XXXIX. v. 12. das Ruhmwürdige in Errettung der Waysen, die keinen Helfer haben, vorgestellet ward. Solche ist auf drey Bogen in Quarto abgedruckt. Was die ganze Einrichtung und Verfassung dieses Waysen- und Kinder-Hauses betrift; so wird solche in einem kurzen Bericht von dem neueingerichteten Waysen-Hause zu Plön, welche 1749. in Quarto auf drey Bogen ans Licht getreten, umständlich beschrieben.

§. 21.

Ausser diesen und andern Gebäuden, wodurch das äuserliche Ansehen der Stadt Plön merklich gewonnen, haben S. Hochfürstliche Durchl. auch keine Kosten gesparet, Dero Fürstliche Residenz mit den dazu gehörigen Gebäuden ansehnlicher zu machen. Es zeuget davon die merkliche Veränderung, so mit dem ganzen Schloß-Platz vorgenommen. Die alten Ställe, Reit-Häuser, Wagen-Schauren und dergleichen sind, da sie durch Länge der Zeit ganz baufällig geworden, völlig weggebrochen und an deren Statt andere, die schön und ansehnlich, wieder hingestellet worden. Insonderheit hat die Gestalt des Fürstlichen Gartens sich gänzlich geändert. In demselben erscheinet alles nach dem besten Geschmack der jetzigen Zeiten, wovon nebst der ganzen Anlage desselben auch das darin aufgeführte Lust- und Garten-Haus ein deutliches Zeugniß geben kan.

§. 22.

Wir müssen, ehe wir die Stadt Plön verlassen noch derjenigen mit wenigen gedenken, deren Namen durch ihre geführte öffentliche Bedienungen der Vergessenheit entrissen worden. Wir wollen erstlich dieje-

diejenigen anführen, welche vor und nach der Reformation das öffentliche Lehr-Amt in der dasigen Kirche verwaltet. Vor der Reformation finden sich, so viel man Nachricht hat, folgende:

Hartmodus oder Hartmondus wird ums Jahr 1220. seq. Plebanus oder Sacerdos zu Plön genannt.

Ludowicus oder Ludewich heist in den Oldenburgischen Privilegiis de Anno 1235. Karkhert tho Plön.

Stormann heist in den Plöner Freyheiten Karkherr tho Plön ums Jahr 1236.

Gervasius ums Jahr 1260.

Gottfriedus im Jahr 1293.

Aliunus heist in einer Urkunde der Caland in Plön 1347. Rector Eccles. Ploen.

Johannes Parcham wird in dem Jahr 1385. in den Plönischen Freyheiten als Zeuge angeführet, daselbst nennet der Graf ihn: unse Pape.

Halbertus de Vlsbecke wird vom Lünig im Jahr 1424. angeführt.

Hermannus Ostingh heist gleichfals beym Lünig im Jahr 1425. Rector parochialis Ecclesiæ Ploen.

Von den Vicariis sind folgende Namen bis auf unsere Zeiten gekommen:

Tiderich Vetter wird Vicarius perpetuus parochialis Ecclesiæ genannt und lebte im Jahr 1375.

Hinrich heist Vicarius im Jahr 1385.

Johannes Bulder wird im Jahr 1416. Vicarius perpetuus Ecclesiæ parochialis in Plön genannt.

Johannes Crater ist der erste Vicarius der Johannis Brüderschafft, welche im Jahr 1438. Johann dem Täufer zu Ehren einen Altar in der Kirchen zu Plön setzen lassen.

Johannes Ascheberg ist Vicarius perpetuus im Jahr 1473. gewesen.

Johannes Grube hat im Jahr 1438. die Vicarie gehabt, welche Marquard von Sigghen dem allmächtigen GOtt und der Jungfrauen Maria zu Ehren in der Haupt-Kirchen zu Plön gestiftet.

Johannes Ogh ist ums Jahr 1475. Vicarius an dem Altar des heiligen Anthonii des Bekenners gewesen, welche Vicarie Frau Becka Kulen in der Plönischen Pfarr-Kirchen gestiftet.

Johannes Hinricii ward als Vicarius an dem Altar des heiligen Creutzes in der Hauptkirche zu Plön in einer Urkunde, nach welcher Claus Ascheberg drittehalb Mark Pfenninge an diese Vicarie geschenkt, 1509. angeführt.

§. 23.

Wie bey der gesegneten Reformation eine ganze Veränderung in Ansehung des äusserlichen Gottesdienstes vorgieng: so muste es auch mit denen, welche denselben verwaltet, ein Ende nehmen. Also wurden die Plebani, Rectores, Vicarii, Calands-Brüder, und wie sie sonst heissen, völlig abgeschaffet und an deren Statt zweene Prediger, als ein Pastor und ein Diaconus an der Haupt-Kirche bestellet, die das Evangelium von Christo JEsu verkündigten und des öffentlichen GOttesdienstes nach Verfassung unser heiligen Religion abwarteten. Wir wollen die Namen derselben, so viel zu unser Erkenntniß gekommen, hersetzen. Die Pastores sind folgende:

Ambrosius Willichius hat gelebt ums Jahr 1560.

Hinrich Buck ums Jahr 1568.

Christian Petersen hat bis 1589. gelebt.

Friderich Clodius ist demselben gefolget.

Habacuc Meyer. Dieser ist im Jahr 1601. den 21. April, als er schon Pastor in Plön war, zu Rostock Magister geworden. Er ward nach

nach Tönningen und von da im Jahr 1603. nach Flensburg an die Marien-Kirche berufen. Er that sich in der Lohmannischen Streitigkeit besonders hervor und hat den Ruhm eines geschickten und aufrichtigen Lehrers.

Anthon Busch aus der Stadt Wilster, woselbst er 1574. gebohren. Er war vorher Prediger zu Reinfeld und ward von daher nach Plön von Herzog Johann dem jüngern berufen. Er trat sein Amt an Dom. Cantate 1604. Im Jahr 1623. den 12. Jan. starb er und hinterließ das Zeugniß eines rechtschaffenen und dabey beliebten Lehrers.

M. Jacob N. von demselben ist nichts als dessen Vorname bekannt.

M. Georgius Clasen. Dieser erreichte ziemlich hohe Jahre, und da er mit dem Podagra sehr beschweret, ward er im Jahr 1667. pro emerito erkläret und ihm sein Sohn Johannes adjungiret. Er starb 1668.

Johannes Clasen folgte seinem Vater im Pastorat 1670. ward kurz vor seinem Ende zu einem Consistorial-Raht und Probsten ernannt und starb 1679.

Johannes Schumann ward 1680. von dem Pastorat zu Sarau nach Plön, als Haupt-Pastor, berufen. Zu seiner Zeit wurde die alte Kirche niedergebrochen. Er erlebte aber nicht den Aufbau der neuen, sondern starb den 17. Sept. 1690.

Hinrich Petersen von Riga in Liefland. Ward erstlich Pastor an der neu erbauten Johannis Kirche in Plön, von welcher er 1691. zu einem Pastore der neu aufgeführten Haupt-Kirche bestellet wurde. Starb im Jahr 1703.

Christian Hinsch ist zu Hamburg den 25. Dec. 1668. gebohren: ward 1701. Pastor auf dem Pest-Hofe vor Hamburg und von daher im Jan. des 1705. Jahres nach Plön, als Haupt-Pastor, berufen. Er starb zu Hamburg 1719. den 28. Jul. in dem 51sten Jahr seines Alters.

M. Petrus Hanssen ist 1686. den 6. Jul. zu Schleswig gebohren: ward im Jahr 1714. Prediger in Lütgenburg, und von dahin nach Grotenbrode 1717. berufen. Von hier kam er 1720. als Haupt-Pastor nach Plön und trat sein Amt Dom. Adv. an. Er erhielt von dem jetzt glorwürdigst regierenden Herrn den Ruf als Consistorial-Raht, Superintendens und Hof-Prediger, welches Amt er am Neujahrs Tage 1730. angetreten.

Michael Capsius ist 1672. den 31. Mart. zu Staßford an dem Fluß Bode im Herzogthum Magdeburg gebohren. Sein Vater war an dem Ort Cantor. 1704. den 20. November wurde er zum ersten Rectore an der in Plön neugestifteten Schule bestellt. Im Jahr 1715. ward er zum Pastore in Ratkau und im Jahr 1730. zum Haupt-Pastorat nach Plön berufen. Bey seinem herannahenden Alter und abgehenden Kräften ward er mit einem Substituto versehen. Endlich ließ er sich 1754. pro emerito erklären und starb im Jahr 1756. in einem 84. Jährigen Alter.

August Friderich Brandt. Er ist im Jahr 1725. den 13. Nov. gebohren. Sein Herr Vater war Probst auf der Insul Alsen. Im Jahr 1753. Dom. Quasimodog. ward er als Pastor an der Johannis Kirche; und 1755. Dom. Exaudi als Haupt-Pastor in Plön introducirt.

§. 24.

Von den Diaconis hat man folgende Nachrichten. In einem alten Kirchen-Buche findet sich, daß ein neuer Capellan von Rensburg mit seiner Frauen angekommen, der aber auch bald wieder abgereist. Der Name wird nicht angezeigt.

Antonius, oder Tönnies Blanckenbiel. Wird im Jahr 1571. bis 1581. als Zeuge angeführet. Er ist 1583. abgegangen.

N. N.

N. N. ist nach Anzeige des Kirchen-Buchs 1584. als ein neuer Capellan angekommen, der aber nicht genannt wird.

Daniel N. wurde ums Jahr 1588. angenommen. Sein Zuname ist nirgends zu finden.

Nicolaus Eggerdes gebürtig aus Rostock. Er ist 1627. mit Tode abgegangen und hat einige Predigten in den Druck gehen lassen.

Johannes Granau aus Schleswig, woselbst sein Vater anfänglich Bassist an der Hof-Capelle und hernach Prediger am Thum, zu Westensee und endlich an der Michaelis Kirchen zu Schleswig gewesen. Er ward 1629. Diaconus, schrieb sich aber Archidiaconum, und man meint, daß es geschehen, seinem Collegen, dem Haupt-Pastoren Johann Clasen den Vortritt streitig zu machen. Er starb in einem ziemlichen Alter den 6. Jul. 1674.

Daniel Granau ein Sohn des Vorigen: ward 1661. Stadt-Præceptor und im Jahr 1667. seinem Vater adjungiret, welchem er auch nach dessen tödtlichen Hintritt im Amte folgte. Er starb den 4ten August 1704. nachdem er seinem Amte 36. Jahr vorgestanden.

Hinrich Gravenhorst ward 1705. Diaconus und 1717. nach Ahrensböck berufen.

Joachim Ernst Müller eines Predigers Sohn aus Gnissau, woselbst er 1684. gebohren: ward 1717. zum Diaconat in Plön berufen und nachhero zu einem Assessore Consistorii bestellet. Er empfing 1739. den Beruf nach Zarpen und kurz darauf nach Gleschendorf, woselbst er an der Gemeine des HErrn noch im Segen arbeitet.

Joachim Wittrock eines Bürgermeisters Sohn in Heiligenhafen, woselbst er 1704. den 2. Decembr. gebohren. Er ward 1739. Diaconus und nachher 1742. den 10. Sept. Pastor zu Ratkau.

Nicolaus Andreas Hartz eines Buchdruckers Sohn aus Ratzeburg, ward im Jahr 1742. aus Lübeck zum Diaconat berufen. Nachher ward er Assessor Consistorii und 1749. zu einem Diacono in Hamburg an der Catharinen-Kirche erwählet.

Andreas Telemann des berühmten Capell-Meisters und Cantoris in Hamburg Sohn. Er ward anfänglich dem Haupt-Pastoren Capsius im Jahr 1741. im October zum Substituto gegeben, und erlangte nach Abzug des Herrn Hartz das Diaconat in Plön. Nachdem selbiger das Pastorat zu Ahrensböck erhalten; so kam an seine Statt:

Peter Hinrich Schnobel eines Archidiaconi an der St. Petri Kirche in Lübeck Sohn, welcher 1753. den 23. Decembr. als Diaconus introducirt ward, nachdem er vorher das Amt eines Substituti bey dem seligen Haupt-Pastoren Capsius verwaltet.

§. 25.

Bey dieser Gelegenheit müssen wir noch eine kleine Nachricht von den Hof-Predigern in Plön mittheilen. Der Hochsel. Herzog Joachim Ernst wählte zu Anfang seiner Regierung seinen Sitz zu Ahrensböck. Daselbst war:

M. Johannes Culenius der erste, welchen er sich zum Hof-Prediger wählte. Von demselben ist weiter nichts bekannt, als daß er auf Verlangen des Herzogs, welches derselbe in einem Schreiben vom 26. May 1623. zu erkennen gegeben, von dem Ministerio in Lübeck examiniret und in der Marien-Kirche ordiniret worden.

Christian Hinric. Petri, sonst Hinzpeter genannt, war Rector zu Plauen im Mecklenburgischen: ward aber im Jahr 1626. mit Gewalt zum Reuter gemacht. Dieses setzte ihn in Umstände, daß er sich zu Ahrensböck, als Stall-Knecht, muste annehmen lassen. Da er aber seine Studia heimlich fortsetzte; so änderten sich seine Lebens-Umstände solchergestalt, daß er von dem Herzog Joachim Ernst 1630. zu seinem Hof-

Hof-Prediger bestellet ward. Er hat sein Andenken durch Stiftung einer Plönischen Prediger Wittwen-Casse, welche noch bestehet, an diesem Orte unvergeßlich gemacht. Er ist 1661. den Weg alles Fleisches gegangen.

Christian Hofmann ward 1661. von dem Pastorat zu Bornhövede, als Hof-Prediger, nach Plön berufen. Man hat von ihm verschiedene Leichen-Predigten. Sein Absterben erfolgte im Jahr 1679.

Joachim Schmidt ist den 9. Oct. 1652. zu Ratzeburg gebohren. Er war anfänglich Praeceptor bey der Plönischen Stadt-Schulen, von welcher der Herzog Hans Adolph bey dem schwächlichen Zustande des damaligen Hof-Predigers ihn zu einem Hof-Diacono den 22. Jan. 1679. bestellte. Da aber der Hof-Prediger in diesem Jahre mit Tode abgieng, ward er den 2. Decembr. desselben Jahres wieder zum Hof-Prediger angenommen. Es sind von ihm die neu erbaute Kirchen eingewevhet, als die Johannis-Kirche in der Plönischen Neustadt, die Haupt-Kirche in der Altstadt Plön und die Kirche zu Curau. Er hat verschiedene Predigten und Carmina drucken lassen. Sein Ende erfolgte den 5. Mart. 1729. unter dem Gesange: Ach HErr, laß deine liebe Engelein x. in dem 77sten Jahre seines rühmlich geführten Lebens.

M. Petrus Hanssen. Er war erstlich Haupt-Prediger an der Stadt-Kirche in Plön. Nach Abgang des seligen Hof-Predigers Schmidt aber ward er in der Interims-Regierung zum Praeposito Ministerii und Schul-Inspectore der sämmtlich Plönischen Kirchen bestellet und von dem Durchl. Herzog FRIDERICH CARL bey Dero Antritt der Holstein Plönischen Länder zu einem Consistorial-Raht, Superintendenten und Hof-Prediger berufen, welches Amt derselbe am Neujahrs Tage des

1730sten

1730sten Jahres angetreten und nach GOttes Willen noch jetzo verwaltet.

§. 26.

Es ist bereits §. 19. gemeldet, daß die Schule zu Plön durch eine milde Stiftung des Wohlseligen Herrn Geheimen-Rahts und Ritters Christoff Gensch von Breitenau um ein merkliches vergrössert. Dem Leser wird nicht mißfallen, wenn man von der Beschaffenheit der Plönischen Schule und denen, die vor und nach der Stiftung an derselben gearbeitet, eine kleine Nachricht mittheilet. Fort nach der Reformation des seligen Lutheri hat man bey der Schulen zu Plön keine weitere Absicht gehabt, als daß die Jugend im Christenthum, auch Lesen, Schreiben und Rechnen mögte unterwiesen werden. Der erste, welcher die Lateinische Sprache zu lehren angefangen, scheint gewesen zu seyn

Hinrich Hammer. Er ward 1633. seines Dienstes zu Eutin erlassen und in Plön zum Stadt-Præceptore angenommen; von dahin aber nach Gnissau, als Pastor, berufen.

Simon Chelius ein Siebenbürger. Er hielt in der Schulen gewisse Lateinische Stunden und ward im Jahr 1655. als Pastor nach klein Wesenberg versetzet.

Bartram Hofmann soll wegen eines unordentlichen Wandels seines Dienstes entsetzet worden seyn.

Daniel Granau hat von 1656. an in der Schulen gearbeitet und ward 1668. seinem Vater in Verwaltung des Diaconats zum Gehülfen gegeben.

Joachim Schmidt. Dessen ist bereits unter den Hof-Predigern zu Plön gedacht. Er hat das Amt eines Schul-Præceptoris von 1668. bis 1679. verwaltet. Zu seiner Zeit etwa ums Jahr 1675. ist die Schule neu erbauet.

Chri-

Christian Dornick ein Hamburger, scheint ein ernsthafter aber dabey guter Schulmann gewesen zu seyn.

Samuel Gernt aus Pommern. Er starb im Jahr 1725. Zu seiner Zeit gieng die grosse Veränderung mit der Schulen vor, da sie durch das Breitenauische Gestift mit noch dreyen Collegen vermehret wurde. Bis hieher ist dieselbe nebst dem Praeceptore oder Paedagogo, welcher der unterste in der Ordnung, mit einem Rectore, Cantore und Schreibmeister versehen. Wir wollen die Namen derselben in der Ordnung, wie sie auf einander folgen, anzeigen.

Rectores sind gewesen:

Michael Capsius. Oben ist seiner §. 23. unter den Haupt-Pastoren gedacht worden. Er ist der erste Rector an dem Breitenauischen Gestift und hat das Amt von 1704. bis 1715. bekleidet.

M. Petrus Zorn. Selbiger ist zu Hamburg 1682. gebohren. Sein Name ist in der gelehrten Welt schon solchergestalt bekannt, daß es unnötig von seinen Lebens-Umständen hier etwas anzuführen. Er trat das Amt eines Rectoris im Jahr 1715. an und stund demselben bis 1720. vor, da er wegen sich eräugenden verschiedenen Verdrießlichkeiten selbst Abschied nahm.

M. Johann Ehrenreich Koch ist zu Wittenberg in Sachsen gebohren, woselbst er 1709. die Magister-Würde erhalten. In seinem Schul-Amt war er so unglücklich, daß seine Classe bey zwey Jahre ohne Zuhörer leer stand. Dis war eine Gelegenheit, daß er im Jahr 1733. mit einem ansehnlichen Geschenk von 800. Rthlr. beurlaubet wurde.

M. Hinrich Scholtz ist den 20. Aug. 1696. zu groß Weigelsdorf im Fürstenthum Oels 1½ Meile von Breslau gebohren. Da derselbe wegen seiner Gelehrsamkeit und Schriften in der Welt zur Genüge bekannt; so fehlt es auch nicht an Nachrichten von seinen Lebens Umständen. Er trat das Rectorat in Plön den 12. October 1733. an und hat solches mit aller Treue bis 1738. verwaltet, nachdem er die Vocation als Professor und Rector des Gymnasii zu Altona erhalten.

M. Johann Kolle aus Bremen, ward als Magister Legens von Helmstädt nach Plön zum Rectorat im Jahr 1739. berufen: blieb aber in diesem Amt nicht länger, als bis 1743. in welchem er den 9. August als Rector der Schulen zu Verden eingeführet worden.

Ernst Just Alberti ein Hamburger, ward im Jahr 1744. zu einem Rectore des Breitenauischen Gestifts ernannt. Er erhielte im Jahr 1755. die Würde eines Consistorial-Assessoris und stehet dem Rector-Amt bis jetzo mit vielem Ruhm und Nutzen vor.

Cantores sind folgende:

Johann Christoff Schetelich ist im Jahr 1676. in Thüringen gebohren. 1705. bestellte ihn der selige Herr Geheime-Raht v. Breitenau zu einem Cantore bey der von ihm neu gestifteten Schule. Er starb 1729. den 15. Febr. und hinterließ seine Ehefrau schwanger, welche den Tag nach seiner Beerdigung von zween Söhnen entbunden ward.

Christian Friderich Fischer ist zu Lübeck den 23. October 1698. gebohren. Er ward wegen seiner besondern Geschicklichkeit in der Music auch Information der Schul-Jugend im Jahr 1729. zu einem Cantore nach Plön berufen. Nachdem er diesem Amt mit aller Treue vorgestanden, erhielte er in Kiel die Stelle eines Cantoris und Directoris Musices, welche er bis jetzo noch mit Ruhm bekleidet.

Christoff Knölcke gebohren zu Tundern: ward von dem Cantorat in Sunderburg, welchem er 15. Jahr vorgestanden, im Nov. 1744.

nach

nach Plön berufen. Er gerieht wegen eines begangenen Fehltrits in verdrießliche Umstände, welche ihm den Tod verursachten, so im Jul. 1754. erfolgte.

Christoff Friderich Weller aus Plön gebürtig. Er ward, nachdem die andre Classe bis ins dritte Jahr leer gestanden, von dem Herrn Patrono des Breitenauischen Gestifts erwählet und den 16. Aug. 1756. zu seinem Amte öffentlich eingeführet.

Die Schreib- und Rechenmeister stehen in folgender Ordnung:

N. Castens, aus Hamburg, wohin derselbe auch wieder als Schreib- und Rechenmeister in dem Kirchspiel zu St. Catharinen berufen worden.

Hans Eberhard war Schreib- und Rechenmeister an der Schulen in Lütgenburg, und ward von daher nach Plön im Jahr 1715. berufen. Er starb im Jahr 1723. plötzlich an einem Stich-Flusse.

Christian Ritter ist zu Kleinwesenberg gebohren: legte sich anfänglich auf die Theologie, verließ aber nachher dieselbe und ward Notarius Publicus. Er ward 1723. zu einem Schreibmeister berufen und starb 1729.

David Holst ward zu Lübeck den 5. Dec. 1702. gebohren. Im Jahr 1726. ist er nach Reval zum Informator der Stadt- und Wayssen-Buchhaltung verschrieben, und als er von daher 1729. wieder nach Lübeck kehrte, ward er zu einem Schreib- und Rechenmeister an dem Plönischen Schul-Gestift bestellet. Er starb im Jahr 1753.

Caspar Ludewig Rachwitz eines Schreib- und Rechenmeisters Sohn aus Kiel: ward Schreib- und Rechenmeister zu Plön den 28. Aug. 1753.

Ausser diesen Schul-Collegen ist der ehemals so genannte Praeceptor unter dem Namen eines Paedagogi beybehalten worden und es bekleidet gegenwärtig diese Stelle,

Siegfried Hinrich Schad in Plön 1697. gebohren, ward 1725. zum Paedagogo bestellt, welches Amt er noch bis jetzo bekleidet.

§. 27.

Ehe wir die Nachrichten von der Stadt Plön schliessen, müssen wir die Namen derer, welche das Bürgermeister-Amt in derselben geführet, so viel man derselben haben kan, bekannt machen.

Jacob Specht ist um das Jahr 1438. ältester Bürgermeister gewesen.

Nicolaus Schütt, von demselben ist nichts, als der Name bekannt.

Peter Bom. Dessen Name findet sich in einer Urkunde der Stiftung einer Vicarie in Plön.

Hans Kros und

Henckel Dalhof sind ums Jahr 1564. Bürgermeister gewesen, wie aus einer alten Kirchen-Rechnung erhellet.

Baltzar Kleitzum wird als Bürgermeister in dem Zeugniß einer alten Erbtheilung 1567. angeführet.

Joachim Koch im Jahr 1570.

Jacob Sincken stand in dieser Würde bis 1589.

Peter Klocke von 1589. bis 1604.

Daniel von Sosten war 1623. ältester Bürgermeister und starb den 6. December 1641.

Nicolaus Müller war auch 1623. Bürgermeister und starb 1628.

Johann Schorus starb den 1. April 1633.

Marcus Duncker starb 1661.

Carsten

Carsten Selmer ward 1642. den 20. Mertz Bürgermeister und starb den 27. Mertz 1644.

Antonius Blanckenbiel ward den 16. Mertz 1645. erkohren und starb 1654.

Joachim Lange starb den 13. Mertz 1645.

Hans Radlef.

Henning Lieberaht kam den 10. April 1645. zum Bürgermeister-Amt und starb 1657.

Michael Elers starb 1655. am Palmsonntage.

Johann Fischer ward 1658. erwählet und starb 1659.

Joachim von Acken starb im Aug. 1662.

Bernd Radlef starb 1667.

Wilhelm Vennighusen gebohren zu Wester einer Stadt in Westphalen: ward 1671. Bürgermeister und starb den 20. Nov. 1679.

Detlev Köper starb 1692.

Christoff Kirmes ward im Jahr 1639. den 11. Jul. zu Ronneburg in Meissen gebohren; gelangte zu dem Bürgermeister-Amt den 22. Jan. 1683. und starb den 19. Dec. 1703.

Diederich Christoff Trost ward 1698. Bürgermeister.

Friderich Handt 1704.

Friderich Gerndt 1708.

Claus Schadt 1710.

Andreas Londen 1719.

Diederich Wagner 1739. starb 1742.

Michael Sahr 1730. starb den 16. Febr. 1750. in dem 80sten Jahr seines Alters.

Hans Christoff Heske 1743. starb 1757.

Claus Mau 1750. lebt noch.

Johann Feldmann ward im Jahr 1757. von Ihro Hochfürstl.

Durchl. dem regierenden Herzog ausserordentlich zum ersten Bürgermeister erwählet.

Das dritte Capitel.
Von dem Amte Plön.

§. 1.

Das Amt Plön hat seine Lage theils in dem eigentlich so genannten Holstein; theils in dem Wagerlande. Es ist nicht gar groß; aber an Alterthum giebt es den übrigen Holsteinischen Ämtern nichts nach. Doch ist es jetzo durch Ankaufung einiger Adelichen Güter solchergestalt vergrössert, daß es sich auf drey Meilen erstrecket, obgleich die Breite nicht allenthalben gleich.

§. 2.

Das Amt Plön hat schon zu den Zeiten der regierenden Grafen seine Amtleute oder Vögte, wie sie zu der Zeit hiessen, gehabt, davon folgende bekannt sind:

Marcart Westensee. Selbiger ward von dem Grafen v. Orlamünde im Jahr 1182. zu einem Schloß-Hauptmann bestellt. (*)

Cyriacus ward von Graf Adolph III. hieher gesetzt und im Jahr 1201. von Widdag, welchen Herzog Woldemar zum Vogte bestellet hatte, wieder vertrieben.

Thiederich folgte demselben 1221.

Rudolph von Clevetz ward, wie aus den Stadt-Freyheiten erhellet, ums Jahr 1236. Vogt zu Plön.

Marquard

Marquard ums Jahr 1260.

Otto von Malent wurde 1262. vom Herzoge Albrecht von Braunschweig gesetzet.

Luderus ist im Jahr 1315. Vogt über das Amt Plön gewesen und wird in verschiedenen Urkunden, die zu Plön ausgefertiget, gefunden.

Hardow hat dis Amt im Jahr 1319. verwaltet.

Longus von Boyenflet ist dem Amt im Jahr 1336. und etlichen der Folgenden vorgestanden. In dem Jahr 1343. heist er unser Mann, welches etwa so viel, als der Name: Geheimer-Raht heutiges Tages sagen will.

Everhardus nennet sich Advocatum zu Plön und ist es im Jahr 1348. und folgenden gewesen.

Gerhard Hucken war ums Jahr 1364. Vogt und nennt ihn der Graf seinen lieben Vogt zu Plön. (**)

Johann Ole ums Jahr 1385.

Bruncke Tralow. Dessen gedenket Herzog Gerhard zu Schleswig in einer zu Plön 1404. ausgefertigten Urkunde, woselbst er ihn zugleich, unsen Mann, nennt.

(*) Westphal lib. IV. rerum cimbr. p. 1612. (**) Ej. monumenta cimbrica. T. II. p. 237.

§. 3.

In dem Jahr 1413. gieng eine ganze Veränderung mit dem Amte Plön vor. Bey der Minderjährigkeit Heinrich des dritten, Herzogen zu Schleswig und Grafen zu Holstein entstunden zwischen dessen Frau Mutter und der Königin Margaretha von Dännemark einige Irrungen. Dis nöhtigte die Herzogin, ihren Bruder Herzog Hinrich zu Braunschweig wider Dännemark zu Hülfe zu rufen. Selbiger kam auch mit 1400. Pferden und als er mit den Holsteinern die Gefahr abgewendet, forderte er für seine Kosten und Mühe bey 60000. Mark Weil nun solches baar zu bezahlen, unmöglich; so ward ihm im Jahr 1413. nebst Gottorp, Hasseldorp und Hanerau auch das Amt Plön Pfandweise eingeräumet. Der Herzog machte hierauf

Friderich Schulte von der Lühe zu einem Schloß-Hauptmann über Plön. (*) Derselbe forderte von den Bischöflichen Lübeckischen Dörfern Hutzfeld, Niendorp, Wöbse, Brackrade, Türk und Creutzfeld jährlich zwey Tage Hof-Dienste und von jeglichem Dorfe ein Fuder Stroh. Diesem Ansinnen widersetzte sich der damalige Bischof Johannes VII. Er schützte vor, die Leute wären sein, und wenn etwa in den vorigen Zeiten ein Fuder oder Leiter voll Stroh wäre nach Plön gebracht worden; so rühre solches aus keiner Schuldigkeit her, sondern es wäre aus Freundschafft und gutem Willen geschehen. Die Sache ward auch so verglichen, und darüber eine Urkunde von Hinrich, Herzog zu Schleswig und Graf zu Holstein im Jahr 1426. ausgestellet. (**) Daß unterdessen diese Stroh-Lieferung von etlichen Stifts-Unterthanen noch immer geschehen, erhellet aus einem schreiben, welcher Amtmann zu Eutin im Jahr 1626. an den Haus-Vogt in Plön ergehen lassen.

(*) Musliart in der Bremischen Adels-Chronica. Westphal monum. cimbrica. T. IV. p. 1649. (**) Diese Urkunde ist bey dem Lünig P. II. Spicileg. Ecclesiast. p. 408. aufgehoben.

§. 4.

Es soll darauf der Herzog von Braunschweig dem König von Dännemark die obgedachte verpfändete Örter für eben die Summa haben überlassen wollen, jedoch mit dem Bedinge, daß sie in den Händen

Herzogs

Herzogs Erichs zu Sachsen-Lauenburg blieben, welches aber von dem König nicht angenommen ist. Das aber ist gewisser, daß das Amt Plön einem Holsteinischen Edelmann

Marquard von Sigghen Pfandweise übergeben wurde. Es ist warscheinlich, daß solches bey der Gelegenheit wieder an die Holsteinischen Grafen gekommen, indem dieser Marquard von Sigghen den Herzog Hinrich seinen gnädigen Herrn nennt, mit dessen Vollbort er eine Versicherung ausgestellet, daß obgenannte Hof-Dienste sammt dem Strohbringen der Bischöflichen Lübeckischen Dörfer nicht eine Gerechtigkeit, sondern, wie es heist: van Gnaden und Fründschop wegen geschehen. (*)

(*) Die Urkunde steht gleichfals bey dem Lünig Specil. Ecclef. P. II. p. 400.

§. 5.

Marquard von Sigghen behielte das Amt Plön, als ein Unterpfand, bis an sein Lebens Ende. Selbiges ward nachhero von König Christiano I.

Claus Rantzau zum Unterpfand eingethan: ob aber derselbe auf den Vorhergehenden unmittelbar gefolget, solches ist ungewis. Immittelst behielte dessen Sohn

Joachim Rantzau den Besitz desselben. Solcher soll die Unterthanen sehr hart gehalten haben; deswegen der König ihn im Jahr 1470. aus dem Genuß dieses Amts gesetzet. Dankwert meynt, daß die darauf vorgeschossene Gelder ihm gar nicht wären bezahlet worden. (*) Solches aber ist von den edlen Gemühts-Neigungen dieses Königes kaum zu glauben.

(*) Dankwerts Holstein. Landesbeschreibung p. 232.

§. 6.

Nach der Zeit ließ der König das Amt durch gewisse Vögte oder Amtleute wieder verwalten. Unter solchen sind folgende bekannt:

Otto Aschberg, welcher ohngefehr 1480. demselben vorgestanden.

Hartwich Pogwisch war nach Anzeige einer alten Urkunde im Erdbuch p. 151. (b) 1500. Amtmann zu Plön.

Claus Aschberg ein Sohn des Vorigen. Selbiger nennt sich im Jahr 1509. einen Amtmann in Plön.

Hinrich Rantzau zu Helmstorf. Selbiger hat sich im Jahr 1520. als einen Amtmann zu Plön in einer Urkunde der Calands-Brüder unterschrieben.

Wulf Rantzau. Ob er ein Nachfolger des Vorigen, läßt sich aus Mangel der Nachrichten nicht wohl bestimmen. So viel weiß man, daß er 1542. Vogt zu Plön gewesen. In eben demselben Jahr hat er die von Christian III. König zu Dännemark den Plönern ertheilte Bestätigung ihrer Privilegien, als Relator, unterschrieben. Daselbst nennet er sich Vagt tho Plön.

§. 7.

Nachdem das Amt Plön Herzog Johann dem jüngern in der mit dessen Herrn Bruder dem König Friderich II. bekanntermassen gehaltenen Erbtheilung anheim fiel; so fieng schon derselbe an, es durch Haus-Vögte verwalten zu lassen. Solches ist bis auf die gegenwärtige Zeiten fortgesetzet, da denen, die dieser Verwaltung fürgestanden, ein Character nach jedes Herrn Gutbefinden beygelegt worden, indem dieselbe Haus-Hofmeister, Amt-Schreiber, Amts-Verwalter, Amts-Inspector und sonst sind genannt worden.

§. 8.

§. 8.

Nachdem dessen Herrn Sohn, dem Herzog Joachim Ernst, die Holstein-Plönische Lande nach dessen tödtlichen Hintritt zu Theil worden; so war derselbe auch darauf bedacht, das Amt Plön durch Ankaufung verschiedener Adelichen Güter zu vergrössern. Er kaufte im Jahr 1637. das nicht weit von Plön belegene und bey der Haupt-Kirchen daselbst eingepfarrte Adeliche Gut Clevetz von dessen damaligen Besitzer Detlev Rantzau; imgleichen im Jahr 1638. das Adeliche Gut Pehmen von Christian von Holstein und nachher im Jahr 1649. das Adeliche Gut Stockfee von Joachim von Brockdorf. Diese drey Güter wurden dem Amte Plön einverleibet und gaben demselben einen ansehnlichen Zuwachs.

§. 9.

Als im Jahr 1682. das Dorf Tarbeck, so bisher zu dem Amte Segeberg gehöret, an Plön abgetreten wurde; so ward solches gleichfals dem Amte Plön beygeleget und erweiterte dessen Grenzen.

§. 10.

In den alten Zeiten sind noch verschiedene Dörfer in dem Amte Plön gewesen, welche aber mit der Zeit eingegangen, so, daß nachher gewisse Meyer-Höfe aus denselben entstanden. Vor dem jetzt so genannten Hamburger Thor lag ein Dorf Wenetorp genannt, aus welchem die Meyerey am Schloß ihren Ursprung gröstentheils genommen hat. Auf dem Wege nach Lübeck hat vor Plön das Dorf Alfersdorp oder Adolphsdorf gelegen, dessen Ländereyen jetzo gröstentheils zu Augustfelde gehören. Uber der grossen See lag ein kleines Dorf Uhlenhorst genannt, an dessen Statt jetzo Ruhleben hingebauet ist.

§. 11.

Es ist bereits angeführet (*), daß der Hochselige Herzog Hans Adolph im Jahr 1685. eine neue Kirche in der Neustadt aufbauen lassen. Da nun solche eigentlich unter dem Amte Plön belegen, und die einzige ist, welche sich in demselben befindet; so müssen wir hier der Prediger gedenken, welche an derselben gestanden.

Hinrich Petersen. Selbiger ward 1685. im November als der erste Prediger daselbst bestellet, und nachher zu dem Haupt-Pastorat an der Stadt-Kirche berufen, wie dessen schon daselbst gedacht worden. (**)

Johann Georg Köhler ward 1692. Pastor in der Neustadt und kam von dar 1708. hin nach Zarpen, woselbst seiner auch wird gedacht werden.

(*) Cap. II. §. 15. (**) C. II. §. 24.

§. 12.

Nach dem Abgang des vorgedachten Predigers ward diese Kirche und Gemeine den Stadt-Predigern an der Haupt-Kirchen übergeben und der Gottesdienst so eingerichtet, daß alle vier Wochen am Donnerstag geprediget und Communion gehalten, und an jedem Sonntag Nachmittag ein Kinder-Examen vorgenommen wurde, bis es dem Durchlauchtigsten jetzigen Herzoge auf vielfältiges Ansuchen dieser Gemeine gnädigst gefiel, dieselbe wieder mit ihrem eigenen Prediger zu versehen. Den ersten Beruf erhielt

August Friderich Brandt eines Probsten Sohn von Norburg, welcher 1753. den 23. April als Pastor an derselben introduciret ward.

Nachdem demselben der Ruf zum Haupt-Pastorat an der hiesigen Stadt-Kirche im Jahr 1755. ertheilet ward, kam

Christian August Müller, des Herren Assessoris und Pastoris zu Gleschendorf wohlgerahtner Sohn, an dessen Stelle, und ward als Pastor im Jun. 1755. bey derselben eingeführet.

§. 13.

Sonst gehören zu dem Amte Plön folgende Oerter:

Das Closter in der Stadt, die Neustadt, die Wasser-Kunst mit dem dazu gehörigen Gebäude, die vorderste Wache, die hinterste Wache, das Vorwerk Plön, das Dorf Dörnick, das Vorwerk Carpe, das Dorf Behl, die Papier-Mühle, die Fegetasche, die vorderste Sandkate, das Vorwerk Ruhleben, die hinterste Sandkate, das Dorf Nieder-Clevetz, das Dorf Ober-Clevetz, das Dorf Bösdorf, das Vorwerk Friderichshof, das Dorf Meinstorf, die kleine Mühle, das Vorwerk Augustfelde, das Dorf Börensdorf, das Dorf Steenbusch, das Dorf Bredenbeck, das Vorwerk Pehmen, das Dorf Tensfeldt, der Tensfelder Au-Krug, das Dorf Tarbeck, die Tarbecker Ziegeley, das Dorf Damstorf, das Dorf Stocksee, der Hof Stocksee.

Das vierte Capitel.

Von dem Amte Ahrensböck.

§. 1.

Das Amt Ahrensböck hat seine Lage in Wagrien. Es nimmt seinen Anfang eine kleine Meile von Lübeck und erstreckt sich bis an die Ost-See bey dem Adelichen Gute Ovelgönne. Die Länge desselben ist etwa 3. bis 4. Meilen und die Breite ohngefehr 2. Meilwegs. Es hat seinen Ursprung gröstentheils von einem Closter: davon es auch den Namen Ahrensböck empfangen. Es wird dem Leser nicht unangenehm seyn, von dem Ursprung und der Beschaffenheit dieses Closters hier einige Nachricht zu lesen, die wir aus den vorrähtigen Urkunden mittheilen wollen.

§. 2.

Nach dem Bericht eines alten Erdbuchs, so in dem hiesigen Hochfürstlichen Archiv befindlich, und welches künftighin ohne weitere Anzeige nach den Paginis wird angeführet werden, hat der Bischof zu Lübeck Eberhardus die geschriebene Nachricht hinterlassen, daß in der Gegend, wo jetzo Ahrensböck liegt, eine starke Waldung gewesen, so in sümpftigen und morastigen Orten gelegen. In derselben sey ein Büchbaum gestanden, welche vor andern herfürgeraget. Auf demselben habe vor langen Zeiten her jährlich ein Adler platdeutsch eine Arn genannt, genistelt und seine Jungen ausgebracht. Ueber denselben habe sich die heilige Jungfrau Maria, als ein Wunderbild, in einem hellen Glanze sehen lassen, welcher bis in den Himmel zu gehen geschienen.

Wie

Wie dis Wunder unter den Leuten bekannt geworden, ist das Volk in grosser Menge dahin wallfahrten gegangen, haben Gelübde und Opfer dargebracht, welche nach dem Berichte des Bischofs, größtentheils dem Landes-Herrn zu Theil geworden. Von dieser Büche und dem darauf nistelnden Adler heißt der Ort platdeutsch: Arensböck. (*)

(*) Pag. 1.

§. 3.

Man fieng an, um diese Heiligthümer brauchbarer zu machen, die Wälder und Hölzungen auszurotten, und nebst einer kleinen Capelle auch Häuser, darin die dahin wallfahrende Pilgrimme könnten aufgenommen werden, anzubauen. In dem Jahr 1328. erlangte dieser Ort durch die Freygebigkeit des damals in Holstein regierenden Grafens Johannis einen merklichen Zuwachs. Es ward nicht nur eine Kirche gebauet, die noch daselbst stehet; sondern auch dem Pfarrherrn, welcher dazumal Rector hieß, gewisse Ländereyen in Ahrensböck, Barkhorst, Holzatendorf und Spechtshagen eingeräumet, demselben ward die Freyheit gegeben, so viel Holz zu hauen, als zu dessen Feurung und Gebäuden nöhtig. Auch hatte er die Erlaubniß, so viel Torf aus dem so genannte Lutgen Mohr zu graben, als ihm gefällig. So sollte ihm auch der dritte Theil von den Opfern, sie möchten dem Marienbilde oder dem Altar gebracht werden, zu gehören. Endlich ward auch demselben beygelegt, was für die letzte Ölung, Besuchung der Kranken, Braut-Messen, welche unter dem Ausdruck Intronisationes Sponsarum angezeiget worden, und andre geistliche Handlungen pflegen gereichet zu werden. Dabey ward ihm ein Pferd bey Besuchung der Kranken ausbedungen. Dis alles ward im Jahr 1335. von Henrico

Bischof

Bischof zu Lübeck mit Brief und Siegel befestiget und bestätiget, und ist umständlich in dem Erdbuch beschrieben. (*)

(*) P. 1. a. & b.

§. 4.

Da die Kirche zu Ahrensböck der heiligen Jungfrau Maria gewidmet; so ward derselben der Name Marien-Tempel beygeleget. Das Ansehen derselben nahm auch dergestalt zu, daß man darauf bedacht war, ein Jungfrauen Closter daselbst zu bauen. Die besondre Gelegenheit dazu war ein Gelübde, welches die drey Herren Adolphus, Henricus und Nicolaus, Grafen zu Holstein, mit gefaltenen Händen und gebogenen Knien abgeleget. Es waren dieselben im Begrif, die Insul Femern, welche sich eine Zeitlang denselben widersetzet, mit gewaltiger Hand zum Gehorsam zu bringen. Sie gelobten daher der heiligen Maria, daß, wenn dieses ihr Vorhaben einen glücklichen Ausgang gewinnen würde, sie derselben zu Ehren ein Nonnen-Closter zu Ahrensböck stiften und bauen wollten. Die Insul wurde unters Joch gebracht, aber das Gelübde kam nicht zur Erfüllung. Unterdessen gaben diese Herren und insonderheit Graf Adolph, unter dessen Herrschafft Ahrensböck belegen, zu dem zu erbauenden Closter ansehnliche Geschenke und unter solchen den Flecken Ahrensböck, doch mit Vorbehalt des Juris Patronatus über die Kirche (*)

(*) Pag. 1. (b)

§. 5.

Unterdessen erlangte die Kirche zu Ahrensböck an irrdischen Mitteln einen ziemlichen Zuwachs. Im Jahr 1368. kaufte der Rector der Kirchen, Wulfardus, welcher auch Probst in Preetz war, den Hof

Florken-

Flöckendorp mit der Mühle und dem Dorf von Tyman Marnten, welcher Kauf in demselben Jahr von Graf Hinrich bestätiget, mithin das Gut Flöckendorp mit aller Hoheit und Herrlichkeit der Kirchen zugeeignet wurde. (*) Im Jahr 1369. schenkte Johann und Marquard Gebrüder Kike Breyden genannt, der Kirchen zu Ahrensböck 12. Mark Einkünfte in dem Dorf Holstendorp, in Hoffnung, daß dorten ein Closter würde gestiftet werden. (**) In eben demselben Jahr schenkte Johannes Breyde, sonst Berner genannt, der Kirchen 8. Mark Einkünfte aus dem Dorf Holstendorp, welche dem Wulfardo in Gegenwart des Grafen Adolphi übergeben worden. Endlich kaufte mehrgedachter Wulfardus von den Gebrüdern Emcken und Heynon zugenannt Vosslecken 13. Mark Renten für 70. Mark Hauptstuhl in dem Dorf Holstendorp, welches der Graf Adolph bestätiget und das ganze Dorf der Kirchen übergeben. (***)

(*) Pag. 1. (b) (**) ibid. (***) p. 2. (a)

§. 6.

Um diese Zeit gab sich ein Mann an, der einen besondern Eyfer in Kaufung gewisser Güter und Einkünfte, davon ein zu erbauendes Closter künftig konnte erhalten werden, von sich blicken ließ. Derselbe hieß Jacobus Krumbeck. Er war Archidiaconus zu Tributzes in der Kirchen Schwerin, auch daselbst, wie auch zu Hamburg und Lübeck Canonicus. Im Jahr 1372. kaufte er von dem Raht zur Neustadt das Dorf Bodenstorf für 500. Mark weis Pfennig (denariorum alborum) (*). 1378. erhandelte er von den Gebrüdern Meinstorp 125. Mark Einkünfte auf der Insul Femarn für 1250. Mark, (**) imgleichen von Graf Adolph 21. Mark für 210. Mark. (***) Im Jahr 1386. kaufte er das Dorf Vasmersdorf (jetzo Fastenstorp) imgleichen den Hof und die Mühle zu Bellin von Johann Breyden für 500. Mark. (****) In eben demselben Jahr brachte er käuflich an sich den Hof und das Dorf Schwanou, in dem Kirchspiel Süchteln belegen, für 200. Mark, (* 5.) noch in demselben Jahr das Dorf Havickhorst von Henning Lasbecken für 100. Mark, (* 6.) wozu hernach wegen eines Leibgedinges, welches eine Wittwe darin gehabt, noch 70. Mark gekommen, daß also das ganze Dorf für 170. Mark mit aller Hoheit und Herrlichkeit verkauft worden. 1387. hat er das Dorf Guttendorf von den Gebrüdern Wulfard und Marquard Rantzau für 450. Mark gekauft (* 7.) Sonst findet sich noch eine Nachricht, in welcher 2. Prediger, als zu Ratkau und Gnissau, bezeugen, daß Marquard des Hufeners Haus-Frau ausgesagt, wie ihr seliger Mann zu der Vicarie zu Ahrensböck bey völliger Gesundheit seines Vaters Hofstede zu Brandesrode mit dem Wunner Holz, die grosse Timmenhorster Wiese und die Teichs-Stauung im Jahr 1381. gegeben. (* 8.) Desgleichen schenkte Volquin Parzau der Vicarie, die Hinrich von Buchwald gestiftet, 3. Mark Einname in dem Dorf Stenrade und verkaufte das übrige Stenrade an den damaligen Vicarium Hinrich Mallebeck für 110. Mark im Jahr 1385. (* 9.) Er behielte sich das Hegeholz vor, verkaufte aber solches 1387. an eben denselben für 50. Mark. (* 10.) Ulrich Wunnert hatte von Graf Adolph das Lehn auf diese Güter empfangen, welches er an den Vicarium im Jahr 1390. für 30. Mark wieder überließ. (* 11.)

(*) P. 2. (a) (**) ibid. (***) ibid. (****) p. 2. (b) (* 5.) ibid. (* 6.) ibid. (* 7.) ibid. (* 8.) & diplom. CCXXXVII. (b) (* 9.) dipl. CCXXX. (b) (* 10.) dipl. CCXXXII. (a) (* 11.) dipl. CCXXXIV. (b)

§. 7.

Im Jahr 1387. verfertigte Jacobus Crumbeck ein Testament, in welchem er vorgedachte Güter einem zu Ahrensböck zu stiftenden Jungfrauen Closter vermachte. Da die Abschrift noch davon verhanden, und solche die erste Grundlage des Closters in sich faßt; so wird es dem Leser nicht unangenehm seyn, wenn hier die Abschrift davon mitgetheilet wird. Es lautet der Inhalt davon also:

In nomine Sanctæ & individuæ Trinitatis Amen. Cum mors sit ex necessitate materiæ & nihil certius morte, quia non est homo, qui vivit & non videbit mortem: igitur dum corpus sanitate viget, mens interior in se ipsa collocata majori ratione utitur ut ipsius tranquillitate ultimæ voluntatis judicium salubrius placidetur. Quapropter ego Jacobus de Crumbeck Archidiaconus terræ Tribuzes in ecclesia Swirinensi ac ejusdem at Lubecensis ac Hamburgensis ecclesiarum canonicus mente & corpore sanus bonorum meorum propriorum dispositione cupiens meum prævenire diem extremum, de hujusmodi bonis meis ordino meum testamentum & condo in hunc modum:

In primis volo, quod omnia debita mea illis, de quibus evidenter apparuerint me esse obligatum, de bonis meis persolvantur: Ac demum devotissime supplico omnibus dominis meis Swerinensis, Lubecensis ac Hamburgensis Ecclesiarum canonicis, ut si qua de ipsis ecclesiis indebite percepi, seu quæ non deservivi pure, mihi propter deum illa remittant. Cæterum animam meam omnipotenti Deo & gloriosæ virgini Mariæ commendo, & ut corpus meum decenti tradatur sepulturæ ecclesiasticæ. Præterea do & assigno Capitulo & personis ecclesiæ Swerinensis Curiam meam Canonicalem, quam teneo nunc in Swerin, seu quicquid ex ea provenire poterit & ad hæc triginta Marcas denariorum ad comparandum ibidem redditus perpetuos pro anniversario meo per eosdem singulis annis faciendo. Item do & assigno ad instaurandam unam perpetuam Vicariam in ecclesia Lubecensi infrascriptos redditus videlicit decem & novem marcarum redditus, quos habeo in Oldenburg Lubecensis dioecesis singulis annis per consules dicti oppidi de quibusdam pratis exsolvendos. Et quatuordecim marcarum redditus, quos habeo in septem quartalibus agri prope Papenbusch, & in quinque areis dictis Katrepel in dicto oppido Oldenburg, sicut in privilegiis & litteris super dictis redditibus confectis plenius continetur. Et volo, quod vicarius dictæ vicariæ provideat de suis redditibus quindecim lampadibus pendentibus ante chorum ecclesiæ Lubecensis de pinguedine Traan & de aliis necessariis, quo in summis & aliis festivitatibus ardeant in vesperis matutinis, missa, & in secundis vesperis. Item, quod idem Vicarius singulis annis solvat in quolibet festo beati Martini Canonicis ecclesiæ Lubecensis duas Marcas & vicariis duas Marcas denariorum ad supplementum memoriarum, & sic particeps erit cum Vicariis in percipiendo memorias juxta morem ecclesiæ Lubecensis. Item volo, quod vacante dicta Vicaria, quod nullus ad eandem admittatur, nisi actu sacerdos, vel qui intra annum velit & possit ad sacerdotium promoveri, & quod residear personaliter in eadem & omnibus feriis tertiis decantabit Missam de beato Nicolao cum collecta de p͡ronis. Cæteris diebus Missam suam leget ad dictum altare meum ante horam primæ juxta morem. Item volo, quod post mortem meam unus de consanguineis meis, quem nominavero, jus patronatus dictæ vicariæ habeat, quoad vixerit, quo defuncto ad alios devolvetur, prout in literis super dicta vicaria confectis continetur. Item do & assigno beato Nicolao in ecclesia Lubecensi ad fabricam curiam meam canonicalem, quam teneo in Lubecke seu quicquid ex ea vendita provenire poterit, ut tectum chori cum plumbo tegatur, & alia reformanda reformentur. Item do & assigno ecclesiæ & capitulo Hamburgensi decimam meam in villa Horne & in Hamerbrucke

brucke ad servandum servitium refrotiale in die beatorum Petri & Pauli Apostolorum. Item do & assigno dictæ ecclesiæ Hamburgensi villam meam Schmachthagen ita, ut cum culta fuerit & quicquid ex eadem provenire poterit, singulis annis memoria meæ & parentum meorum ibidem peragatur. Item volo, quod de decem Marcarum redditibus, quos quondam frater meus dominus Johannes de Crumbecke piæ memoriæ dictæ ecclesiæ Hamburgen. obtulit, sua memoria & parentum nostrorum singulis annis ibidem peragatur. Item quia illustris dominus meus, dominus Adolphus comes Holsatiæ & Stormariæ pie motus ecclesiam parochialem sanctæ Mariæ in Ahrensböcken Lubecensi. diœcesi. dedit, donavit & assignavit cum jure patronatus pro novo monesterio fundando ibidem sanctimonialium ordinis p̃m r̃a sium in honorem omnipotentis dei & gloriosæ virginis Mariæ, pro cujus ædificatione & fundatione ego Jacobus de Crumbecke de bonis mihi a deo collatis infra scripta lego, do & assigno. In primis do & assigno dictis monialibus centum & triginta sex Marcarum redditus, quos habeo in terra Cymbriæ Ottonien. diœces. vid. in villis Nyendorp, Metzendorp, Scoberstorpe, Ghalendorpe & Damtestorpe, quos habeo cum omni proprietate & libertate, seu in privilegiis super hoc confectis hæc plenius continentur. Item do & assigno dictis Monialibus villam Swanou sitam in parochia Nuchele cum curia & ipsius attinentiis. Item do & assigno eisdem curiam Vellin cum Molendino & totam villam Vasmersdorp sitas in parochia Susele. Item do & assigno eisdem totam villam Ghalendorpe sitam parochia Oytin. Item do & assigno eisdem totam villam Havikhorst sitam in parochia Gleskendorpe. Item do & assigno dictis Monialibus viginti marcarum redditus, quos habeo in consulatu novæ civitatis, qui quidem viginti Marcarum redditus reemi possunt pro ducentis marcis denariorum monetæ Lubecensis, qui si reempti fuerint, volo, quod dictæ ducentæ Marcæ ad certos redditus perpetuos emendos pro usu dictarum monialium omnino convertantur. Item do & assigno honestæ dominæ materteræ meæ, Taleœken Breyden, filiæ Borchardi Breyden, si tamen in viduitate permanserit seu in viduitate permanere & deo servire voluerit, triginta marcarum redditus, quos singulis annis, quoad vixerit, percipere debet de primis redditibus villæ Prudenstorpe sitæ in parochia Grobenitze Lubecen. diœce. & volo, quod in quocunque tempore anni dicta domina Talecke suum diem clauserit extremum, quod semper redditus illius anni in festo beati Martini provenientes sibi cedant in usum pro debitis suis solvendis, si qua in vita sua contraxit. Quicquid vero residuum fuerit in dicta villa, hoc totum ad Moniales in Ahrensböcken cum proprietate & libertate devolvetur. Ipsa vero defuncta tota villa ut præmittitur ad Moniales in Ahrensböcken pertinebit. Item do & assigno eisdem monialibus decem marcarum redditus, quos habeo in villa Degethouve propo Grevesmolen, Ratzburgen. diœce. in hunc modum distribuendum, videlicet, quod de aliis bonis meis duarum Marcarum redditus comparentur, de quibus duodecim marcarum redditus per duodecim menses anni, pro quolibet mense una marca distribuatur inter moniales. Ita quod vespere vigilias & de mane missas pro defunctis quolibet mense devote servent & pro anima mea, fratrum, sororum & parentum meorum deum ac gloriosam virginem Mariam devotissime exorent. Item do & assigno prædictæ materteræ meæ Talecken Breyden curiam meam in Bussow cum duabus Kotis, & volo, quod ipsi, quicquid ex eisdem curia & Kotis provenire poterit, suis opibus applicetur, quoad vixerit, & post ipsius mortem, si alias in statu Canonicatus & præbendæ meæ Lubecensis permansero, ex tunc dicta curia cum dictis duabus Kotis ad Canonicos & Vicarios dictæ ecclesiæ Lubecensis devolvantur, pro memoria mea & parentum meorum singulis annis peragenda. Alias si privatus fuero & Canonici pro defensione mea mihi assistere noluerint, volo quod dicta curia & præfatæ Kotæ sine area ad usum monialium in Ahrensböcken devolvantur post obitum Talecken prædictæ. Item do & assigno omnes libros meos & clenodia

mea

mea argentea dicto monasterio in Ahrensböcken, & volo, ut dicta Clenodia & libri vendantur, & quicquid ex venditione ipsorum provenire poterit, omnia ad libros & alia ornamenta dicti monasterii convertantur, exceptis duntaxat illis clenodiis argenteis, quæ disposui executoribus testamenti mei distribuenda. Item do & assigno omnia utensilia domus meæ, quæcunque sint, præfatæ dominæ Talecken Breyden ita duntaxat, si in viduitate permanserit, sic quod ipsa prædictis utensilibus utatur, quoad vixerit, & si medio tempore in Ahrensböcken Moniales fuerint institutæ, volo quod dicta domina Talecke omnia ista utensilia præfato monasterio in Ahrensböcken ad usum Monialium tradat & cum effectu præsentet. Executores vero dicti testamenti mei eligo reverendos in Christo patres & dominos, dominos Gherardum Ratzeburgensis ecclesiæ ac dominum Everhardum Lubecensis ecclesiæ Episcopos, ac illustrem principem & dominum meum, dominum Adolphum Holsatiæ & Stormariæ terrarum comitem. Et quia præfati domini omnibus & singulis suprascriptis non possunt semper personaliter intendere, præfatis dominis adjungo ad exsecutionem dicti testamenti mei venerabiles viros dominum Albertum Rodenburg ac dominum Hartvicum Splyd, si duntaxat mihi solverit debitum, in quo mihi tenetur, & al: non, Canonicos ac dominum Hartvicum de Hamme perpetuum vicarium in ecclesia Lubecensi. Ita quod dicti domini simul vel major pars dictum meum testamentum seu ultimam meam voluntatem exsequantur cum effectu. Quibus infrascripta assigno. Videlicet domino Gerardo Ratzeburgensi Episcopo unum cyphum argenteum, & Domino meo Everhardo Episcopo Lubecensi alium cyphum argenteum, domino vero meo domino Adolpho Comiti Holsatiæ unum Schouwer argenteum, ac dominis Alberto Rodenbourg ac Hartvico Splyd, ac domino Hartvico de Hamme, cuilibet unam taceam argenteam. Si quid vero in ultimo constitutus singulariter dare voluero, hos ad codicillum, quem super hoc facere intendo, remitto. Et protestor quod præsens testamentum volo immutare,

corri-

corrigere, emendare, prout mihi videbitur expedire. Et si non valet, ut testamentum, valet ut codicillum. In quorum omnium evidens testimonium præsens testamentum meum seu ultimam meam voluntatem per Johannem Vos, clericum notarium publicum Bremen. Diocesi. infrascriptum conscribi & publicari mandavi, quod & quam etiam mei sigilli appensione feci communiri in testimonium omnium præmissorum. Datum & actum in ecclesia Lubecen. Anno domini millesimo trecentesimo octogesimo septimo, indictione decima, mensis Decembris die quarta decima, hora primarum vel quasi pontificatus sanctissimi in Christo patris & domini nostri domini Urbani, divina providentia papæ sexti, anno decimo, præsentibus discretis viris dominis Johannis Knocke, Herrmanno Penne & Johanne Cerben presbiteris officiantibus in ecclesia Lubicen. Lubecen. Diœces. antedictæ, testibus ad præmissa vocatis specialiter & rogatis.

Et ego Johannes Vos clericus Bremensis Diœcesis publicus imperiali auctoritate notarius præsentis testamenti seu ultimæ voluntatis factioni, ordinationi, donationi & assignationi ac omnibus aliis supradictis, dum sic fierent & agerentur per dictum dominum Jacobum Archidiaconum, præsens una cum prædictis testibus interfui & ea, quæ sic fieri vidi & audivi, fideliter, propria manu conscripsi & in hanc publicam formam redegi, quam meis signo & nomine solitis & consuetis una cum appensione sigilli dicti domini Jacobi Archidiaconi signavi. Anno, indictione, mense, die, hora, loco & pontificatu ac testibus, quibus supra, in testimonium omnium præmissorum. (*)

(*) Dies Testament findet sich in dem Diplomatorio Ahrensböckensi p. CCXXVII.

§. 8.

Im Jahr 1389. stiftete Hinrich von Bockwaldt, Ritter, eine Vicarie an der Kirchen zu Ahrensböck und ordnete dazu 14. Mark in

Schürstorp, welche derselbe von dem Abt und Convent zu Reinfeld erhandelt. Solches ward Hinrich Massebecken, als Vicario, mit der Bedingung übergeben, daß er für die Seelen seiner Eltern, Brüder, Schwestern, auch seiner verstorbenen Frauen, imgleichen für ihn und seine Kinder, die noch leben, Messe halten und fleißig beten soll. Hätte er einen Sohn, der des bedürftig; so sollte nach des Massebecken Abgang demselben die Vicarie wieder verliehen werden. In Entstehung dessen aber dem Probst oder Kirchherrn zu Ahrensböck, es würde daselbst ein Closter gebauet oder nicht, frey aufgegeben seyn, einen Priester zu diesen heiligen Verrichtungen zu setzen und zu bestellen. (*) Solches hat Volquinus Parzau mit 3. Mark jährlicher Rente aus dem Dorf Stenrade vermehret, mit eben der Bedingung für seine und der Seinigen Seelen zu beten. Eben derselbe hat das übrige Gut, so er in dem Dorfe Stenrade gehabt, zur Verbesserung der Vicarie an Hinrich Massebecken für 110. Mark verkauft, wozu noch kommt, daß derselbe das Hegeholz bey Stenrade, welches vorher den Wunnern zugehöret, diesem Massebeck für 50. Mark verkauft und mit aller Freyheit und Gerechtigkeit überlassen. (**)

(*) P. 60. (a) (**) p. 65. (b)

§. 9.

Jacobus Crumbeck kaufte im Jahr 1390. von den Gebrüdern Volrad und Nicolaus von Bockwolde den See zu Barkau. (*) Er stand aber immer in Furchten, ob seine Absicht in Erbauung eines Nonnen-Closters bey dem Ableben Grafen Adolphs würde erreichet werden. (**) Diese seine Absicht wurde auch in so weit nicht erreichet, daß an staat des abgezweckten Nonnen-Closters ein Closter für die Mönche vom Cartheuser Orden gestiftet und angeordnet ward. Die

Gelegenheit dazu war folgende. Es ertheilte Pabst Bonifacius, der neunte, Indulgenz-Briefe, welche auch nach Schleswig abgiengen. Mit denselben ward einer, der Hinrich hieß, und vom Carthenser-Orden war, von dem Päbstlichen Legato zum Confessore ernannt. Er ward auch Confessor des Herzogs Gerhards in Schleswig, und erlangte bey demselben eine besondre Achtung und Ansehen. Er nahm daher Anlaß bey dem Herzog anzuhalten, daß das zu Ahrensböck anzulegende Closter seinem Orden möchte eingeräumet werden. Der Herzog Gerhard gab dieser Bitte statt und ließ im Jahr 1397. darüber ein besonderes Instrument verfertigen. Solchem traten seine Brüder Albertus und Henricus, Grafen zu Holstein, bey. Alles ward von dem Bischof zu Lübeck Eberhardus gebilliget. Man erlangte auch die Einwilligung Alberti Rodenburgs Thumherrn zu Lübeck, als welchem Jacobus Crumbeck die Aufsicht auf die Erfüllung seines Testaments nebst andern aufgetragen: und damit ward die Stiftung eines Closters für die Carthenser-Mönche fest gestellet und beschlossen. (***)

(*) P. 3. (a) (**) ibid. (***) p. 3. (a) & (b)

§. 10.

Die Bestätigung dieses Closters für die Carthenser ward in dem Jahr 1397. im Monat December würklich vorgenommen. Es wurden dazu von dem Bischof Eberhard zu Lübeck auf der einen Seiten die Priores des Carthenser-Ordens in den Clöstern Erford, Eisenach und Hildesheim, auf der andern aber Albertus Rodenburg und Hinrich Scutten als Executores des Crumbeckischen Testaments eingeladen. Rodenburg that den Antrag, daß, ob zwar die Meynung Jacobi Crumbecks gewesen, es sollte ein Jungfrauen-Closter zu Ahrensböck angeleget werden; so würde doch damit seine Absicht nicht gänzlich aus den Augen gesetzet werden,

werden, wenn alle Güter, die er dem Closter zugedacht, und die namentlich angeführet wurden, den Cartheusern eingeräumet und geschenket würden; dabey zugleich die Kirche zu Ahrensböck mit ihren Gütern diesem Closter sollte incorporiret und zugeeignet werden. Uber dis schenkte der Bischof dem Closter 1400. Mark Lübisch, von welchen 50. Mark jährlich sollten gehoben und dafür den Brüdern desselben zu ihrer Erquickung Wein angeschafft und gekaufet werden. (*)

(*) P. 3. (b) & p. 4.

§. 11.

Nachdem vorgedachte Priores wieder nach ihren Clöstern abgereiset; so ward 1399. das Haus Ahrensböck dem Orden der Cartheuser sedente, wie es heist, capitulo nostro generali einverleibet und Johannes de Hoya, welcher in dem vorigen Jahr Rector Ecclesiæ geworden war, jetzo zum ersten Priore in selbigem bestellt. Wir wollen der Ordnung der Prioren, die wir hoffentlich alle ausfündig gemacht, folgen und dasjenige, was unter einem jeden merkwürdiges vorgefallen, kürzlich und getreulich anzeigen. (*)

(*) P. 4. (b)

§. 12.

JOHANNES de HOYA, erster Prior des Carthenser Closters zu Ahrensböck. Zu seiner Zeit ward durch den Bischof Johannes zu Lübeck mit dem Zunamen de Culmen in dem Jahr 1399. die Kirche zu Ahrensböck mit dessen Einkünften, wie auch dem Jure Patronatus, welches die Grafen von Holstein dem Closter geschenket, selbigem einverleibet, daß es solche nach Abgang des jetzigen Rectoris Hinrich Mewes geniessen, dessen Stelle mit einem tüchtigen Mann wieder besetzen und für dessen Unter-

 halt

halt sorgen sollte. (*) Hinrich Mewes, nachdem er seines Rechts wegen der Parochie zu Ahrensböck sich im Jahr 1401. begeben, wandte sich nach Lübeck, woselbst er in einem für die Kirche zu Ahrensböck gekauften und in der Dankwerts Gruben belegenen Hause sein Leben zubrachte, welches sich den 18. Sept. 1408. endigte. (**) Im Jahr 1400. bestätigte Pabst Bonifacius der neunte diese Bischöfliche Einverleibung, welche aber im Jahr 1402. im Jan. von demselben, wie überhaupt bey allen Clöstern in Teutschland, aufgehoben ward. Unterdessen hielte das Closter in eben dem Jahr um diese Vereinigung bey dem Pabst Innocentius wieder an, darauf die Vereinigung und Einverleibung abermals erfolgte. (***) Nachdem dieser Johannes de Hoya dem Closter zu Ahrensböck bis ins achte Jahr vorgestanden, ward er von dem Herzog Bogislaus nach Pommern berufen, um daselst dem Closter Marien-Cron bey Rügenwalde vorzustehen, woselbst er im Jahr 1410. als Prior verstorben. (****) Zur Zeit dieses Johannes im Jahr 1401. hat Vormoldus Warendorp das Dorf Grevenhagen geschenket, doch hat er sich die Einkünfte desselben bis 1421. vorbehalten. (*****) Imgleichen hat Mag: Theodoricus Schönewedder im Jahr 1400. an das Closter 400. Mark geschenkt, wofür obgedachter Vormoldus von seinen Vettern Tittzenhusen das Dorf Kellershagen gekauft. (* 5.) Ueber diese erkaufte Güter haben Albrecht und Henning Gebrüder im Jahr 1398. ihre Bestätigung gegeben. (* 6.) Eben diese Bestätigung ist 1417. von Hennicke, der sich Fürsten zu Stormarn und Grafen zu Holstein und Schaumburg nennet, wiederholet. (* 7.) Hiezu ist auch Nieenschwogel gekommen. Im Jahr 1404. kaufte das Closter von Detlev Bockwalde die Aue, welche aus dem Barkauer See nach Kestorp lauft, für 10. Mark. (* 8.) So hat auch Vormold Warendorp die beeden Dörfer Kellerhagen und Nieenschwogel dem Closter zu Ahrensböck im Jahr 1401. übergeben.

ben. (* 9.) Imgleichen ertheilte der Bischof zu Lübeck Johannes im Jahr 1400. einen Ablaß auf 40. Tage dem Closter, worunter auch die Bürger begriffen, die in demselben fleißig Messe hören und zum Bau desselben hülfreiche Hand leisten würden. (* 10.)

(*) P. 4. (b) (**) p. 5. (b) (***) p. 4. (b) (****) Vid. das Mnscpt. von dem Closter Ahrensböck, imgleichen Schöttgen im alten und neuen Pommer-Lande. (*****) p. 102. (b) (* 5.) p. 106. (* 6.) vid. dipl. XCI. (b) (* 7.) dipl. LXVIII. (* 8.) dipl. p. 86. (a) (* 9.) dipl. p. 246. (b) (* 10.) dipl. p. 329.

§. 13.

HENRICUS war des vorigen Nachfolger. Ob er dis Amt in dem Jahr 1404. angetreten, läßt sich nicht genau bestimmen. Das aber ist gewiß, daß nach erfolgtem tödtlichen Hintritt des vorgedachten Hinrich Mewes dieser Prior im Jahr 1408. mit Zuziehung Alberti Rodenburgs die Possession mit Notarien und Zeugen von der Kirchen zu Ahrensböck genommen, nachdem dabey die Päbstliche Einwilligung öffentlich verlesen worden. Die Schlüssel zu der Kirchen, die Kelche, Bücher, Meßkleider und was sonsten in der Gerve-Kammer der Kirchen verwahret worden, ward durch den Küster Johannes abgefordert, folglich die Kirche dem Closter Marien-Tempel völlig einverleibet. Unter diesem Prior wurden auch im Jahr 1410. die engen Grenzen für die Mönche, und die weitere für die, welche dem Closter zu Dienste reisen müssen, festgesetzet. Sie nannten diese terminos majores und jene minores. Letztere waren innerhalb der Verwahrung des Closters eingeschlossen. Wenn jemand aus denselben wich; so ward er für flüchtig gehalten. Die erstern aber erstreckten sich auf acht Meilen in Umkreise, und wurden dem Procuratori des Closters, wenn er in dessen Geschäften etwas auszurichten hatte, frey gegeben. Simon Oldeslo Bürgermeister in Lübeck und Hinrich Reddingstorp Bürger daselbst kauften zu den Zeiten dieses Priors von Claus Brockdorf 16. Mark Rente in dem Dorf Nienrade für 200. Mark und schenkten solche dem Closter zu Ahrensböck im Jahr 1409. (*)

(*) Dipl. p. 67.

§. 14.

GOTTFRIDUS. Sein Zuname war Basedou. Zu seiner Zeit gewann das Closter ein ansehnliches an zeitlichen Gütern von einem Bürger in Lübeck Johann Grüter. Von diesem ward im Jahr 1418. den 14. December das Gut Schönkamph mit der Mühlen, und was er in Curau, Dackendorf und Kerstenhagen besessen und von Hennecke Ratlow für 1400. Mark gekauft, dem Closter Ahrensböck geschenkt. (*) Da aber Hennecke Ratlow sich das Recht des Widerkaufs vorbehalten; so verkaufte derselbe dem Prior und dem Convent diesen Hof mit den Dörfern Curau, Dackendorf und Kerstenhagen um 300. Mark theurer, verpflichtet sich aber dabey, daß, wenn er oder seine Erben nach 6. Jahren dis Gut wollten wiederkaufen, selbige dem Closter 1700. Mark in Lübeck dafür erlegen sollten. (**) Graf Hinrich hat diesen Kauf im Jahr 1418. bestätiget. Er nennet sich aber nicht Fürsten von Stormarn, sondern blos Grafen zu Holstein. (***) In eben demselben Jahr kaufte Albrecht Rodenburg Thumherr in Lübeck von Hinrich Brockdorf, des Nicolai, der die 16. Mark Zinse darin hatte, Sohn, das ganze Dorf Stenrade für 200. Mark, (****) behielt sich aber die Rechte des Wiederkaufs vor. (*****) Dieses Rechts des Wiederkaufs begab sich gemeldeter Hinrich Brockdorf gegen Empfang spang 100. Mark von dem Closter zu Ahrensböck ab, welchem es von Rodenburg war geschenkt worden. (* 5.) Im Jahr 1426. hat Detlev von Bockwald auf Schwienkuhlen mit Einwilligung der Herzoge zu Schleswig und Grafen zu Holstein Hinrichs, Adolphs und Gerhard auch seiner Erben das Gut Barkau für 900. Mark an das Closter gekauft, doch wird ihm und seinen Erben und nach derselben tödtlichen Hintritt den Herrn zu Schleswig und Holstein der Wiederkauf vorbehalten. (* 6.) Im Jahr 1413. haben Dietericus und Gerhardus zubenannt Höcken mit Einwilligung des Grafen Hinrichs zu Holstein dem Closter verkauft den Hof und das Dorf Wahlstorp mit der Mühlen und das ganze Dorf Katteskrog belegen in dem Kirchspiel Gnissau imgleichen 12. Hufen, 9. Würden und 3. Wiesen in dem Kirchdorf Gnissau für 800. Mark Lübsche Pfenninge (pro octingentarum marcarum pretio denariorum monetæ Lubecensis.) (* 7.) Im Jahr 1429. hatte Berthold Ronnou und Hennecke Kreye Ronnou die Dörfer Lebatze und Borne für 600. Mark verkauft, wozu das Closter noch 100. Mark gelegt, unter dem Vorbehalt, solches nach 12. Jahr für 800. Mark wieder einlösen zu können. In eben demselben Jahr hat Joachim von Kühren seine bey der Holstein-Brücke vor Plön belegene Ahlwehre an das Closter zu Ahrensböck vor 105. Mark verkauft, welcher Kauf von den Herzogen zu Schleswig Adolph und Gerhard bestätiget worden. Es hat sich zugleich Joachim von Kühren, wie es heist: umme Ehre und Love des allmächtigen Gades und siner werden Moder Marien des Rechts des Wiederkaufs begeben. (* 8.) Endlich ist im Jahr 1430. das Dorf Clevetz von Benedictus von Kühren für 420. Mark mit Willen und Vollbord der Herzogen zu Schleswig Adolph und Gerhards gekauft und dem Closter einverleibet worden. (* 9.) Es ist zwar vorher gedacht, daß Detlev von Bockwald im Jahr 1426. das Dorf Barkau für 900. Mark an das Closter in Ahrensböck verkauft,

kauft, da aber in dem Jahr 1435. das Closter von den sämmtlichen Vicarien am Thum in Lübeck die Hälfte von diesem Dorf an den Prior Gottfried und an das Convent zu Ahrensböck verkauften; so folgt, daß die Vicarii zugleich mit dem Closter das Dorf von dem von Buchwald müssen gekauft und ihre Hälfte hernach dem Closter für 450. Mark überlassen haben. Immittelst dünkte den von Bockwald das Dorf zu wohlfeil verkauft zu haben und ließ sich daher im Jahr 1438. noch 100. Mark dafür bezahlen, doch daß dieses dem ersten Kauf nicht nachtheilig seyn sollte. (* 10.) Solchergestalt hat das Closter unter diesem Prior an Ländereyen zum Nutzen des Closters ein merkliches gewonnen. Im Jahr 1436. schenkten die Brüder Johannes und Herbertus zugenannt Ellingsten dem Closter 30. Mark Rente auf Femarn, und 20. Mark, so sie in dem Closter Marien-Ee in Schwerin gehabt, mit dem Beding, diese Renten Zeit Lebens selbst zu geniessen, nach ihrem Tode aber sollten solche dem Closter heimfallen. (* 11.) Zu dieses Prioris Zeiten ertheilte der Bischof zu Lübeck Johannes Scheel einen Ablaß auf 40. Tage für diejenigen, welche mit Hand-Diensten oder andrer Hülfe den Bau der Brücken und der Wege vor Plön würden befordern. (* 12.) Auch hat dieser Prior einen Trost-Brief an den Bürgermeister in Hamburg Johannes de Rode wegen Absterben seiner Ehegenoßin im Jahr 1435. geschrieben, welcher in der Hamburgischen Kirchen-Historie aufgehoben. (* 13.)

(*) P. 74. (b) (**) p. 74. (b) (***) ibid. (****) dipl. p. 247. (*****) ibid. (* 5.) dipl. p. 252. (* 6.) p. 50. (a) (* 7.) p. 90. (* 8.) p. 123. (* 9.) p. 119. (* 10.) p. 51. (* 11.) dipl. p. 218. (b) (* 12.) p. 123. (b) (* 13.) vid. Staphorst Hamburgische Kirchen-Geschichte T. I. dritter Band p. 287.

§. 15.

§. 15.

PAULUS. Er war vorher Procurator des Closters, und ward wegen seines guten Rufs im Jahr 1419. zu einem Prior des Closters Mariencron am Rugenwalde erwählet, woselbst er den Ruhm erhalten, daß er unter allen seinen Vorfahren und Nachfolgern der beste Prior gewesen. (*) Nach Allerheiligen des Jahrs 1438. ward er Prior zu Ahrensböck. In seinem so genannten Registro magno, welches er zusammen getragen, hat er bey dem Jahr 1441. bemerket, daß er an Detlev von Bockwald, damaligen Besitzer von Rethwisch, wegen Lebatz und Borno, welche derselbe zum Wiederkauf aufgekündiget, noch 200. Mark bezahlt habe. Er nennt ihn einen beschwerlichen Nachbarn, von welchem die benachbarten Dörfer allerley Ungemach zu befürchten hätten. (**) Eben so gieng es mit dem Dorf Barkau, für welches das Closter an Detlev von Bockwald über die Summa der 1000. Mark im Jahr 1441. noch 200. Mark erlegen muste; doch erhielte es die Versicherung, daß er und seine Erben sich des Rechts des Wiederkaufs erstlich nach 12. Jahren gebrauchen und überdem die 1200. Mark in einer Summa in Lübeck bezahlen wollten. Im Jahr 1447. schenkte Johannes Ricwarder auf seinem Sterb-Bette dem Closter das halbe Dorf Dackendorf und gab demselben darüber Siegel und Briefe. Weil aber diesem Geschenk von dessen Bruder Luderus widersprochen ward; so gab das Closter aus Liebe zum Frieden, und um kein Ärgerniß zu geben, es wieder heraus. Unterdessen ließ dieser Luderus das halbe Dackendorf dem Closter für 250. Mark käuflich über und gab von dieser Summe 40. Mark wieder zurück, petens, wie es heißt: perpetuam memoriam. Dieser Kauf ward 1453. von Adolph Herzog zu Schleswig bestätiget, doch behielt sich derselbe das Recht des Wiederkaufs um 300. Mark vor. (***) Im Jahr 1443. errichtete dieser Prior Paulus einen Vergleich mit den Dunkerstorfer Unterthanen wegen Stauung der grossen Wiese zu Flörkendorf, welche ihren Wiesen nachtheilig war, daß diese Stauung zwey nach einander folgende Jahre bleiben sollte, und alsdann das Wasser seinen freyen Lauf wieder haben. Für diese Willfahrung gab das Closter den Dunkerstorfern 5. Mark Lüb. Pfenninge und eine Tonne Bier. (****) Sonst hat man auch Nachricht, daß dieser Prior im Jahr 1448. die Wasser-Stauung bey dem Spanbrock, so Gottschalck und Barthold Barsebecke verkauft, für 50. Mark ans Closter gebracht. Ausser diesem findet sich nicht, daß das Closter zu seiner Zeit viel gewonnen. Auch hat dieser Prior in seinem Register angemerkt, daß die Clevetzer üble Bezahler ihrer Heuer gewesen, deswegen sie einen Bruder, Simon genannt, dahin gesandt, von welchem es heist: multas reysas illuc fecit. (* 5.)

(*) Schöttgen im alten und neuen Pommerlande. p. 28. (**) p. 109. (a) (***) p. 84. (b) (****) p. 15. (b) (* 5.) p. 120. (a)

§. 16.

GREGORIUS. Selbiger scheint um das Jahr 1450. Prior geworden zu seyn und hat bis 1465. gelebt. Zu seiner Zeit ist das Dorf Sysel mit der dabey liegenden See von Volrad von Bockwold auf Rethwisch für 2600. Mark gekauft, welcher Kauf von Herzog Adolph zu Schleswig in eben demselben Jahr bestätiget. Doch behielt sich der Herzog nebst der gemeinen Landwehre auch das Recht des Wiederkaufs vor. Doch hat sich Christiernus, König in Dännemark, dieses Wiederkaufs im Jahr 1460. gänzlich begeben. (*) Im Jahr 1456. hat Barthels Bersebecke auf Glasau das Dorf Barkhorst

an

an das Closter zu Ahrensböck für 1200. Mark Lübisch verkauft, welcher Kauf dazumal von Herzog Adolph zu Schleswig bestätiget, doch hat sich derselbe das Recht des Wiederkaufs vorbehalten. Dieses Rechts aber hat sich der König Christiernus in Dännemark im Jahr 1460. völlig begeben: (**) desgleichen auch wegen Grevenhagen (***) und Clevetz geschehen. (****) In dem folgenden 1457. Jahre hat Hartwig von Bockwald zu Lensan dem Closter zu Ahrensböck sein ganzes Dorf Lussendorp in dem Kirchspiel Ratkau belegen für 1800. Mark verkauft, welcher Kauf von dem Herzog Adolph zu Schleswig, jedoch mit Vorbehaltung des Wiederkaufs bestätiget. Auch dieses Wiederkaufs hat sich der König in Dännemark Christiernus begeben. (*4.) Im Jahr 1462. brachte das Closter käuflich an sich die beeden Dörfer Penze und Gerkau mit dem ganzen Penzer See, mit dem kleinen halben Dankmerstorper See, und mit dem Kul See, imgleichen dem Knorren-Krog und der Ahlwehre. Dis ward von Hinrich von Bockwald zu Seedorp für 2500. Mark Lüb. gekauft. Dieser Kauf ward in dem folgenden Jahr 1463. von König Christiern zu Dännemark solchergestalt bestätiget, daß er sich alles Rechts des Wiederkaufs daran begeben. (*5.) Es ist vorher §. 14. angezeiget, daß das Closter die Ahlwehre vor Plön von Joachim von Kühren gekauft. Solche machte Christiernus König in Dännemark von dem Wiederkauf, unter welchem dieselbe auf 20. Jahr stand, wieder frey, mit dem Zusatz: "jee schölen "des vorbenannten Ahlwehrs-Brücken ewiglicken mit vrieme" "Strome dörch de Onwe und mit vrieme Strome vor der Onwe" "herh in den Beeler See gebrucken. (*6.) Weil die so genannte lütge Dankmarstorper See dem Capitel zu Lübeck halb zugehörte; so ereignete sich mit dem Closter zu Ahrensböck eine Streitigkeit über den Ausfluß desselben in die Aue bey Knorrenkrog. Solcher Streit ward durch den damaligen Bischof zu Lübeck Arnoldus solchergestalt beygeleget, daß er vor das Closter ausfiel, dafür dieses sich verpflichtete, für den Bischof zu GOtt zu beten. (* 7.) Dieser Bischof Arnoldus ertheilte dem Closter 1451. einen Ablaß Brief, durch welchen den Leuten um gewisser guten Werke willen Vergebung der Sünden ertheilet würde. (* 8.) Sonst machten im Jahr 1463. die beeden Carthcuser Clöster zu Ahrensböck und Mariensee bey Rostock die Vereinigung, daß sowohl die Conventualen als Conversi, wenn einer von ihnen stürbe, alle viertel Jahr ein Tricennarium oder Todten-Dienst halten sollten. (* 9.)

(*) Pag. 124. (b) (**) p. 131. (a) (***) p. 103. (****) p. 109. (b) (* 4.) p. 135. (* 5.) p. 141. (b) (* 6.) p. 113. (* 7.) p. 141. (b) (* 8.) dipl. p. 400. (* 9.) S. Rostockisches Etwas p. 289. sq. woselbst diese Urkunde eingerückt.

§. 17.

PETRUS. Ist etwa im Jahr 1465. Prior geworden. Zu seiner Zeit ist nichts sonderliches vorgefallen. Das einzige, worin seines Namens gedacht wird, ist ein Verzicht-Brief des Königes in Dännemark Christiernus den Wiederkauf des Dorfs Stenrade betreffend, welches sich Herzog Adolph zu Schleswig vorbehalten hatte. (*) Er scheinet dem Closter nur eine kurze Zeit fürgestanden zu haben. Es hat sich König Christiernus des Wiederkaufs in Stenrade 1465. begeben. (**) Auch hat in eben demselben Jahr eine Wittwe des Bürgermeisters in Lübeck Johannes Lüneburgs, Elsabe, zur Erbauung einer Mühlen in Neuenschwogel 300. Mark geschenket, davon aber 20. Mark zu Anschaffung 4. Oberkleider (pellices) für die Mönche sollten verwandt werden. (***)

(*) P. 68. (**) p. 68. (b) (***) p. 114. (b)

§. 18.

JOHANNES SCENWEG ist ums Jahr 1466. Prior gewesen. Alles, was von ihm bekannt ist, besteht darin, daß er den Bauren zu Holstendorp ihr Feld zur alten Hauer gelassen, welches zu den Zeiten des Prioris Gregorii, nachdem es von einem Mönch Hermen genannt, gehufschlaget worden und grösser befunden, daher auch vor voll bezahlet werden müssen. (*)

(*) P. 20. (b)

§. 19.

NICOLAUS. Er hat den Zunamen Kannen. Zu seiner Zeit ward der Hof und das Dorf Schwienkuhlen mit Sebelin von der Wittwe Abel und Gotzick und Ernst, Söhne der Frauen Abel und seligen Eggerdes Muggels zu Schwienkuhlen für 2700. Mark und ein leidisch Lacken, wie es heist: mit 14. Hufen Landes zu Schwienkuhlen und mit 16. zu Sebelin verkauft. Dieser Kauf ward in demselben Jahr von Christiernus, König in Dännemark bestätiget, und zwar solchergestalt, daß die Herrschafft sich nichts an diesem Kauf vorbehalten, als die blossen Landwehren und was sonst das gemeine Land thut. (*) Eben derselbe König bestätigte auch im Jahr 1470. den Kauf des Dorfs Clevetz und der Süderfee, daß solches dem Closter zu Ahrensböck ohne allen Wiederkauf eigenthümlich zu ewigen Zeiten verbleiben sollte. (**) In eben demselben Jahr schenkte Claus Wulvestorp zu Lossendorp um der Seligkeit seiner auch seiner Freunde und Kinder Seelen willen seinen in Lossendorp belegenen Fischteich in Gegenwart des Prioris Nicolai und zweener Brüder, als Conrad Spiring und Hans Poggensee. (***) Im Jahr 1468. wurde die Gränze, wohin der Procurator reisen konte, auf 12. Meilen erweitert. Die termini minores aber blieben, wie sie gewesen. (****)

(*) ibid. (**) pag. 119. (***) pag. 139. (b) (****) pag. 6. (a)

§. 20.

JOHANNES CORDES, sonst auch Conradi genannt, scheint 1478. Prior geworden zu seyn, wie denn seiner schon in diesem Jahr gedacht wird. (*) Im Jahr 1479. vergnügte dieser Prior die Einwohner zu Lebatz wegen einer Wasser-Stauung in dem Kellershagen Teich mit etwas Unterholtz an dem Schotbrocke. (**) In eben demselben Jahr verkaufte Claus Ratlov, Henneckens Sohn und Claus Ratlov, Joachims Sohn den Wiederkauf des Hofes Schönkamph mit der Mühlen und dem Mühlen-Teich, sieben Hufen in Curau, vier Hufen in Dakendorf, zwey und ein viertel Hufen in Kerstenhagen für 700. Mark. Wenn nun solche Güter im Jahr 1418. für 1400. Mark gekauft, und im Jahr 1437. dazu 300. Mark bezahlet, so kamen jetzo diese Güter dem Closter 2400. Mark zu stehen. Das Closter empfieng darüber eine Bestätigung von Christian, König in Dännemark in dem Jahr 1480. (***) Nichts destoweniger machte Claus Ratlov, Joachims Sohn, dem Closter dieses Kaufs wegen in dem folgenden 81sten Jahr neue Händel, welche dasselbe mit 300. Mark abkaufte, daß demselben also diese Güter in allem 2700. Mark zu stehen kamen. (****) In eben dem 1480sten Jahr bestätigte der König dem Closter die Güter in Holstendorp, begab sich des Wiederkaufs, und befohl seinen Amtleuten, solche Güter, gleich den Seinigen, zu verhegen und zu beschirmen. (*4) Er befahl auch in demselben Jahr, daß dem Closter die Mastung in den von demselben gekauften Gütern zustünde, woran

die

die Steenrader Ansprache gemacht hatten. (*5.) Im Jahr 1483. ward durch Vermittelung des damaligen Bischofs in Lübeck Albertus ein Vergleich zwischen dem Closter und Hans von Buchwald zu Eckelsdorf wegen des Sees zu Barkau und der daraus fliessenden Aue gemacht, welcher gröstentheils dem Closter zum Vortheil gereichte. (*6.) In eben demselben Jahr fällte Johannes, König in Dännemark ein Urtheil über 11. verschiedene Streit-Fälle, welche das Closter mit andern gehabt hatte. (*7.)

(*) Pag. 148. (b) (**) p. 113. (***) p. 75. (b) (****) ibid. (*4.) p. 18. (*5.) p. 49. (b) (*6.) dipl. LXIX. (*7.) dipl. CCCCXXXI.

§. 21.

GEORGIUS sonst auch Jürgen genannt. Daß derselbe im Jahr 1484. bereits Prior gewesen, erhellet aus einer Urkunde, nach welcher Hans Jordens, gewesener Müller in Ahrensböck dreyen Jungfern um seiner Seelen Seligkeit willen unter gewissen Bedingungen 40. Mark vermacht. (*) Im Jahr 1475., welches aber verschrieben zu seyn scheinet und 1485. heissen soll, hat der Bischof zu Lübeck Albertus dem Prior Georgio Erlaubniß gegeben, die Capelle des heiligen Antonii vor Plön zu errichten und darin vor einem zu erbauenden Altar Messe zu halten, doch ohne Nachtheil des ordentlichen Pfarrherren, welcher Rector Ecclesiæ genannt ward. (**) In eben demselben Jahr versprach Hinrich von Buchwald, dem Closter die Nützung seiner halben Kulsee zu überlassen. Es heist aber dabey: non servavit fidem. Im Jahr 1486. verkaufte Detlev von Buchwald zu Hasselburg seinen halben See zu Altena mit der Bergseite in dem See belegen, und der Wiese, die dafür liegt, bis an die Eichwurden, wo die Pfäle stehen und

und die Steine liegen, vor 1000. Mark. (***) Dieser Kauf ward in dem folgenden Jahr von König Johannes in Dännemark und dem Herzog in Schleswig bestätiget. Im Jahr 1487. schenkten der König Johannes und Herzog Friderich die Jagdfreyheit über Haasen und Rehe; behielten sich aber die wilde Schweins-Jagd selbst vor. (****) In dem Jahr 1488. kaufte das Closter den Hof Equelstorf, mit den dreyen Dörfern Equelstorf, Middelborg und Ottendorp samt der Wolters-Mühlen für 6200. Mark, weil es aber dem Closter zu schwer ward, so viel Geld aufzubringen; so verkaufte es die Güter, die es auf Femarn hatte, ausser vier Leuten, deren Schuld dem Closter eigen blieb. (*4) Obiger Kauf wird nochmals wiederholet mit dem Zusatz, daß die Seen zu Wolters-Mühlen, der Teich und der Wolters-Krug in diesen Kauf mit eingeschlossen. Selbiger ward von König Johannes und Herzog Friderich mit Begebung des Rechts des Wiederkaufs befestiget. (*5.) In der Kirchspiel-Kirche zu Ahrensböck waren fünf Altäre, darunter drey mit Allmosen und Einkünften versehen. Dis machten sich die Mönche zu Ahrensböck zu Nutze, indem der Prior im Jahr 1488. die Erlaubniß erhielte, durch selbige vor diesen Altären Messe halten zu lassen, (*6.) wie denn auch der Bischof zu Lübeck Albertus den Cartheusern die Macht gab, in gewissen Fällen, die dem Bischof vorbehalten, die Absolution zu ertheilen. (*7.) Im Jahr 1493. schenkte Johannes Kuhle, Præpositus auf Femarn 200. Mark, davor gab das Closter demselben auf Lebzeiten 10. Mark Rente: 6. Mark aber behielten die Mönche zu zwey Tonne Hamburger Bier, davon eine am jährlichen Gedächtniß-Tage (anniversario) seines Bruders Hartwig Kuhlen gebraucht ward; die andere am Weyhnachts-Tage. Nach dem Tode des Johannes Kuhlen fielen die Renten insgesammt an das Closter und sollten dafür

jähr-

jährlich fünf Tonne Hamburger Bier angeschaffet werden. Eine davon sollte in dem Jahr-Gedächtniß seines Bruders, die andere auf Weyhnachten, die dritte auf Ostern, die vierte auf Pfingsten und die fünfte in dem Jahr-Gedächtniß des Johannes Kuhlen selbst verzehret werden. (*8.) Man siehet hieraus, daß die Mönche die Todten-Feyer bey einem guten Trunk Bier begangen.

(*) Pag. 13. (d) (**) p. 123. (b) (***) p. 124. (b) (****) p. 125. (a) Herr Lackmann hat diß aus einem repertorio tabularii Schleswicensis angeführet. Vid. ejusd. Schleswig-Holsteinische-Historie. P. I. 22. (*4.) p. 32. (b) (*5.) p. 153. (b) (*6.) p. 62. (a) (*7.) p. 6. (b) (*8.) p. 34.

§. 22.

STEPHANUS hat den Zunamen: Tzorrentin. (*) Er scheint im Jahr 1494. Prior geworden zu seyn. In demselben Jahr ward ein Streit in Lübeck, da sich ein Kupfer-Schmidt dem Hause, so dem Closter zugehörte, zu nahe zu wohnen begab, zum Vortheil des Closters durch den Raht gehoben. (**) Es war Hans Rantzau der Wiederkauf auf das Gut Equelstorp und andere von Johannes König in Dännemark und Friderich Herzog in Schleswig geschenket. Er aber gab solches 1495. dem Closter zu Ahrensböck ohne Entgeld. (***) Marcus Verst ein Bürger aus Lübeck schenkte 1496. dem Closter 200. Mark, behielte sich aber auf Lebzeiten die davon fallende Zinsen vor. (****) In demselben Jahr schenkte Hans von Ahlefeld, Ritter, wohnhaft auf Hasseldorp dem Closter 1000. Mark. Die Urkunde ist wehrt gedruckt gelesen zu werden. Sie lautet also:

Ick Hans van Ahlevelde, Ritter, bekenne apenbare vor my unde myne Erven, mit dissème Breve vor als weme, dat ick van sünderger Gnade unde Angevinge des Allmächtigen Gades betrachtet unde tho synne genamen hebbe, dat nichts wissers wanne de natürlicke Doth, unde nicht unwissers wanne de Stünde des Dodes, up dat my denne de Doth nicht vorschnelle sünder Schikinge disses Nageorden. So hebbe ick by gesunden Live, deme allmächtigen Gade, Marien der Moder Christi, unde alle hemmelschen Heer tho Lave, unde mich miner ock Ahlheide miner gegenwardigen ehelicken Husfruen, unsere Kinder unde Fründe, de noch im Levende sin, ock unser seligen Oldern unde Fründe, unde miner Seligen Husfruwen alle in GOtt verstorven, unde aller Christen Lovigen Seelen salicheit, vor ein mylde Almyssen gegeven unde thogekeret dusent Lüb. Mark Penninge, den Innigen unde Geistlicken Vederen Priori unde ganzem Convente des Closters Marien-Tempel anders genannt tho Ahrensböcken Carthuser-Ordens im Lande tho Holsten belegen, Lübisches stiftes, tho affkortinge erer schweren Schulde, dar se tho disser tidt mede belastet syn. Welker se in groter Danknamicheit entfangen hebben. Up dat deme so dan Almyse unde Woldath nicht unfruchtbar vorbleve sünder Geistlicke vorschuldinge, und Medebelinge eres innigen Bedes. So hebben se van egener Beweginge mit güden Willen in Danknamicheit so daner vorgerorden Woldath up genamen unde my tho gesecht in der Capellen benedden unser leven Frouwen Capellen in erer Karspel Karken van einem Prestere eres Ordens unde Horsames, deme dat tho tyden bevalen wert, tho miner, vor Ahlheide miner ehelicken Husfrüwen, unser Olderen unde Fründe Levendigen unde Doden vorgerörd unde vürder all derjennien dar ick des vor begere, ock seligen Hans Poggewisch unde vor Annen siner nalaten Husfruwen miner leven Süster unde Christen lovigen Seelen salicheid, eine ewige Mysse, alle Dage tho

Love

Love und Eren der hilligen Drefoldigheit, unde aller Hilligen, unbescheden in sollen Dagen effte Tyden, alse se anfallicker Wyse van eres Ordens wegen daranne mögen verhindert werden. Tho welkere vorschreven Capellen de genannte Bedere Prior unde Convente my unde mynen mede benomenden fründtlicke thostadinge gedan hebben, unde uns vor Patronen unde vorweser dartho gekoren unde entfangen hebben uns unse graft, darinnen tho gunnende, wan sick dat so na dem Willen Gades begift unde uns belevet. Dartho hebben se my, vor Ahlheide myner ehelicken Husfruwen unde unsen Schlechte Hans Poggewischen unde vor Annen myner Süster, unde ock myner seligen Husfruwen samtlicken ewige Begenknisse tho veer thyden des Jares vermiddelst en unde eren Nackomelingen bynnen Closters tho begaende mit Vigilien und Zele Myssen, wan en dat bequem ist, na den dreen Hovet Festen unde in myner Jar Tydt na eres Ordens lovlicken Wohnheidt tho gesecht, welkere se geschreven hebben in erem Calender unde Böcke erer Woldädere. Also hebbe ick en vor my unde myne Erven wedderumme loffticken thogesecht, dat wy ere unde den eren günstige Fründe unde Beschirmere wesen willen, unde ere unde eres Closters Beste weten unde vortsetten na alle unsen Vermogen. Dieses alle tho warer Orkonde hebbe ick myn Ingesegel vor my unde myne Erven wytlicken gehenget an dissen Bref, na Christi unses Heren Gebordt veertheinhundert unde in dem söstendenegentigesten Jahre.

In dem vorhergehenden §pho ist angezeiget, daß Johann Kuhle dem Closter 200. Mark geschenkt. Als derselbe 1499. mit Tode abgieng, erzeigten etliche Bauren auf Femarn, bey welchen das Geld belegt war, sich wegen des Capitals schwierig und wollten die Zinsen nicht abtragen. Es ward aber diese Sache durch den König Johannes so verurtheilet, daß die Bauren bezahlen musten. (* 4.) In eben demselben Jahr muste das Closter an Detlev von Bockwald 520. Mark über die 1200. welche schon für Gerkou gegeben waren, bezahlen. Dieser Bockwald war mit demselben von den beeden Landes-Herrn als nächster Erbe belehnet und trat sein Recht mit Begebung des Wiederkaufs für die 520. Mark auf frischer That für der Herrschafft und ihren Rähten an das Closter wieder ab. (* 5.) Im Jahr 1500. trug sich ein besondrer Fall im Closter zu. Ein trunkener Bauer Timje Krull fuhr einen Mönch Hans Genten nicht nur mit unhöflichen Worten an, sondern übte auch Gewalt an demselben aus. (* 6.) Wie wol er nun das Leben damit verwürkt hatte; so straften ihn die Mönche doch nur um 10. Reinische Gulden, die er in gewissen Terminen bezahlen muste. (* 7.)

(*) Pag. 34. (b) (**) p. 6. (***) p. 154. (a) (****) pag. 34. (b) (* 4.) ibid. (* 5.) p. 52. (* 6.) Es heist: he nem eine by sinem Barde unde flöt eme unwerdig an des Bruch-Hofes Muren. (* 7) p. 79. (b)

§. 23.

JOHANNES VOSS. Selbiger ist im Jahr 1503. Prior gewesen und vermuhtlich auch in demselben gestorben. Seiner wird bey Abtragung eines Termins, der auf die Schuld eines Einwohners in Sysel gesetzt war, gedacht. (*) Unter dem Prior Stephanus wird er noch 1499. Bruder genannt. (**) Zu seiner Zeit gab Raymundus, Cardinal und päbstlicher Legatus in ganz Deutschland, Dännemark, Schweden, Norwegen, Frießland und Preussen Erlaubniß zu verbotenen Zeiten, jedoch bey verschlossenen Thüren, Messe zu halten, auch diejenigen, welche um Schuldenhalber oder wenn sie einen Geist-

lichen

lichen geschlagen, excommuniciret, aufzunehmen, und dieselben, wie es heisst: prævia satisfactione debita zu absolviren. (***) Auch hat es sich zugetragen, daß Marquard Strucks aus Curau einen Mönch, Bruder Peter genannt, seinen Bart ausgerauft. Dafür hat er müssen ein Wachs-Licht von ½ Lb. baarfuß um den Kirchhof zu Curau tragen, und mit zwölf Frauen und Jungfern um Vergebung seiner Mißhandlung bitten und dazu 12. Mark Brüche an das Closter bezahlen. (****)

(*) pag. 61. (b) (**) pag. 61. (a) (***) Dipl. p. CCCXXX. (b) (****) p. 61. (b)

§. 24.

BARTHOLDUS. Er ist im Jahr 1504. Prior geworden und scheinet auch in demselben gestorben zu seyn. Zu seiner Zeit hat sich nicht viel erhebliches zugetragen. In demselben Jahr haben zwey Leute aus Overwold für 20. Mark, so Otto Jordens in Overwold auf Zinsen genommen, in Gegenwart dieses Prioris sich in solidum dafür verbürget. (*) In eben dem Jahr gab er Michael Kave aus Penze die Erlaubniß auf dem Dankwerstorfer See zu seiner Nohtdurft zu fischen aber keine Körbe auszulegen. (**) Noch finden sich etliche Nachrichten von demselben, die aber von keiner Erheblichkeit sind.

(*) P. 89. (b) (**) p. 141. (b)

§. 25.

ARNDT oder ARNOLDUS LANDMANN. Im Jahr 1500. heist er Schaffer (*) und scheint im Jahr 1505. Prior geworden zu seyn. Es sind Kleinigkeiten, die bey seiner Zeit vorgefallen und bestehen in Kauf und Verkaufung der Häuser der Unterthanen, nachdem der

Ankauf weltlicher Güter und Dörfer anfieng aufzuhören. Er scheint im Jahr 1507. den Weg alles Fleisches gegangen zu seyn.

(*) Pag. 91.

§. 26.

STEPHANUS. Er war vorher Procurator (*) und scheinet 1508. Prior geworden zu seyn. (**) Was von demselben aufgeschrieben ist, besteht in kleinen Rechnungen, die er mit den Unterthanen gehabt und in Verkaufung eines Hauses, darin die Gilde Brüder des heiligen Leichnams 6. Mark gehabt. (***) Er ist vermuhtlich in dem Jahr 1512. mit Tode abgegangen. Was sonsten von demselbigen zu merken, ist dieses, daß die Bischöfe von Lübeck Wilhelmus und Johannes in dem Jahr 1508. und 1511. dem Closter zu Ahrensböck Ablaß-Briefe auf 40. Tage ertheilet. Weil dies unter den Ablaß-Briefen, die dem Closter gegeben, der letzte und sich daraus die Beschaffenheit der damaligen Zeiten ziemlich erkennen läßt; so hat man nicht unterlassen wollen, dieselben, wie solche in dem Diplomatorio Ahrensböcensi aufgehoben, hier mitzutheilen.

Wilhelmus Dei & Apostolicæ sedis gratia Episcopus Lubecensis religiosis ac Deo devotis patribus Priori & Conventui conversis ac donatis hospitibus, noviciis & redditis tam Clericis quam laicis domus Templi Mariæ in Arnsböcken, nostræ diœcesis, ordinis Carthusiensis pro nunc ibidem Deo famulantibus, ac eorum in Religione successoribus, in domino salutem sempiternam. Ut quidem devotionis vestre affectus & vestrarum mentium fervor salutaris apud Dominum Deum diligentius augeatur fidelium etiam suffragiis adjuvetur largiusque attolli mereatur in Domino plurimum affectamus. Ex certa nobis facta relatione didicimus, quod devotione speciali, quam ad nos nostramque Ecclesiam geritis inducti, in

missis

missis vestris conventualibus & privatis, nec non in horis Canonicis & cursu beatæ semper Virginis Mariæ, aliisque vestris orationibus tam publicis quam privatis, pro nobis nostraque Ecclesia & grege nobis commisso, devota quædam suffragia, deo exsolvere & offerre consuevistis. Volentes igitur devotiones vestras hujusmodi ad tam pium opus reddere promptiores ad continuata etiam hactenus constantiores spiritualibus quidem stipendiis, quantum cum Deo possumus, curavimus recompensare. Vobis itaque & cuilibet vestrum præmissorum confessis & contritis, qui in missis vestris conventualibus pro vivis, sive etiam privatis tam pro vivis quam pro defunctis aliisque horis canonicis, & de beata Maria Virgine particulariter omnibus, nocturnis sive diurnis & ad quascunque alias vestre devotionis horas, sive peculiares orationes publice vel in privato, communiter vel divisim, in Ecclesia vel in cellis hanc orationem & antistitem nostrum una cum grege sibi commisso ab omni adversitate custodi, devote subjunxeritis, vel subjunxerit suffragando, vel ab aliis dum audieritis & responderitis Amen. De omnipotentis Dei misericordia, & beatorum Petri & Pauli Apostolorum authoritate confisi, quadraginta dies indulgentiarum totiens, quotiens hæc feceritis in Domino misericorditer relaxamus. Insuper pie attendentes quod solitudini & exilio à communi conversatione hominum propter Deum vos libere mancipastis, ut in Christo, vera vite, fructum plurimum afferre valeatis, quod & nos nonsolum commendare in vobis verum etiam Pietate Paterna permoti, vos ad ea digne exequenda spiritualibus quidem muneribus decrevimus sollecitius animare. Vobis igitur præmissis omnibus & cuilibet vestrum præsentibus & futuris, quotiens in Jesu Christi Domini & salvatoris nostri amore suæ passionis memoriam, orationes vestras devotas, suspiria cordis, singultus & lachrymas patienter ac in fervore ad Deum sustinueritis, Cellam, silentium, aliasque observantias & obedientias ordinis vestri dignè observaveritis, chorum etiam & Ecclesiam temporibus congruis, diligenter cantando ad laudem Dei & psallendo frequenquentaveritis, fiduciam & cogitatum in Dominum Deum pro ut dignum est jactaveritis, patientiam & humilitatem in simplicitate cordis vestri habueritis, Meditationibus etiam sanctis studiis, lectionibus aliisque salubribus actibus seu doctrinis vacaveritis, corporalibus itaque injunctis vobis laboribus diligenter executis vestra pro facultate Carthusianamque vitam in suscepto vestro proposito ac cætera vestra exercitia spiritualia studiose observaveritis, Missas quoque ac suffragia in eisdem officiis missarum vestrarum de corpore videlicet dominico gloriosissimo ac de passione seu etiam de quinque vulneribus Jesu Christi, aut de beata Virgine Maria devote celebraverint, ac etiam celebrantibus hujusmodi, ad eadem officia diligenter ministraverint & in suis officiis etiam quibuslibet, de omnibus Sanctis suffragia ordinis vestri solita apposuerint. Quique quando in vestra Ecclesia pro hora Completorii ac in Parochia vobis conjuncta serotino tempore campana pulsatum fuerit, ad pulsum hujusmodi qemlibet ter angelicam salutationem devote oraverint, nec non pro nobis, ut præmissum est, nostraque Ecclesia & grege nobis commisso in Missarum suarum officiis memoriam devote habuerint, ac alias ad Dominum Deum vota sua & preces effuderint, diligenter pro patriæ hujus pace & tranquillitate, illam etiam collectam fidelium: Deus omnium conditor &c. pro fidelibus defunctis detentis in purgatorio in quocunque tempore seu loco congruente fideliter oraverint, nec non quotienscunque dulcissima nomina Jesus vel Maria legerint vel cantaverint, seu legi aut decantari devoti audierint & juxta ordinis vestri observantiam laudabilem, reverenter, pro ut dignum est, inclinaverint seu etiam genua flexerint, si saltem poterint præ invalitudine conditionis humanæ aut etiam diligenter & devote auscultaverint pronunciari, ad versum itaque ipsum: Gloria patri & filio &c. more vestri ordinis reverenter inclinaverint, ac ad laudabilem & observatam vestri ordinis consvetudinem, ad inceptionem horarum vestrarum Canonicarum seu etiam beatæ Mariæ Virginis, aliarumque orationum ac meditationum sanctarum, nec non in principio & in fine missarum,

missarum, signo salutiferæ crucis, quo debellatus est hostis ipse antiquus & serpens tortuosus, devote se signaverint ac reverenter inclinaverint. Rursum etiam qui in melodiis psalmorum sive cantus vestri, aliquam notarum, mente tenus alicui vulnerum Christi sive coronæ ejus spineæ ex fervore intimæ devotionis assignaverint sive deputaverint. Quique coram summo altari Ecclesiæ vestræ & imagine Virginis gloriosæ in eodem sublimata, ac coram altari sanctæ crucis in eadem, ob memoriam Dominicæ passionis & in veneratione ejusdem Sanctissime Virginis Mariæ, ac virtutem compassionis quinquies orationem Dominicam & totidem angelicas salutationes devote oraverint, Insuper ad laudem & gloriam nostri salvatoris ejusdemque genetricis suæ gloriosæ clausulas subsequentes ad horas canonicas, & etiam beatæ Virginis Mariæ aliasque orationes suas publicas sive privatas dixerint seu devote oraverint: illas videlicet: Dulce nomen Domini nostri Jesu Christi & laudabile nomen gloriosissimæ Virginis Mariæ, ac omnium sanctorum nomina sint benedicta & glorificata in sæcula sæculorum Amen. Ac illam: sanctæ & individuæ Trinitati simplici unitati Jesu Crucifixi humanitati intemerateque Virgini Mariæ & matri ejusdem salvatoris nostri, cum omnibus sanctis & electis Dei, sit laus & gloria ab omni creatura per infinita sæcula sæculorum Amen. Etiam illam, divinum auxilium maneat semper nobiscum Amen. Nec non beatissimam Dei genetricem cum filio suo dilecto, a quibus dependet omnis gratiæ largitas, devote imploraverint dicendo post horarum conclusionem: Nos cum prole pia benedicat Virgo Maria Amen. Seu etiam illam, in refrigerium fidelium animarum; Et animæ omnium fidelium defunctorum per misericordiam Dei requiescant in pace Amen. Concludentesque clausulas hujusmodi prædictas ut diximus hanc clausulam, & Antistitem nostrum &c. devote apposuerint & oraverint, audiendo etiam, ad clausulas præfatas seu alteram earum Amen apud se humiliter responderint: omnibus vobis & singulariter singulis vere pœnitentibus, confessis & contritis nunc in dicto vestro Monasterio præsentibus

& futuris, totiens quotiens de omnibus istis, ut præmittitur, aliquid horum feceritis, seu alter vestrum fecerit, de omnipotentis Dei misericordia & eorundem beatorum Petri & Pauli Apostolorum ejus authoritatibus confisi quadraginta dies indulgentiarum pro vice qualibet in Domino misericorditer concedimus & indulgemus. Attendentes itaque observationes vestras regulares & omnino cavere satagantes, ne forte in quibusdam articulis præmissis de facili moveanimi ad exitus insolitos cellarum vestrarum, quas damnabiles vobis arbitramur, decernimus & indulgemus, ut easdem hujusmodi nostras concessas indulgentias consequi valeatis, in cellis vestris orantes & præmissa quæque, prout convenit, uti expessum est facientes, ac si ad singula loca in Ecclesia vestra, pro memoratis indulgenciis consequendis deputata, devote ambulaveritis per inde valere volumus. Hac nostra declaratione ratificantes & approbantes ea, quæ juxta ordinis vestri statuta, studiosiore observatione in his quomodolibet fiunt citra etiam quarumcunque aliarum indulgentiarum vobis hactenus per nostros prædecessores in Domino defunctos, tam vivæ vocis oraculo, quam etiam in scriptis concessarum revocationum, quibus minime derogare intendimus per præsentes, sed potius quantum nostra se extendit & observat autoritas, eas diligentius confirmamus, honorem Dei omnipotentis gloriosæque Virginis Mariæ & Sanctorum omnium, ac vestras devotiones pro nostra Ecclesiæque nostræ, ac commissi nobis gregis salute ampliare curantes. In quorum omnium & singulorum testimonium evidens, sigillum nostrum ad præmissa solitum præsentibus duximus de mera scientia & voluntate nostra diligentius appendendum. Datum in Uthin in castro nostro Episcopali. Anno millesimo quingentesimo octavo Domini ipso die beati Thomæ Episcopi & martyris. Pontificatus vero nostri anno secundo &c.

Et nos Johannes Dei & Apostolicæ sedis gratia, Episcopus Lubecensis, præsentes literas & indulgentias in eisdem contentas, per beatæ memoriæ Wilhel-

Willhelmum Episcopum prædecessorem nostrum fratribus prædictis concessas, tenore præsentium approbamus, ratificamus & confirmamus. Similiter eisdem fratribus præsentibus & futuris totiens quotiens de omnibus istis ut præmittitur, aliquid præmissorum fecerint, seu alter eorum fecerit, de omnipotentis Dei misericordia ac beatorum Petri & Pauli Apostolorum ejus authoritate confisi, quadraginta dies indulgentiarum pro vice qualibet, in Domino misericorditer relaxamus ac impartimur. In cujus rei evidens testimonium Secretum nostrum præsentibus est appensum. Datum in arce nostra Episcopali Uthinensi. Anno Domini millesimo quingentesimo undecimo, die vero undecima mensis Januarii (****)

(*) P. III. (a) (**) III. (b) (***) ibid. (****) dipl. CCXXII.

§. 27.

JOHANNES von GREBEN. Dessen wird im Jahr 1513. gedacht. (*). Zu seiner Zeit ward wegen der Stauung des Teichs zu Schwienkuhlen ein Vertrag zwischen dem Closter zu Ahrensböck und dem Vicario zu Lübeck Brede Hinrich im Jahr 1514. aufgerichtet. Dis geschah durch Vermittelung Hennecke von Ahlefeld, Amtmanns zu Eutin, Harlych Mestorp zu Rogge wohnhaftig, Jacob Becker, Hinrich Wallstorp zu Glasau und Cai Seestede zu Lübeck. (**) Eben diesem Brede Hinrich war zur Vergütung die Hölzung: das lütge Dänische Brock genannt, eingeräumet. (***) Ein gleicher Vertrag ward zwischen dem Closter und Jacobus Becker Vicarius zu Lübeck an unserer Lieben Frauen Kirche wegen der Feld-Scheide des Teiches zu Schwienkuhlen, und des Dorfs Gisselrade, welches dem Vicario zugehöret, in eben demselben Jahr aufgerichtet. In selbigem Jahr ward dieser Vergleich von Bischof Johannes zu Lübeck bestätiget, und zwar solchergestalt, daß das Closter jährlich 3. Mark an den Besitzer der Vicarie zu Gisselrade geben sollte, welche 3. Mark aber mit 56. könnten eingelöset werden. (****) In dem Jahr 1516. ward den Clo-

Clöstern Reinfeld, Segeberg, Preetz und Ahrensböck von König Christian in Dännemark das Privilegium ertheilet, daß sie keine besondere Schatzung oder Bede in künftigen Zeiten entrichten sollten, ohne, was das gemeine Land thut. (* 4.

(*) Dipl. p. 61. (b) (**) Die Urkunde stehet unter den Diplomatibus pag. 93. (b) (***) dipl. pag. 143. (a) (****) dipl. pag. 42. (* 4.) dipl. pag. 66. (b)

§. 28.

JOHANNES WICKBOLDT. Er scheinet eine geraume Zeit Schaffner gewesen zu seyn, wie er denn als Schaffner verschiedenes in dem Erdbuch mit eigener Hand aufgezeichnet hat. Vermuthlich ist er im Jahr 1519. Prior geworden. In dem Jahr 1520. wurden an Hennecke von Bockwolde, Erbherr auf Pronstorf, zwey Erben oder Land-Güter, wie sie heissen, zum Kerstenhagen belegen, verkauft für 160. Mark. (*) Was sonsten von demselben aufgeschrieben, besteht in allerley kleinen Geschäften, welche er zwischen den Unterthanen gehabt und welche nicht wehrt sind, hier angeführet zu werden.

(*) Dipl. 196. (b)

§. 29.

WILHELMUS. Selbiger scheint im Jahr 1530. Prior geworden zu seyn. Unter demselben ward der im Jahr 1513. errichtete Vergleich des Closters mit dem Vicario zu Giffelrade wegen der Wasser-Stauung zu Schwienkuhlen von dem König Friderich bestätiget und der Vergleich wörtlichen Innhalts der Königlichen Confirmation eingerückt. (*) So findet sich auch von eben demselben Jahr eine

eine Quitung auf 2000. Mark, welche das Closter von dem Thum in Lübeck auf Zinsen gehabt und an den damaligen Dechant Johannes Rode wieder ausgezahlet. (**) Sonst ist zu dessen Zeiten nichts merkwürdiges vorgefallen.

(*) Dipl. p. 374. (**) Dipl. 448. (b)

§. 30.

PETRUS. Im Jahr 1524. war er schon Schaffner (*) Er verhäurete mit den Thumherrn in Lübeck gemeinschafftlich den Aul-See. (**) Sonst wird seiner verschiedentlich gedacht. Solches aber besteht in gewissen Abhandlungen mit den Unterthanen, und sind Kleinigkeiten, die keine Ausmerkung verdienen.

(*) Pag. 118. (b) (**) dipl. p. 38. (b)

§. 31.

HENNINGUS. Ist schon im Jahr 1544. Prior gewesen. (*) Zu seiner Zeit breitete sich die Reformation in diesen Ländern aus, und also hörten die milden Gaben und Seel-Messen gänzlich auf. Solches setzte das Closter in den Zustand, daß sie zu ihrem Unterhalt Geld auf Zinsen nehmen musten. Im Jahr 1551. nahm er in seiner grossen Noht, wie es heist, 2000. Mark von Hennecke Rantzau auf Rente zu 5. pro Cent auf Zinsen und versetzten dafür das ganze Dorf Schwienkuhlen und den Hof in den grossen Schwienkuhler-Teich. (**) Desgleichen nahm er im Jahr 1558. 1000. Mark, Joachim-Thaler von Hennecke Rantzau unter viertel jähriger Loskündigung zu 6. pro Cent und setzte das Dorf Gebelin zu einem sichern Unterpfand. Im Jahr 1562. empfing das Closter von Hans Everdes, wohnhaftig zum Katte-

Krog, doch 500. Mark und setzte den Gelvelds-Teich für 150. Mark, das Holstendorper-Mohr für 300. Mark und das Bleseker-Mohr für 50. Mark zum Unterpfand. Im Jahr 1565. ließ die Königin in Dännemark Dorothea die Zinsen von obgenannten 2000. Mark zu Rendsburg an Hennecke Rantzau mit 100. Mark bezahlen. (***) Dieses dienet zum Beweis, daß das Closter dazumal schon eingegangen, folglich Henningus der letzte Prior gewesen.

(*) Pag. 118. (a) (**) diplom. 87. (a) (***) diplom. 90. (b)

§. 32.

Vermöge der im Jahr 1564. den 27. Jan. in Flensburg geschehenen Erbtheilung fiel das Closter Ahrensböck an Herzog Johann den jüngern. Die Mönche sturben allmählich aus und die Closter-Güter wurden unter dem Namen eines Amtes verwaltet. Jürgen Magnussen, ein Holsteinischer Edelmann, ward demselben in dem Jahr 1575. als erster Amtmann fürgesetzet, welchem nachher Joseph von Qualen im Jahr 1582. folgte. Nach der Zeit ist es gröstentheils von Amtschreibern verwaltet worden. (*)

(*) Diese Nachricht findet sich in einem Indice von Ahrensböckischen Sachen, so unter n. 2. in dem hiesigen Hochfürstlichen Archiv befindlich.

§. 33.

Herzog Johannes ließ das Closter-Gebäude im Jahr 1584. abbrechen, wofür dem Mauer-Mann 267. Mark gereichet wurden, und war darauf bedacht, ein Fürstliches Schloß wieder dahin zu bauen. Das Closter hatte seine Lage an der Kirchen, die noch in Ahrensböck verhanden. Weil nun dieser Ort zu Anlegung eines Schlosses sich nicht wohl schicken wollte; so ward dazu ein Platz, der etwas

etwas höher liegt, auf der Nordseiten erwählet. Der Bau ward im Jahr 1593. angefangen und da es mit der Zimmer-Arbeit langsam fortgieng; so bezeigten der Herzog darüber Dero Mißfallen mit dem Befehl, darin fleißiger fortzufahren. Es ward die Arbeit an diesem Gebäude bis 1601. fortgesetzet und endlich glücklich zum Stande gebracht.

§. 34.

Zu den Mönchs-Zeiten waren die Closter-Güter mit sehr vielen Teichen versehen und solche hatten die folgende Amtleute beybehalten. Nachhero aber fiel man auf die Gedanken, es würde der Wirthschaft besser gerahten seyn, wenn man die Teiche zur Gräsung liegen liesse, und mit Ochsen beweidete. Dem zufolge wurden in dem Jahr 1587. 600. dergleichen angeschafft und die Teich-Weide damit betrieben. Jedoch scheinet es, daß hierin wiederum eine Veränderung vorgegangen, denn es findet sich eine Nachricht, daß der Haus-Vogt in dem Jahr 1597. die Teiche wieder gestauet habe. (*)

(*) Dies alles ist aus dem vorherangeführten Indice sub n. 3. & 4. zu ersehen.

§. 35.

Im Jahr 1593. ward das Dorf Ahrensböck niedergeleget und die Ländereyen kamen an das Vorwerk. Ein gleiches Schicksal hatte das Dorf Kellershagen, welches nach den Namen der zur Ahrensböcker Pachtung gehörigen Schlägen noch bekannt und in der Wildkoppel belegen gewesen. Solches ward im Jahr 1599. abgebrochen. Es bestand aus 6. Hufenern. Einem jeden wurden 100. Mark gereichet auch ward ihnen in Barkhorst, Lissendorp und Holsten-

dorp

deren jeglichem wieder ein Erbe angewiesen, um solches anzunehmen, und zu bewohnen (*)

(*) In oben angeführtem Indice n. 1.

§. 36.

Offthochgemeldter Herzog Johannes war bey dem Anwachs der Hochfürstlichen Familie auch darauf bedacht, wie solche Fürstlich und Standesmäßig könnte erhalten werden. In der Absicht suchte derselbe seine Ländereyen durch Ankaufung verschiedener Adelichen Güter zu vermehren. Im Jahr 1601. kaufte er von Schacks Blumen das Gut Gronenberg und incorporirte solches dem Amte Ahrensböck. Er stund auch wegen der Güter Glasau und Pronstorf in Unterhandlung, da er für letzteres 64500. Rthlr. mit einem Geschenk an die Frau von 600. Goldgulden geboten, weil aber beede in höhern Preis, als der Both, gehalten wurden; so kam dieser Kauf nicht zum Stande. (*)

(*) V. angeführter Index n. 1.

§. 37.

Als Herzog Joachim Ernst nach tödlichem Hintritt seines Herrn Vaters im Jahr 1623. die Regierung der Holstein-Plönischen Landen antrat, so stand noch ein Schloß in Plön. Weil aber dasselbe alt und verfallen war, so erwählte er Ahrensböck, woselbst sein Herr Vater ein geräumiges und bequemes Schloß hatte bauen lassen, zu seiner Residence. Er wohnte daselbst bis das von ihm zu Plön im Jahr 1636. neuerbaute Schloß fertig war, da er sein Hoflager zu Plön aufschlug, woselbst solches auch bis auf die gegenwärtige Zeit geblieben. Nachdem im Jahr 1722. im Jan. erfolgten tödtlichen Hintritt des Hochseligen Herzogs Joachim Friderich ward dessen Frau Wittib, der Hoch-

seligen

seligen Herzogin Juliana Louise das Schloß Ahrensböck zu einem Wittwen-Sitz übergeben, woselbst dieselbe im Jahr 1740. den 6. Febr. in GOtt selig entschlafen.

§. 38.

Ursprünglich gehören zu dem Amte Ahrensböck vier Kirchen, als Ahrensböck, Curau, Gnissau und Sysel. Nachdem aber im Jahr 1680. Gleschendorf und Ratkau von dem Königlichen Amte Segeberg abgesondert und den Fürstlichen Plönischen Landen einverleibet worden; so sind solche noch zu dem Amte Ahrensböck gelegt und hat selbiges also 6. Kirchen in seinem Umfange. Wir wollen die Evangelischen Prediger, welche nach der gesegneten Reformation des seligen Lutheri an selbigen gestanden, so viel wir davon ausmachen können, nach der Ordnung anführen.

§. 39.

Zu Ahrensböck sind, so viel man Nachricht hat, folgende gewesen:

Johannes Dircksen. Von demselben findet man, daß er als Senior Ministerii nebst einem von Adel und Mag. Nicolaus Gerhardus aus Hamburg auf Befehl Herzog Johann des jüngern in dem Jahr 1593. den 28. Jun. die Kirche zu Curau visitiret.

Johannes Jacobi. Es ist kaum wahrscheinlich, daß dieser unmittelbar auf den vorigen gefolget. Im Jahr 1639. hat er die Stiftung der Wittwen-Casse mit unterschrieben und 1644. ist er mit Tode abgegangen und hat eine Wittwe hinterlassen.

Johannes Janenski. Selbiger war aus Prietzwalck in der Priegnitzer

Mark gebürtig. Er ward 1646. nach Ahrensböck berufen und starb daselbst 1669. mit Hinterlassung fünf Kinder.

Georg Hinrich Hintzpeter folgte demselben 1670. im Amte nach. Er war ein Sohn Georg Hintzpeters in Reinfeld; bey dessen Leben er nach Ahrensböck berufen ward. Er starb im Jahr 1700.

David Cirsovius ward 1701. nach Ahrensböck berufen und ist diesem Amte bis 1717. fürgestanden, da er den Weg alles Fleisches gieng. Er hat zween Söhne hinterlassen, davon der eine Pastor Emeritus zu Gnissau, der andre aber Land-Syndicus und Justitz-Raht an dem Hochfürstlichen Plönischen Hofe ist.

Hinrich Gravenhorst. Er war anfänglich Hof-Diaconus und ward 1705. Diaconus an der Haupt-Kirchen in Plön. Von daher ward er 1718. nach Ahrensböck berufen, woselbst er 1729. den 29. Sept. gestorben.

Johann Joachim Schmidt. Dessen wird unten unter den Predigern zu Zarpen gedacht werden.

Hinrich Peter Haberkorn. Er war aus dem Geschlecht der in der Evangelischen Kirche zur Gnüge bekannten und gelehrten Haberkornen. Sein Herr Vater war Probst und Pastor zu Segeberg. Unser Haberkorn ward 1739. dem Probst Ottens zu Segeberg adjungirt. 1741. aber nach Ahrensböck berufen und daselbst den 17. December zu seinem Amte introducirt. Er starb 1752. und ward den 19. Dec. beerdiget.

Andreas Telemann. Ein Sohn des berühmten Componisten und Cantoris in Hamburg. Er ward im Jahr 1741. dem damaligen Haupt-Pastori Capsius zu einem Adjuncto gegeben, und darauf im Jahr 1749. als Compastor bey der Haupt-Kirche in Plön eingesetzet.

setzt. Von daher ward er 1753. nach Ahrensböck berufen und daselbst den 9. December zu seinem Amte eingeführt. Er gieng schon in dem 1755. Jahr mit Tode ab.

Adde Johann Lehmann. Selbiger folgte dem Vorhergehenden in der Adjunctur bey dem seligen Haupt-Pastoren Capsius: ward aber auch dessen Nachfolger in dem Amt zu Ahrensböck, als zu welchem er den 19. May 1755. eingeführet wurde. GOtt lasse ihn sein Amt länger, als seine Vorfahren, im Segen verwalten.

§. 40.

Curau. Daselbst giebt das Kirchen-Buch von denen an dieser Kirche gestandenen Evangelischen Predigern folgende Nachricht:

Johannes Leonysius. Er war aus Parchim in dem Mecklenburgischen gebürtig. Besage des Curauischen Kirchen-Buchs ist er vorher Pastor zu Hohenstein gewesen. Der gelehrte Rector zu Flensburg Johannes Möllerus giebt von ihm den Bericht, daß er anfänglich zu Oldenburg (welches vermuhtlich vom Lande Oldenburg, dahin man aus Irrthum auch Hohenstein gerechnet, zu verstehen) und hernach zu Antwerpen Evangelischer Prediger geworden, woselbst er wegen der damaligen Flaccianischen Streitigkeiten abgedankt und nachher nach Curau gekommen. Solches ist vermuhtlich im Jahr 1580. geschehen. Im Jahr 1585. bemühte er sich das Haupt-Pastorat in Kiel zu erhalten. Es war aber der damalige General-Superintendens Paul von Eitzen demselben in Ansehung etlicher geäusserten Fanatischer Irrthümer, insonderheit des Crypto-Calvinismi, zuwieder. (*) Unterdessen war es ihm doch zu wenig, einen Land-Priester vorzustellen, und erreichte endlich im Jahr 1588. das Pastorat in Heiligenhaven,

 woselbst

woselbst er im Jahr 1591. das Ewige mit dem Zeitlichen verwechselt. (**)

(*) Vid. Molleri cimbr. lit. P. II. pag. 469. woselbst ein Brief von Paul von Eitzen, an denselben eingerückt. (**) Scholtzens Nachricht von der Stadt Heiligenhafen. p. 248.

Henricus Ursinus oder Bäring. Seine Vater-Stadt war Bremen. Herzog Johannes berief ihn 1583. von Ratkau nach Reinfeld ins Predigt-Amt. Nachdem er fünf Jahr daselbst gestanden, ward er 1588. nach Curau berufen. Hier stand er seinem Amte mit aller Treue bis 1615. vor. In demselben ward er pro emerito erkläret und Georgius Voigt wurde zu einem Pastore berufen. Selbiger verglich sich auch mit demselben also, daß er bis an sein Ende, welches bald darauf erfolgte, seines Lebens Unterhalt hatte.

Georgius Voigt. Er nannte sich in einer Unterschrift der Kirchen-Rechnung von Curau: Prætorius. Daß er 1615. nach Curau gekommen, ist vorher angezeigt. Zu seiner Zeit wohnten denen im Jahr 1617. 1620. 1622. 1630. 1633. 1637. gehaltenen Kirchen-Rechnungen blos ein Fürstlicher Raht, der Hof-Prediger und ein Amt-Schreiber bey. Bey der im Jahr 1642. gehaltenen Kirchen-Rechnung aber findet sichs, daß auch die Eingepfarrte bey selbiger gegenwärtig gewesen und solche mit unterschrieben haben. Nach dem Bericht des Wittwen Buches ist dieser Georgius Voigt in dem Jahr 1653. gestorben.

Stephanus Ebio ist zu Husum, woselbst sein Vater Cantor gewesen, gebohren. Herzog Joachim Ernst berief ihn 1653. nach Curau, woselbst er den 8. May zu seinem Amte introduciret worden und im Jahr 1666. im Monat Sept. die Welt wiederum verlassen.

Geor-

Georgius Lohmann aus Lübeck. Er ward den 22. Sept. 1667. zu Curau eingeführt. Nach des Herrn Möllers Bericht (*) hat er, ehe er ins Amt gekommen eine Schrift unter dem Titel: S. Pauli Creutz-Uebung aus 2 Corinth. XII. v. 7.-9. zu Lübeck 1663. in Octavo an das Licht gestellet. Im Jahr 1678. hat er zu Plön druk-ken lassen: amor vis trahens, die inbrünstige die Menschen zu sich ziehende Liebe GOttes, oder Leich-Predigt über Hinrich Hannibal von Aichelberg Fürstlichen Holstein-Plönischen Amtmann zu Ahrensböck aus Jerem. XXXI. v. 3. Sein Ende erfolgte im Jahr 1686. im August.

(*) Cimbr. litt. P. I. p. 359.

Matthias Ebio ein Sohn des vorher angeführten Stephani. Er scheinet in seiner Jugend fleißig gewesen zu seyn und einen guten Grund in der Gelehrsamkeit gelegt zu haben. In Kiel hat er unter dem s. Christian Kortholt disputirt: de notitia dei naturali 1679. Nachher hat er zu Plön 1685. ans Licht treten lassen: Ebio in Ebionem Hæresiarcham primum primi seculi abnegatorem divinitatis Christi i. e. Ebionismus breviter descriptus & refutatus. Vielleicht hat dieses zu seiner Beförderung beygetragen, welche er von Herzog Hans Adolph im Jahr 1687. nach Curau erhalten. Er schrieb daselbst 1702. Catechismus-Fragen aus der Bibel, worin die ganze Christliche Lehre deutlich vorgetragen. Lübeck 12. Er verließ die Welt 1705. den 25. Januar.

Philipp von Acken aus Kiel gebürtig. In seinen Studenten-Jahren verfertigte er verschiedene Gedichte. Unter der Vormundschafft des Plönischen Erb-Prinzen Leopold August ward er von dessen Durchlauchtigsten Frau Mutter Elisabeth Sophia Maria nach Curau berufen und daselbst den 13. December 1705. eingeführet. Er war in Mechanicis sehr geübt, davon noch allerley Proben an dem Pfarr-Hause zu Curau zu sehen. Sein Ende erfolgte den 8. Jun. in dem Jahr 1732.

Marcus Förtsch aus Schleswig gebürtig. Sein Herr Vater war ein berühmter Medicus, welcher in Hochfürstlichen Bischöflichen Diensten zu Eutin als Justitz-Raht verstorben. Er ward im Jahr 1718. Prediger zu Gnissau, von daher derselbe 1732. nach Curau berufen, woselbst er am 5ten post Trinitatis zu seinem Amte eingeführet ward.

Carl Wilhelm Volckmar ist dem vorhergehenden cum spe succedendi adjungiret und daselbst Domin. 18. post Trinitatis 1757. introduciret.

§. 41.

Gleschendorf. Von denen daselbst gestandenen Evangelischen Predigern haben folgende nur können ausfündig gemacht werden:

Johann Koch aus Westphalen gebürtig, ist von dem Diaconat zu Segeberg nach Gleschendorf berufen.

Johann Pauli hat des vorhergehenden Tochter geheurahtet.

Friderich Jæger von Eutin. Im Jahr 1637. hat er eine Leichen-Predigt auf den Tod Frau Margareten, s. Andreas Zimmermanns Predigers zu Burg auf Femarn, drucken lassen. Er ist 24. Jahr Pastor zu Gleschendorf gewesen und daselbst 1638. im November gestorben.

Mag. Johannes Degetovius aus Lübeck, ist von dem Diaconat in

Sege-

Segeberg nach Gleschendorf berufen und hat sein Amt 1640. Domin. Judica daselbst angetreten.

Johannes Gotthard Degetovius, ein Sohn des Vorigen.

M. Gerhardus Klöcker aus Flensburg, ward 1667. Magister in Kiel unter den berühmten Morhof und disputirte pro gradu: de potentia libera. Ausserdem hat er eine centuriam epigrammatum 1661. ausgegeben, die nicht übel gerahten seyn soll. Er starb als Pastor zu Gleschendorf 1692. (*)

August Friderich Jensen aus Grube in Wagrien gebürtig, woselbst sein seliger Vater Pastor gewesen. Er ist 1693. nach Gleschendorf als Pastor gekommen und daselbst 1735. im Januar wieder verstorben.

Andreas Closius aus Siebenbürgen. Er war anfänglich Prediger zu Sarau in Holstein und ward 1736. nach Gleschendorf berufen und den 5. Febr. zu seinem Amte eingeführt. Solchem ist er bis im Jahr 1740. vorgestanden, da er den 10. Febr. daselbst beerdiget worden.

Joachim Ernst Müller. Dessen ist unter den Plönischen Diaconis schon gedacht worden. 1740. den 1. May ward er als Pastor zu Gleschendorf introducirt, woselbst er noch im Segen an der Gemeine arbeitet.

(*) Molleri cimbr. litter. P. I. p. 302.

§. 42.

Zu Gnissau, welches in alten Zeiten Nezenna geheissen, finden sich von den Evangelischen Predigern folgende Nachrichten:

Johannes Stricker. Selbiger scheint in dem Ausgang des 16ten und

und bey dem Anfange des 17ten Sec. zu Gnissau als Prediger gestanden zu seyn. Weiter ist von demselben nichts bekannt.

Matthæus Trebbovius. Die Vocation, welche derselbe von Herzog Johannes dem jüngern empfangen, und die zu Sunderburg Dom. III. Adv. 1609. datirt ist, ist in dem Kirchen-Buche zu Gnissau noch schriftlich vorhanden. Wie lange er daselbst gestanden, davon findet sich keine Nachricht.

Henricus Hammer. Er war aus Husum gebürtig, woselbst sein Vater anfänglich Diaconus, nachhero aber Pastor gewesen. Zu Eutin ist er von 1623. bis 1633. als Diaconus gestanden. Daselbst gerieht er mit dem Pastore Valentino Breitenhertio in allerley Streitigkeiten, die so ärgerlich wurden, daß der Bischof Johann Friderich beede ihres Amts entsetzen muste, obgleich die Gemeine für ihn, als den unschuldigen, starke Fürbitte einlegte. (*) Er wandte sich darauf nach Plön und arbeitete daselbst an der Schulen, bis er ohngefehr 1637. nach Gnissau berufen, woselbst er 1667. verstorben.

(*) Molleri cimbr. lit. P. I. p. 232. Lackmanns Holsteinische Geschichte. P. IV. p. 334.

Cajus Müller. Er ward 1667. von Herzog Joachim Ernst nach Gnissau berufen und festo Pentecostes zu seinem Amte eingeführet. Er stand demselben bis 1689. vor und ward den 6. Mertz zur Erden bestattet.

Mag. Johann Christoff Mauch kam 1690. ins Amt zu Gnissau und heurahtete des vorhergehenden Tochter Dorothea Sophia: ward aber von daher nach Sysel berufen.

Johann Carl Stainmetz ist den 22. Nov. 1696. zu Gnissau introduciret und darauf nach Reinfeld versetzet worden, woselbst er in der Folge angeführt werden wird.

Frantz

Frantz Bartram Schiefenhöfel kam 1698. den 4. Adv. nach Gnissau und ward 1716. nach Zarpen berufen, woselbst seiner wird gedacht werden.

Detlev Friderich Clasen oder, wie er sich schrieb: Clausin, ward zu Gnissau festo purific. 1716. eingeführet und kam nachher nach Wesenberg.

Marcus Färtsch folgte demselben in dem Jahr 1718. festo ascensionis und ward nach Curau versetzt, woselbst er §. 40. bereits angeführet ist.

Erdmann Seufard Cirsovius ein Sohn des zu Ahrensböck gestandenen Pastoris David Cirsovius. Er ward im Jahr 1732. nach Gnissau berufen und daselbst den 10. August in sein Amt eingesetzt. GOtt belegte ihn mit allerley Leiden, die ihn zu Führung seines Amts untüchtig machten und da sich wenig Hoffnung zur Besserung angab, ward er 1751. pro emerito erkläret.

Johann Friderich Jahnke gebürtig zu Reinfeld, woselbst sein Vater Amts-Verwalter gewesen. Er ward im Jahr 1751. zu einem Pastore zu Gnissau bestellt und den 23. May zu seinem Amte eingewiesen. GOTT lasse ihn solches ferner im Segen verwalten.

§. 43.

Zu Ratkau sind seit der Reformation, so viel man Nachricht hat haben können, folgende Evangelische Prediger gewesen:

Statius Detharding. Er war ums Jahr 1590. Pastor zu Ratkau und starb daselbst um Weyhnachten 1595.

Gerhardus Gubertus ward 1596. des vorigen Nachfolger.

M. Opfermann. Er war 1680., als die Kirche den Plönischen Landen incorporiret ward, Prediger zu Ratkau. Er ward 1715. pro emerito erkläret und starb bald darauf.

Michael Capsius. Dessen ist schon oben gedacht.

Johann Georg Westermann aus Eutin gebürtig. Er ward den 7. Decemb. 1730. zu Ratkau eingeführt. Er war mit dem malo astmatico sehr beschwehret und starb daran 1741. in welchem er den 12. Sept. beerdiget ward.

Joachim Wittrock. Dessen ist bereits cap. II. §. 25. unter den Compastorn der Haupt-Kirche in Plön gedacht. Den 10. Sept. 1742. ward er zu dem Pastorat in Ratkau berufen, woselbst er noch im Segen arbeitet.

§. 44.

Gyfel. Von den daselbst gestandenen Predigern sind folgende bekannt:

Hinricus Friderici aus Lübeck. Dessen Namen kommt zum erstenmal im Jahr 1599. vor. Er scheinet eine geraume Zeit hieselbst gestanden zu seyn.

Wolfgangus Bahr. Selbiger hat im Jahr 1639. die Stiftung der Plönischen Wittwen-Casse unterschrieben. Im Jahr 1644. gab er unter dem Titul: apodemica Christiana; oder Christliche Reise-Kunst aus diesem Jammerthal nach dem ewigen Freuden-Saal eine Leichpredigt über Detlev Poggewisch Erbsaß auf Ovelgönne, heraus. Im Jahr 1661. gieng er den Weg alles Fleisches.

Casper

Casper Oldermann folgte dem Vorhergehenden in dem Jahr 1662. in Officio und scheinet in demselben bis im Jahr 1696. gestanden zu seyn.

M. Johann Christoff Mauch. Er wird §. 42. unter den Predigern von Gnissau angeführet. Im Jahr 1696. ist er nach Sysel berufen, woselbst er 1720. mit Tode abgegangen.

Herrmann Harmsen gebohren zu Lübeck den 11. April 1675. ward anfänglich Pagen-Hofmeister zu Plön und stand nachhero von 1707. bis 1714. als Feld-Prediger bey den Holstein-Gottorpischen Völckern in Brabant. Hielt sich darauf bey der Hochgräflichen Rathischen Familie als Cabinets-Prediger auf, bis er im Jan. 1721. das Pastorat zu Sysel erhielte. Bey herannahendem Alter verlohr er sein Gedächtniß und ward deswegen 1742. pro emerito erkläret. Er starb den 21. April 1758.

Georg Christlieb Martini. Er ist eines wohl verdient gewesenen Predigers zu Hansühn einiger nachgelassener Sohn, woselbst er den 19. Jun. 1719. gebohren. Er ward dem vorhergehenden, als seinem Stief-Vater, den 28. Jul. 1741. adjungiret und bey dessen anhaltenden Schwachheiten in eben demselben Jahr den 24. September als Pastor introduciret. GOtt lasse seine Bemühungen ihm ferner wohlgefallen.

§. 45.

Es gehören sonst überhaupt zu dem Amte Ahrensböck folgende Kirchen, Schlösser, Flecken, Vorwercker, Dörfer und Mühlen.

Ahrensböck, eine Kirche und Flecken, daselbst ist ein Fürstliches Schloß und Amts-Gebäuden, nebst einem Vorwerk. Lebatz ein

Dorf mit einer Heckkahte, Grevenhagen ein Dorf mit einer Heckkahte, Barkhorst ein Dorf, Holstendorf ein Dorf, Spechserholz ein Dorf, Gnissau eine Kirche und Dorf nebst verschiedenen Heckkahten, Hohenhorst ein Vorwerk, Steincreutz eine Zollstäte, Curau eine Kirche und Dorf, Neuhof ein Vorwerk mit einer Walkmühle, Florekendorf ober und unter Mühle, Dackendorf ein Dorf in Erbpacht, Ratkau eine Kirche, Luschendorf ein Erbpachtshof und Dorf, wie auch eine Graupen-Mühle daselbst, Gleschendorf eine Kirche und Dorf, Steenrade ein Dorf, Garkau ein Meyerhof und Ziegeley, Schulendorf Dorf mit einer Papier- und Öl-Mühle, Barkau ein Dorf, Schürstorp ein Dorf, Havickhorst ein Dorf, Pönitz ein Dorf, Sysel Kirche, Dorf und Vorwerk, Fastendorf ein Dorf, Gronenberg ein Vorwerk mit einer Korn- und Graupen- wie auch Kupfer- und Meßings-Mühle und verschiedenen Kahten, Haßkrug ein Dorf, Eckelsdorf ein Dorf, Ottendorp ein Dorf, Woltersmühle eine Zollstäte, Stawedder eine Zollstäte. Sibblin ein Dorf, Schwienkuhlen ein Dorf, Gothendorp ein Dorf.

Das fünfte Capitel.

Von dem Amte Reinfeld.

§. 1.

Das Amt Reinfeld hat seine Lage in Wagrien. Es nimmt etwa eine Meile von Lübeck seinen Anfang und erstreckt sich bis an Oldeslo. Auf der einen Seiten wird es von der Trave begrenzet. Die Länge ist etwa $2\frac{1}{2}$. und die Breite 2. Meil weges. Vor Zeiten ist zu Reinfeld ein Closter Cistercienser Ordens gewesen, aus dessen

Gütern

Gütern dis Amt gröstentheils entstanden. Weil von diesem berühmten Closter nur hin und wieder zerstreute Nachrichten verhanden; so wird es unserm Leser nicht entgegen seyn, wenn wir demselben hiemit einen umständlichen Bericht ertheilen. Solcher ist wegen Mangel der Urkunde, die gröstentheils verlohren gegangen, freylich nicht vollständig, immittelst wird sich derselbe von denen, die verhanden sind, merklich unterscheiden.

§. 2.

Wie die Namen der Örter nicht allezeit dieselben bleiben, sondern mancherley Veränderungen unterworffen; so findet sich solches auch bey diesem Closter. Es heist bey etlichen Scribenten **Reynefelde**, **Rinfelde**, **Regnevelde**, **Reygnefelde**. Die Mönche nannten es im Lateinischen: purus campus, mundi campus, imgleichen mundi campinum. In der dem Chronico Lerbeckiano angesfügtem Adolpheide s. historia comitum Schaumburgensium decantata per Henricum Aquilonipolensem poetam wird das Closter zu Reinfeld mundi campus in folgenden Versen genannt:

> Inde monasterium Mundi-campi initiatum ab
> Patre pio, complens, Dux id Adolphus erat.

Es bekümmert uns nicht, zu wissen, woher es den Namen Reinevelde empfangen. Es ist wohl zu weit hergesucht, wenn man denselben von **Rügen**, **Rünen** oder **Ranen** herleiten wollen. Vielleicht hat es seinen Ursprung von der Natur des Grundes, da es einen reinen Erdboden hat, der nicht mit Heyden und Bramen bewachsen, noch sonsten steinigt und unrein, sondern blos mit Waldungen versehen gewesen, wie es dann bis auf den heutigen Tag wenig und fast gar keine Mohren und Morasten, sondern durchgängig einen fruchtbaren Erdboden hat.

§. 3.

Von dem eigentlichen Ursprung dieses Closters findet sich gleichfals wenige Nachricht. Die älteste Urkunde, so davon vorhanden ist, ist im Jahr 1189. von dem Grafen Adolph herausgegeben. Wir wollen, da dieselbe von dem Ursprung dieses Closters den besten Bericht giebt, selbige nach einer gedoppelten Abschrift, die wir in Händen haben, hier einrücken. Sie lautet also: *De fundatione Abbatiæ & terminis An.* 1189. Adolphus Dei gratia comes Wagriæ, Holsatiæ & Stormariæ omnibus Christi fidelibus hoc scriptum perspicientibus in Deo salutem. Universitatem vestram scire desidero discretionem, quod nos religiosos fratres ordinis Cisterciensis in locum, qui dicitur Reinfelde auctoritate Dominorum Friderici & Henrici, filii ejus imperatoris vocatos, tanquam filios carnales suscipimus & hæredibus nostris, cognatis & amicis commendamus educandos ac promovendos. Ne igitur termini Abbatiæ per improborum temeritatem in posterum coangustentur, præsenti fecimus pagina describi. Hi quippe ab orientali parte pertingunt ad campos Wesenberg, a meridionali plaga ad flumen, quod dicitur Travena & in littore ejusdem fluminis ascendunt in rivulum, qui dicitur Cungera & procedunt usque ad ipsius rivi ortum, pertingens ad rivum, qui dicitur Bisneze & in eodem flumine deorsum vadunt usque ad terminum, qui dicitur Medewalde & sic circumquaque usque ad Wesenberge. Omnes etiam illos, qui intra prædictos terminos sunt constituti vel constituuntur, ab omni obsequio, petitionibus & expeditionibus liberos esse constituimus, cum cæteris in defensione, quam Land-Wehre vocant, infra fines Holsatiæ se opponunt. Testis hujus rei est pene tota Holsatia, quia in conventu

ventu multorum est factum & approbatum. Acta autem sunt hæc Anno Dominicæ incarnationis MCLXXXIX., indictione VII. a.

§. 4.

Diese Urkunde ist zwar nach einer Copie abgedruckt, daß man aber auf diese Copie sich verlassen könne, solches bezeuget ein eigenhändiges Schreiben, welches der letzte Abt des Closters Reinfeld Johann Kuhl an den Hochseligen Herzog Johann den jüngern abgehen lassen und in Originali noch vorhanden sub Dato Hamburg im Aug. a. c. 1600. woselbst die Worte also lauten:

Alldieweil E. F. Gnaden mich gnädiglich vermelden und schriftlich verständigen lassen, daß es bey E. F. G. ins Geheim soll bleiben, was ich Deroselben also unterthänigst offenbahret, wie dann Ev. F. Gn. mir verheissen bey Fürstlichem Glauben, Ehre und Treue in Geheim zu halten; also habe ich mit meiner eigenen Hand diese abgeschrieben, so ich noch gefunden und bey mir gehabt. Erstlich mit A. verzeichnet, welche Adolphus Graf zu Holstein, Stormarn und Schaumburg, lautende auf die Fundation und etliche Striche der Grenzen von der Trave, Mitwald und Wesenberg und auch etlichen Bächen, so darin benannt, wie es denn dermassen zu ersehend, sub Dato 1189.

§. 5.

§. 5.

Weil diese Urkunde den ersten Ursprung des Closters in sich faßt; so wird es nicht ohne Nutzen seyn, den Inhalt desselben etwas genauer zu erwägen. Wir lassen andre untersuchen, warum sich Adolphus hier Comitem Wagriæ nennet, und hingegen seinen Titul von Schaumburg wegläßt. Wir bemerken nur, daß schon Mönche in Reinfeld müssen gegenwärtig gewesen seyn, deren Ländereyen hier begrenzt und bestätiget werden. Zweifelsohne sind dieselben den Mönchen von dem Graf Adolph, an einem Ort, wo dazumal keine Edelleute gewohnt, geschenket. Solche Geschenke hat er durch die beeden Söhne des Friderici Barbarossæ in Abwesenheit ihres Herrn Vaters, der dazumal im Gelobten Lande wider die Saracenen Krieg führte, bestätigen lassen. Die Gränzen werden durch die Trave und zween daran fliessende Bäche bestimmt. Der eine fällt ein bey Meddewade oder, wie es dazumal geheissen Medewalde und geht bis an Reinfeld; der andre bey dem Ziegel-Hof und geht bis Mönkhagen, wie sie Danckwert in seiner Landes-Beschreibung angegeben. Die Ländereyen, Wiesen und Dorfschafften, so zwischen diesen Bächen gelegen, hat Adolphus dem Closter geschenkt. Dis ist die erste Grund-Lage von dem Closter Reinfeld, welches hernach durch die gute Haushaltung der Äbte solchergestalt angewachsen, daß es eines der ansehnlichsten Clöster in Holstein geworden. Es hat nicht nur verschiedene Güter im Holsteinischen an sich gebracht, als **Woldenhorn, Neuengamm, Putlos, Lodderstorp (Löhrstorp) Kletkampf** und andre mehr; sondern hat sich auch von ganzen Ämtern in Pommern, Mecklenburg, und dem Lauenburgischen nebst verschiedenen Städten Meister gemacht. Der Salinen die es in Lüneburg in stattlicher Menge besessen, nicht zu gedenken. Es ist daher das Urteil, welches Hinrich

Rantzau

Rantzau von diesem Closter fället, nicht ungegründet, wenn er schreibt: Reineveldensis coenobii Abbates Principibus dignitate & privilegiis olim pares fuere habiti. (*)

(*) Vid. Westphalii monumenta inedita P. I. p. 107.

§. 6.

Es sind bey der Uebergabe dieses Closters an Herzog Johann den jüngern noch andre Urkunden verhanden gewesen, die aber durch allerley Veränderungen, die in dessen Geschlecht sich zugetragen, verlohren gegangen. Unter andern findet sich unter Hinrich Rantzauen eigenhändiger Unterschrift ein Register von gewissen an Herzog Johann den jüngern abgelieferten Urkunden, welches künftig unter dem Namen: Rantzauisches Register wird allegirt werden. In solchem wird nebst andern sub (R. 17.) folgende Rubric angeführet: Friderici Imperatoris de fundatione Abbatiae, item ejus tuitio & terminorum descriptio Anno 1189. Desgleichen (LLLL) recapitulatio de fundatione coenobii Reinfeldensis ab Adolpho, Comite de Schouwenborch, item confirmatio super decimas & alia bona Episcopi Lubecensis Anno 1190. Da aber dieselbe fehlen, so muß statt solcher obige Urkunde allein dienen.

§. 7.

Die mehresten Scribenten der Holsteinischen Alterthümer setzen den Anfang des Closters Reinfeld ins Jahr 1186. Das Rostockische Chronicon schreibt: Da man schref MCLXXXVI. da ward Reinfeld begrepen van Mönken. Das Chronicon Sclavorum meldet, daß der Bau des Closters im Jahr 1186. angefangen, und in fünf Jahren zum Stande gebracht. Andreas Angelus meldet, daß nach dem Bericht des Petri Albini in dem Jahr 1186. Graf Adolph sein

P Wapen

Wapen nebst dem Wapen der Rantzauen in dem Closter zu Reinfeld habe aufhangen lassen, woraus folget, daß selbiges zu der Zeit schon müsse angebauet gewesen seyn. (*) Solches soll auch mit den Wapen andrer Adelichen Geschlechter geschehen seyn. (**)

(*) Angeli Holsteinische Chronic. p. 102. (**) Rostockisches Etwas 1740. pag. 681.

§. 8.

Wir müssen hier noch eines Umstandes, der zu dem Ursprung des Closters Reinfeld gehöret, gedenken und solcher besteht darin, daß Graf Adolph dasselbe mit Mönchen aus dem Closter **Locken**, welches in seiner Grafschafft Schaumburg belegen gewesen, besetzet. Daher sich dis Closter das Recht angemast, das Closter **Reinfeld** anfänglich zu visitiren. Davon findet man in einem altem Chronico, so in dem Jahr 1448. von einem Presbytero Bremensi verfertiget, folgende Nachricht: ab eodem Comite Adolpho fundatum etiam fuit monasterium Reinvelde. Nam iste Comes, cum fuerat de domo Schaumburgensi & in finibus terræ illius monasterium Locken situatum, Cisterciensis ordinis, de quo monasterio monachos recepit & in Reinfeld statuit permanendos. Quare adhuc illi monachi in Locken habent visitare in Reinfelde & eorum sunt superiores. (*)

(*) Westph. monumenta cimbr. P. III. p. 64.

§. 9.

Wäre das Document, dessen in einem Register unter dem Titul: Reinfeldensia gedacht wird, noch vorhanden; so könnte man von den Aebten des Closters eine vollständige Nachricht geben. Der Titul dieses Documents lautet also: Index aller Documenten und Privilegien des Closters Reinfeld, worin die Briefe nach einander folgen, die zu jedem Gute gehören und die Güter nach einander seyn besetzet, wie sie zu dem Closter seyn kommen, und eines jeden Briefes Summa wird erzählet, cum Indice præmisso aller Kayser, Päbste, Könige, Herzoge, Grafen, Bischöfen und Aebte, deren in den Privilegiis gedacht wird. Es hat aber solches, aller angewandten Mühe ungeachtet, nicht können aufgetrieben werden. Man hat also die Äbte mit vieler Mühe aus allerley Nachrichten, so gut man gekonnt, zusammen suchen müssen und dennoch die Ordnung derselben doch nicht vollständig liefern können. Man theilt solche hiedurch treulich mit und läßt es der Zeit und dem Schicksal über, ob solche künftighin werden verbessert oder ergänzet werden.

§. 10.

I. N. N. Von dem ersten Abt dieses Closters und wie er geheissen hat man keine Nachricht finden können. Daß Graf Adolph zu seiner Zeit die Gränzen der Ländereyen, die er dem Closter geschenkt, bestimmt, erhellet aus obangeführter Urkunde.

§. 11.

II. ROTMARUS. Dieser wird von dem Lünig in dem Jahr 1197. da der Graf Adolph dem Stift Lübeck verschiedenes geschenket, als Zeuge angeführet. (*) Zu seiner Zeit, etwa in dem Jahr 1200. hat Pabst Gregorius VIII. wegen der Kirchen zu Wesenberg ein Breve ertheilet. (**) Der Inhalt ist unbekannt, da von dieser Urkunde nichts mehr als der Titul vorhanden.

(*) Spicileg. Eccles. P. II. pag. 295. (**) Ranzauisches Register (9)

§. 12.

III. N. N. Der Name dieses Abts ist unbekannt. Zu seiner Zeit im Jahr 1123. ertheilte der Bischof zu Lübeck Bartholdus den Reinfeldern ein Diploma, wie es heist: super decimas quasdam & aliorum quorumcunque confirmatio. Von demselben ist nichts als der Titul verhanden. (*)

(*) Ranzauisches Register. (ccxc.)

§. 13.

IV. TOTHARDUS. Von dem ist nichts anders bekannt, als daß er bey dem Lünig in den Jahren 1214. 1220. und 1221. als Zeuge angeführt wird. (*)

(*) Spicileg. eccles. P. II. pag. 297.

§. 14.

V. HERBORDUS. Er muß schon in dem Jahr 1221. Abt gewesen seyn, indem er in demselben einen Schenkungs-Brief, welchen Albertus Graf zu Orlamünde und Holstein dem Closter zu Neumünster ertheilet, unterschrieben. (*) Im Jahr 1222. hat Pabst Urbanus das Dorf Tzeneven dem Closter incorporirt, davon die darüber ertheilte Bulle in repertorio com. Archivi Gottorp. c. I. n. 1. angeführet wird. (**) In dem Jahr 1214. hat derselbe einen Kauf, welchen Robertus, Abt zu Dünamünde mit dem Closter zu Neumünster getroffen, unterschrieben. (* 2.) In eben dem Jahr wird er auch, da Bischof Berthold dem Closter Preetz den Zehenden geschenkt, als Zeuge angeführt, (* 3.) und als der Graf Adolph eben diesem

Closter

Closter einen weitläuftigen Schenkungs-Brief ertheilte, ist solcher gleichfals in dem Jahr 1224. von diesem Herbordo unterzeichnet worden. (* 4.) Desgleichen in einem Diplomate, in welchem sich der Bischof zu Lübeck Bertholdus seines Anspruchs an Alt-Lübeck in dem Jahr 1226. begiebt. (* 5.) Nach einem geschriebenen Bericht soll dieser Abt die Mühle zu Gadebusch an das Closter gebracht haben.

(*) Staphorst Hamburgische Kirchen-Geschichte P. I. erster Band p. 648. woselbst die Urkunde ganz eingerückt. (**) S. Noodts Beyträge zur Schleswig-Holsteinischen Historie drittes Stück Pag. 194. (* 2.) Westphal. monumenta Tom. II. pag. 31. woselbst diese Urkunde befindlich. (* 3.) Lünig specil. eccl. II. p. 299. (* 4.) Molleri isagoge in historiam Chersonesi Cimbr. P. IV. pap. 396. (* 5.) Lünig l. c. pag. 300.

§. 15.

VI. N. N. Dieser Abt ist unbekannt, auch ist zu dessen Zeiten, so viel man Nachricht hat, nichts besonders bey dem Closter vorgefallen. Vielleicht gehöret in diese Zeit die Bestätigung des Bischofs Johannes zu Lübeck über diese Abtey und die Zehnten, wie solches folgende Rubric anzeiget: confirmatio D. Johannis Episcopi super abbatiam & decimas ejusdem Anno 1230. (*) Das Document selbst fehlet.

(*) Ranzanisches Register (oooo)

§. 16.

VII. JOHANNES. Zu seiner Zeit hat Graf Adolph durch den Bischof zu Lübeck Johannes das Closter Reinfeld 1235. stattlich einweihen

weihen lassen. (*) Bey der Gelegenheit hat der Bischof gewisse Einkünfte vermacht, davon man auf den guten Mittwochen Brodt, Wein und Bier austheilen sollte.. (**) So findet sich auch in dem Jahr 1237. folgender Titul eines Diplomatis: Alberti Ducis Saxonum, Ingrorum & Westphalorum & Domini Nordalbingiæ super terminos Havichhorst. (* 2.) Das Diploma selbst ist nicht vorhanden. Da dis Havichhorst nicht in den Grenzen begriffen, welche Graf Adolph in dem obigen Diplomate von 1189. beschrieben; so ist es wahrscheinlich, daß das Closter solches käuflich an sich gebracht. Sonst wird dieser Johannes bey dem Lünig als Zeuge angeführt. (* 3.)

(*) Spangenbergs Schaumburg. Chronic. pag. 22. ex alleg. Noodt Beytr. drittes Stück pag. 194. (**) Botho in Chronico Brunovic. apud Leibnitium T. III. Scriptorum Brunsv. p. 363. (* 2.) Ratzeburgisches Register (17.) (* 3.) Specil. P. II. pag. 303.

§. 17.

VIII. SIEGFRIED. Selbiger kaufte in dem Jahr 1243. von Hinrich einem Lehnmann des Herzogs Albrechts zu Lauenburg das Städtgen Belau im Ratzeburgischen, welcher Kauf in dem Jahr 1249. bestätiget wurde. (*) So erließ auch Johannes Graf zu Holstein in dem Jahr 1248. dem Closter den Zins- Grafen- Schatz und Landwehre von 200. Morgen Ackers zu Crons-Mohre, (**) welches nachher in dem Jahr 1291. und 1329. bestätiget worden. Zu seiner Zeit ertheilte der Pabst Innocentius IV. ein besonders Privilegium in Ansehung der innhabenden Güter, davon der Titul also lautet; singulare privilegium Innocentii papæ IV. omnium bono-

bonorum cœnobii Reinfeldensis. (* 2.) Die Bulle selbst ist nicht mehr vorhanden.

(*) Gründliche Nachricht von der Herrschafft und Vogtey Möllen, Beylage XXXIII. (b) XXXIV. (c) (**) Westphali monum. cimbr. T. II. pag. 41. woselbst die Urkunde ganz eingerückt. (* 1.) Ranzauisches Register (o-

§. 18.

IX. HENRICUS. ist ohngefehr 1250. und in den folgenden Jahren Abt gewesen. In demselben Jahr bezeugt der Raht zu Lübeck (Advocatus, consilium & commune civitatis Lubecensis) in einem öffentlichen Briefe, daß Eberhard Bracke und sein Eheweib die beeden Dörfer Poguz und Disnack dem Closter zu Reinfeld für 270. Mark Lübsche Pfenninge verkauft haben. (*) In dem Jahr 1252. Cal. Jul. verkaufte frater Clemens, præceptor sanctæ domus hospitalis Jerusalem dem Abt und Convent zu Reinfeld das Eigenthum von vier Dörfern in der Vorstadt Ratzeburg für 100. Mark. (**) In dem Jahr 1251. ward das Dorf Wesenberg an das Closter zu Reinfeld verkauft, wie solches aus der Rubric erhellet: Venditio villæ Wesenberg cum confirmatione comitum Holsatiæ 1251. Das Document selbst fehlet. (* 2.) So findet sich auch im Jahr 1252. dieser Titul: Protectio & confirmatio Wilhelmi imperatoris; davon das Document selbst nicht vorhanden. (* 3.) Ohngefehr in dem Jahr 1264. hat Pabst Urbanus IV. der Kirchen zu Zarpen ein besonderes Privilegium ertheilt, worin es aber bestanden, kan hie, da das Document fehlt, nicht angezeiget werden. Der Titul lautet also: Privilegium Urbani papæ super ecclesiam in Cerben Anno 3. pontificatus sui. (* 4.)

Viel-

Vielleicht ist solches auch zu dieses Abtes Zeiten geschehen. In eben diesem Jahr starb Johannes Graf zu Holstein und liegt in dem Closter Reinfeld begraben. (* 5.)

(*) Abgenöthigte in jure & facto wohlgegründete Remonstration, daß den Herzogen von Sachsen, Engern und Westphalen die Stadt Lübeck nicht nur das Städtlein, sondern auch die Vorstadt und ganze Herrschafft Möllen, zu restituiren schuldig, Ratzeburg 1670. pag. 78. 79. ex allegatione Nodtii Beyträge IV. pag. 322. (**) l. c. pag. 80. Nodt l. c. pag. 323. (* 2.) Ranzauisches Register (H. 8.) (* 3.) id. (pppp) (* 4.) ibid. (a) (* 5.) Petersen Holsteinische Chron. P. II. pag. 103.

§. 19.

X. ADAMUS. Selbiger ist im Jahr 1272. bereits Abt gewesen. Denn in eben dem Jahr in die S. Viti hat er einen Vergleich unterschrieben, welchen das Stift Bardewick nebst andern Prælaten und Herrn der alten Sültze zu Lüneburg mit Herzog Johanne wegen der neuerfundenen Sülze getroffen. (*) Im Jahr 1274. ertheilte Johannes, Bischof zu Lübeck, dem Closter die Freyheit, ein Archidiaconat in der Kirchen zu Zarpen zu errichten, davon das Diploma noch vorhanden. So ward auch in dem Jahr 1276. dem Closter von den Herzogen in Niedersachsen Johanne und Alberto eine besondere Schutz-Schrift und allerley Vorrechte ertheilet. Die Urkunde ist wehrt, daß sie hier hergesetzet werde. Sie lautet von Wort zu Wort also: Johannes & Albertus dei gratia duces Saxoniæ, Angariæ & Westphaliæ universis hoc scriptum visuris, valere in perpetuum. Quoniam teste scriptura sensus & cogitatio hominis in malum prona sunt ab adolescentia

sua,

sua, ita quod vix vita hominum præsens sine discrimine & animæ periculo a pluribus procuratur & his casibus maxime subjicere videntur, quod plus mundi vanitatibus & majoribus negotiis & potissime sæculi hujus dignitatibus occupantur. Quod sollicitius animo pertractantes anchoram spei animæ & salutis ad tutiora figere cupientes ad æternæ felicitatis braveum felicius assequendum, monasterium beatissimæ virginis in Reinfeld cum omnibus suis personis, villis, colonis, agris, Grentziis & attinentiis in nostram recepimus protectionem, confirmantes iis omnia privilegia sua & libertates superioribus suis in nostro dominio constitutis, & ab omni gravamine advocatorum, petitionum, exactionum, præcariorum, quantumcunque expeditionum, expensarum & ab omni servitutis debito, & specialiter in castro Löwenborch vel Ratzeborch faciendo colonos & villicos sive mercenarios prædicti monasterii damus & descernimus in perpetuum esse liberos & exemptos, nihil nobis & hæredibus nostris sive in ducatu nobis succedentibus juris, servitutis & præcepti in eisdem colonis & bonis perpetuo reservantes. Donamus eisdem dominis in Reinvelde, ut annis singulis una vice navis eorum, quæ Pram dicitur, plena sale ab omni exactione & thelonio libera transeat sive per aquam sive per terram nostram: & ut hujusmodi donatio perpetuæ firmitatis robur obtineat, nec posteri nostri eam quovis modo infringere valeant pro eis & eorum successoribus expresse & scienter renunciamus omni beneficio & auxilio juris & facti, conditioni, actioni & mali rei sic non gestæ & aliis civilium & canonicorum jurium defensionibus & exceptionibus, quibus contra præmissa se possent defendere & specialiter juri dicenti, generalem renunciationem non valere &c. si vero, quod absit, quodam modo contrarium fecerint, vel per suos advocatos sive officiales vel militares contra facere permiserint vel dissimulaverint, omnipotentis dei iram & divinam ultionem, donec Deo & prædicto monasterio satisfecerint, se noverint

 inci-

incidisse. Testes hujus donationis sunt Domina Helena, mater nostra, Domina Elisabetha soror nostra, comitissa Holsatiæ, Henricus de Krumesse, Detlevus de Perkentin, Bertholdus de Püthezow, Jordanus de Dargenow & alii quam plures fide digni, in quorum omnium testimonium præsentes conscribi jussimus & sigilli nostri munimine roborari. Actum Raceborch & datum anno millesimo ducentesimo septuagesimo sexto in die beati Gregorii Papæ.

(*) Schlöpkens Beschreibung der Stadt und des Stifts Bardewick pag. 237.

§. 20.

XI. N. N. Dieser Abt, dessen Namen bisher unbekannt, ist etwa von 1290. dem Closter fürgestanden. In dem Jahr 1291. ist von Graf Adolph eine Wiese, Wulfs-Wisch genannt, an das Closter verkauft worden. (*) Eben derselbe Graf hat in diesem Jahr dem Closter ein Diploma über gewisse Freyheiten ertheilt, welches wir, des merkwürdigen Inhalts wegen hier einzurücken, nicht Umgang nehmen können. Es lautet also: In nomine Domini, Amen. Adolphus dei gratia comes Holsatiæ, Stormariæ & in Schowenburg universis & singulis Christi fidelibus tam præsentibus, quam futuris præsentia visuris, seu audituris valere in perpetuum. Ea, quæ geruntur in tempore inter mortales merito scriptis annotantur, ut si contra rem gestam pravorum quandoque consurgat sævitia rei veritatem expressam litterarum testentur eloquia, ideo universitati vestræ notificamus per præsentes, quod constat nobis ex fidelibus consiliariis nostris, quod religiosi fratres Abbas & conventus monasterii sanctæ Mariæ virginis in Reinfeld Cisterciensis ordinis, Lubecensis Diœcesis per sanctam sedem Apostolicam & etiam per nostros progenitores sic sunt privilegiati ac perpetuo confirmati, quod Episcopi,

Episcopi, seu alii ecclesiarum prælati, aut Duces, comites, Barones aut alii nobiles cujuscunque etiam status & conditionis existant, non debent neque possunt aut poterunt ab eisdem Abbate pro tempore & conventu, vel quibuscunque officialibus aut subditis eorundem bladum, vinum, evectionem, animalia seu quæcunque victualia aut quascunque res alias pro ædificatione, munitione seu reparatione quorumcunque castrorum vel quarumque aliarum munitionum aut pro Cyrociniis, torneamentis, expeditionibus, placitis seu aliis usibus seu necessitatibus eorundem quodammodo petere, postulare, exigere vel extorquere, aut eosdem seu eorum monachorum vel quemquam ex ipsis cum quibuscunque præcariis, exactionibus, talliis & vecturis, seu vectigalibus, obsequiis aut serviciis quocunque modo fatigare, onerare, seu gravare: vel in domibus & locis ipsorum contra statuta eorum ordinis carnes comedere vel aliquam mulierem introducere vel ad idem monasterium seu ad grangium, curiam aut villam ipsius, equos, polledros, canes seu familias ad alendum & pabulandum mittere vel ibidem congregationes facere seu dies placitorum observare aut ipsos in quibuscunque aliis juribus & libertatibus seu immunitatibus suis quocunque modo impedire, vexare, gravare vel perturbare. Et quia progenitores & prædecessores nostri b. memoriæ divinæ remunerationis intuitu præfatos religiosos fratres, eorum officiales, grangiarios, & subditos a longis retro actis temporibus usque ad hæc tempora nostra in præmissis & etiam in aliis libertatibus, immunitatibus ac juribus suis favorose benigne, ac pacifice dimiserunt & strenue ac fideliter gubernaverunt & conservaverunt. Igitur & nos dignum & justum fore judicamus, ut sicut eisdem progenitoribus & prædecessoribus nostris universorum domino disponente in comitatu succedimus dignitate, ita nimirum in favorabili prosecutione eorundem religiosorum eidem universorum domino jugiter famulantium debemus eorundem progenitorum & prædecessorum nostrorum devota ac pia vestigia humiliter imitari. Et ideo divinæ remunerationis intuitu & ob animæ nostræ & animarum omnium progenitorum, hæredum atque successorum nostrorum æternam salutem do expresso consilio ex consensu fidelium consiliariorum nostrorum nos & omnes ac singulos hæredes & successores nostrosque & eorundem hæredum & successorum nostrorum universos & singulos advocatos, subadvocatos, officiales, commissarios, subditos ac nuncios apud illos, qui Overboden nuncupantur ad fidele debitum & expeditam observantiam omnium & singulorum, libertatum, immunitatum & exemtionum prænarratarum, sub attestatione districti judicii dei cum præsentibus litteris nostris ex nunc & in perpetuum firmiter & irrevocabiliter astringimus & obligamus: In quorum omnium & singulorum præmissorum firmam ac inviolabilem fidem testimoniumque fidele præsentes litteras nostras dedimus prædictis abbati & conventui atque monasterio in Reinfelde, sigilli nostri appensione fideliter communitas. Testes hujus sunt milites nostri Dominus Johannes Marscelev, Hasso de Lassebecke, Hermannus de Wiggersrode, Henricus de Tralow, Hermannus de Hinten, Dominus Hermannus de Hamme & plures alii fide digni. Datum & actum anno Domini M. Ducentesimo Nonagesimo primo. Eben dieser Graf Adolphus hat im Jahr 1295. dem Closter zu Reinfeld das Privilegium ertheilt, daß keine Hunde und Füllen demselben zur Fütterung sollten aufgebürdet werden. Der Titul heißt: Adolphi, comitis Holsatiæ de canibus & polledris non alendis & pabulandis privilegium 1295. (**) Vielleicht ist solches noch zu den Zeiten dieses Abts geschehen.

(*) Ranzauisches Register (Q. 16. (**) ibid. (O. 14.

§. 21.

XII. JOHANNES. Dieser Abt hat ohngefehr ums Jahr 1300. und etliche der folgenden gelebt. Im Jahr 1301. verkaufte Ludolphus von

von Negendanck sein Gut Wendisch Cernewitz im Stifte Ratzeburg an das Closter zu Reinfeld für 600. wendische Mark. (*) So finden sich auch zwey Briefe von dem Jahr 1302. welche von dem Grafen Adolpho und Johannes unter einerley Titul ausgestellet. Der Titul derselben lautet also: Litter. I. Adolphi & Johannes comitum Holsatiæ super venditione Badendorf (**) pro 600. marcis 1302. Litera 2. Adolphi &c. (***) Im Jahr 1303. stiftete der Graf Johannes einen Vergleich zwischen dem Closter Reinfeld und den Einwohnern zu Zarpen. Die letztern hatten sich das Recht angemaßt, Eichen, Büchen und andres Holz nach Wohlgefallen zu hauen und solches nicht blos zu ihrem Gebrauch, sondern auch zu verschenken und zu verkaufen. Wie hierüber die Mönche Klage führten; so ward die Sache so vermittelt, daß die Einwohner so viel Holz, als sie zu ihrer nöhtigen Feurung gebrauchten, von ihrem eigenen Acker hauen könnten: wenn sie aber zu dem Bau ihrer Häuser etwas gebrauchten, sollten sie es dem Abt melden und die Ausweisung von demselben gewärtigen. (* 3.) Diese Urkunde ist zu Reinfeld im Jahr 1303. gezeichnet.

(*) Schröders Wismarsche Erstlinge, woselbst die Urkunde pag. 279. sq. eingerückt. (**) Dis Badendorf liegt ausserhalb den Gränzen, welche dem Closter in dem Diplomate von 1189. angewiesen. (***) Rantzauisches Register (bb) (cc) (* 3.) ibid. (kk) die Urkunde ist in Copia vorhanden.

§. 22.

XIII. N. N. Der Name dieses Abts ist uns unbekannt. Er hat ohngefehr im Jahr 1310. und etlichen der Folgenden diese Würde bekleidet. Es erhub sich zwischen dem Closter und Johann Ronnow ein Grenzstreit wegen des Dorfes Havickhorst. Solcher ward im

Jahr 1313. dergestalt beygelegt, daß Johann Ronnow dem Closter, nachdem der Abt einen Eyd abgelegt, nachgab. Die Urkunde ist noch in Copia vorhanden und verdienet ihres Inhalts wegen aufgehoben zu werden. Sie lautet also: Universis præsentia visuris Johannes dictus de Ronnowen miles, salutem in domino. Notum esse cupio tam præsentibus, quam futuris, quod controversia, quæ vertebatur inter Dominum Abbatem & conventum monasterii de Reynefelde ex parte una & me & filios meos parte ex altera super impetitiones terminorum abbatiæ antiquorum terminis villæ nostræ scilicet Haveckhorst placitantibus hinc & inde amicis utriusque partis taliter est sopita, videlicet, quod dominus abbas cum viginti quatuor fratribus de suo conventu jurare deberent, se melius jus ad illos terminos habere, quam nos, quod juramentum propter specialem amicitiam, quam ad prædictam ecclesiam semper habuimus, dimittere voluissemus, abbas noluit, sed solus juravit, cæteris suis fratribus, quorum tredecim erant sacerdotes, reliqui conversi, consentientibus suo juramento & clamitantibus, eum verum jurare ac se in quieta possessione illorum terminorum fuisse a tempore, cujus apud eos memoria non extaret, unde eos de consilio amicorum nostrorum cedimus in his scriptis & renunciamus omni impositioni, quam videbamur habere de terminis supradictis, volentes nihilominus amicitiam conservare cum prædictis viris religiosis permittimus, ut colles sive monteculi destructi reparentur & plures fiant, si necesse fuerit vel fossata, ne imposterum dæmonum vel pravorum hominum instigatione discordia inter nos & eos de hujusmodi terminis valeat suboriri. Testes hujus compositionis sunt Bartholdus longus de Rönnouwe, Otto de Glembuke, Johannes junior de Ronnowe, Lambertus de Crempete, milites, Magister Conradus Notarius & Capellanus domicellarium in Segeberge, Marquardus de Horst Advocatus in Segeberge, Hartwicus quondam advocatus & alii quam plures fide digni. In hujus rei evidentiam sigillum meum cum sigillis prædictorum præsentium

tium sunt appensa. Dabam in die beati Antonii Episcopi anno Domini MCCCXIII.

In dem Jahr 1321. gab Henricus Bischof zu Lübeck eine Bestätigung der Zehnten in Badendorf. Der Titul davon lautet also: Henrici Episcopi Lubecensis de confirmatione decimarum in Badendorf Anno 1321. (*) Die Urkunde selbst ist nicht vorhanden. In dem Jahr 1324. gab sich ein Reinfeldischer Mönch zu Rostock an und ließ sich bey der Universität ins Studenten-Register unter dem Namen Barthold von Reinfeld einzeichnen. (**) Vielleicht ist es der Abt selbst gewesen. Denn denen Mönchen erlaubte man nicht eine solche Reise zu thun. Im Jahr 1323. ertheilte Graf Johannes dem Closter ein Privilegium, daß solches könnte Missethäter, welche das Closter beleidigten, gefangen nehmen. Die Rubric von der Urkunde ist diese: Privilegium Johannis, comitis Holsatiæ, quod libere comprehendi possint injuriatores cœnobii 1323. (***) Die Urkunde selbst fehlet. Es findet sich aber eine andere Urkunde von Graf Gerhard von demselben Jahre, in welcher dem Closter besondere Vorrechte geschenkt werden. Wir wollen, da selbige in unsern Händen, solche hier einrücken: Gerhardus dei gratia comes Holsatiæ & Stormariæ salutem in domino sempiternam. Noverint universi, tam præsentes, quam futuri, quod nos propter salutem animæ nostræ & animarum omnium progenitorum nostrorum Abbatem, conventum ac monasterium in Reynefeld eorumque homines & bona in nostram ac omnium hæredum ac successorum nostrorum suscepimus ac præsentibus suscipimus fidelem protectionem, promittentes Deo & eidem abbati & conventui sub bona fide, quod nos aut nostri advocati vel quicunque alii subditi nostri seu etiam hæredes aut successores nostri aut eorum subditi nunquam de cætero canes ad alendum vel polledros ad pabulandum ad dictum monasterium Reynefeld seu ad eorum

curias,

curias, Grangias aut villas aliqualiter de cætero transmittemus seu transmittent. Et quod venatores nostri atque hæredum & successorum nostrorum nunquam etiam de cætero cum canibus venaticis homines eorundem abbatem & conventum debebunt gravare. Donamus quoque eisdem abbati & conventui liberam facultatem, quod in territoriis ac dominiis nostris, ubicunque voluerint, per se seu per suos certos commissarios quæcunque mobilia atque non mobilia libere & licite emere poterunt ex eadem sine omni thelonio, præcaria vel exactione atque sine omni nostra nostrorumque hæredum ac successorum aut advocatorum, subadvocatorum, commissariorum seu nunciorum nostrorum quorumcunque quacunque prohibitione generali vel speciali, ubicunque voluerint, libere ac licite transportare. Ut autem omnia ac singula promissa apud nos nostrosque hæredes & successores robur perpetuæ firmitatis obtineant, sigillum nostrum præsentibus est appensum. Datum Segeberge anno Domini MCCCXXIII. feria quarta post sacrosanctum festum pascha præsentibus pluribus fide dignis. Im Jahr 1327. ertheilte Johannes Graf zu Holstein einen Kaufschein wegen des Dorfes Havickhorst (* 3.) und bestätigte den von Johann Ronnow geschehenen Verkauf desselben an das Closter in eben demselben Jahr. (* 4.) Im Jahr 1329. hat Graf Johannes die Freyheit etlicher Ländereyen, welche in dem Hofe Crouemore belegen, so das Closter Reinfeld im Jahr 1291. von dessen Vetter Graf Johannes gekauft, bestätiget. (* 5.) Im Jahr 1331. begab sich Hinrich Lasbecken aller Ansprache an das Dorf Havickhorst. Der Titul der Urkunde heist also: Henrici Lasbecken renunciatio ab omni impetitione super villam Havickhorst 1331. (* 6.

(*) Ranzauisches Register (II. (**) Rostockisches Etwas 1739. p. 78.
(***) Ranzauisches Register sub (aaaaa) (* 3.) ibid. (III.
(* 4.) ibid. (nnn (* 5.) Westphal monum. cimbr. T. II. pag. 59.
(* 6.) Ranzauisches Register (kkk)

§. 23.

§. 23.

XIV. HENRICUS. Selbiger ist ohngefehr 1340. Abt geworden und ist dem Closter nicht lange vorgestanden. Zu dieser Zeit ward eine Vicarie von Gerlach de Wotmoldt bey dem Closter zu Reinfeld gestiftet. Die Urkunde davon ist noch vorhanden und lautet also: Universis præsentia visuris seu audituris Gerlacus de Wotemolde armiger salutem in Domino sempiternam. Tenore præsentium duxi firmiter protestandum, quod ego volens diem extremum operibus misericordiæ prævenire pro remedio animæ meæ ac parentum meorum ad unam perpetuam vicariam instaurandum ac tenendum in monasterio Reynfelde relinquo, lego, dono & concedo religiosis viris, dominis Abbati & conventui ejusdem monasterii sex Mansos in villa Cerben, quorum quilibet dabit omni anno unum tremodium ordei & unam mensuram avenæ & tres campos sitos ante castrum Plœnæ, quorum unus vocatur: Wendeschebergè, alius Kohuses-Hof & tertius Tegelschüen cum omnibus juribus, fructibus, libertatibus & emolumentis, sicut eos hactenus possedi & possideo tenendos, habendos & possidendos post mortem meam tamdiu pacifice & quiete, quousqne nobilis vir, dominus meus dilectus, dominus Johannes comes Holsatiæ, vel hæredes ipsius dictos mansos sex pro centum & præfatos tres campos pro quinquaginta Marcis denariorum Lubecens. ab eodem domino Abbate & conventu simul vel separatim duxerint reemendos. Testes hujus rei sunt dominus Bertramus Cromun Lubecensis & Hamburgensis Ecclesiarum Canonicus, Johannes de Nickelsdorf, Marquardus Brockdorp milites & longus Beyenmutter advocatus dicti domini mei comitis, qui una mecum & ego una cum eis sigilla nostra præsentibus appendenda. Datum & actum anno Domini MCCCXL dominica in ramis palmarum.

TRANSFIXUM.

Nos Marquardus & Otto dicti Molt, armigeri, recognoſcimus in his ſcriptis, quod præſentem litteram, cui præſens ſcriptum eſt annexum & transfixum, ac omnia & ſingula in ea contenta, facta per dictum fratrem & patruelem noſtrum bonæ memoriæ Gerlacum de Wotmolte armigerum ratificamus, approbamus & confirmamus obligantes nos & promittentes bona fide, quod bona in dicta littera expreſſa adverſus dominum Abbatem & conventum monaſterii de Reynfelde ab omnibus hæredibus noſtris & ab univerſis, qui cum nomine Molt vocantur, debebimus disbrigare, (*) quod ſub ſigillis noſtris præſentibus appoſitis proteſtamur. Datum & actum Plœne anno Domini milleſimo trecenteſimo quadrageſimo & quinto in craſtino purificationis beatæ Mariæ virginis. Von dem Jahr 1341. findet ſich ein Zeugniß dieſes Abts, daß die Grafen zu Holſtein, Hinrich und Gerhard das Jus Patronatus, welches dem Cloſter Itzehoe von ihrem Herrn Vater verliehen 1298. beſtätiget. Die Urkunde iſt von Herr Noodt aufgehoben. (**) Im Jahr 1343. erſetzte das Cloſter zu Reinfeld dem Cloſter zu Neumünſter eine Schuld von 10. Mark durch eine gleichgültige Summe. Die Nachricht findet ſich bey dem Herrn von Weſtphalen, (* 2.) woſelbſt auch dieſe Urkunde eingerückt. Der Anfang lautet alſo: Nos fratres Henricus abbas, Johannes prior, Herbordus quondam abbas. Da Herbordus dem Henrico in der Abtey gefolget; ſo muß es wohl ſo viel heiſſen, daß Herbordus ein deſignirter Abt geweſen, wozu vielleicht das Alter und der kränkliche Zuſtand des Henrici kan Gelegenheit gegeben haben. In eben demſelben Jahr ward ein Streit zwiſchen dem Cloſter und etlichen Edelleuten genannt von Weſenberg wegen gehauenen Holzes beygelegt. Die Rubric von dieſer Urkunde lautet alſo: Compoſitio aliquot nobilium in puncto ſecatorum lignorum inter armigeros aliquot de Weſenberg

berg & abbatem Cœnobii 1343. (* 3.) Die Urkunde selbst ist nicht vorhanden.

(*) Disbrigare heißt eximere seu liberare a litigio sive rixa, wie imbrigare anzeigt liti involvere. Siehe Noodts Beyträge 4tes Stück pag. 302. (**) Noodts Beyträge drittes Stück pag. 193. (* 2.) monum. cimbr. T. II. p. 150. (* 3.) Ranzauisches Register (T. 19.

§. 24.

XV. HERBORDUS. Es ist schon vorher erinnert, daß er bey seines Vorwesers Lebzeiten zu einem Abt bestimmt. Im Jahr 1344. hat er vermuhtlich diese Würde erlangt. Es ist vorher angezeiget, daß zwischen dem Closter und Johann von Ronnow sich wegen der Gränzen mit Havickhorst einige Irrungen hervor gethan und auch gütlich beygelegt. Nachdem nun das Closter nach obiger Erzehlung das ganze Dorf Havickhorst an sich gebracht, so entstund ein neuer Grenzstreit mit einem benachbarten Edelmann Hinrich von Lassebecke. Selbiger wurde unter diesem Abt im Jahr 1345. vermittelt. Die Urkunde davon ist vorhanden und lautet also: Universis visuris præsentes litteras vel audituris ego *Henricus de Lasbecke*, armiger, notum facio recognosco & protestor, quod omnis controversia ac anbiguitas, quæ vertebatur inter religiosos viros dominos abbatem & conventum monasterii de Reynfelde parte ex una & inter me & meos hæredes & successores parte ex altera ratione terminorum inter villam ipsorum *Havickhorst* & inter villam meam *Schiddeberne* totaliter est terminata & finita. Nam præsentibus religiosis & honestis viris, personis ejusdem monasterii ad hoc specialiter destinatis dominis Herbordo, seniore, abbate, Ottone, priore, Henrico de Kylonie, Henrico Cymeren, Godscalco Monck sacerdotibus & fratribus laicis præsentibus, scilicet Bornino, magistro hospitum, Jo-

 hanne

hanne Blaurock, Cunrado Benckhaue, meipso etiam personaliter præsente. Termini inter easdem villas videlicit *Havickhorst* & *Schadebern* discrete & amicabiliter sunt distincti, notati & monticulis patentibus designati. Primo enim vadunt ejusdem termini ex oriente versus occidentem ab amne, qui dicitur vulgariter Streckenrodebeck primo in directum per tres monticulos & inde versus aquilonem per duos monticulos juxta locum palustrem, qui vocatur vulgariter Söl & inde vadunt in directum contra occidentem iterum usque in Remen per rubum, qui vocatur vulgariter, Aßbrock & inde prope locum humidum & palustrem, qui dicitur Sege ascendendo versus occidentem per agrum & per rubum usque in campum Hefelde per monticulos in locis supradictis factos & congestos ibidemque hoc est in campo villæ *Sevolde* terminatur. In hujusmodi igitur terminorum distinctionis & amicitialis concordiæ testimonium & evidentiam sigillum meum duxi præsentibus litteris apponendum. Actum & datum sub Anno Domini MCCC. quadragesimo & quinto feria secunda proxima post festum sanctæ & individuæ trinitatis. Sonst ist unter diesem Abt nichts merkwürdiges vorgefallen, wie denn seine Zeit auch nur kurz gewehret.

§. 25.

XVI. CUNRADUS mit dem Zunamen Wulf ist ohngefehr in dem Jahr 1347. Abt geworden. Zu seiner Zeit kam das Dorf Bünstorp an das Closter zu Reinfeld. Selbiges ward im Jahr 1347. von zween Brüdern, von Schlammerstorf genannt, an Detlev von Wensyn verkauft und nachhero von diesem dem Closter überlassen. Dieser Kauf wird in dem Ranzauischen Register dem Titul nach angezeigt. (*) Die Urkunde von dem ersten Kauf ist noch vorhanden und wird nach einer beglaubten Abschrift hie mitgetheilet. Sie lautet also: Universis, ad quos præsens scriptum pervenerit, Hartvicus, Otto,

Her-

Hermannus & Volrodus fratres de Schlammerstorpe, armigeri salutem. Notitiæ subscriptorum tenore præsentium recognoscimus publice protestantes nos mediante consensu proximorum nostrorum hæredum ac omnium, quorum consensus ad hæc fuerit requirendus, rite & rationabiliter discreto viro *Detlevo de Wensyne* filio domini Bartholdi armigeri suisque veris hæredibus pro nongentis marcis Lubecensium denariorum nobis integraliter persolutis in ususque nostros necessarios conversos vendidisse, cessisse & coram domino nostro, domino Henrico, comite Holsatiæ & Stormariæ legitime resignasse villam nostram dictam *Buenstorp*, sitam in parochia Segeberge cum totali loco dicto Wöstenyn ad eandem villam pertinente ad habendum, tenendum in perpetuum & possidendum pacifice, libere & quiete cum agris cultis & incultis, pratis, pascuis, paludibus, sylvis, lignis, aquis aquarum decursibus, viis & inviis, prout eandem villam & dictum locum Wöstenyn in suis terminorum distinctionibus comprehenduntur cum omni jure & judicio videlicet colli & manus ac aliis judiciis inferioribus cum omnibus fructibus & proventibus, cum omni libertate & commoditate ac singulis conditionibus & proprietatibus, veluti ad nos & nostros progenitores hucusque pertinuerunt nihil penitus excludendo, ita quod nobis & nostris hæredibus irrequisitis eadem bona vendere, donare, exponere aut quacunque alienatione decreverint alienare poterunt & in quascunque personas ecclesiasticas vel seculares transferre pro ipsorum beneplacito voluntatis. Renunciamus quidem exceptioni doli mali & generaliter omni auxilio juris & facti, per quod præsens nostra venditio cassari posset quomodolibet vel infringi. Debemusque eadem bona prædicto Detlevo & suis hæredibus, ut juris est, warendare ab omnique impetitione quorumcunque suis pœnis volentium penitus via juris disbrigare, super præmissis etiam omnibus firmiter servandis prænarrato Detlevo & ad manus ipsius suorumque hæredum honestis viris Detlevo & Ottoni fratribus filiis Domini Detlevi de Wensyn, Volrado & Detlevo dictis de Bockwolde, Johanni Steen,

Otto Micheln, Ottonis Poggewisch & Bertholdo de Wensyn filiis Detlevi sæpedicti manu conjuncta promisimus ac data fide promittimus per præsentes. In præmissorum evidens testimonium nostra sigilla præsentibus sunt appensa. Datum Segeberge Anno Domini millesimo trecentesimo quadragesimo septimo. In octavo purificationis Mariæ virginis gloriosæ. Dieser Detlev Wensyn verkaufte die Hälfte dieses Dorfs Buenstorf wieder an das Closter zu Reinfeld. Von dem Kauf-Brief ist nur dieser Titul vorhanden: Venditio Detlevi de Wensyn mediæ villæ Buenstorf in parochia Segebergensi 1347. (**) Desgleichen auch die Bestätigung dieses Kaufs von den Grafen zu Holstein, davon der Titul also lautet: Henrici & Nicolai fratrum comitumque Holsatiensium super dimidiam villam Buenstorf & molendinum 1347. (* 2.) Von der Quitung aber, welche Detlev von Wensyn über die 200. Mark ausgestellet, und davon die Aufschrift also heisset: Quitantia ducentarum marcarum quibus comparata est medietas villæ Buenstorf a Detlev Wensyn 1347. (* 3.), ist die Abschrift noch gegenwärtig und lautet also: Universis præsens scriptum cernentibus vel audientibus. Ego Detlevus Wensyn filius Domini Bertholdi cognominatus de Golwitze, armiger recognosco, protestor & cupio fore notum, quod religiosus vir Conradus Wulf, monachus in Reynefelde persolvit ac in promta & numerata pecunia mihi præsentavit ducentas marcas Lubecensium denariorum de illis quadringentis marcis Lubecens. denariorum, quibus a me dimidietatem villæ Buenstorf cum omnibus attinentiis suis ad manus & ad usus perpetuos abbatiæ & conventus monasterii in Reynefelde prædicti emit ac rationabiliter & rite comparavit. In quibus ducentis marcis denariorum Lubecensium profiteor mihi esse plenarie satisfactum. De quibus etiam prædictos Conradum Wulf abbatem & conventum dimitto in hoc præsenti scripto quitos, liberos & solutos nulla unquam actione secundum sequtura. In testimonium præmissorum sigillum meum huic scripto duxi firmiter

appo-

apponendum. Actum & datum anno domini MCCCXL. septimo feria quarta ante nativitatem Johannis Baptistæ. In dem Jahr 1348. ertheilten die Grafen zu Holstein dem Closter zu Reinfeld ein Privilegium über das Dorf Stubben, worin aber solches bestanden, ist unbekant, da die Urkunde fehlet. Der Titul lautet also: Henrici & Nicolai fratrum & comitum Holsatiæ privilegium super villam Stubben 1348. (* 4.) In dem folgenden 1349. Jahr schenkte der Bischof zu Lübeck Johannes den Zehnten wegen Badendorp nach Inhalt der Rubric dieses Diplomatis: Johannis episcopi Lubecensis super decima villæ Badendorp minime danda 1349. (* 5.)

(*) Kanz. Register (qq (**) ibid. (* 1.) ibid. (aaa (* 3.) ibid. (bbb (* 4.) ibid. (ooo (* 5.) ibid. (ff.

§. 26.

XVII. ECCARDUS oder Eggert von Wensyn ein Holsteinischer Edelmann. Bey dem Herrn von Westphal wird er als der 17te Abt angegeben und in der Ordnung wird er auch hier angeführet. Er ist ohngefehr in dem Jahr 1351. zu der Würde eines Abts gelanget. In eben demselben Jahr den 20. Mart. ward ein Vergleich zwischen den Bischof Bertram zu Lübeck und diesem Abt wegen der Zehnten zu Godendorp, welches zweifelsohne Badendorp heissen soll, aufgerichtet, welcher in Lünigs specileg. eccl. P. II. pag. 569. eingerückt. (*) In dem Jahr 1355. übergaben die Grafen zu Holstein Henricus und Nicolaus die andere Hälfte von dem Dorf Buenstorf an das Closter. Der Titul davon lautet also: Dd. Henrici & Nicolai, comitum Holsatiæ collatio & resignatio reliquæ medietatis villæ *Buenstorf* Anno 1355. (**) In eben dem Jahr ist auch ein Instrument darüber errichtet, davon aber nichts mehr als der Titul vorhanden. (* 2.)

In

In dem Jahr 1357. ertheilte Graf Johannes zu Holstein dem Abt Eccard ein besonderes Privilegium in Ansehung der Jurisdiction über des Closters Unterthanen mit. Die Urkunde lautet also: Nos Johannes dei gratia comes Holsatiæ & Stormariæ recognoscimus per præsentes publice protestando, quod nos nostro nostrorumque omnium & singulorum hæredum & successorum nomine cum Domino Eckhardo, Abbate monasterii in Reynfelde unionem finalem nobis acceptabilem concorditer ordinavimus & fecimus pro colonis & familia ejusdem monasterii in Reinefelde, ita videlicet, quod in futurum nullus omnino advocatorum, officialium, commissariorum vel nunciorum nostrorum, vel etiam hæredum aut successorum nostrorum quocunque etiam nomine censeatur de quacunque seu qualicunque correctione villanorum & familiæ antedicti monasterii ex parte transgressionum quorumcunque mandatorum nostrorum se de quovis modo intermittat, aut intermittere audeat sive præsumat, sed nostri nostrorumque omnium hæredum & successorum nomine omnino, quod desistat, & advocatus pro tempore ejusdem monasterii Reinfelde omnia & singula solus judicabit & disponet & omnes & singulos emendos quovis modo inde provenientes solus sublevabit perpetuis temporibus futuris, prout hoc in aliis litteris nostris & Adolphi filii nostri super ea specialiter confectis dudum est expressum. In cujus rei fidele testimonium sigillum nostrum præsentibus est ex certa scientia nostra appensum. Datum Ploenæ anno Domini millesimo trecentesimo quinquagesimo septimo in crastino circumcisionis Domini nostri Jesu Christi.

In dem Jahr 1358. ward von dem Bischof zu Lübeck Bertramo das Jus Patronatus über die Kirche in Wesenberg dem Closter übergeben. (* 3.) In dem folgenden 1359sten Jahr wurden dem Closter zu Reinfeld wegen des Hofes Stubben gewisse Freyheiten geschenkt. Worin aber dieselben bestanden, kan aus Mangel des Documents nicht

nicht angezeiget werden. (* 4.) In eben demselben Jahr kaufte das Closter von Wulfard Nicolai etliche Ländereyen, die an der Grenze des Dorfes Buenstorf belegen. Die Rubric wird mit folgenden Worten angezeigt: Wulfardi Nicolai venditio quorundam agrorum, contiguorum villæ Buenstorf 1359. (* 5.) Da die Urkunde abschriftlich in unsern Händen; so wollen wir selbige hier mittheilen: Coram universis, quibus præsentia fuerint exhibita nos Wulfardus dictus Nicolaüs ac Mechildis uxor ejus nec non Henricus filius prædictorum publice profitemur, quod nos matura deliberatione præhabita & consensu omnium, qui fuerint requirendi, adhibito vendidimus rite & rationabiliter religiosis viris abbati & conventui monasterii in Reinfelde quasdam terrulas sive agros situatos in parochia Segeberge & in campimarchia villæ Buenstorf ad prædictos abbatem & conventum pertinentes conterminatos & inclusos cum agris ejusdem villæ Buenstorf pro decem marcis Lubecensium denariorum nobis integraliter persolutis & in utilitatem nostram & nostrorum hæredum conversis, non obstante, quod ad Mechildem prædictam dicti agri ratione bonorum dotalium pertineant, cum in præsentibus non vi nec metu inducta nec dolo circumventa sed libere renunciem omni beneficio ac privilegio juris canonici ac civilis, quod mihi in, pro, & super præmissis competere posset quovis modo, tradentes, resignantes & transferentes eosdem agros in prædictos abbatem & conventum in personam procuratorum ipsorum eosque in possessione dictorum agrorum & bonorum ac omnium jurium & pertinentiarum earundem facimus potiores, promittentes pro hæredibus nostris & nobis dictam venditionem gratam, ratam & firmam perpetuo velle tenere, habere & observare nec contra eam venire de jure vel de facto quacunque occasione vel causa, renunciantes in, pro & super præmissis & promissorum quolibet exceptione doli mali, rei non sic gestæ, non justi non soluti pretii non numeratæ pecuniæ, actioni in factum, conditioni sine causa & quibuscunque aliis exceptionibus & defensionibus juris canonici & civilis, quibus præsens venditio posset aliquatenus impugnari & specialiter juri dicenti, generalem renunciationem non valere. Datum in curia nostra prope Segeberge anno Domini MCCC. quinquagesimo nono vicesimo die mensis Januarii nostris sub sigillis. Ubrigens hat Graf Johannes III. viel auf diesen Abt gehalten, wie er denn in diesem Closter öfters seine Zeit zugebracht auch verschiedene Urkunden daselbst unterzeichnet. Er ist auch in demselben nach seinem im Jahr 1359. erfolgten Ableben begraben worden. (* 6.)

(*) Noodts Beyträge viertes Stück pag. 387. (**) Ranzauisches Register (ggg. (* 2.) ibid. (hhh. (* 3.) ibid. (L. II. (* 4.) ibid. (qqq. (* 5.) ibid. (ccc. (* 6.) Petersens Holsteinsche Chronic. P. II. pag. 107.

§. 27.

XVIII. N. N. Der Name dieses Abts ist unbekant. Vielleicht hat sich das zu seiner Zeit zugetragen, was in repertorio communi Archivi Gottorp (*) erzehlet wird, daß im Jahr 1367. die von Siggen 9. Mark 8. ßl. jährliche Hebung aus dem Dorf Lockeburg für 95. Mark an das Closter Reinfeld verkauft, welche dieselbe in 12. Jahren wieder lösen und unter die Herrschafft Holstein bringen wollten. (**)

(*) Capit. XXXI. n. 14. (**) Noodts Beyträge drittes Stück p. 194.

§. 28.

XIX. HARTWIG REVENTLOU ist ohngefehr von dem Jahr 1369. bis 1380. und etliche drüber Abt gewesen. Er wird als ein gottseliger Mann und der den Wohlstand des Closters auf alle Weise zu zu befördern gesucht, gerühmet. Insonderheit verdienet das Urtheil, welches der berühmte Hinrich Rantzau in descriptione chersonesi cimbricæ von ihm fället, hie angeführet zu werden: vixit (Hartwicus Reventlou) circa annum 1380. pietatis nomine ad modum ab omnibus tam superioris, quam inferioris status hominibus commendatus & amatus, cujus singularis sanctimonia, quam apud omnes de se excitaverat, opinione adducti comites Holsatiæ quadragesimale plerumque tempus apud illum agere & sacris operam dare consueverunt. Donavit prædia sua monasterio, quæ tamen hæredes, ipso defuncto, pretio & precibus redemerunt. (*) In dem Jahr 1369. wurden zween Wiesen der Kirchen zu Wesenberg beygelegt, welche Stockoppel und Boddekens Wiese heissen. Die Rubric von dieser Urkunde heist: Super duo prata Stockoppel & Boddekens-Wisch comparata ad ædem sacram in Wesenberg 1369. (**) In demselben Jahr ward eine Verschreibung wegen eines Waldes in Wesenberg dem Closter ertheilet, davon die Rubric also lautet: Literæ Wolfgangi & Nicolai fratrum de Wesenberg super nemus prope Wesenberg 1369. (***) In eben diesem Jahr ertheilte der Bischof zu Lübeck Bertramus dem Closter wegen des Dorfs Wesenberg gewisse Freiheiten, worin aber solche bestanden, ist wegen Mangel der Urkunde unbekant. Der Titul heist: Literæ Bartrami Episcopi Lubecensis super villa in Wesenberg 1369. (* 3.) Sonst hatte das Closter noch die Beschwerde, daß es zum Dienst der Landes Herrschafft gewisse Hunde und Pferde futtern muste. Davon ward es durch ein Begnadigungs-Schreiben von dem Jahr 1371. befreyet. Der Titul desselben lautet also: Adolphi comitis Holsatiæ de canibus & equis in abbatia non alendis 1371. (* 4.) In einer andern Registratur von Briefen und Documenten, welche Herzog Johann dem jüngern von dem Statthalter Hinrich Rantzou übergeben, heist die Ueberschrift dieser Urkunde also: Revers und Verzichts-Brief Graf Adolphen zu Holstein, keine Bitte an das

Closter Reinfeld mehr zu thun oder auf ihren Dörfern keine Pferde und Hunde zu halten 1371. In dem Jahr 1373. verkaufte Papen Hinrich Beckens von Wesenberg Ehefrau etliche Wiesen, so auf dem Wesenberger Felde belegen. Die Rubric davon lautet also: Literæ uxoris Papen Hinrichs Becken von Wesenberge continentes venditionem pratorum quorundam in campo Wesenberg sub dato 1373. (n. 5.) Der Römische Kayser Carolus quartus hielt sich im Jahr 1375. in Lübeck auf. Bey der Gelegenheit bewürkte der Abt Hartwig Reventlou nachstehenden Befehl an die Stadt Lübeck zum Vortheil des Closters Reinfeld aus: Carolus quartus, divina favente clementia Romanorum imperator semper Augustus & Boemiæ Rex magistris civium & consulibus civitatis Lubecensis, qui nunc sunt aut pro tempore fuerint, fidelibus suis dilectis gratiam suam & omne bonum.

Fideles, dilecti, considerantes, quod monasterium in Reinevelde ordinis Cisterciensis Lubocensis diœcesis dudum per Romanorum imperatores & reges fundatum extitit & pariter dotatum. Et ob hoc idem monasterium, Abbatem & convehtum ibidem cum omnibus ipsorum hominibus, bonis & possessionibus & juribus in nostram & imperii sacri protectionem, tuitionem & defensionem salvaguardiamque recepimus & tenore præsentium recipimus gratiose. Quapropter ipsorum paci & utilitati pia solicitudine providere volentes taliter, quod in nostra absentia a gravaminibus quibuslibet defensentur salubriter & effectualiter tueantur. De vestris igitur fide, circumspectione & legalitatis industria plenam habentes fiduciam, fidelitati vestræ seriose committimus & mandamus firmiter & districte, quatenus dictos Abbatem & conventum, ipsorum homines & bona ab oppressionibus, violentiis, injuriis, nec non illicitis perturbationibus, molestationibus, angariis, perangariis & aliis gravaminibus quibuscunque vice & authoritate nostris tamquam nostros & imperii subditos &

devo-

devotos protegere, defendere debeatis fideliter & tueri præsentibus duntaxat ad nostræ & nostrorum successorum Romanorum Imperatorum vel Regum voluntatis beneplacitum duraturis, præsentium sub imperialis nostræ Majestatis sigillo testimonio literarum. Datum Lübeck anno Domini Millesimo trecentesimo septuagesimo quinto, indictione tertia decima, quarto Calendas Novembris, regnorum nostrorum anno tricesimo, imperii vero vicesimo primo.

In dem Jahr 1379. verkaufte dieser Abt und sein Prior Nicolaus an Hinrich von Bockwold 13. Mark jährliche Zinsen in dem Dorf Schürstorf. Die Urkunde ist unter den Diplomatibus des Closters Ahrensböck noch vorhanden. (* 6.) Das Kauf-Pretium ist in denselben nicht bekant, wohl aber, daß sie das halbe Dorf Bardinen dafür wieder gekauft. Sonst eräugneten sich zu dieses Abts Zeiten einige Verdrieslichkeiten wegen der Saline, die sie in der Stadt Lüneburg hatten. Der Lüneburgische Herzog Magnus verlangte von der Stadt, sowohl dem Closter zu Doberan, als auch zu Reinfeld die Saline zu entziehen, weil er die Herrn von Mecklenburg und Holstein für seine Feinde hielte. Die Clöster aber baten den Raht, dem Herzog nicht darin zu willfahren, mit der Versicherung auf allen Fall ihnen gegen den Herzog treulich beyzustehen. (* 7.)

(*) Westphal. monum. cimbr. P. I. pag. 102. (**) Ranzauisches Regifter (m. 12. (***) ibid. (a. 5. (* 3.) Ranzauisches Regifter (d. 4. (* 4.) ibid. (q. 16. (* 5.) ibid. (e. 3. (* 6.) cod. diplom. pag. 420. b. (* 7.) Leibnitz Tom. III. script. Brunsvvic. pag. 108.

§. 29.

XX. N. N. Der Name dieses Abts ist uns unbekannt. Er hat ohngefehr ums Jahr 1384. diese Würde erlanget. In diesem Jahr gab Graf Adolph dem Closter zu Reinfeld wegen Ab- und Anfuhr ihrer Bedürfnisse auf der Trave ein besonderes Privilegium. Die Urkunde, welche der Abschrift nach in unsern Händen, ist wehrt, hie abgedruckt zu werden. Sie lautet also: Adolphus dei gratia comes Holsatiæ, Stormariæ & in Schowenborch universis & singulis Christi fidelibus tam præsentibus quam futuris præsentia visuris seu audituris & præcipue nostris fidelibus dilectis militibus, militaribus, vasallis, advocatis, subadvocatis, officialibus, commissariis, consulibus, civibus & subditis quibuscunque in terris ac dominiis nostris ubilibet demorantibus seu pro tempore existentibus & præcipue in Plöne, in nova civitate, in Oldenborch & in Hilligenhaven, æternam in Domino salutem. Notum facimus vobis & cuilibet vestrum per præsentes, quod monasterium sanctæ Mariæ virginis in Reynefelde Cistercienfis ordinis Lubecensis dioecesis abbas pro tempore & conventus ibidem per sedem apostolicam, per romanos imperatores atque per nostros progenitores sic sunt fundati, dotati, privilegiati & confirmati, quod ipsi & omnia ac singula eorum bona ac res sunt ac in posterum esse & permanere debent ab omnibus & singulis theloniis, precariis & exactionibus terrarum & aquarum nostrarum penitus libera & exempta. Et quod bladorum & annonæ lignorumque ac quarumcunque aliarum rerum suarum evectionum & advectionum per flumen Travenam usque ad mare & per quascunque terras nostras licite ac libere possunt exercere quacunque prohibitione generali vel speciali omnino non obstante. Nos vero Adolphus comes præfatus dedimus ac damus eisdem religiosis dominis plenam, liberam & perpetuam potestatem, quod annonam, censum sive haram de bonis ipsorum in terra Oldenborch singulis annis provenientes & præcipue de villis Lütkenbrode, Poppendorp, Oliendorp, Galen-

Galendorp de curia Loderdorf & cætera per quascunque vias terrarum nostrarum atque maris usque ad prædictum monasterium suum seu ad quæcunque alia loca ipsis pro tempore congrua in præscriptis etiam libertatibus deducere possint ac transportare seu in alia bona mobilia simili modo deducenda & transportanda, quoties ipsis placuerit commutare non obstantibus quibuscunque Gewarris, sententiis, præscriptionibus, mandatis seu præceptis generalibus vel specialibus aut inhibitionibus vel impedimentis nostris seu nostrorum hæredum, successorum, advocatorum, officialium, commissariorum aut subditorum quorumcunque & quod etiam iidem religiosi domini pro tempore existentes in quibuscunque terminis suis marinis, quos Vorstrand dicimus, quicquid suæ utilitatis ac profectus excogitare, ordinare, agere & facere voluerint, libere & licite possint pro omni tempore futuro. Sed quia prædicti religiosi Domini coram nobis & quibusdam fidelibus consiliariis nostris valde graviter cum querela proposuerunt, quod ipsi ipsorumque officiales, commissarii, nuncii & subditi in prænarratis libertatibus & exemptionibus suis sint jam sæpius a quibusdam de nostris temere & violenter impediti, vexati, perturbati & graviter dampnificati supplicantes nobis propterea humiliter & studiose, quatenus intuitu Dei dignaremur ipsis & eorum monasterio super præmissa de opportuno remedio providere. Nos igitur comes prænominatus, quia per certa privilegia apostolica, imperialia, progenitorum nostrorum atque nostra, quæ justa, integra & illæsa vidimus ac consideravimus de omnibus & singulis prænarratis libertatibus & exemptionibus plene sumus informati & certificati vobis omnibus & singulis remissis & vestrum cuilibet benigne supplicamus serioseque ac firmiter præcipimus, quatenus eosdem abbatem pro tempore & conventum eorumque officiales, commissarios, nuncios & subditos nunquam de cætero in præmissis libertatibus & exemptionibus suis impediatis, vexetis, perturbetis ac faciatis ipsos hujusmodi libertatibus & exemptionibus suis libere, pacifice & quiete perfrui, uti & gaudere. Alioquin nos nostrique

strique hæredes & successores volumus & debemus eosdem contra quoslibet hujusmodi injuriatores, ac perturbatores suos, tanquam nos ipsos & nostros subditos gladio nostro materiali fideliter tum defendere ac gubernare, ipsi autem, quantum prævalebunt, defendere se atque sua gladio suo spirituali. Volumus igitur & decernimus, ut præsentes literæ nostræ in, pro & super omnibus & singulis præmissis semper & ubique plenam, integram & firmam fidem faciant. Ita etiam, quod decætero nequaquam sit necesse, ut super his aliquæ aliæ literæ seu probationes producantur. Ut autem hæc omnia & singula præmissa apud nos & nostros hæredes ac successores nostros & quoslibet alios perpetuis temporibus firma & inconvulsa permaneant, præsentes literas nostras fecimus sigilli nostri appensione fideliter communiri. Datum in castro nostro Plœne anno Domini Millesimo CCCLXXXIX. in die beatæ Margarethæ virginis. Præsentibus ibidem validis viris Dominis Woldemaro Rantzau, Iven & Hinrich Brockdorf militibus, Volrado Ascheberg, Henrico, Johanne & Oenone fratribus dictis de Siggen & aliis quam pluribus fide dignis.

Aus dieser Urkunde erhellet deutlich, daß das Closter nicht nur ansehnliche Güter in dem Lande Oldenburg, sondern auch eine freye Fahrt auf der Trave müsse gehabt haben. In dem Jahr 1399. welches zweifelsohne noch unter diesen Abt gehöret, gab Gerhard, Herzog zu Schleswig, Graf zu Holstein, Stormarn und Schouwenborch dem Closter einen Verbittungs-Brief über ihre Privilegien, Frey- und Gewohnheiten, so sie vom Pabst, Kaysern und ihren Voreltern haben und insonderheit der Entlästigung des vielen Ueberzugs und übrigen Gästereyen datiret Plön 1399. (*) Dieser Titul ist auch Lateinisch angeführet: Gerhardi ducis Schleswicensis & comitis Holsatiæ protectio cum annexo privilegio, quod rusticis nequaquam concessum sit alienare agros aut bona absque abbatis consensu. (**) Noodt

geden-

gedenket auch dieses Privilegii und führet Elverfeld de Holsatia zum Zeugen an. (* 2.)

(*) Der Titel findet sich in einem teutschen Register von Urkunden, so an Herzog Johann den jüngern abgegeben. (**) Ranzauisches Register (xxxx. (* 2.) Beytr. drittes Stück p. 195.

§. 30.

XXI. THIEDERICUS. Dieser Abt hat ohngefehr in dem Jahr 1404. diese Würde erlanget. Nach den vielen Streitigkeiten, die zu seiner Zeit vorgegangen, sollte man urtheilen, daß er nicht eben der friedfertigste gewesen. Solche entstunden in dem Jahr 1404. zwischen demselben und den Edelleuten von Wesenberg, welche durch den Graf Hinrich zu Holstein beygelegt wurden. Der Titul davon lautet also: compositio comitis Holsatiæ Henrici inter abbatem & vasallos de Wesenberg 1408. (*) So gaben sich auch in dem Jahr 1412. zwischen diesem Abt und einem Mecklenburgischen Edelmann Gerhard von Negendanck wegen der Dörfer Beckewitz und Tarnewitz einige Irrungen an. Die Vorfahren dieses Negendanks hatten diese Güter, welche in dem Lauenburgischen belegen, an das Closter verkauft. Die Sache aber wurde dahin vermittelt, daß die Mönche alle Dienste allein haben sollten, es wäre denn, daß der Amtmann zu Grevesmühlen den Unterthanen Freyheit ertheilte: auch sollten die Straf-Gelder an dieselben fallen. (**) Es heißt bey dem Herrn von Westphal: concordia est inita inter conventum Reinfeldensem & Gerhardum de Negendanck super proprietate, juribus & reditibus speciatim bedis debite præstandis & competentibus in villis Beckewitz & Tarnewitz sitis in episcopatu Razeburgensi diœcesis Protzekenau. (***) So scheinet auch ein Streit durch Vermittelung des Magistrats zu Lübeck beygelegt zu seyn, welcher sich zwischen dem Abt und dessen Unterthanen hervorgethan. Es läßt sich solches aus der Rubric, welche in dem vorgedachten teutschen Register befindlich, muhtmassen. Selbige lautet also: Recognitio oder Bekentniß unter des Rechts zu Lübeck Siegel wegen Entscheidung eines Streits des Abts zu Reinfeld, und dessen Unterthanen belangend 1413. Nach eben diesem Register hat in demselben Jahr Graf Hinrich zu Holstein einen Entscheide-Brief zwischen dem Abt und Make Hunderdis um eines Hofes willen zu Badendorf belegen, ausgefertiget. Noch ward in eben dem Jahr ein Hof zu Badendorf von dem Raht zu Lübeck dem Closter überlassen, (* 3.) welches zu gleicher Zeit von Herzog Hinrich zu Holstein confirmiret ward. (* 4.) Ohngefehr in dem Jahr 1415. ertheilte Pabst Johannes XXII. dem Closter ein Conservatorium, davon der Titul also lautet: Conservatorium Johannis papæ XXII. quod non tenentur exactionari a quibuscunque tam ecclesiasticis, quam secularibus personis, Ducibus, principibus in hoc, quod dicitur vulgo Aflager anno 11. pontificatus sui. (* 5.) In dem Jahr 1416. hat dieser Abt eine Confirmation über den Kauf des Dorfs Cronsmore unterschrieben. (* 6.) Herzog Gerhard von Schleswig, Graf zu Holstein, Stormarn und Schauenburg gab in dem Jahr 1404. dem Closter Reinfeld die Freyheit, 12. Last Korn an dem Hafen der Stadt Heilligenhafen zollfrey abführen zu lassen, welche Urkunde zu Plön datirt. Solche ward in dem Jahr 1416. von dessen Sohn Hinrich bestätiget und die hierüber ausgestellte Versicherung zu Reinfeld unterschrieben. (* 7.) In dem Jahr 1418. ertheilte Hinrich, Herzog zu Schleswig und Graf zu Holstein dem Closter eine Erlassung, keine Gastereyen oder Futterpferde

pferde zu halten. (* 8.) Ohngefehr in eben demselbigen Jahre versahe Pabst Martinus das Closter Reinfeld mit einem Schutz-Brief. (* 9.)

(*) Ranzanisches Register (F. 6. (**) Schröders Wismarsche Erstlinge, pag. 117. (***) Westphal. monumenta inedita Tom. II. pag. 2310. (* 3.) Ranzanisches Register (KK. (* 4.) ibid. (LL. (* 5.) ibid. (P. - (* 6.) Westph. monum. cimbrica T. II. p. 318. (* 7.) Die Urkunde selbst ist abgedruckt in Scholtzens Nachricht von der Stadt Heiligenhafen pag. 33. (* 8.) Ranzanisches Register (EEEEE. (* 9.) ibid. (U. -

§. 31.

XXII. BERTRAMUS. Selbiger ist ohngefehr 1419. Abt geworden. In eben demselben Jahr ward er nebst den Lüneburgern von dem Raht zu Lübeck ersucht, einige Irrungen, welche zwischen demselben und dem Dom-Capitul zu Lübeck wegen gewisser Güter zu Genin belegen, beylegen zu helfen. Die Urkunde ist in dem vierten Register Lübeckischer Urkunden n. 5. zu finden und zu Lübeck 1419. am Dienstage vor Lichtmessen untersiegelt. Zu gleicher Zeit ertheilte der Probst zu Bordisholm einen Attest, daß der Abt zu Reinfeld die in dem Dorfe Cronsmore fällige Zehnten auf 20. Jahr gegen 20. Mark jährliche Hauer angenommen, mit der Bedingung, daß selbige nach dem Verlauf solcher Zeit wieder an Bordisholm verfallen und zurück gegeben werden sollten. (*) So gab auch um diese Zeit der Pabst Martinus V. dem Closter das Privilegium, daß solches von keinem Bischof sollte visitirt werden. Der Titul davon lautet also: Quod nullus Episcopus vel alia persona possit Reinfeldenses visitare aut corrigere anno II.

Martini V. papæ. Sonst ist dieser Abt dem Closter nicht lange vorgestanden.

(*) Westph. monumenta cimbrica T. II. pag. 325. woselbst die Urkunde eingerückt.

§. 32.

XXIII. NICOLAUS. Von diesem Abt ist weiter nichts bekant, als daß in dem Jahr 1421. wegen einer halben Hufe in Stubben ein Vergleich zum Vortheil des Closters errichtet worden. Der Titul davon lautet also: Super dimidio manso in villa Stubben transactio, in qua perpetua ejus possessio cedit Reinfeldensibus. 1421. (*) Er ist in dem Jahr 1422. gestorben. Solches bezeiget ein Leichen-Stein, welcher noch in der Kirchen zu Reinfeld befindlich, worauf die Worte stehen: Anno Domini MCCCCXXII. die mensis May obiit Dominus Nicolaus. Die übrigen Worte sind nicht zu lesen. Es ist aber kein Zweifel, daß ein Abt zu Reinfeld darunter angedeutet werde.

(*) Ranzauisches Register (ppp.

§. 33.

XXIV. JOHANNES ist etwa in dem Jahr 1422. Abt geworden. Albert Wulf zur Langcken verkaufte 1423. dem Closter zu Reinfeld 14. Mark jährlicher Rente auf dem Hofe Langcken Pampe. (*) Eben derselbe hat in dem Jahr 1426. wieder 28. Mark jährliche Renten eingelöst, welche dem Closter für 400. Mark in den Dörfern Sebenze, Ehnenhorst und Pampe verkauft gewesen. (**) Zwischen diesem Abt zu Reinfeld und der Stadt Sarpen walteten allerley Streitigkeiten wegen der Hölzungen. Solche wurden im Jahr 1425. durch Herzog Hinrich zu Schleswig, Grafen zu Holstein beygelegt.

gelegt. Der Titul davon lautet also: Herzogs Hinrichs zu Schleswig Grafen zu Holstein Confirmatio und Bestätigung eines Vertrags zwischen dem Abt zu Reinfeld und dem Karspel zu Sarben wegen Waldhauen und Hölzung daselbst, kein Holz zu hauen oder zu verkaufen ohne Vorwissen des Abts 1425. In dem Jahr 1426. verkaufte Harding Stacken etliche Güter zu Lehfeld, welcher Kauf von dem Herzog Adolph in dem folgenden Jahr bestätiget ward. Der Titul von der Urkunde lautet also: Consens Herzogs Adolphs über einen Kauf Herr Harding Stacken wegen seines Gutes zu Sehfeld im Karspel Oldeslo, worin auch eines Dorfs Molkenweh im Karspel Oldeslo und Stift belegen, auch der Mühle zu Nuzelkou gedacht wird, Anno 1427. (***) Aus dem folgenden erhellet, daß solcher Kauf an Claus Ascheberg geschehen.

(*) Repertor. comm. Archivi Gottorp. cap. IX. n. 39. (**) ibid. n. 40. ex alleg. Noodtii Beyträge drittes Stück pag. 195. (***) Teutsches Register pag. 2. Kanz. Register (xxx.

§. 34.

XXV. N. N. Der Name dieses Abts ist unbekannt. Es scheinet, daß er ohngefehr 1428. zu dieser Würde gelanget sey. Zu dessen Zeiten und zwar in dem Jahr 1431. gaben Adolph und Gerhard Gebrüder, Herzoge zu Schleswig, Grafen zu Holstein, Stormarn und in Schouwenburg an den Abt einen Vergünstigungs-Brief den Grund zu bestauen, darauf der Heer-Weg durchgeht zwischen Rotterdamsbeck und Stubbendorf. (*) In eben demselben Jahr verkaufte Claus Ascheberg seine Gerechtigkeit an dem Dorfe Seefeld in dem Karspel Oldeslo und zwar der Vermutung nach an das

Closter zu Reinfeld, ob solches gleich in dem Titul des Kauf-Briefes nicht benannt. (**)

(*) Teutsches Register pag. 2. (**) ibid. und Ranzauisches Register (uuu.

§. 35.

XXVI. FRIDERICUS. Dieser scheint einer der berühmtesten Äbte zu Reinfeld gewesen zu seyn, zu dessen Zeiten die Herrlichkeit des Closters am höchsten gestiegen. Es sind von demselben verschiedene Urkunden vorhanden, in welchen er sich von Gottes Gnaden schreibt. In dem hiesigen Hochfürstlichen Archiv ist ein Manuscript von demselben befindlich, welches er selbst aufgesetzt. Der Titul desselben ist dieser: Speculum abbatis in Reynevelde aut alterius cujuscunque monasterii prælati suo modo intellectum & correctum. Es ist demselben ein Prologus vorangefüget, davon der Anfang also lautet: Nos Fridericus abbas vicesimus sextus Reyneveldensis, Cisterciensis ordinis. Postquam a prima die nostri regiminis, quæ fuit dies annunciationis virginis gloriosæ anni tricesimi secundi usque ad eundem diem anni quadragesimi cogitare cepimus &c. Aus dieser Anzeige erhellet, daß er der 26ste Abt gewesen und diese Würde in dem Jahr 1432. empfangen habe. In dem Jahr 1437. ist ein Permutations-Kauf oder Böte des Abts zu Reinfeld an den Probst zu Bordisholm über die in dem Dorf Cronsmore in dem Hofe Buttering und Monckhof belegene Ländereyen und Zehnten gegen 400. Mark Capital jährlicher Renten vorgegangen, jedoch sind solche unter Reservation eines Wiederkaufs verhandelt. Bey dem Herrn von Westphal findet sich die Urkunde, in welcher sich der Abt von Gottes Gnaden schreibt. (*) Kurz hernach im Jahr 1439. stellte der Abt zu Reinfeld an das Closter zu Bordesholm eine Quitung auf 400. Mark aus auf das vom Hofe Cronsmore restirende Capital mit

mit Danksagung guter Bezahlung und Verzicht aller daran habenden Gerechtigkeit. (**) Als im Jahr 1442. den 15. Nov. ein Schiffer aus Flandern kommend, der allerley Waaren für Hamburger Rechnung in hatte, durch Sturm und Ungewitter an das Land Wursten geschlagen und daselbst gestrandet, ward solches Schif von Steder Adeckens und dessen Helfern feindlich angefallen und die Güter gewaltsamer Weise geraubet, geplündert, verkauft und zu ihrem Nutzen angewendet. Weil nun die Würstener durch keine Vorstellung zur Wiedererstattung zu bringen waren, fielen sie in den päbstlichen Bann. Um solchen zur Execution zu bringen, ward Abt Friderich zu Reinfeld zum Executore und Richter von dem damaligen Pabst Johannes XXIII. bestellet. Die von demselben im Jahr 1444. den 30. Mart. eod. anno den 28. Decemb. 1445. den 26. Novemb. und 1446. den 29. Jul. ergangene Bann-Briefe sind von dem sel. Herrn Staphorst aufgehoben. (***) Das Merkwürdige in denselben ist, daß er sich einen Abt permissione divina schreibet, und daß diese Stücke zu klein Reinfeld in Lübeck, welches er curiam nostram und aulam novam nennet, unterschrieben. In dem Jahr 1445. ertheilte König Christoff zu Dännemark dem Closter einen Befehl und Beförderungs-Brief. (* 3.) Von dem Inhalt desselben aber läst sich wegen Mangel der Urkunde nichts sagen. Im Jahr 1447. verkaufte Gerd Stacke seinen Hof in Wesenberg dem Closter für 375. Mark und stellte darüber nicht nur einen Kauf-Brief; sondern auch eine Quitung aus. Von beeden werden die Titul in dem Ranzauischen Register angeführt. Der von dem Kauf-Brief heist: Super curia in Wesenberg & Hopfenhofe originale venditionis 1447. (* 4.) Der Titul von der Quitung lautet also: Quitantia Gerhardi Stacken super curia in Wesenberg sub dato 1447. (* 5.) Der Kauf-Brief ist nicht vorhanden. Da aber die Abschrift

Abschrift von der Quitung in unsern Händen ist, so wollen wir solche hier mittheilen. Sie lautet also:

Ick Gerd Stacke, Knape, bekenne und betüge apenbar in dissem Breve, dat ick hebbe thor Nöge entfangen und opgeböret von deme Ehrwerdigen Hrn, Hrn Fredericke Abbate tho Reinefelde von wegen desselben sines Closters dre hundert und fief und seventich Lübsche Mark und ein half leydisch Lacken vor also dannen Kop alse ick demselven Closter tho Reinfelde hebbe verköst den Weddeschott, Vryheyt und allen Egendom, den ick hadde in dem Have tho Wesenberge, dar ick wante aldüslange gewahnet hebbe. Alse ick dem mehr benömmten Closter tho Reinfelde denselven Hof und wat ick darinnen hadde von mynen gnädigen Herrn, Herrn Alwe verlaten hebbe mit Vullborth myner Husfruwen und will en desselven Kopes wohl warende Wesen vor my und myne Erven vor einem Jewelicken als sick in den Rechten dat geböret: Tho mehrer Bekentnisse, so hebbe ick Gerde vorbenannt myn Insegel wittlichen hangen heten an dissem Bref darock omme miner flitgen Bede willen nu und över weren de vorsichtigen Hans Timme und Claus Dose besettene Börger tho Lübeck, dar ick do ock apenbar vorbekannt, dat alle Articuln und Stücke also geschehen sind, alse tho voren ist gewent. Und hebben vöre mehr in Ingewardigheit der genannten Hans und Claus datselve myn Insegel mit verhorte Wischop und guten Willen dan und geantwerdet dem versechtigen Cord Steen, ock Börger tho Lübeck. Also dat Cord datselve myn Insegel hengen schall van mynetwegen vor sodanen Bref, den myn gnädige Herr, Her Alf vorgenannt, gevende ward den Erbenannten Herrn Abt und Closter Reinfeld up den Kop des Haves tho Wesenberg vorschreven. Gegeven na Christi Gebort vertheinhundert Jahr darna in dem söven und vertigsten Jahr up den Sünavent vor Dyonisii Martires.

Die

Die Confirmation des Grafen Adolphs erfolgte in demselben Jahr. Selbige ist unter folgendem Titul aufgezeichnet: Consens-Brief Herzog Adolphen wegen eines Hofes zu Wesenberg, so Gerd Stacken und Lüder Rumor dem Abte verkauft Anno 1447. Aus diesem Titul erhellet, daß Lüder Rumor auch müsse Theil an diesem Hofe gehabt haben. Die Urkunde selbst ist nicht vorhanden.

Hiebey ist noch zu merken, daß das Closter zu Reinfeld zu diesen Zeiten mit einer ansehnlichen Einnahme versehen gewesen. Ausser den Gütern, die sie in Mecklenburg, Pommern, dem Lauenburgischen und Holsteinischen, fürnemlich im Lande Oldenburg besessen, haben sie auch ansehnliche Capitalia gehabt, davon sie die jährliche Rente genossen. Insonderheit sind die Salinen zu Lüneburg beträchtlich. Sie haben selbige für eine ihrer grösten Geheimnisse gehalten. Es erhellet solches aus einer gewissen Anzeige, so davon in dem obgedachten Speculo vorhanden. Selbiges ist wehrt hie gelesen zu werden. Es lautet mit seiner Rubric also: *De redditibus bonorum salinarium in Lüneborg & de bonis nostris in speciali ibidem.*

Praeterea sunt in nostro monasterio bona & redditus in Lüneborch in salina, de quibus abbas omni sollicitudine & diligentia provideat, ut totum tam de bonis, quam de redditibus secretissimum teneat, ut non singuli de iis sciant atque sentiant nec inutiliter desuper istis aliquatenus præsumant gloriari. Dudum inde est, quod solemniter tractantes de hac materia cum nostro communiter conventu concordavimus, ut illa præsertim salinaria bona & negocia nunquam futuris temporibus alias innotesci debeant, quam ipsi domino abbati & aliis quatuor de senioribus, quos præfati abbas & seniores ad hujusmodi facta discretiores praelegerint & valentes. Nec unquam ultra hos quatuor, dum vixerint, permutationibus etiam officiorum non obstantibus Prioritas, dignitas vel conditio alios vel plures super addere, promovere debuerint & proferri. Sed postmodum hanc ipsam rem nos & seniores nostri acutius intuentes & intra nos de singulorum utilitate diffusius disputantes placuit omnino nobis, ut de omnibus proventibus bonorum salinarium, de quolibet termino videlicet Pasche, Johannis Baptistæ, Michaelis, Nativitatis Christi abbas trecentas marcas pro registro tantummodo inscribat & hanc summam coram singulis & communiter omnibus senioribus in omni sua computatione duntaxat computet. Reliquum vero, quod forte superest aut cum computatione juxta nobis ex hinc traditam sigillatam a Lüneburg computationem emanaverit. Ex tunc prænominatus abbas coram præfatis quatuor senioribus ad hoc solummodo specialiter deputatis intra octo dies Pasche ex eadem computatione Lüneburgensium sigillata, quam recepit, expressam facere tenetur declarationem singularem. Et hic modus omnino, ut permittitur, necessarius & utilis & nunquam ullis perpetuis temporibus qualitercunque immutandus. Scribimus ergo non in clamore, sed silentio, quia hæc in specie bona sunt, quæ in Salina Lüneburgensi consuevimus, diutius possidere. Primum duas sartagines in domo Heginge ad dextram manum & sex choros in eisdem. Item duas sartagines in domo Ebedynge ad dextram manum & sex choros in eisdem. Item unam sartaginem dextram Schungpannen in domo Starthusen & tres choros in eisdem. Item duas sartagines in domo Grevynge scilicet Wechpannen Shunghpanne ad sinistram. Item dimidiam sartaginem in domo Starthusen. Item duas tertias partes dominii in dextera Shungpannen in domo Codesrynghe. Item tertiam partem dextre Shungpanne domus Sosselsringhe. Summa sartaginum sive dominiorum hujusmodi octo sartagines & dimidia & quindecim choros in eisdem. Item habet monasterium duos choros in tota domo Ebbynghe. Item unum chorum in tota domo Ouerendermtinghe. Item unum chorum in tota domo Elverdinghe. Item unum chorum in

tota

tota domo Getzehusen. Item unum chorum in dextera Shunghpanne domus Codesryngbe. Item unum chorum in dextera Whegpanne domus Hunnynghe. Item unum chorum in sinistra Shunghpanne domus Deginge. Item dimidium chorum in sinistra Wechpanne domus Udynge. Item dimidium chorum in sinistra Wechpanne domus Eginge. Item dimidium chorum in dextera Wechpanne domus Egdelynge. Item dimidium chorum cum duabus dextris sartaginibus Gerdynge. Item unum plaustrum in dextra Shunghpanne Egedynge. Item dimidium plaustrum in dextera Wechpanne domus Hyttinge. Item tertiam partem plaustri in dextra Shunghpanne domus Sosselsringe. Summa undecim chori cum dimidio & tertia pars unius plaustri. Insuper habet monasterium in salina redditus decem & octo marcarum & duodecim solidorum de sabbathalibus aut proventibus Sabbathinis.

(*) Westphalii monumenta cimbr. T. II. pag. 415. (**) Westph. l. c. T. II. pag. 422. (***) Hamburgische Kirchen-Historie P. I. vierter Band pag. 323. (* 3.) Teutsches Register pag. 2. (* 4.) Ranzauisches Register (Q. 23. (* 5.) l. c. (K. 10.

§. 36.

XXVII. JOHANNES. Dieser scheint ohngefehr in dem Jahr 1460. Abt geworden zu seyn. Zu dessen Zeiten gieng eine merkliche Veränderung in der Regierung der Holsteinischen Lande vor, indem solche dem noch jetzo herrlich blühenden Oldenburgischen Stamm heimfielen. Christianus I. war aus demselben der erste und derselbige bestätigte die Privilegia des Closters zu Reinfeld in dem Jahr 1461. (*) In dem teutschen Register wird folgender Titul davon angeführet: Confirmatio Königs Christierns aller des Closters Reinfeld Privilegien. Es wird aber dabey des Jahres 1462. gedacht. (**) In eben

eben demselben Jahr wird es auch in dem Ranzauischen Register angegeben. (***) Zwischen dem Abt und der Stadt Zarpen waren wegen der Hölzungen und dessen Gebrauch schon öfters Mißhelligkeiten vorgefallen. Daß solche endlich beygelegt, darüber ertheilte Gerhard, Graf zu Oldenburg und Delmenhorst, ein Zeugniß. Der Titul davon lautet also: Herrn Gerhards Grafen zu Oldenburg und Delmenhorst Gezeugniß eines besichtigten Vertrags zwischen der Stadt Serben und dem Abte zu Reinfeld, hierin denn auch benennet werden, Kotterdesbeck, Wesenberge, Lockfelde und Stubbendorf, daselbst kein Holz zu verhauen ohne Vorwissen des Abts 1470. (* 3.) König Christiernus gericht um diese Zeit wegen vielerley Händel, worin er verwickelt war, in Geld-Noht. Dis bewog ihn von dem Closter zu Reinfeld 200. Mark Lübsche Pfennige zu leihen. Wir wollen die darauf ausgetheilte Verschreibung des Königes, da solche Abschriftlich in unsern Händen, hie mittheilen:

Wie Christiern van Gades Gnade tho Dännemark, Schweden, Norwegen, der Wenden und Goten König, Hartoge tho Schleswig, Graf tho Holstein, Stormarn, Oldenburg und Delmenhorst bekennen und betügen apenbar vör alsewem, dat wy, unse Erven und Nakömmelinge rechter witlicher Schuld schuldig sind deme Ehrwürdigen Vader, Herrn Johann, Abte thom Reinfelde, Priori und ganzem Convent twe hundert Lübische Mark Pfennige, also tho Lübeck und Hamburg gange und gäve iß an hele Penninge, de se uns in uns Nöden ganz fründlichen und gütlichen gelehnet und wie de vort im unse Landes Nütten und besten gekehret hebben. Düsse vorgeschrevene twe hundert Lübische Mark scholen und willen wy, unse Erven efte Nah-

Nahkömmelinge den ehrbenameden Herrn Johann Abte, Prior und dem ganzen Convent tho Reinfelde in dem achte Dage der hilligen dre Könige erst kamende gans und all sünder ehren Schaden gütlich entrichten, vernögen und wollbetalen, sünder aller Argelist und Hülprede edder Gefahrde. Alle düsse verschrevene Stücke und Artikuln laven wy Christiern König vorbenomt vor uns, unse Erven und Nahkommelinge stede, fast und unverbrocken wol tho holende. Deß tho Urkunde und faster Verwaringe hebbe wy unse Secret mit des Ehrwirdegen in Gott Vaders Herrn Alberdes des Bischofs tho Lübeck, unses leven getruwen Secretar tho Witligkeit vor diesen unsen Bref heten hangen, de geschreven ist tho Segeberge am Avend St. Catharienen na Christi Gebort vertheinhundert Jahr, darna im twe und söventigsten Jahr.

Dieser wegen seiner Gerechtigkeit, Sanftmuht und Klugheit berühmte König stellte eine Reise nach Rom an, welche er den 8. Jan. 1474. von Segeberg und Reinfeld aus antrat. Von derselben kehrte er am Ende des August Monahts wiederum zurück und bey der Gelegenheit ward das Closter Reinfeld mit seiner hohen Gegenwart beehret. (* 4.) Eben dieser König ertheilte in dem Jahr 1473. ein Urtheil und Vergleichung zwischen dem Abt zu Reinfeld und seinen Lansten zu Zarpen in dem Lübschen Stift wegen der Hölzung, Mast und Früchte: item, daß in der ganzen Abtey hinführo Holsteinisches und kein Lübisches Recht mehr gelten sollte. (* 5.) In dem Jahr 1480. forderten die Jungfern des Closters Hervedeshude in Hamburg diesen Abt, um eine Reformation bey dem Closter vorzunehmen, dessen sich der Administrator des Erzstifts Bremen nach ihrer Meynung wiederrechtlich unterfangen, nach Hamburg. Er kam dahin, als er aber die daselbst vorwaltende grosse Verwirrungen sahe, wollte er sich damit nicht befassen. Sie liessen ihn deswegen ohne einige Danksagung wieder wegziehen und muste er so gar die Reise-Kosten aus seinem eigenen Beutel bezahlen, welches zu einem grossen Aufruhr in Hamburg Anlaß gab. (* 6.) Dieser Abt Johannes war auch in dem Jahr 1481. mit Herzog Johann zu Sachsen auf einer Tage-Fahrt zusammen, bey welcher der Herzog vier Dörfer Pogetz, Holsteindorpe, wendisch Disnack und deutsch Disnack an sich kaufte. Man lieset in der abgenöhtigten in jura & facto wohl gegründeten Remonstration, daß den Herzogen von Sachsen die Stadt Lübeck nicht nur das Städtlein, sondern auch die ganze Vogtey Möllen zu restituiren schuldig pag. 65. einen Extract aus des Abts Johannis, Prioris Marci und des ganzen Convents zu Reinfeld Kauf-Brief, daß sie dem Herzog zu Sachsen Johann vorbenannte Dörfer für 1900. Mark à Lüb. Pagiment verkauft haben datirt 1482. am Tage St. Catharinæ. (*7.) In obgedachtem 1481sten Jahre ließ die Königin Dorothea ein Mandat wieder die ungehorsamen Unterthanen des Closters zum Reinfeld ergehen, davon nichts als der Titul vorhanden. (* 8.)

(*) Repertorium comm. Archivi Gottorp. Cap. VI. n. 45. Noodts Beyträge drittes Stück pag. 195. (**) teutsches Reg. p. 3. (***) Ranzauisches Register (dddd. (* 3.) Teutsches Register pag. 3. (* 4.) Lackmanns Schleswig Holsteinische Historie P. I. pag. 73. (* 5.) teutsches Register, woselbst der Titul pag. 4. angeführet. Die Urkunde ist nicht vorhanden. (* 6.) Trazzigers geschriebene Hamburgische Chronic ad annum 1480. (* 7.) Noodts Beyträge viertes Stück p. 323. (* 8.) Ranz. Reg. (8.

§. 37.

XXVIII. HILDEBRANDUS. Derselbe scheint mit dem Ausgang des 1482sten Jahres Abt geworden zu seyn, indem der vorhergehende

gehende am Catharinen-Tage, welcher auf den 25. November einfällt, nach Inhalt des vorigen Sphi einen Kauf-Brief unterschrieben. Dieser Hildebrand ist den 6. Nov. 1483. schon wieder aus der Welt gegangen, wie solches aus folgender Schrift, die auf dessen Leichenstein in der Reinfelder Kirche befindlich, zu ersehen: Anno Domini MCCCCLXXXIII. sexto mensis Novembris obiit venerandus pater Dominus Hildebrandus, Abbas in Reynevelde. Also kan in dessen Leben nichts sonderliches vorgefallen seyn. Die Streitigkeit wegen der Hölzung mit den Zarpern war noch nicht völlig gehoben und deswegen gab König Johannes eine Entscheidung, davon der Titul also lautet: **König Johannens rechtliche Erkentniß, daß die Lansten des Karspels Gerben der Mast-Früchte oder Hölzung ohne des Abts Willen nicht mächtig** Anno 1483. Dis ist das einzige, das man zu seinen Zeiten findet.

§. 38.

XXIX. MARQUARDUS. Dieser wird auf seinem Leichenstein, so noch in der Reinfeldischen Kirche befindlich, der 29ste Abt genennet. - - - Dominus Marquardus XXIX. Abbas in Reynevelde. Ejus anima requiescat in pace. Wo die kleinen Striche gemacht, das ist verbauet und kan folglich nicht gelesen werden. Wahrscheinlicher Weise ist er am Ende des 1483sten oder mit dem Anfange des 1484. Jahres Abt geworden. Die Streitigkeit der Äbte mit den Unterthanen wegen der Hölzung und Mastung daurete noch immer fort. Dis veranlaste, daß nicht nur der Bischof zu Lübeck Albertus im Jahr 1487. einen Vertrag zwischen dem Abt und den Unterthanen desselben zum Stande brachte, sondern auch unter seinem Siegel ein Instrument zwischen dem Closter und der Gemeine zu Zarpen in eben demselbigen

Jahr ausfertigte. (*) So ward auch in eben dem Jahr durch die Königin Dorothea zu Dännemark, Schweden und Dännemark ein Vergleich wegen der Hölzung und Mast zwischen Lübeck und Zarpen errichtet, woraus folget, daß sich die Lübecker auch ein Recht an die Reinfeldische Hölzung müssen angemasset haben.

(*) Lentsches Reg. p. 4. Ranzauisches Register. (xx.

§. 39.

XXX. JOHANNES. Selbiger scheint ohngefehr in dem Jahr 1490. die Würde eines Abts erlangt zu haben. Im Jahr 1491. verpflichtete sich Herzog Friderich zu Holstein wegen der Wiederlösung des Dorfes Crempsdorf, welches Hinrich Powisch von dem Abte und Convent zu Reinfeld für 600. Marck Pfandweise inne gehabt, mit dem Beding, daß die Loskündigung ein Jahr zuvor geschehen sollte. (*) Zu dieses Abtes Zeiten ward einer, der Gerlach Bennecke hieß, unter dem Closter zu Ahrensböck seiner Missethat wegen gerichtet. Selbiger hatte einen Bruder Hinrich Bennecke unter dem Closter zu Reinfeld wohnen, von demselben nahm der Abt Johannes eine Versicherung, daß er sich seines Bruders wegen an dem Closter nicht rächen wollte und ertheilte darüber an das Closter zu Ahrensböck ein Zeugniß, davon die Abschrift noch vorhanden. (**)

(*) Repertor. comm. Archivi Gottorp. Cap. III. n. 31. Noodts Beyträge drittes Stück pag. 196. (**) Ahrensböckische geschriebene Urkunden pag. 447.

§. 40.

XXXI. GEORGIUS. Dessen Zeit fällt ohngefehr in das Jahr 1500. In dem Jahr 1502. ertheilte Johannes, König zu Dännemark,

mark, Schweden und Norwegen eine Confirmation über die Privilegien zu Reinfeld, insonderheit wegen Aflager und Burglager des Hof-Gesindes. (*) In den Jahren 1501. und 1503. ward die Hälfte des Dorfes Sehfeld in dem Kirchspiel Oldeslo, davon die beyden Urkunden in dem Lübeckischen Register n. 4. & 5. der Länge nach stehen, so von dem König Johann und Herzog Friderich gezeichnet, an das Closter gebracht. In dem letzten wird Herr Albrecht genannt, dem es übergeben. Vielleicht ist derselbe bey den Lebzeiten des Georgii schon designirter Abt gewesen, oder hat auch solches in dem Namen desselben bey seiner etwa vorwaltenden Schwachheit übernommen. Sonst ist gewiß, daß dieser Georgius erst in dem Jahr 1508. gestorben, wie solches nachfolgende Inschrift, so auf dessen in der Reinfelder Kirche noch befindlichem Leichenstein gelesen wird, ausweiset: Anno Domini V^{C}VIII. dominica palmarum obiit in domino pater dominus Georgius, abbas in Reynevelde. Orate pro eo.

(*) Teutsches Register pag. 4. Ranzauisches Register (uuu.

§. 41.

XXXII. ALBERTUS. Daß demselben bey den Zeiten des vorigen Abts das halbe Dorf Sehfeld übergeben, solches ist in dem vorhergehenden angezeiget. In dem Jahr 1508. gab ein Bürger in Lübeck Wilhelm Böding einen Rente-Brief oder Verschreibung auf 120. Mark Hauptstuhl und 8. Mark Renten, welcher Hauptstuhl in einem Erbe zu Munkhagen belegt war. (*) Die Grabschrift auf seinem Leichenstein beweiset, daß er im Jahr 1512. gestorben und lautet also: Anno Domini MV^{C}XII. die Agathe virginis obiit reverendus Dominus Albertus Abbas in Reynevelde. Orate pro eo.

(*) Ranzauisches Register (yy.

§. 42.

XXXIII. THEODORICUS oder Diederich. Zu seiner Zeit wurden die Privilegien des Closters von Christian II König zu Dännemark bestätiget. Die Rubric davon lautet also: Confirmatio Königs Christiern zu Dännemark, Schweden und Norwegen über des Closters Privilegien auch wegen der Ablager und Burglager 1517. (*) In eben demselben Jahr entzog sich das Closter zu Reinfeld der Oberaufsicht des Bischofs zu Lübeck und unterwarf sich dem damaligen Bischof zu Schleswig Gottschalco von Ahlefeld. König Christian II. veranlaste diese Veränderung und solche ward von dem Pabst bestätiget. Anno 1517. heist es bey dem Cypræo: Episcopus Gottschalcus ab Ahlefeld monasterium Reinfeld a Pontifice impetrat, consentiente Christierno II. Rege Daniæ & Papa confirmante. Episcopo Lubecensi insuper habito & neglecto. (**) Es wehrte aber diese Veränderung nicht lange, indem bald darauf die Reformation einfiel, welche den Kirchen in diesen Ländern eine ganz andere Gestalt gab. In dem Jahr 1526. wurden die Privilegia des Closters vom König Friderich in Dännemark abermal bestätiget. (***) Dieser Abt starb zu Ende des 1526. Jahres, wie ein in der Reinfelder Kirche befindliches Stück eines Leichensteins ausweiset, auf welchem diese Worte zu lesen: Anno Domini MV^C^XXVI. in vigilia Andreæ obiit reverendus Pater Dominus Theodoricus - - -

(*) Teutsches Register pag. 5. (**) Cypræi annales Episc. Schlesvicens. pag. 416. Noodts Beyträge viertes Stück p. 314. (***) Teutsches Register p. 5. Ranzauisches Register (xxxx.

§. 43.

§. 43.

XXXIV. PAULUS. Dieser Abt kaufte in dem Jahr 1531. die Mühle zu Kirch-Wesenberg von Schack Rantzau an das Closter. Die Abschrift des Kauf-Briefes ist in unsern Händen und lautet also:

Ick Schacke Rantzau, Knape, Schacken Sone thom Kleckampe, ehe tort Tidt wanehaftig tho der Niggen Stadt in dem Gestichte tho Lübecke belegen, bekenne und betüge apenbar in und mit dessem Breve, dat ick mit Willen und Vullborth myner Fründe und Erwen geboren und ungeboren Recht und Rädelicken verköft hebbe de Möllen mit dem Gebouvten, dhe gelegen is yn dem Dorpe Kerckwesenberge, in dem Stichte tho Lübeck. In welcker Mölen heft dat Closter Reinefelde Hals und Hand mit allem Rechte högest, sidest und Hüre, dat Rockhoen. Welcke Mölen und Gebouvten ick dem geistlichen Herrn Paulo, Abte und ganzen Convent tho Reinfelde verkope, uplate und se yn de ewelicken Besittinge bringe und före vor hundert und föftig Marck Lübisch und ein Perdt vom XX. Mark, thor Röge entfangen, welcke ick yn nyene myner Fründe und Erven ehth gekehret hebbe. Ick ock will und schall, oft jemandt van mynet wegen jenige Privilegien, Absolution edder Behelf geistlichen ofte wertliches Rechts brucken, sünder ehne den Kop vast und unverbracken wyll warende Wesen. Des tho der Orkuude hebbe ick myn Insegel mit dem Insegel des gestrengen Herrn Iven Reventlouw tho Rickstorpe tho eyner Wittlichkeit, welcke anne und over dissen Kop gewesen heft, hengen laten. De da gegeven und geschreven is Friedags nah quasimodogeniti im Jahr nah Christi unses HErrn Gebort Dusend viefhundert und en und dårtig Jahr.

In dem Jahr 1533. bestätigte Herzog Christian die Privilegia des Closters sub dato Hadersleben, wie der Titul davon zeuget. (*) In dem folgenden 1534. Jahr sahe es für das Closter gefährlich aus, indem selbiges nebst Ahrensböck von Marcus Meyer, einem Lübeckischen Bürgermeister, welcher dem Grafen Christoff von Oldenburg zum Besten des gefangenen Königes Christiani II. zu Hülfe gekommen, gebrandschatzet worden. (**)

(*) Teutsches Register p. 5. Ranzauisches Register (mmmm. (**) Helduarderi sylva chronol. circuli balth. P. II. pag. 92.

§. 44.

XXXV. OTTO. Zu dieses Abtes Zeiten äusserten sich schon die Wirkungen von der durch den sel. Lutherum vorgenommenen Reformation. Es waren bey dem Closter zwo Kirchen. Eine, darin die Mönche ihren Gottesdienst hatten und solche hieß die grosse Kirche. Die andre, welche die Kleine genannt wurde und etwas von dem Closter entfernet war, diente den Unterthanen, GOtt ihren Dienst daselbst zu leisten. In der letztern fieng man schon an das Evangelium lauter und rein vorzutragen. Dabey hörte der Genuß, den die Mönche aus ihren papistischen Gottesdienst gehabt hatten, auf. Die Herren fingen schon an, die Closter-Güter hin und wieder einzuziehen. Dis gab dem Abt Otto Anlaß sich zu beschweren. Man siehet es aus der Grabschrift, welche ihm bey seinem Absterben, so in dem Jahr 1560. den 20. November erfolgt, verfertiget. Selbige lautet also:

Huic domui juvenem patria Oldenburgica misit,
Abbatem, quem postea hic coluere senes.

Officio

Officio Abbatis functo per bis duo lustra
viribus exhausto mors bene grata fuit.
Hospes erat gratus Regi multumque benignus
Pauperibus, multis principibusque viris.
Huic uni indulsit vitio, quia carpserat illos,
qui bona diriperent usibus apta piis.
Hæredi populo laudabitur Otto benignus
Abbas non deerat rustica turba tibi.
Hunc tibi commendant pueri, quos Christe fodisti
Ornandos studiis moribus atque bonis.

§. 45.

XXXVI. JOACHIMUS. Selbiger ist in dem Jahr 1560. Abt geworden, und im Jahr 1567. gestorben. Bey etlichen hat er den Namen Smal-Joan, warum ihm aber derselbe beygeleget, ist wohl schwerlich zu bestimmen. Zu seiner Zeit gab es wegen der Güter, die das Closter in dem Pommerschen, Mecklenburgischen und an den Salinen im Lüneburgischen hatte, bereits grosse Verdrieslichkeiten. Der Abt des Closters, welches schon merklich im Sinken war und sich zum Untergang neigete, wandte sich im Jahr 1561. zu dem damaligen König in Dännemark Friderich und erhielte von demselben eine Resolution, die wir, da das Original in unsern Händen, hier mittheilen können. Sie ist diese:

Nachdem die Königliche Majestät etlicher volgenden Puncte halben mit dem Herrn Abt zu Reinfelde Beredung zu haben bevohlen haben, ist darauf zwischen dem Königlichen Verordneten und wolgemellten Herrn Abte verabschiedet und verlassen, wie volget:

Die Güter, so in dem Fürstenthum Mechelburg in den beeden Voigteyen Grevesmühlen und Schwerin gelegen und derhalben entstandenen Gebrechen belangend, soll der angefangene Process in dem Cammer-Gericht durch den Herrn Abt continuiret und desfals der Königl. Procurator D. Malachias Ranniger gebrauchet werden. Nach erhaltener Restitution wollten Königl. Majest. alsdann ferner verordnen, was zu gemeinen Besten zu thun gelegen seyn wird. Würde daneben vermerkt, daß jetzo alsbald Königl. Vorschriften an die Herzogen fürträglich zu ergehen, wird ungezweifelt bey Ihrer Königl. Majest. auf Ersuchen auch ohne schwer zu erhalten seyn.

Weil dann den Gütern, so in Pommern gelegen, Eindrang und Beschwehrung zugefüget wird, und wie vermerkt, dem Closter wenig jährliches zu hoffen, ist verlassen, daß Königl. Majest. in Geheim um Distraction derselbigen Güter umsehen und handeln lassen soll, und was davon bekommt, soll im Reich Ihro Majest. in den Fürstenthümern allhie, damit das Closter die jährliche Renten davon zu heben, angeleget werden.

Als auch etzliche Saltzpfannen, in Lüneburg dem Closter zuständig, verpfändet seyn sollen, davon das Closter jährlich auch wenig zu haben, werden Königl. Majest. Vorsehung thun, daß damit zu des Closters Besten andre mehr verträgliche Mittel getroffen werden. Des soll der Herr Abt alle Nachrichtung, Brief und Urkund neben genugsamen Bericht, wie es mit diesem allen, nemlich obgemeldten Pommerschen auch diesen Puncten geschaffen, in die Canzeley überreichen lassen.

Die

Die Oldenburgischen Güter, so den Rantzauern Pfandweise eingethan, betreffend, befehlen Königliche Majest. nach gewöhnlichen Rechten die Loskündigung zu thun. Würde denn die Restitution geweigert, die Sachen auf den gemeinen nächsten Landtage rechtlich zu fordern.

Letztlich haben Königl. Majest. auch dem Herrn Abt die Confirmation seiner Wahl auch des Closters Freyheiten und Privilegien, wenn dieselbigen in die Canzeley ediret, gnädigste Vertröstung gethan. Actum Segeberge den 3. Octobr. Anno 1561.

Friderich.

Der Abt Joachimus that hierauf bey dem Könige neue Vorstellungen, weil er nicht gerne in die Veräuserung der Pommerischen und Salinen-Güter willigen wollte und darüber erfolgte im Jahr 1562. nachstehende Resolution.

Die Königliche Majestät zu Dännemarken, mein gnädigster Herr geben auf des Herrn Abts zu Reinfelde Suchung folgenden Bescheid:

Anfänglich die Alienation der bewusten Pommerschen und Sülz-Güter betreffend, weil bedenkliche Ursachen fürgewandt und deshalb damit nicht zu Eilen gebeten, wollen Ihro Majest. den Sachen ferner nachfragen und damit zu besserer Gelegenheit fürnehmen lassen, das dem Convent am meisten zur Ausname und Nutz zu gereichen.

Des Mecklenburgischen Procefs halber ist hiebevor Schreiben und Befehl von Ihro Majest. an Doctorem Malachias Ranniger gelanget,

gelanget, wie aus beygelegtem Extract zu ersehen, deshalb ferners Schreibens dismal unbedürftig.

Der Oldenburgischen Pfand-Güter halber lassen es Ihro Majest. bey dem vorigen Bescheid und jetzigen des Abts Erbieten wenden.

Und letzlich auf die gesuchte Confirmation der Privilegien wollen Ihro Majest. wenn sie nach beschehener Huldigung, so kürzlich zu vermuhten, dahin denn solches auch billig zu verweisen, ersucht, darauf gebührlichen gnädigsten Bescheid geben. Actum Koppenhagen den 17. Martii Anno 1562.

Ad mandatum Regiæ Majestatis.

Hhenn. D.

Es finden sich keine Nachrichten, daß die Confirmation erfolget, wohl aber, daß das Closter in seinen Vorrechten durch den Kayser Maximilianum bestätiget worden, davon der Titul also lautet: Confirmatio imperatoris Maximiliani super cœnobium datum 1565. (*) Sonst ist von diesem Abt Joachim zu merken, daß er sich in die Universitäts-Matricul zu Rostock als Abbatem Reinefeldensem eingeschrieben. (**) Auch soll er M. Martini Coronæi Elogia duo Johannis Rantzovii, trium Daniæ Regum Archistrategi, welches der Auctor dem Abt übersendet, mit einer Vorrede ans Licht haben stellen lassen. (***)

(*) Ranzauisches Reg. (anon. (**) Rostockisches Etwas 1740. p. 199.
(***) Molleri cimbrica literata P. I. pag. 277.

§. 46.

XXXVII. EBERHARDUS. Selbiger ist in dem Jahr 1567. Abt geworden. Zu seiner Zeit neigte sich das Closter mehr und mehr zu zu seinem Untergang. Er eyferte dagegen, so gut er konnte, aber sein Vermögen war zu schwach, denselben zu verhindern. Es finden sich in dem hiesigen Hochfürstlichen Archiv etliche Original-Briefe, die an diesen Abt wegen gewisses zu liefernden Holzes von dem Königlichen Minister Peter Oxle geschrieben. Selbige sind wegen einiger Umstände würdig, bekannt gemacht zu werden. Der vom 26. May des 1569. Jahres lautet also:

Meine freundliche Dienste und Wünschung alles Guten zuvor, Ehrwürdiger besonders günstiger guter Freund.

Es ist vor etlichen wenigen Tagen allhier bey mir angelanget Sylvester Franck und hat gerumbt — wollmeintlich — und Fürderung so ihm uf -- Königl. Majest. von euch wiederfahren. Will derohalben nicht unterlassen, solches bey Ihro Majest. an derselben Heimkunst zu rühmen die es auch in Gnaden von euch erkennen werden und mit dem darauf jetzo eines Ihro Königl. Mayst. Schif der Örter hin nach Travemünde abgefertiget, der solche Beume oder Bauholz einnehmen und um Ihro Mayst. gewersamb anhero bringen soll, so von Ihro Mayst. wegen ahn Euch mein güttlich Gesinnen und vor meine Person freundliche Bitte, Ihr wollet euch fürtter — dieses Geschäfte mit den Besten bevohlen seyn lassen und fürdern helfen, daß es mit dem ersten, als nur möglich, seyn kan, zu Verhütung Ihro Mst. Unkosten nach Travemünde komme und so fürter anhero gebracht werde. Darin Ir — keinen Fleiß wollet erwinden. Solches gereicht der Königlichen Majestät zu gnädigsten Gefallen und ich bin es vor meine Person zum Besten zu ver-

verschulden erböthig und geneigt. Datum Koppenhagen den 26. May Anno 1569.

Peter Oxse.

Die Aufschrift dieses Briefes heist also: Dem Ehrwürdigen, Eren Eberhardus erwälten Abten des Closters Reinfeld, meinem besonders günstigen guten Freunde.

Der andre Brief vom 15. October desselben Jahres ist folgenden Inhalts:

Meinen freundlichen Gruß und Wünschung alles Guten zuvor, Ehrwürdiger und achtbarer besonder lieber Herr und Freundt.

Auf Befehl der Königl. Majest. zu Dännemark, meines gnädigsten Herrn habe ich jetzo nun mit zweyen Schiffen Verordnung gethan, daß die der Oerter hinab laufen und die Bäume, so hiervor zu Erbauung Ihro Majest. angefangenen neuen Schif alldar gefällt worden, annehmen und anher bringen soll. Ist derwegen im Namen Ihro Mayst. mein gütlich Gesinnen und vor meine Person freundliche Bitte, ihr wollet euch gehorsamlich und willfährig erzeigen und solches Holz durch des Closters Bauren entweder ahn die Schiffe selbst oder uf die Trave führen und fürdern helfen, damit sie desto eylicher und vor Winters Zeiten wiederum anhero zu gelangen. Daran vollbringet ihr Ihro Königl. Mayst. Bevehl, und ich bin euch in allen Guten gewogen. Datum Coppenhagen, den 15. Octobr. 1569.

Peter Oxse.

Die Aufschrif heist: dem Ehrwürdigen, achtbaren Herrn Eberhard erwählten Abt zum Reinfeld meinem besondern guten Freund.

Man

Man hat auf ihn eine Grabschrift gemacht, welche insonderheit ein Zeugniß seines Kummers über den Verfall des Closters in sich fasset und also lautet:

Ordinis ille sui decus & memorabile lumen
Hac Eberhardus humo cœnobiarcha cubat.
Non alienari χειμήλια juraque templi
permittens, magnæ molis obivit onus.
Unius hoc merito facti comitabitur illum
Gloria Phœbeum seu jubar umbra sequens.

§. 47.

XXXVIII. JOHANNES KULE. Der letzte Abt des Closters zu Reinfeld. Zu seiner Zeit waren die Mönche nach Aussage etlicher alten Einwohner der Abtey gröstentheils zerstreuet, daß niemand wuste, wo selbige geblieben. Immittelst hielt dieser Abt sich noch bis 1582. in dem Closter auf. Zu der Zeit waren die Einwohner in Heiligenhafen etwas Holzes zu einer Schifbrücken benöhtiget und hatten deswegen bey Ihro Königl. Majest. unterthänigste Ansuchung gethan. Höchstdieselben wandten sich zu dem Closter Reinfeld, welches dazumal mit treflichen Waldungen muß versehen gewesen seyn. In dieser Angelegenheit ließ der damalige Königliche Statthalter Hinrich Rantzau ein Schreiben an obgedachten Abt ergehen, davon das Original in dem hiesigen Hochfürstl. Archiv vorhanden und also lautet:

Würdiger, andächtiger, lieber Herr Abbet!

Was die Königl. Mayst. mein gnädigster Herr uf Burgermeisters und Rahts zu Heiligenhafen unterthänigst Suppliciren wegen etliches Holzes zur Schifbrücken an euch gelangen lassen,

 wie

wie auch mir davon befohlen, solches werdet ihr aus beygefügtem Königlichen Schreiben ferner vernehmen. Nun schreiben sie mir von funfzig Beumen, 30. Büchen und 20. Eichen und werden ferner mit euch davon reden, wie man es machet und am besten an das Wasser kriegen kann. Wollt ihnen doch solleche Beume lassen weisen und hauen und mit dem Besten befördertlich seyn mit der Fuur, daß sie das Holz bis an das Wasser mügen geführet kriegen, wie euch dünket, daß man es am besten kan damit machen und anschlagen. Welches ich uf empfangenen Bevehlig wollen vermelden, göttlichen Gnaden Schutzes befohlen. Datum Bretenberg den ersten Tag Novembr. Anno 81.

Hinrich Rantzau.

Aufschrift.

Dem würdigen und andächtigen Herrn Johann, Abedten des Closters Reinfelde, meinen guten Freunde.

In einem Amts-Buch oder Protocoll, welches über die Angelegenheiten der Closter Unterthanen gehalten und in dem Hochfürstl. Archiv hieselbst vorhanden, findet sich, daß solches noch in dem Jahr 1582. auf Martini von den Closter Bedienten gehalten. Nach der Zeit aber ist es in den Händen der Fürstlichen Bedienten gewesen und von selbigen fortgesetzet worden. Dies macht es wahrscheinlich, daß Abt Johannes seinem Abschied von dem gewesenen Closter genommen und sich nach Hamburg gewandt, woselbst er in dem Jahr 1600. ein Schreiben mit der Abschrift etlicher Documenten, das Closter betreffend, an Herzog Johann den jüngern, als damaligen Besitzer der Closterster-Güter abgehen lassen, davon ein Extract bereits mitgetheilet worden ist. (*)

Sonst hat dieser Abt nicht eben den besten Ruf gehabt. Ohngefehr in dem Jahr 1620. ist von etlichen alten Leuten in dem Amte Reinfeld eine Aussage, das Closter Reinfeld betreffend, aufgenommen. In demselben sagte Timme Wedel von Ratzbeck folgendes aus:

„Er sey ein Mann von 80. Jahren, könne der Dithmarscher Fehde gedenken; wie er etwa von 20. Jahren gewesen, habe er denen Mönchen zum Reinfelde in die 9. Jahre gedienet, darnach sind sie nachgrade getrennet und von einander gezogen.

„Er könne gedenken, daß bey 20. Mönche hier gewesen, haben des Nachts angefangen um 2. Uhr ihren Gottesdienst zu verrichten und das hat gewähret bis 4. Uhr gegen Morgen.

„Haben ihren Gottesdienst gehalten in jetziger Kirchen, aber keiner von den Hausleuten hat zu ihnen gehen müssen; die haben eine andere kleine Kirche gehabt allhier auf dem Platz, da jetzo der Brunnen stehet, da haben die zur Kirchen gehen müssen.

„Sagt, es seyn wohl über 50. Jahr, daß die letzten Mönche hier gewesen und fort darnächst habe man in der Kirchen auf Lutherisch gelehret, doch hat man es bey ihrem Leben schon so auch gehalten, nur allein, daß es nicht in der rechten Kirchen geschehen; sondern in der Kleinen verrichtet worden.

„KULE, sey der letzte Abt hier gewesen, habe seinen Gottesdienst bey den Mönchen allhier verrichtet, ist wegen seines

"gottlosen Lebens und daß er sich mit Huren und Buben ge-
"schleppet von dieses Königes von Dännemark seinem Herrn
"Vater abgeschaffet, umb daß er der Gemeine ärgerlich ge-
"wesen.

Es finden sich noch vier andre Männer, die dazumal gleichfals ihre Aussage gethan, welche gröstentheils von gleichem Inhalt, nur wird des letztern Umstandes, daß der Abt Johann sich mit Huren und Buben geschleppet, nicht gedacht.

(*) Cap. præf. §. 4.

§. 48.

Dieses ist die Nachricht, welche man nach den in Händen gewesenen Documenten von dem berühmten Closter zu Reinfeld hat geben können. Da es nach denselben in dem Jahr 1189. seinen Anfang und 1582. wieder ein Ende genommen; so ist es 393. Jahr gestanden. Ehe wir aber dasselbe verlassen, müssen wir noch bemerken, daß das demselben gehörige Zarpen, oder, wie es dazumal hieß, Cerben, eine Stadt gewesen, welche Bürgermeister und Raht gehabt, welches jetzo ein bloses Kirchdorf. Es wird schon im Jahr 1269. eines Rahts in Zarpen gedacht, wie solches aus folgender Rubric erhellet. "Eides Festing etwan des "Rades zu Sarpen tegen Hans Francke 1269. (*) In dem teutschen Register lautet der Titul, wo es anders einerley Sache zum Inhalt hat, also: "Eines Rahts zu Sarpen Gezeichniß und Vertrag zwischen "Hans Francke und der Abtey Reinfeld. (**) In dem Jahr 1443. hat der Raht zu Sarpen einen Brief wegen des Holzhäuens ausgehen lassen. (***) In dem Jahr 1470. hat Graf Gerhard zu Oldenburg und Delmenhorst ein Gezeugniß eines besichtigten Vertrags zwischen der Stadt Sarpen und dem Abt zu Reinfeld ausgestellet.

ket. (* 3.) Von eben demselben Jahr findet sich eine Nachricht, daß in einer gewissen Sache von dem Raht zu Zarpen nach dem zu Lübeck sey appelliret worden. Der Titul davon ist dieser: "Sententia des Rades zu Lübeck up ein Ordel darvon vom Rade zu Sarpen" appelliret, gehovens Holzes halber durch Hinrich Frick des Closters" Unterthan 1470." Der gelehrte und in den Holsteinischen Alterthümern sehr erfahrne Herr Syndicus D. Dreyer hat einige Urkunden, so hieher gehören, welche in dem Jahr 1469. ausgefertiget, in den Lübeckischen Anzeigen mitgetheilet. (* 4.) Er hat dieser Nachricht eine Beschreibung von dem Insiegel der damaligen Stadt Zarpen beygefügt, welche wir mit dessen Worten hieher setzen. Sie sind folgende:

"In dem in grünen Wachs abgedruckten und mit der Umschrift Sigillum Senatus in Zarpene versehenen Insiegel ist oben" das Holsteinische Nesselblat und unten ein halber Zirkul befindlich, welcher eine figuram abbatis mitrati einschliesset, der in der" rechten Hand eine Patene, in der Linken den Baculum Pastoralem" hält. An den beeden Seiten des Cirkuls erscheinen zweene Thürme."

Aus eben dieser Nachricht erhellet, daß die Stadt im Jahr 1473. noch gestanden. Wenn aber in derselben gesagt wird, daß das Stadt-Buch 1476. in Lübeck bey einem Schreiber in Verwahrung gewesen; so sollte man fast daher schliessen, daß mit dieser Stadt eine Veränderung vorgegangen, indem sie sonst das Stadt-Buch nicht würden von sich gelassen haben. Solches erlangt daher eine Wahrscheinlichkeit, weil nach diesem Jahr, so viel ich Nachricht habe, der Stadt Zarpen nicht mehr gedacht wird. Es kan seyn, daß sie entweder dazumal im Rauch aufgegangen, oder auch in dem Jahr 1534. von dem Lübeckischen Burgermeister Marcus Meier angestecket und verwüstet worden. Doch dieses sind in Ermangelung zuverläßiger Nachrichten

ten blosse Muhtmassungen. Jetzo ist es ein Dorf, in welchem nicht die geringsten Spuren, daß eine Stadt daselbst gewesen, verhanden.

(*) Ranzauisches Register (pp. (**) Teutsches Register pag. 1. (***) ibid. pag. 2. („ 3.) l. c. pag. 3. („ 4.) Lüb. Anzeige 28stes Stück den 12. Jul. 1755.

§. 49.

Nachdem dis Closter mit den dazu gehörigen Gütern, so viel deren noch bey demselben vorhanden, etliche wenige Dörfer ausgenommen, (*) Herzog Johann dem jüngern zur Ergänzung des aus der Verlassenschafft des Hochseligen Herzogs Johannes des Eltern demselben angeerbten dritten Theils nach Inhalt des in dem Jahr 1582. den 23. April ausgefertigten Erbtheilungs-Briefes war überwiesen worden; so nahm er in demselben Jahr Besitz davon und ließ solchem den Namen eines Amtes beylegen. Aus dem obangeführten Protocoll erhellet auch, daß schon in dem Jahr 1583. die in dem Reinfeldischen vorgegangene Veränderungen bey den Unterthanen von einem Fürstlichen Haus-Voigt oder Amts-Schreiber aufgezeichnet. In dem folgenden 1584sten Jahr ward Bartram Sehsted zu einem Amtmann und Befehlshaber über das Amt Reinfeld gesetzet, welchem derselbe bis 1592. vorgestanden. Nachhero ist es durch Amt-Schreibere verwaltet worden, bis es dem Hochseligen Herzog Joachim Ernst gefallen, Georg von der Golz, Erbherrn auf Möllen und Welsenberg, in dem Jahr 1630. zu einem Amtmann über dasselbe zu bestellen.

(*) Davon werden Boymolen in dem Kirchspiel Bramstädt belegen, auch Bulendorp und das Haus zu Oldeslo namentlich angeführt. Ranzauisches Register. A. 1.

§. 50.

§. 50.

Ohngefehr in dem Jahr 1595. wurde den Reinfeldern das Fischen auf der Trave von den Lübeckern streitig gemacht. Bey der Gelegenheit wurden etliche alte Männer eidlich abgehöret, welche überhaupt aussagten, daß zu den Mönchs Zeiten auf der Trave von des Closters Unterthanen ohne den geringsten Widerspruch sey gefischet worden, wie denn so gar etliche Leute ihr Gewerbe und Nahrung damit getrieben. (*)

(*) Diese Aussage ist in Copia in dem Hochfürstl. Archiv verhanden.

§. 51.

Herzog Johannes der jüngere war in seiner Wirthschafft und Haushaltung ordentlich und emsig: und suchte die Wohlfahrt seines Fürstl. Geschlechts auf alle mögliche Weise zu befördern. In der Absicht kaufte er das Gut Wulfsfelde von Owe von Buchwald in dem Jahr 1599. im Umschlag, welches nachhero dem Amte Reinfeld einverleibet ward. Gedachter Owe von Buchwald hatte in dem Instrumento venditionis an Herzog Johannes einige Dienste von etlichen Lübeckischen Capitels-Dörfern verschrieben, welche, solche zu leisten, sich weigerten. Vermuhtlich bestunden selbige darin, daß nach einem mit Owe von Buchwald errichteten Vergleich von dreyen Capitels-Dörfern 2. Tage 15. Jahr lang Hof-Dienste nach Wulfsfelde sollten geleistet werden. Herzog Johannes fand sich genöhtiget den 23. May 1599. deswegen an Owe von Buchwald zu schreiben. Wie im Gegentheil das Dom-Capitul zu Lübeck sich in einem Schreiben vom 6. Mertz 1606. an den Herzog beschwerte, daß der Voigt von Wulfsfelde wider den Contract mit Owe von Buchwald Verbittels-Geld von den Tangenradern gefordert. Sonst war diesem Owe die Verbittung des Dorfs Tangenrade 1597. den 2. April auf seine Lebens-Zeit und so lange er das Gut Wulfsfelde besitzen würde, zugestanden. (*)

(*) Diese Nachrichten sind aus einem geschriebenen Protocoll genommen, welches unter dem Titul: Reinveldensia ausgefertiget und in dem Hochfürstl. Archiv sub n. 4. befindlich.

§. 52.

Herzog Johannes faßte in dem Jahr 1600. den Entschluß, statt des Closters ein Fürstliches Schloß zu Reinfeld erbauen zu lassen. Zu dem Ende ward in dem Jahr 1599. der Creutz-Gang, der Stall und Gefangen-Thurm von den Closter-Gebäuden niedergebrochen; das Brau-Haus aber nebst des Herzogs Gemach und der Schreibe-Cammer blieben dismal stehen; wurden aber auch hernachmals niedergerissen. Der Bau des Schlosses ward in dem Jahr 1600. bis 1604. fortgesetzet. In dem Jahr 1603. ward das Kupfer von der Süder-Seiten der Kirchen weggenommen und zur Bedeckung des Thurms ans Schloß wieder gebraucht. Die Kirche hingegen ward mit Spänen bedeckt. In dem Jahr 1605. gieng ein Befehl, daß die Brücke vor dem Schloß sollte mit Steinen von Grund auf aufgesetzet werden, und in eben demselben erbot sich ein Gräber den Graben Ellentief die Ruhte für 22. Schill. auszugraben. Im Jahr 1608. ward ein Gewölbe unter der Erden in dem Garten gefunden. Es ward aber von dem Herzog verboten, solches nicht weiter zu berühren. (*) Es erhuben sich auch einige Streitigkeiten mit dem Dom-Capitul in Lübeck wegen der Cashagener-Hölzung. Das Capitel wollte sich solche allein zueignen; der Herzog aber meynte an dem vierten

Theil

Theil dieser Hölzung ein völliges Recht zu haben. Dieser Streit ist in den Jahren 1618. 1619. 1621. und 1626. verhandelt worden. (**)

(*) Alle diese Nachrichten finden sich in einem Indice von Reinfeldischen Sachen, so in dem Hochfürstlichen Archiv anzutreffen und mit n. 3. bezeichnet. (**) Diese Nachricht findet sich in dem Indice, so mit n. 4. bezeichnet ist.

§. 53.

In dem Jahr 1635. brach ein grosser Teich zu Reinfeld durch. Die Gewalt des Wassers war so stark, daß die kleine Kirche, welche noch von dem Closter übrig geblieben war, ganz verwüstet und zernichtet worden. Dis bewog den Hochseligen Herzog Joachim Ernst, selbige überall von dem Platz wegzunehmen und an deren Statt eine neue auf einem Berge gegen Morgen bauen zu lassen. Dieser Bau ward in dem Jahr 1636. zum Stande gebracht und an dem Tage der Heimsuchung Mariä eingeweyhet, da etliche Leichensteine, unter welchen die Äbte vormals begraben, in diese neue Kirche gebracht und hin und wieder, wiewohl ohne Ordnung auf dem Erdboden hingelegt. Der Platz, wo die alte Kirche gestanden, ist nunmehro eine Wiese, welche jetzo dem Pastoren zu Reinfeld zu seinem Gebrauch übergeben ist.

§. 54.

Wie Herzog Joachim Ernst in allen ein ruhmwürdiger Herr war; so bewies er solches auch in einer klugen und sorgfältigen Erziehung seiner Kinder. Er ließ die drey ältesten seiner Hrn. Söhne von dem Jahr 1649. an zu Reinfeld in allerley ihrem hohen Stande gemässen

Wissenschafften und Uebungen unterrichten und hatte daselbst für selbige gleichsam eine kleine Ritter-Academie angeordnet. Solches ward bis den 20. April des 1654. Jahres fortgesetzet. Die junge Herren kehreten in diesem Jahr wieder nach Plön zurück, von daraus sie ihre Reise, um fremde Länder zu besehen, antraten.

§. 55.

In der in dem Jahr 1671. den 6. Septembr. von Herzog Joachim Ernst errichteten väterlichen Disposition ward dessen dritten Sohn, gleiches Namens, das Gut Rethwisch unter dem Namen eines Amtes beygelegt, und zugleich die Dörfer **Medewade**, **Benstaven** und das Kirchdorf **Wesenberg** mit dem Vorwerk von dem Amte Reinfeld abgenommen und dem Amte Rethwisch einverleibet. Also besteht das Amt Reinfeld aus nachfolgenden Oertern.

Das Fürstliche Schloß mit dem Flecken, die beeden Vorwerker Steinhof und Neuenhof, das Dorf Badendorf, Barenhof ein Meyerhof in Erbpacht gesetzt, Bühnstorf, Buttersstieg, Casshagen, Domstorf, Eilstorf, Elendskrog, Fliegenfelde, Havickhorst, Hauberg, Heydekamp, Heilshop, Hude, Kalkgraben, Lockfelde, Münkhagen, Niendorf, Pöhls, Ratzebeck, Rehehorst, Reinsbeck, Steinfeld und Steinfelder hude, Stubbendorf, Stubben, groß Wesenberg, Wildendorf, Wulfsfelde mit der Ziegeley, Zarpen ein Kirch-Dorf, die Ziegeley bey groß Wesenberg. Noch finden sich verschiedene Katen, die hin und wieder in dem Amte zerstreuet liegen.

§. 56.

In dem Jahr 1674. stiftete der Hochselige Herzog Hans Adolph ein Hospital, und Armen-Haus für 12. arme Personen männlichen und

und weiblichen Geschlechts zu Reinfeld. Er legte dazu und zugleich zu einem Hospital, so in Ahrensböck errichtet ward, einen ansehnlichen Dotem von 18550. Rthlr., so in dem Adelichen Gute Travenort radicirt waren. Es hatten zugleich gewisse Prediger, der Amts-Chirurgus und eine Wehe-Mutter einen Genuß davon. Da aber in Ansehung dieses Dotis und des Gutes, darin solche radicirt, noch zu dieses Herrn Lebzeiten eine Veränderung vorgieng, so haben Ihro Hochfürstl. Durchl. der jetzo zu Schleswig Holstein Plön regierende Herzog FRIDERICH CARL diese Stiftung aufgehoben und an dessen Statt eine andere in dem Jahr 1754. errichtet, und solches durch den Druck bekannt werden lassen.

§. 57.

Bey dem Amte Reinfeld waren anfänglich drey Kirchen, als Reinfeld, Zarpen und Wesenberg. Nachdem aber Wesenberg zu dem Amte Rethwisch gelegt: so gehören gegenwärtig nur die beeden Kirchen zu Reinfeld und zu Zarpen zu diesem Amte. Wir wollen die Evangelischen Prediger, so nach der Reformation des seligen Lutheri an selbigen gestanden, so viel derselben haben können ausfündig gemacht werden, in der Ordnung, wie sie auf einander folgen, hieher setzen.

§. 58.

Zu Reinfeld sind gewesen:

M. Albanus Gryphomontanus. Er kam um das Jahr 1575. da das Closter noch unter der Gewalt der Mönche war, als Evangelischer Prediger an der kleinen Kirche. Der sel. Superintendens zu Lübeck Andreas Pouchenius erzählt von demselben, (*) daß, als König Fridericus II. zu Dännemark ins Closter gekommen, er dem Prediger

 durch

durch seinen Gesandten Hinrich Rantzau anzeigen lassen, wie er dem Prediger zu Oldeslo für sich zu predigen befohlen. M. Albanus schien sich solches gefallen zu lassen. Indem aber der Oldesloer die Canzel besteigen will, kommt Albanus demselben zuvor und verrichtet die Predigt. Nach Endigung derselben aber ward er von dem Könige seines Dienstes entsetzet. Der Superint. Pouchenius hingegen versahe ihn mit einem Empfehlungs-Schreiben an den sel. Chemnitium damaligen Superint. zu Lüneburg.

Antonius Höcker von Lübeck, woselbst er 1560. geboren. Nachdem er in der Schulen zu Lübeck den Grund der Wissenschafften geleget, gieng er in dem Jahr 1571. auf die hohe Schule zu Rostock und von da 1576. nach Wittenberg, kehrte aber in dem Jahr 1578. nach Rostock wieder zurück und ward 1580. Prediger zu Reinfeld: gieng aber im Jahr 1582. von dort aus weg und ward Diaconus zu Rostock. (**)

Henricus Ursinus oder Bäring ward 1583. Prediger zu Reinfeld und kam 1588. nach Curau.

Johann Eschenburg aus Lübeck, woselbst er 1558. geboren. Er ward in dem Jahr 1589. Prediger zu Reinfeld und ward 1599. nach Zarpen berufen. In dem Jahr 1600. setzte Herzog Johannes einen Küster zu Zarpen und ließ ihn durch den Amts-Schreiber einführen. Dis war dem Pastoren nicht gelegen, als welcher seinen Schwager dazu haben wollte; suchte deswegen von Zarpen wegzukommen, welches ihm auch so weit gelungen, daß er im Jahr 1602. zu einem Diacono an St. Petri in Lübeck vocirt ward.

Antonius Busch ward um Michaelis im Jahr 1599. Prediger zu Reinfeld. Er wurde aber in dem Jahr 1603. nach Plön als Haupt-Pastor berufen.

M. Ni-

M. Nicolaus Fischer ist ohngefehr im Jahr 1603. nach Reinfeld gekommen: ward aber 1604. phræmeticus und folglich pro emerito erkläret.

Nicolaus Brand ward 1604. Prediger zu Reinfeld, wurde aber nach Ecken auf die Insul Alsen berufen.

Michael Koth ist zu Reinfeld im Jahr 1639. als Prediger gestorben. Zu seiner Zeit geschah die vorher gedachte Ueberschwemmung, nach welcher die neue Kirche gebauet.

M. Johann Wollinus kam 1639. als Prediger nach Reinfeld und starb daselbst den 9. Mertz 1641.

Georg Hintzpeter aus Plauen im Mecklenburgischen, woselbst sein Vater 53. Jahr Prediger gewesen. Er ward im Jahr 1641. den 23. May zu Reinfeld als Prediger eingeführt und ist daselbst 1679. den 7. Sept. gestorben.

Georg Morhaupt ward in dem Jahr 1680. Prediger und starb den 2. April 1698.

Johann Carl Stammetz ward den 26. Jun. 1698. von Gnissau nach Reinfeld berufen und starb in dem Jahr 1729. den 9. Octob. nachdem er sein Amt mit aller Treue und rechtschaffenem Eyfer geführet.

Matthias Claudius aus dem Tunderschen gebürtig. Er war anfänglich Diaconus zu Norburg auf der Insul Alsen. Wie Ihro Hochfürstliche Durchl. Herzog FRIDERICH CARL die Regierung Dero Ihnen angeerbten Holstein Plönische Lande glücklich antraten, geruheten Höchstdieselbe in dem Jahr 1729. den 9. November denselben nach Reinfeld zu berufen, zu welchem Amte er in dem Jahr

1730.

1730. Dom. Exaudi eingeführet ward. Der HErr schenke ihm eine reiche Gnade, seinem Amte ferner mit aller Treue vorzustehen!

(*) Starckens Lübeckische Kirchen-Geschichte pag. 470. (**) Rostockisches Etwas pag. 1737. 557. 559. 808. 1740. 345.

§. 59.

Zu Zarpen hat man nachfolgende Prediger ausfündig machen können:

Johann Haversack ist vermuhtlich der erste Lutherische Prediger gewesen, indem derselbe schon im Jahr 1544. an dem Montage nach Matthæi nach Zarpen gekommen.

Dionysius Schonekau ist 1567. als Pastor zu Zarpen gestanden. Von diesem und dem Vorhergehenden giebt ein Protocoll, das in dem Jahr 1620. von einem Haus-Voigt Johannes Hartung aufgeschrieben und in dem Hochfürstl. Archiv befindlich, Nachricht.

Paschasius. Selbiger hat nach Aussage eines alten Reinfeldischen Protocolls einen gewissen Vergleich in dem Jahr 1567. auf Martini unterschrieben und wird in seiner Unterschrift Pastor zu Zarpen genannt. (*) Wenn nach einer im Jahr 1620. geschehenen Aussage etlicher alten Leute schon vor 60. Jahren zu Zarpen Lutherisch geprediget; so ist es wahrscheinlich, daß dis ein Lutherischer Prediger gewesen.

Johann Eschenburg. Dessen ist schon vorher unter den Reinfeldischen Predigern gedacht. Er kam im Jahr 1598. nach Zarpen, ob er auf den Vorhergehenden unmittelbar gefolget, solches läßt sich nicht mit Gewißheit bestimmen.

Ger-

Gerhardus Bracht. Ob er des Vorigen unmittelbarer Nachfolger, ist gleichfals ungewiß: das aber ist gewiß, daß er in dem Jahr 1639. den 3. October die damals gestiftete Wittwen-Casse mit unterschrieben. Besage des hiesigen Wittwen-Buchs ist er in dem Jahr 1654. gestorben.

Elias Cuno. Er heurahtete 1655. des sel. Nicolai Muhts, gewesenen Pastors zu Wesenberg, Wittwe, welche als Cammer-Frau bey der Durchlauchtigsten Princeßin Eleonora auf Rethwisch in Diensten stand. Er starb 1664.

Hinrich Klauenberg. Er tratt in dem Jahr 1664. in sein Amt und muste dasselbe in dem Jahr 1676. wieder durch den Tod verlassen.

Zacharias Hoffmann. Selbiger ward 1676. zum Prediger nach Zarpen berufen. Er stand diesem Amte bis 1697. vor, in welchem er von der Welt abgefordert ward.

Georg Hinrich Grothusmann. Sein Beruf erfolgte in dem Jahr 1698. und sein Ende 1707. Er ließ in dem Jahr 1691. da er noch Student war, ein Lateinisches Gedicht unter dem Titul: vota nuptialia auf Johann Georg Kühlers, damaligen Predigers in der Neustadt, Hochzeit, zu Plön drucken.

Johann Georg Köhler war, wie gedacht, Prediger in der Neustadt zu Plön und ward von daher 1708. nach Zarpen berufen, woselbst er 1715. starb.

Frantz Bartram Schiefenhöfel. Er ward anfänglich Prediger zu Gniessau und von daher nach Zarpen in dem Jahr 1716. berufen. Er stund seinem Amte treulich vor und starb in dem Jahr 1739. im August.

Johann Hinrich Hauptmann. Er war vorher Diaconus zu Segeberg: in dem Jahr 1740. den 8. May ward er als Pastor zu Zarpen introduciret. Da er aber mit einem kranken Cörper dahin kam, starb er noch in demselbigen Jahr den 3. Dec.

Joachim Ernst Müller. Dessen ist schon unter den Diaconis der Plönischen Stadt-Kirchen c. II. §. 25. gedacht. Er bekam den Ruf nach Zarpen 1741. ward aber kurz darauf nach Gleschendorf versetzet.

Johann Joachim Schmidt. Er ward anfänglich bey der Hochseligen verwitweten Durchlauchtigsten Herzogin Juliana Louise zu einem Hof-Diacono bestellt, erhielt darauf das Pastorat zu Ahrensböck und ward von da nach Zarpen berufen und den 3. December 1741. zu diesem Amte eingeführet. Der HErr lasse ihn sein Amt im Segen verwalten.

(*) P. XXII. (b)

§. 60.

Gegenwärtig hat die Durchlauchtigste Frau Herzogin DOROTHEA CHRISTINA, eine liebenswürdige Mutter unsers Durchlauchtigsten Herzogs und Herrn FRIDERICH CARLS ihren Witthums-Sitz zu Reinfeld. Höchstdieselbe haben durch Stiftung eines Waysen und Kinder-Hauses in der Stadt Plön Dero hohen Namen der Vergessenheit entrissen. Ueberdies ist von Ihro Durchl. zum Besten der Prediger-Wittwen zu Reinfeld eine milde Stiftung von 500. Rthlr. errichtet, davon diese die jährlichen Zinsen zu geniessen haben. Die Durchlauchtigste Frau Herzogin haben in dem Jahr 1758. den 23. Januarii das vier und achzigste Jahr Dero Ruhmvollen Alters zurück geleget und befinden sich gegenwärtig in einem solchen Gebrauch

Dero Gemühts- und Leibes-Kräfte, welche die Jahre zu übersteigen scheinen. GOtt lasse ihre grauen Haare bis ans Ende eine Crone der Ehren seyn, und lasse sie alt und Lebenssatt die Crone des Lebens aus seiner Hand empfangen.

Das sechste Capitel.

Von dem Amte Rethwisch.

§. 1.

Das Amt Rethwisch hat seine Lage jenseits der Trave an den Lauenburgischen Grenzen. Es liegt ohngefehr eine halbe Meile von der Stadt Oldeslo, woselbst es auch eingepfarret. Selbiges hat seinen Ursprung aus dem adelichen Gute Rethwisch. Solches hat Herzog Johannes der jüngere in dem Jahr 1616. von einer adelichen Frauen Anna Heesten für 70040. Rthlr. erkauft, welches nachhero nach dem Oldenburgischen Vergleich den Fürstl. Plönischen Landen einverleibet worden.

§. 2.

Als Herzog Joachim Ernst nach Inhalt des väterlichen Testaments in dem Jahr 1622. zu dem Besitz der Holstein-Plönischen Lande gelangte; so ward ihm auch das Gut Rethwisch mit übergeben. Er schenkte selbiges seiner Princeß Schwester, der Fräulein, wie es dazumal hieß, Eleonora, solches auf Dero Lebens-Zeit zu besitzen.

besitzen. Solche hat auch bis an ihren Sterb-Tag, welcher in dem Jahr 1669. den 13. April erfolgte, ihre beständige Residence auf Rethwisch gehabt. Selbige hatte ihre besondere Hofhaltung und in derselben auch einen eigenen Hof-Prediger. Unter solchen ist nach Anzeige des hiesigen Wittwen-Buchs einer bekannt, welcher Fabricius geheissen. Diese Fräulein Eleonora wird als eine vernünftige, gottselige und mit allen Fürstlichen Tugenden gezierte Princeß gepriesen, welche dem Hochseligen Herzog Joachim Ernst so lieb gewesen, daß er wöchentlich seinen Besuch bey ihr abgestattet. (*)

(*) Christian Hofmanns Personalia der Hochseligen Princeßin Eleonora.

§. 3.

In dem Testament, welches Herzog Joachim Ernst in dem Jahr 1671. errichtete, ward seinem dritten Sohn, welcher auch Joachim Ernst hieß, das Gut Rethwisch vermacht. Zu denselben wurden noch einige Dörfer und ein Meyerhof, so von dem Amte Reinfeld abgenommen, gelegt, dadurch es die Gestalt eines Amtes empfing. Der Meyerhof war klein Wesenberg, woselbst eine Kirche und Dorf, ferner die Dörfer Schenkenberg, an den Lauenburgischen Grenzen, Mederwade und Benstaven, woselbst eine Fähre über die Trave ist.

§. 4.

Gleich wie Herzog Joachim Ernst das Plönische seinem ältesten Herrn Sohn, dem Herzog Johann Adolph, und das Norburgische seinem zweiten, dem Herzog Augustus, mit aller Hoheit und Herrlichkeit vermacht; so ward hingegen dem dritten, als Herzog Joachim Ernst dem jüngern, das Amt Rethwisch, als ein Appenagium von Hollstein-

Plön,

Plön, übergeben, indem er über die Kirche zu Wesenberg bloß das Jus Patronatus hatte, sonst aber in Ecclesiasticis so wohl, als Politicis, der Plönischen Landes-Hoheit unterworffen, wohin auch die Appellationes allemal ergehen müssen.

§. 5.

Herzog Joachim Ernst der ältere, verpflichtete seine Herren Söhne in Eröfnung seines letzten Willens bey der Evangelischen Religion, Augspurgischer Confession beständig Zeit ihres Lebens zu verbleiben. Solches aber ward von Herzog Joachim Ernst dem jüngern aus den Augen gesetzet. Er ließ sich bereden, um irdischer Vortheile willen die evangelische Religion fahren zu lassen und dagegen die Römische Catholische anzunehmen. Die Gelegenheit dazu waren die Dienste, welche er in Spanien erlangte. Er ward anfänglich Spanischer Colonel, General-Lieutenant über die fremde Cavallerie in den Niederlanden und Ritter des güldenen Fliesses. Nachhero ward er Admiral zu Ostende und endlich General über die Cavallerie in Flandern. Zuletzt erlangte er die Würde eines Grand d' Espagne. Er hielte sich mehrentheils zu Brüssel auf, woselbst er sich in dem Jahr 1677. mit Isabella Margretha Francisca, einer gebornen Marquise von Westerlo, welche dazumal eine Wittwe des Herren von Merode, Freyherren von Petersham war, vermählte, und starb zu Madrit den 4. Jul. 1700. (*)

(*) Hamburg. Remarques de Anno 1700. p. 247.

§. 6.

Dieser Herr ließ zu Rethwisch ein Fürstliches Schloß bauen, welches nach der Ueberschrift, die man über dessen Eingang in folgenden

Buchstaben lieset. Anno V. G. G. J. E. Z. N. H. Z. S. H. 1699., in dem Jahr 1699. fertig geworden. Das Schloß ist ansehnlich und geräumig, mit Graben und Zug-Brücken versehen. Da es aber auf einem morastigen Grunde gebauet; so haben die darin geschlagene Pfäle doch nicht verhindern mögen, daß es hin und wieder wandelbar geworden, wie es überhaupt, obgleich es äusserlich gut in das Auge fällt, ziemlich modern und ein zugebauetes Viereck mit einem Thurm vorstellet, vermuhtlich nicht von langer Dauer seyn wird.

§. 7.

Herzog Johann Adolp Ernst Ferdinand Carl erbte das Amt Rethwisch von seinem Herrn Vater, und besaß dasselbe bis an das Jahr 1729. in welchem dessen Abschied aus der Welt zu Hamburg erfolgte. Also ist Rethwisch, als eine Appenage nur von zween Herrn in einem Zeitlauf von 58. Jahren besessen und nachhero den Holstein-Plönischen Landen wieder einverleibet worden.

§. 8.

Vorhochgedachter Herzog beschwerte das Amt Rethwisch mit grossen Schulden und da des jetzo regierenden Herrn Herzogs Hochfürstl. Durchl. solches nach den verhandenen Haus-Verträgen nicht so schlechthin übernehmen konten; so entstand hieraus ein schwerer Proceß. Die Creditores forderten unbefugter Weise die Bezahlung von demselben. Es ward aber diese Sache durch eine allergnädigste Kayserliche Resolution solchergestalt gehoben, daß Jhro Durchlauchten vollenkommen zufrieden waren. Jn dem folgenden wird davon umständlicher gedacht werden.

§. 9.

§. 9.

Zu dem Amte Rethwisch gehöret nur die Kirche zu klein Wesenberg. Sie scheinet ziemlich alt zu seyn, ob man gleich von ihrer ersten Erbauung keine Nachricht geben kan. Solche war auch in dem vorigen Seculo gantz baufällig, deswegen Hertzog Joachim Ernst dieselbe in dem Jahr 1653. gantz ausbessern und in einen brauchbaren Stand setzen ließ. In dem Jahr 1674. ließ Thomas von Wetken, Erbherr auf Trenthorst, Wulfenau und Schenkenberg, die Cantzel repariren und anmahlen. Den Altar zierte Joachim van Wetken 1692. mit einer wohlbesetzten rohten Altar-Decke.

§. 10.

Von denen, welche unter den Zeiten des Pabstthums den Gottesdienst in dieser Kirchen verwaltet, finden sich überall keine Nachrichten. Nach der Reformation aber finden sich folgende evangelische Prediger.

Nicolaus Muht. Selbiger hat in dem Jahr 1639. die damals gestiftete Wittwen-Casse mit unterschrieben. Er starb 1641. und ließ eine Wittwe nach, welche nachhero Cammerfrau bey der Princeßin Eleonora auf Rethwisch geworden.

Martinus Jacobi. Vermuhtlich ist er ein Sohn Johannis Jacobi, welcher als Pastor zu Ahrensböck gestanden. Er gieng 1655. den Weg alles Fleisches.

Simon Gelius, aus Siebenbürgen. Es ist dessen unter den Collegen der Plönischen Stadt-Schule bereits gedacht worden. Er ward

ward in dem Jahr 1655. nach Wesenberg, als Pastor, berufen, und heyrahtete in dem Jahr 1656. den 25. November eine Jungfer aus Frankreich gebürtig: Maria Crique, welche sich zweifelsohne als Lehrmeisterin in der Französischen Sprache an dem Hofe Herzogs Joachim Ernst aufgehalten, woselbst auch die Hochzeit ausgerichtet worden. Er stand seiner Gemeine bis 1680. vor, da der Tod ihn von der Welt wieder abforderte.

Mauritius Lange, gebürtig aus Lübeck. Er ward in dem Jahr 1681. nach Wesenberg berufen. In dem Jahr 1690. begleitete er den sel. Pastor Schumann zu Plön mit einen daselbst gedruckten Leichen-Gedicht unter dem Titul: Letztes Ehr- und Trostopfer zu Grabe. Starb aber selbst 1691.

Georgius Janensky. Er war ein Sohn Johannis Janensky, Pastoris zu Ahrensböck. Er ward in dem Jahr 1692. Dom. X. post Trinitatis in das Pastorat-Amt zu Wesenberg eingesetzet uud verwaltete es bis in das Jahr 1716. den 21. Decemb., da er die Welt verließ. Er scheinet ein fleißiger Mann gewesen zu seyn. Zu seiner Zeit ward das Pfarrhaus mit einem Hintergebäude vergrössert, wie auch unter seiner Hand allerley Nachrichten, die er zusammen getragen, bey der Pfarre vorhanden.

Detlev Friderich Clasen, oder wie er sich nachhero schrieb: Clausin. Er war zu Uetersen in Holstein geboren, woselbst sein Vater Haupt- und Closter-Prediger gewesen. Er ward anfänglich Prediger zu Gnissau, woselbst seiner auch gedacht worden. Das Patronat der Kirchen zu Wesenberg gehörte dazumal dem Herzog von Reetzwisch.

wisch. Weil aber derselbe sich in Spanischen Diensten befand und abwesend war; so ließ der Hochselige Herzog Joachim Friderich zu Holstein-Plön obgedachten Clausin von Gnissau nach Wesenberg versetzen, woselbst er Dom. Misericordias Domini 1717. als Pastor eingeführet wurde. Bey des Herzogs von Rethwisch Zurückkunft aber entstunden zwischen demselben und diesem Prediger allerley Irrungen, daß letzterer sich sehnte, von dort wieder wegzukommen. Es glückte ihm auch, daß er in dem Jahr 1722. das Haupt-Pastorat an der Thum-Kirchen in Schleswig erhielte: wiewohl es ihm daselbst auch nicht an Verdrießlichkeiten gefehlet. Er starb 1736.

Johann Joachim Peper aus Segeberg gebürtig. Er soll den ersten Grund seiner Studien zu Danzig bey den Jesuitern gelegt haben. Er ward zuerst Diaconus zu Segeberg. In dem Jahr 1722. ward er in der Interims-Regierung von Ihro Königl. Majestät zu Dännemark, ohne den Herzog von Rethwisch deswegen zu befragen, nach Wesenberg gesetzt. Er hatte gute Natur-Gaben, war aber von sehr unruhigem Gemühte. Im Jahr 1726. setzten allerhöchstgedachte Königl. Majest. denselben nach Bramstädt: daselbst geriehte er mit der Gemeine in solche Weitläuftigkeiten, daß er sein Amt und mit demselben seine Frau und Kinder im Stich ließ und sich heimlich davon machte. Man meynet, er sey zu der Catholischen Religion übergetreten und habe sich unter derselben in ein Closter versteckt.

Johann Hieronymus Thyben aus Hamburg. Er legte daselbst den ersten Grund seiner Studien, die er nachhero in Helmstädt weiter

 fort-

fortgesetzet. Er ward von dem damaligen Herzog von Rethwisch, als Patrono der Kirchen zu Wesenberg, zu einen Prediger nach Wesenberg berufen. Da aber die Holstein-Plönische Landen noch unter Königl. Dänischem Sequester stunden; so ließ der Herzog denselben nicht durch den Plönischen Hof-Prediger; sondern durch den Senioren Winckler in Hamburg ordiniren, und durch einen reformirten Hofraht introduciren. Doch der Prediger unterwarf sich nachhero dem Plönischen Consistorio und ward aufs neue von dem sel. Hof-Prediger Schmidt bey der Gemeine zu Wesenberg eingeführet. Er starb den 21. April 1747.

Claus Friderich Hanssen. Er ist im Jahr 1724. den 15. Decemb. zu Plön geboren, woselbst sein Vater dazumal Haupt-Pastor war. Nachdem er seine Studia in Kiel zurück geleget, fiel die Vacance zu Wesenberg ein. Bey derselben richteten Ihro Hochfürstl. Durchl. der regierende Herzog zu Schleswig-Holstein-Plön aus besonderer Hulde und Hochfürstl. Zuneigung ein gnädiges Auge auf denselben, daß er Dom. Quasimodogeniti zu einem Pastoren bey der Gemeine zu Wesenberg erwählet, und derselben Dom. Jubilate 1747. vorgestellet wurde. GOtt stehe ihm bey, daß er sein Amt zu dessen Ehre, zum gnädigen Wohlgefallen seines gnädigsten Herzogs und Herrn und zur Erbauung der ihm anvertrauten Seelen ferner in Segen führen möge.

§. 11.

Zu dem Amte Rethwisch gehören nachfolgende Oerter. Das Schloß Rethwisch mit dem dabey liegenden Vorwerk, das Vorwerk Treu-

Treuholz und Tralauer-Holz, welches in Erbpachts-Stücke verwandelt ist, die Rethwischer Korn-Kupfer- und Meßings-Mühlen, das Dorf Rethwisch, das Dorf Medewade, das Dorf Benstaven, das Dorf Sehmstorf, das Dorf Olenweide, das Dorf Boden, das Dorf Steemrade, Kirche und Dorf Wesenberg, der Hof Wesenberg in Erbpacht gelegt, das Dorf Schenkenberg, die Erbpachts-Stelle zu Heidberg, verschiedene Heck- Heid- und andere Kahten, die in dem Amt zerstreuet liegen.

Das siebende Capitel.

Von dem Amte Traventhal.

§. 1.

Das Amt Traventhal hat seine Lage gröstentheils in Wagrien. Es nimmt seinen Anfang von der Brücke über die Trave bey dem Dorf klein Rönnau, geht durch Gieschenhagen längst der Trave bis an das Dorf Schlammerstorf, welches einen Abstand von ohngefehr 2. Meilen ausmachet. An der einen Seite wird es von der Trave und dem Amte Reinfeld, an der andern aber von denen bey Segeberg liegenden Seen mit der so genannten Weusiner und Pronstorfer See begrenzet. Die Länge von obgenannter Rönnauer Brücke bis nach Struckdorf sind etwa $2\frac{1}{2}$. Meile.

§. 2.

An dem Amte Traventhal liegt der Kalkberg, welcher der einzige in Schleswig-Holstein ist, und der Flecken Gieschenhagen vor Segeberg. Beyde aber sind von dem Amte abgesondert und werden durch einen Justitz-Verwalter verwaltet. Daß auf dem Kalkberg vor Zeiten ein Schloß gestanden, welches von dem Kayser Lothario II. im Jahr 1136. auf Verlangen des Bischofs Vicelini dahingebauet und Siegburg, da der Berg vorher Ahlberg geheissen, genannt, solches ist aus dem Helmoldo bekannt. (*) Vor einigen Jahren ist noch Etwas von der Grund-Mauer vorhanden gewesen, welches aber jetzo durch den Ausbruch des Kalks vergangen. Auch ist der Brunnen, welchen man durch den Kalkberg viele Klafter tief gegraben, mit Schutt angefüllet und gänzlich zugeworfen.

(*) Helmoldi Chronic. Slavorum L. I. c. LIII. pag. 128.

§. 3.

Um Gieschenhagen und Segeberg liegen verschiedene Ländereyen, welche jetzo auf Jahren verheuret werden. Solche sollen aus einem in Gieschenhagen niedergelegten Hofe entstanden seyn. Auch ist daselbst vor Zeiten ein Closter belegen gewesen, ob nun diese Ländereyen demselben zum Theil zugehöret, solches läßt sich nicht wohl bestimmen. Wie der Kalkberg und Gieschenhagen an das Holstein-Plönische Haus gekommen, ist in dem vorhergehenden umständlich angeführet. (*) so wie der Ursprung des Amts Traventhal daselbst angezeiget worden. (**)

(*) Cap. I. §. 19. (**) Cap. I §. 12. sq.

§. 4.

§. 4.

Das Amt Traventhal hat seinen Namen von einem Lust- und Jagdhause, welches unweit der Trave aufgeführet. Anfänglich ward nur bloß ein Amt-Haus dahin gebauet. Der hochsel. Herzog Hans Adolph aber ließ daselbst ein Lust-Haus von Holzwerk von einem Geschoß hoch hinsetzen. Man will vorgeben, als wenn der Herzog es nach der Gestalt des Gebäudes, worauf der Friede zu Ryswick geschlossen, habe einrichten lassen. So viel ist gewiß, daß es in der Mitten einen geräumigen Sahl und an demselben vier Thüren nach vier Zimmern gehabt habe.

§. 5.

Dieser Ort ist durch den daselbst zwischen Ihro Königl. Majest. zu Dännemark-Norwegen und Ihro Hochfürstl. Durchl. zu Schleswig-Holstein-Gottorp geschlossenen Frieden in der Welt bekannt geworden. Die Einrichtung bey diesem Friedens-Geschäfte war so gemacht, daß die vier Herrn Gesandte zugleich aus ihrem Zimmer traten, sich an der in dem Saal hingestellten Tafel zur Verhandlung niederliessen und das Friedens-Werck den 18. August 1700. glücklich zum Stande brachten. (*)

(*) Theatr. Europ. T. XV. p. 772.

§. 6.

Als Ihro Hochfürchstl. Durchl., der itzt regierende Herzog zu Schleswig-Holstein Plön, zu dem Besitz Dero angeerbten Lande gelangten, richteten Höchstdieselbe eine besondere Aufmerksamkeit auf Traventhal in Ansehung der Anmuhtigen Lage desselben. Sie liessen in dem Jahr 1738. das alte Gebäude ganz niederbrechen und an dessen Statt ein ganz neues von Mauerwerk wieder aufführen. Dieß Gebäude findet wegen der anmuhtigen Gegend und des dabey befindlichen Gartens fast durchgängigen Beyfall. Das Haus bestehet aus einem Corps de Logis von einem Stockwerk. Das Dach ist à la mansarte, und mit Zimmern eingerichtet. Die Zimmern mitten im Hause sind hoch und der Saal, welcher in der Mitten durchs Dach gehet, hat eine Höhe von 30. Fuß. An beeden Seiten sind zweene Flügel, welche von dem Corps de Logis abgesondert. Solche dienen denen Hochfürstlichen Officianten und Bedienten bey Anwesenheit der Herrschafft zum Aufenthalt. Der Hof-Platz zwischen diesen Gebäuden stellet ein mit Linden besetztes Oval vor. An dem Herrschafftlichen Hause ist ein kleiner Pavillon durch eine Gallerie angehänget. Dieses gibt nebst andern dazu gehörigen kleinen Gebäuden ein besonderes Ansehen. Solches ist, wie das andere Herrschafftliche Haus, ohne alle Kostbarkeit, jedoch ganz anständig und nach dem Geschmack der jetzigen Zeit, meubliret.

§. 7.

Was den Garten betrift, welcher sich an dieses Gebäude schliesset; so gibt solcher demselben eine besondere Zierde. Selbiger hat nicht allein eine sehr gute Lage; sondern ist auch mit Fontainen, Cascaden,

Tril-

Trillagen, Cabinetten und Allem, was einen Garten auszieren kan, versehen. Es findet sich in diesem Garten eine Grotte von Kalksteinen mit der Ueberschrift:

> Distentæ menti, membris languentibus æstu
> Heic dant suave quies, secessus & umbra levamen.

Desgleichen stehet auf dem Amphitheatro ein Lust-Haus, worauf folgende Worte gesetzt:

> En! juncta ars naturæ felix, sedula, blanda
> Sic gaudent sensus, sic quoque mens alitur.

Den Schluß des Gartens macht ein Canal, der etwan eine Viertheilstunde lang. Solcher führet zu einem Gebüsche, welches, als ein Labyrinth, ausgehauen. Ueberhaupt ist dieser Garten nicht nach einem ordentlichen Plan auf einmal, sondern nach und nach, angelegt. Immittelst geben die von Zeit zu Zeit gesammleten Ideen und die daher entstandene oftmalige Veränderungen, da der Platz umgeben und demselben durch verschiedene Absätze geholfen werden müssen, demselben eine ganz gute Gestalt.

§. 8.

Zu dem Amte Traventhal gehören achtzehen Dörfer: es sind aber in demselben keine Kirchen. Man hat zwar von Holstein-Plönischer Seiten eine Kirche darinnen erbauen wollen. Es hat aber solches von Königlicher Dänischer Seiten allemal Widerspruch gefunden. Insonderheit wollte man dem Holstein-Plönischen Hause die

Episco-

Episcopal-Hoheit über diese Dörfer nicht zu gestehen, in dem solche bey Königliche Kirchen eingepfarret und davon gänzlich hätten abgesondert werden müssen.

§. 9.

Zu dem Amte Traventhal gehören nachfolgende Oerter. Traventhal, woselbst nebst dem Herrn Hause ein Amt-Haus und verschiedene andere Wohnungen, Wehde ein Dorf, neuen Görs, alten Görs, klein Gladebrüg, groß Gladebrüg, Wackendorf, Dreggers mit der Erbpachts-Kahte, Mielsdorf, Steinbeck, klein Rönnau woselbst eine Mühle, Westerade, Geschendorp, Schieren, Söhren mit der Erbpachts-Kahte, Stipsdorf, Niendorf, Struckdorf, Schlammerstorf und endlich die Herren Mühle.

Das achte Capitel.

Von den regierenden Herrn der Holstein-Plönischen Lande, unter welchen der erste Herzog Johannes der jüngere.

§. 1.

Herzog Johann der jüngere ist der Stifter des Holsteinischen Hauses, welches, um solches von dem Gottorpischen zu unterscheiden, die Königliche Linie genannt wird. Er ist zu Coldingen den 25. Merz 1545. geboren: Sein Herr Vater war Christian III. König zu Dännemark und Norwegen, und die Frau Mutter Dorothea, Herzogen Magnus zu Lauenburg Princeßin Tochter. Diese Allerdurchlauchtigste Eltern wandten allen Fleiß an, dessen Christ-Fürstliche Erziehung zu befordern: und der treue und gelehrte Lucas Bacmeister legte durch seinen Unterricht einen festen Grund zu dessen Gottesfurcht. (*) Er war 14. Jahr alt, als er seinen Herrn Vater durch den Tod verlohr. Wie nach dessen tödlichem Hintritt der Königliche Antheil in den Herzogthümern Schleswig-Holstein in drey gleiche Theile, zur grossen Theilung, unter den noch lebenden Herrn Söhnen, als dem König Friderich, dem Herzog Magnus und unsern Herzog Johannes getheilet worden; so fiel letzterem Sonderburg, Norburg, das Amt Plön und das Closter zu Ahrensböck zu. Ueber diese Länder trat er in dem 19. Jahr seines Alters selbst die Regierung an und schrieb sich zum Unterscheid von seinem Herrn Vetter Johannes dem ältern zu Hadersleben, Johannes der jüngere.

(*) Witteni Mem. Theolog. pag. 426. Adami vitæ Theolog. german. pag. 787.

§. 2.

Es lebten zu der Zeit zwo Königliche Wittwen, als die Königin Sophia, König Friderich I. gewesene Gemahlin und Königin Dorothea, Herzog Johannes, des jüngern Frau Mutter. Jene hatte ihre Residence zu Plön und diese hatte Sonderburg und Norburg inne, welche Stücke diesem Herzoge in der Erbtheilung waren zugefallen. König Friderich II. verschrieb dafür gewisse in der Stadt Kiel jährlich zu bezahlende Gelder, bis durch den tödlichen Abgang derselben, selbige wieder frey werden würden. (*) Die verwittwete Königin Sophia starb 1568. den 13. May zu Kiel und dadurch ward Herzog Johannes völlig Besitzer von dem Schloß und der Stadt Plön. Dis gab ihm Gelegenheit zu seiner ersten Vermählung, welche mit Princeßin Elisabeth, Herzog Ernst zu Braunschweig-Grubenhagen Princeßin Tochter 1568. den 19. Sept. zu Coldingen vollzogen wurde. (**) Aus dieser gesegneten Ehe sind 8. Prinzen und 6. Princeßinnen entsprossen, wie denn schon in dem 1569. Jahre die erste Princeßin Dorothea geboren wurde.

(*) Lackmanns Einleitung P. I. p. 556. (**) Helduaderi Sylva. chronol. pag. 182.

§. 3.

In dem Jahr 1570. ward die Anwartungs-Sache auf die Graffschafften Oldenburg und Delmenhorst rege. Herzog Adolph zu zu Gottorp ließ den 11. Jun. dieses Jahrs durch seinen Canzler Adam Tratziger und D. Malachias Ramniger zu Heidelberg um die Sambtbelehnung auf gedachte Grafschafften anhalten. Es hielt aber auch der König mit demselben und Johann dem ältern um diese Anwartschafft an. Darauf erfolgte eine Resolution des Kaysers Maximiliani II. unter dem Dato Speier den 4. November 1570. von dem Inhalt: "Daß dem König und den beeden Herzogen und Dero Leibes-Lehns-Erben, so der Sipschaffts halber im nechsten Grad "oder in gleichem Grad der älteste seyn würde, die Lehn sollte gerei"chet, auch der nöhtige Lehn-Brief darüber zugefertiget werden, "doch männiglich an seinen Rechten und Gerechtigkeiten unvorgriffen "und unschädlich. (*)

(*) Wahre Vorstellung rc. Beylage pag. 18.

§. 4.

In diesem Jahr den 26. Nov. ward dem Herzog Johann sein erster Prinz Christian geboren: in dem folgenden 1571. Jahr folgte der tödliche Hintritt der Königin Dorothea, unsers Herzogs Frau Mutter, wodurch derselbige zum völligen Besitz des Norburgischen gelangte. So schmerzlich dieser Sterbfall war; so erfreulich war es ihm, sein Fürstliches Haus in dem 1572. Jahr durch die Geburt seines zweiten Prinzen Ernst und in dem 1573. Jahr durch die Geburt des dritten, welcher den Namen Alexander empfieng, vermehrt zu sehen. Eben dieses geschahe in dem Jahr 1574. in welchem der Prinz Augustus, und in dem Jahr 1575. in welchem die Princeßin Maria, welche nachhero Abtißin zu Itzehoe geworden, geboren wurden. Einen abermaligen neuen Ehe-Segen erhielte Herzog Johannes, als in

 dem

dem Jahr 1576. Johann Adolph gebohren ward: ein Herr, welcher sich durch viele Reisen ein grosses Erkenntniß in Sprachen und Wissenschafften erworben und zu seiner Zeit einen grossen Namen erlanget. (*) Noch trat im Jahr 1577. die Princeßin Anna ans Licht der Welt, welche nachhero an Herzog Bogislaus den XIII. in Pommern im Jahr 1601. vermählet worden.

(*) Lackmann hat dessen wichtigste Lebens-Umstände weitläuftig angeführet, Einleitung in die Schleswig-Holsteinische Historie, P. I. pag. 636.

§. 5.

Um diese Zeit ließ der Churfürst zu Sachsen Augustus ein Schreiben, wie an die übrigen regierende Herzoge zu Schleswig Holstein, also auch an Herzog Johann den jüngern, abgehen, in welchem er dieselben ersuchet, die so genannte Formulam Concordiæ anzunehmen und einzuführen. Die Antwort, welche unser Herzog darauf ertheilte, war in sehr gefälligen Ausdrücken abgefaßt und enthielt unter andern folgendes: "Wir mögen Ewr. Ld. freundlich nicht verhalten, daß "wir solche überschickte Vergleichung den Prophetischen und Apo-"stolischen Schriften und wahren Symbolis der Christlichen Kirche, "auch der wahren Augspurgischen Confession und derselben Apolo-"gie und Catechismo Lutheri und also GOttes Wort durchaus ge-"mäs befinden und eben diejenige Christliche Religion, darin wir "Gott Lob und Ehre! von unsern Christlichen lieben Eltern von Ju-"gend auf gehalten und erzogen. Ob aber diese Formula in den Landen dazumal angenommen, daran wird billig gezweifelt.

Hutteri concordia concors cap. XII. p. 172.

§. 6.

In dem Jahr 1578. ward dem Herzog Johannes sein sechster Prinz Christian geboren, welchem die Princeßin Sophia in dem 1580. Jahr folgte. In eben demselben Jahr kam die Lehns-Empfängniß wegen des Herzogthums Schleswig unter König Friderich II. in Dännemark zum Stande. Es ward deswegen zu Odensee eine feierliche Zusammenkunft gehalten, in welcher der König sich selbst, seinen Herrn Sohn, seine Herrn Vettere und seinen Herrn Bruder, unsern Herzog Johannes, mit dem Fürstenthum Schleswig und dem Lande Femarn samt allen Hoheiten, Regalien, Herrlichkeit- und Gerechtigkeiten unter den prächtigsten Ceremonien belehnte. (*)

(*) Apologie des Fürstlichen Sonderburgischen Hauses pag. 13. Lackmanns Beweis, daß die Insul Femarn ein separirtes Land gewesen. pag. 17.

§. 7.

Als Herzog Johannes von dieser Reise zurück kehrete, sahe er einen neuen Ehe-Segen seines Hochfürstlichen Hauses durch die Geburt der Princeßin Elisabeth; dahingegen segnete Herzog Johann der ältere zu Hadersleben 1580. den 2. Octobr. das Zeitliche. Er ward zu Schleswig in der Thum-Kirchen den 13. Febr. 1581. mit vieler Pracht begraben, wobey Herzog Johannes und dessen Fürstliche Frau Gemalin der Leiche persöhnlich folgten. (*) Inzwischen ward dem Herzog Johannes abermal ein Sohn Friderich in dem Jahr 1581. den 26. November gebohren.

(*) Lackmanns Einleitung P. I. pag. 661.

§. 8.

Nachdem die durch den Sterbfall Herzog Johannis des ältern eröfnete Länder unter dem König und Herzog zu Gottorp Adolph waren getheilet worden; so muste Königlicher Seiten dem Herzog Johann, dem jüngern, sein an dieser Erbschafft habender Theil gleichfals ausgekehret werden. Solches ward auch zu Flensburg im Jahr 1582. den 23. April glücklich zum Stande gebracht. König Friderich II. sandte seinen Canzler Kaas nebst andern Reichs- und Land-Rähten dahin, mit dem Befehl, dasjenige, was zur freund- und brüderlichen Handlung dieser Theilungs-Sache nützlich, zu berahtschlagen und abzuthun. Sie ward auch auf solche Art verglichen, daß Herzog Johann in dem Fürstenthum Holstein das Closter Reinfeld mit dessen Zubehörungen, im Herzogthum Schleswig aber das Ruhe-Closter, woraus Glücksburg entstanden, sammt Sundewit und andern aus dem Amte Hadersleben benannten Dorfschafften und Gütern, welche jedoch gegen Aroesche Güter nach der Zeit ausgewechselt sind, nebst einem gewissen Antheil aus dem jährlichen Haderslebischen Zoll-Gefällen: auch ein Drittel aus dem an den König fallenden halben Theil der Zölle zu Gottorp und Rensburg, desgleichen wegen des dritten Theils von dem geerbten Lande Ditmarschen und zweyjähriger gehabten Nutzung der Ämter 20000. Rthlr. sollte zu geniessen haben. (*)

(*) Lackmanns Einleit. P. I. pag. 666.

§. 9.

Jetzo wollte es die Noht erfordern, daß die Belehnung so wohl über die übrigen Lande; als auch über diesen von Herzog Johann dem ältern ererbten dritten Theil des Herzogthums Holstein aus dem Königlichen Dänischen Antheil an dem Kayserlichen Hofe ordentlich gesuchet würde.

Sol-

Solches ward 1582. dergestalt beliebet, daß der König in Dännemark Friderich II. seinen Gesandten Hinrich von Ahlefeld und Joachim Reich, Herzog Adolph zu Gottorp aber Hennecke Rantzau nach dem Kayserlichen Hofe abfertigten. Dabey kam die Anwartschafft auf die Grafschaft Oldenburg und Dellmenhorst gleichfals in Erwägung. Der König ließ an seine Gesandten den Befehl ergehen, daß, da zuvor die Kayserliche Belehnung wegen Holstein und der incorporirten Landen auf Johannes nicht gerichtet gewesen, solches aber in allwege desselben und dessen Leibes Lehns-Erben Nohtdurft erfoderte, selbige bey Kayserl. Majestät auf Herzog Johannis Credenz-Brief und Vollmacht und wegen des Königs Intercession, die sie bey Ihro Kayserlichen Majestät deshalb einzuwenden hätten, mit gebührlichem Fleiß mit zugleich sollicitiren und ausbringen sollten, damit Herzog Johannes die gesammte Hand, sowohl was das Fürstenthum Holstein und incorporirte Landen, als auch in eventum der Erledigung der Grafschafften Oldenburg und Dellmenhorst betrift, erhalten, darauf auch die Belehnung und Exspectans-Briefe erlangen möchte. (*) Darauf geschahe an Ihro Kayserlichen Majestät den 29. Jun. der Antrag, in welchem des Herzogs Johannes mit gedacht wurde, welches auch von Ihro Kayserlichen Majestät allergnädigst angenommen und beantwortet wurde. Wie aber den 11. Aug. denen resp. Königlichen und Fürstlichen Gesandten eröfnet ward, daß den 13. August der Actus Investiturae sollte vor sich gehen, protestirte der Gottorpische Gesandte Hennecke Rantzau dawider, daß Herzog Johannes in die Lehns-Nemung und Empfangung nicht mit begriffen werden könnte. Wann nun Kayserliche Majestät ohne Herzog Adolphs völlige Einwilligung die simultaneam investituram vorzunehmen Bedenken trugen: so würde der Actus Investiturae ausgesetzt, bis Hennecke Rantzau von seinem Herzoge durch

durch eine Staferre Nachsicht erhalten. Solche kam den 21. August wieder an, brachte aber die für Herzog Johann nachtheilige Zeitung mit, wie Herzog Adolph in dessen Investitur nicht willigen könte und zwar deswegen, weil derselbe niemals von Herzog Johann deshalb wäre ersucht worden. Um unterdessen ein grosses Præjuditz zu verhüten, ward der Actus Investiturae auf den König und Herzog Adolph den 30. Aug. vorgenommen. (**)

(*) Beylage der Plönischen Defensions-Schrift p. 81. lit. M. (**) Die ganze Relation von dieser Lehns-Empfängniß und was dabey vorgegangen, hat der sel. Herr Consistorial-Raht Noot in seinen Beyträgen zur Historie von Schleswig-Holstein im ersten Stück pag. 58. seq. mitgetheilet.

§. 10.

Herzog Magnus, der mittlere Bruder Herzog Johannes, ging in dem Jahr 1583. in Curland ohne männliche Erben mit Tode ab: Dahingegen ward dem Herzog Johann eine Princeßin Margretha geboren, welche nachhero an Hans, Grafen von Nassau-Siegen vermählet wurde. Derselben folgte Prinz Philipp, welcher den 15. Merz 1584 das Licht der Welt erblickte. In dem darauf folgenden 1585. Jahre den 22. Merz ward das Fürstliche Haus durch die Geburt des achten Prinzen Albrecht vermehret.

§. 11.

Im Jahr 1586. geschahe ein schmerzlicher Riß in dem Fürstl. Sonderburgischen Hause, indem den 12. Febr. die Herzogin Elisabeth, eine liebenswürdige Gemahlin des Herzog Johannes, demselben durch den zeit-

lichen

lichen Tod genommen wurde, nachdem dieselbe eine fruchtbare Mutter von 14. Kindern geworden. Unser Herzog gedachte auf eine anderweitige Vermählung und solche erfolgte in dem Jahr 1588. mit der Durchlauchtigsten Frau Agneta Hedewig, des Churfürsten Augustus zu Sachsen nachgelassenen Frau Wittwen. Das Beylager ward zu Sonderburg bey Anwesenheit des Königs Friderichs II. und andrer hohen Personen in Vergnügen vollzogen. Doch in eben dem Jahr den 4. April folgte der Sterbfall König Friderichs II. zum unbeschreiblichen Schmerz seines einzigen Herrn Bruders, welcher nebst seiner Fr. Gemahlin dieser Leiche, als dieselbe nach Rothschild abgeführet ward, mit vieler Wehmuht und Traurigkeit nachfolgte.

§. 12.

Bey dem neuen König Christian IV. muste die Belehnung über das Herzogthum Schleswig von denen darin regierenden Herrn genommen werden. Dazu ward der 4. Jul. des 1589. Jahres angesetzt. Herzog Johannes schickte auch seinen Gevollmächtigten dazu ab. Die Belehnung geschahe zu Cronenburg mit gewöhnlichen Ceremonien und unser Herzog erhielte gleiche Rechte an dem Herzogthum Schleswig und dem Lande Femarn mit den übrigen Herrn. (*) Bey der Gelegenheit ward auch die Lehns-Empfängniß wegen Holstein bey dem Kayserlichen Hofe gesucht. Hierin widersetzte sich zwar Herzog Philipp zu Gottorp, doch endlich wurde die Sache verglichen und die Belehnung dem Herzog Johannes zur gesamten Hand gereichet. (**)

(*) Helduarderi fylon. chronol. pag. 236. (**) Sonderburgische Apologie Beylage n. VI. Vorstellung des wahren Succeßions-Rechtes Beylage n. XI.

§. 13.

Ob es nun gleich mit der Lehns-Empfängniß seine Richtigkeit hatte; so wollte doch der Vergleich in Ansehung der Oldenburgischen Successions-Sache und die von dem Kayser befohlene Huldigung der Ritterschafft nicht erfolgen. Es ließ daher Kayser Rudolph in seinem Schreiben de dato Prag den 22. May 1590. an den König Christian IV. und Herzog Philipp dieselben ermahnen, daß, da sie in dem Hauptpunct der gesammten Hand sich vetterlich vereiniget, selbige auch dahin bedacht seyn mögten, in den übrigen Puncten der Oldenburgischen Succession ein gleiches zu thun, darnebst die Ritterschafft, Stände und Unterthanen des Herzogthums Holstein dahin anweisen und anhalten, daß sie gedachtem Herzog Johannes die Erb-Huldigung ferner nicht möchten wegern, sondern vermöge Kayserl. Lehn-Briefes ohne Aufzug und Ausrede gehorsamlich leisten. (*)

(*) l. c.

§. 14.

Herzog Philipp zu Gottorp starb in demselbigen Jahr und sein Herr Bruder Herzog Johann Adolph übernahm die Regierung. Hier sollte nun eine neue Huldigung geschehen. Nach einigen dagegen erhobenen Schwierigkeiten ward endlich in dem Jahr 1592. den 16. Merz dieser Huldigung wegen ein Land-Tag in Flensburg ausgeschrieben. Daselbst ließ Herzog Johannes den versammleten Ständen das Kayserliche Schreiben, so wegen der Erb-Huldigung von dem Kayser an König Christian IV. und Herzog Philipp ergangen, vorhalten. Aber jene beriefen sich auf ihre Freiheiten, beydes die Huldigung

und

und auch die Fräulein-Steuer blos ihrem natürlichen Landes-Herrn zu leisten. (*)

(*) Lackmanns Einleit. P. II. p. 71. 77.

§. 15.

In dem Jahr 1593. den 7. Merz kam die Princeßin Anna Sabina zur Welt: dagegen Frau Dorothea, vermählte Herzogin zu Liegnitz, den 5. Jul. den Abschied aus derselben nahm. In dem folgenden 1594. Jahr ward das Fürstliche Geschlecht Herzogs Johannes abermal mit einem Prinzen, der den 5. Febr. geboren wurde und den Namen Johann Georg empfing, vermehret. Um diese Zeit ward der Bau des Schlosses zu Ahrensböck angefangen.

§. 16.

Dabey aber ließ oft hochgemeldeter Herzog den Verfolg seiner habenden hohen Rechte nicht ruhen. Er ließ abermal an dem Kayserlichen Hofe theils wegen der Anwartschafft auf die Grafschafften Oldenburg und Dellmenhorst, theils wegen der Erb-Huldigung von der Ritterschafft, theils wegen Abtrag der Fräulein-Steuer durch seinen Gesandten inständigst anhalten. Dis brachte abermal eine Kayserliche Ermahnung und Befehl an Herzog Johann Adolph sub dato Prag, den 12. May 1595. zu Wege, des Inhalts: Sich in diesen streitigen dreyen Puncten mit Herzog Johannes gütlich zu vergleichen, oder innerhalb 2 Monaten die Ursachen anzubringen, warum sie Herzogen Johannes in dem einen, andern und dritten Punct statt zu thun, nicht schuldig zu seyn vermeynet. (*) Herzog Johann Adolph gab dem Herzog Johann darauf eine Erklärung, damit dieser nicht zufrieden seyn konte. Es sollte nemlich die Grafschaft in zweene Theile getheilt werden, davon der eine dem Hause Gottorp anheimfallen, der andre aber dem König und Herzog verbleiben sollte. Weil aber Herzog Johann dem Erblasser der Grafschaft um einen Grad näher war, so konnte er diesen Vorschlag nicht eingehen. (**)

(*) Vorstellung des wahren Succeßions-Rechts, Beilage n. XII. (**) Refutation contra Gottorp, pag. 253.

§. 17.

In eben dem 1595sten Jahr den 29. August ward der Prinz Joachim Ernst, welcher nachhero der Stamm-Vater des Plönischen Hauses geworden, gebohren. In dem darauf folgendem Jahr gieng die Krönung Christiani IV. Königes in Dännemark, vor sich. Unter andern, welche diese Handlung herrlich und ansehnlich machten, funden sich auch Herzog Johannes und dessen Fürstl. Frau Gemahlin samt dreyen Prinzen und zwoen Prinzeßinnen dabey ein. In dem darauf folgenden 1597. Jahr kam die Prinzeßin Dorothea Sybilla den 13. Julii auf die Welt, starb aber kurz darauf den 21. August. So musten auch zweene Fürstl. Prinzen von der ersten Ehe, Ernst und August, ihr edles Leben bey Erla in Ungarn den 26. October 1596. einbüssen.

§. 18.

Weil die Antwort Herzog Johann Adolphs zu Gottorp, wegen der Anwartschaft auf Oldenburg und Dellmenhorst, nicht zum Vergnügen Herzogs Johannes ausgefallen; so sahe dieser sich genöhtiget, den Kayserl. Hof wiederum anzugehen. Darauf erfolgte im Jahr 1697. den 16. December abermal ein Kayserl. Monitorium und Befehl an Herzog Johann Adolph zu Gottorp, des Inhalts: „Daß der-

„derselbe sich mit seinem Vetter, Herzog Johann, der streitigen „Puncte halber, als der Oldenburgischen Exspectanz, der Erb-„Huldigung der Ritterschaft und der Fräulein-Steuer gütlich ver-„tragen, oder innerhalb zwey Monaten sich auf einen und andern „Punct hauptsächlich erklären, oder auf widrigen Fall gewärtig seyn, „daß Kayserl. Majest. des Herzogs Johannes jura ex officio erhören „und darauf die rechtliche Gebühr verordnen würden.“ (*) Herzog Johann sandte dieß Monitorial-Schreiben den 27. Martt. 1598. an den Herzog Johann Adolph, empfing aber den 17. Jul. ej. a. zur Antwort: daß er dem Herzog Johann nicht zustehen könnte ratione senii ætatis demselben bey der Succession ein Vorrecht einzuräumen, sondern, wenn der Fall käme, sollte, wie es heisst, uns, darunter auch Herzog Johann mit zu verstehen, den nächsten Agnaten und unsere Erben sothane Grafschaften folgen und gereicht werden. (**) Aber auch mit dieser Erklärung war Herzog Johannes nicht zufrieden, als der sein Recht in allem ungekränckt erhalten wissen wollte.

(*) Vorstellung des wahren Success. Rechts Beilage n. XIV. (**) l. c. n. XV.

§. 19.

An dem 13. Jul. des folgenden 1599sten Jahres ward die Prinzeßin Dorothea Maria gebohren, welche aber den 26. May 1600. wieder mit Tode abgieng. In eben diesem Jahr ergieng ein Kayserl. Monitorial-Schreiben an Prælaten und Ritterschaft, Herzogen Johannes nicht nur mit allerley Zunöhtigung und Eingriffe in Sr. Durchl. Jurisdiction und Hoheit, nicht zu turbiren, sondern auch die verweigerte Erbhuldigung und Fräulein-Steuer unweigerlich zu leisten und den Herzog für ihren natürlichen Herrn und Reichsbelehnten

 Für-

Fürsten ohne Widerrede zu erkennen, halten und ehren. (*) Solchen Kayserl. Befehl ließ Herzog Johannes durch seinen Marechal Burchard Dalldorp und den Secr. Johann Hildesheim den 4. Sept. zu Schleswig bey öffentlichem Land-Gerichte überreichen. (**) die Adelichen wandten sich zum König und Herzogen zu Gottorp und baten inständigst um ihre Fürsprache beym Kayser. Abseiten des Herzogs Johann Adolphs funden sich allerley Hindernisse und der König hatte gar keine Neigung, sich damit zu fassen, wie es in einem Schreiben ausdrücklich heist: "im Fall ihr mit Herzogs Johannes Lbden den Weg Rechtens zu ge-"brauchen und am Kayserlichen Hofe eure Nohtdurft auszuüben ge-"sinnet, können wir solches geschehen lassen, jedoch mit dem Be-"scheide, daß ihr uns daraus lasset und mit dieser Disputation, mit "der wir obangeregter Ursachen nicht zu thun haben wollen, unter-"thänigst verschonet. (***) Immittelst wandte sich die Ritterschafft an den Kayserlichen Hof, woselbst der Herzog auch seine Rechte wider dieselben verfolgte. (****) Um diese Zeit ward das Fürstl. Schloß zu Reinfeld gebauet, davon schon vorher Meldung geschehen.

(*) Apologie Beylage n. VII. (**) Lackmanns Einleitung P. I. p. 168. (***) Apologie Beylage n. VIII. (****) Plönische Defension pag. 192.

§. 20.

In dem Jahr 1601. den 20. April trat Prinz Bernhard ans Licht der Welt, ging aber den 26. desselben Monats wieder aus derselben. Dahingegen vermählte sich Herzog Johannes dritte Princeßin Tochter Anna mit Bugislaus XIII. Herzogen zu Pommern. Das Beylager ward den 31. May mit vieler Pracht zu Sunderburg gehalten. Darauf erfolgte die Geburt der Princeßin Agnes Magdalena in dem Jahr 1602. den 17. Novembr. die aber ihr Alter nur auf 5. Jahr gebracht und

in

in dem Jahr 1607. den 17. May den Weg alles Fleisches gegangen. Endlich ward die letzte Princeßin im Jahr 1603. zur Welt geboren, welche nachhero mit Fürst Christian zu Anhalt-Bernburg im Jahr 1628. den 24. Febr. vermählet worden ist. In eben dem Jahr, da die letzte Princeßin geboren, ward die Princeßin Margaretha an Graf Johann von Nassau-Siegen den 27. Aug. zu Rotenburg in Hessen vermählet und den 3. Sept. nach Dillenburg heimgeführet. (*) In der Nassauischen Chronic, welche Johann Texter von Hagen ausgegeben, wird dieselbe als eine an Gemüht und Leibe gezierte, leutselige, mitleidige und gutthätige Fürstin, ja als eine rechte Landes-Mutter gegen die Unterthanen, gerühmet. (**)

(*) Lackmanns Einleit. P. II. pag. 190. 202. (**) Nassauische Chron. pag. 203.

§. 21.

Als in dem Jahr 1603. den 30. Octobr. die Huldigung an König Christian IV. und Herzog Johann Adolph zu Gottorp von der Stadt Hamburg geschahe, waren zwar drey Herren Gebrüder von Sonderburg daselbst gegenwärtig, wohnten aber dem Huldigungs-Actui nicht bey. (*) Dis wollte sich die Holsteinische Ritterschafft zu Nutzen machen und gab den 5. Novembr. eine unterthänigste Protestations-Schrift ein wider die neulich in Copenhagen an Herzog Johann und Herzog Johann Friderich Erz-Bischof zu Bremen ertheilte Belehnung über das Herzogthum Schleswig und die Landschafft Femarn. Wiewohl nun der König nicht fort darauf antworten ließ; so war er doch mit seinen Reichs-Rähten mit dieser Protestation nicht zufrieden, sondern ließ den 2. Decembr. eine Reprotestation entwerfen, und solche

den

den 27. Dec. der auf dem Land-Tage zu Rensburg versammleten Ritter- und Landschafft einhändigen.

(*) A. Olearius Holsteinische Historie p. 60. sq.

§. 22.

In diesem 1603. Jahr ward von König Christian IV. des Herzogs Johannis Unterthanen eine besondere Steuer angemutet. Wie nun solches etwas unerwartetes und wie es Sunderburgischen Seits genennet wird, eine unerhörte Neurung war, so ward auch dem Herzog Johannes auf die durch dessen Gesandten, den 14. Dec. geschehene Vorstellung zu Copenhagen diese Forderung völlig nachgelassen, wobey es seit dem sein Verbleiben gehabt. (*)

(*) Defension pag. 69.

§. 23.

Die Sache mit der Ritterschafft war von 1602. her durch Herzog Johannes an dem Kayserlichen Hofe ernstlich getrieben worden. Es ergingen auch verschiedene Kayserliche Befehle, doch ohne Wirkung. Nun kamen zwar die Ritter- und Landschafft zur Verantwortung ein, des ungeachtet aber erfolgte abermal den 12. Dec. 1605. ein Kayserl. Urtheil, in welchem Beklagte beschehener Einrede unverhindert dem ausgegangenem, verkundeten und reproducirten Mandat in Zeit zweyer Monate der nechsten nochmals pariren, solcher ihrer Parition glaubliche Anzeige thun, mit dem Anhang, wo sie solchem also nicht nachkommen würden, daß sie jetzt als dann und dann als jetzo in die Poen berührten Mandati einverleibet, declariret und erkläret, ferner Process auch erkannt, daß sie ihrem Gegentheil die Gerichts-Kosten derenthalben

halben aufgeloffen, nach Rechtmäßigung zu entrichten und zu bezahlen schuldig seyn sollten. (*)

(*) Apologie Beylage n. IX.

§. 24.

Wider dis von Herzog Johannes gegen Prælaten, Ritterschafft und Städte ausgebrachte Urtheil kamen der König und Herzog zu Gottorp mittelst eines den 9. Jun. 1606. abgefastes an den Römischen Kayser gerichtetes Hand-Schreiben ein. In demselben zeigten sie vorläufig an, wasgestalt der jenseits ergriffene Weg mit Vorbeygehung beyder regierenden Landes-Fürsten zur Verringerung ihrer Obrigkeitlichen Macht und zur Schmälerung hiesiger Landes-Privilegien angesehen, folglich ihnen obliegen wolle, ihre Vasallen und Unterthanen hierin bestens zu vertreten, weshalb auch nächstens eine ausführliche Vorstellung bey Kayserl. Majest. einlaufen würde, bis dahin die Vollenziehung des Urtheils zu unterlassen. (*)

(*) Lackmanns Einleitung P. II. p. 231.

§. 25.

Nachdem im Jahr 1607. den 10. Merz die Princeßin Sophia mit Herzog Philipp II. aus Pommern war vermälet worden; so ward in dem folgenden 1608. Jahr Abseiten Christian IV. Königes in Dännemark und Herzog Johann Adolphs zu Gottorp obige Beschwerung gegen das für Herzog Johann wider Prælaten und Ritterschafft abgefaste Urtheil durch einen eigenen Abgeordneten Marten von der Mehden an dem Kayserlichen Hofe wiederhohlet: darauf ergieng ein Kayserl. Decret sub dato Prag den 7. Nov. 1603. in welchem denselben 4. Monat zur Verhandlung dieser Sache zugestanden auch denen beeden Herrn die gebetene communicatio actorum prioris instantiæ bewilliget und zugelassen worden. Die Acten erfolgten, jedennoch funden sich Christian IV. und Herzog Johann Adolph zu Gottorp gemüßiget, bey dem Kayser 1609. den 13. May noch um eine Frist von 4. Monaten anzuhalten, welche denselben auch eingewilliget ward.

§. 26.

Der Herzog Johann Adolph zu Gottorp, der Herzog Carl zu Mecklenburg, wie auch die Städte Lübeck und Hamburg verglichen sich in dem Jahr 1609. den 13. Merz, daß 6. Jahr lang nach einander auf ihren Münzstäten keine doppelte und einfache Schillinge, imgleichen keine Sechslinge oder dergleichen gepräget und ohne des andern Theils Mitbeliebung sollte ausgemünzet werden, um die hochschädliche Steigerung der groben Münzen zu verhüten. (*) Man meint, daß die Gelegenheit hiezu von denjenigen Doppelschillingstücken genommen worden, welche Herzog Johannes um diese Zeit soll haben prägen lassen.

(*) Lackmanns Anhang zu dem 2ten Theil p. 77.

§. 27.

Kayser Rudolphus gieng in dem Jahr 1612. den 10. Jan. aus der Welt. Dis nöhtigte Herzog Johannes die Belehnung bey dem neuen Kayser Matthias, einem Bruder des vorigen, über Holstein zu suchen. Er erhielte auch dieselbe den 20. Decembr. und ward der Lehns-Brief nach dem, der in dem Jahr 1590. den 22. August ausgestellet, eingerichtet. In dem folgenden 1613ten Jahr verlohr unser Herzog seinen Prinzen Johann Georg zu Tübingen in dem 19. Jahr seines Alters durch den zeitlichen Tod. (*) Dagegen ward um diese Zeit dessen Princeßin Tochter Maria in dem 38ten Jahr ihres Alters dem adelichen Closter zu Itzehoe als Äbtißin vorgestellet. Der Holsteinischen Ritterschafft war diese Handlung äusserst zuwider und gaben bey dem König und Herzog zu Gottorp grosse Beschwerungen ein, daß ihrer Wahlfreyheit damit ein Eingrif geschehen. Da aber diese Wahl durch Herrschafftlichen Betrieb vorgenommen, so hatte es dabey sein Verbleiben. (**) Es ward aber Herzog Johann durch einen neuen Verlust seines Sohnes Albrechts in Leid gesetzt, welcher den 20. April an einem hitzigen Fieber zu Dresden seinen Geist aufgeben muste. (***)

(*) Lackmanns Einleitung P. II. p. 305. (**) Ej. Anhang zu dem 2ten Theil p. 26. (***) Ej. Einleit. P. II. p. 321.

§. 28.

Wie schon verschiedene Land-Tage in Ansehung Herzogs Johannis Angelegenheiten fruchtlos gewesen waren; so äusserte sich ein gleiches in denen, die in dem Jahr 1614. zu Hadersleben und in demselben Jahr zu Kiel den 27. Jun. gehalten wurden. Dis nöhtigte Herzog Johannes sich abermal an den Kayser zu wenden. Er erhielte auch daselbst ein Kayserliches Confirmations-Urtheil unter dem dato Lyntz den 18. Septembr. 1614. des Inhalts, daß ihnen noch eine Zeit von zweyen Monaten zu allem Ueberfluß und pro omni termino & prorogatione angesetzt, mit dem Anhang, wo sie demselben nicht nachkämen, daß es alsdann bey jetzo gedachtem publicirten Paritori-Urtheil verbleiben, und der Declaratione Poenæ halben, endlich ergehen soll, was recht ist. (*) Herzog Johannes ließ dieses Urtheil nicht nur durch einen Kayserlichen Notarium der Ritterschafft einreichen, sondern begleitete auch dasselbe mit einem Anmahnungs-Schreiben, darin insonderheit den Schleswigischen Ständen zu Gemühte geführet ward, daß sie sich von der gesuchten Huldigung und Fräulein-Steuer nicht entfernen könten. (**)

(*) Apologie Beylage n. X. (**) Lackmanns Anhang zu dem 2ten Theil pag. 25.

§. 29.

In dem Jahr 1616. begegnete dem Herzog Johannes der schmerzliche Zufall, daß seine Tochter, die Herzogin Anna, des Pommerschen Herzogs Bugislai XIII. Gemalin, aus dem zeitlichen Leben hinweggerissen ward. Dieser Schmerz ward nicht wenig vergrössert, da er seine getreue und liebenswürdige Gemalin Frau Agnete Hedewig durch den zeitlichen Tod von sich geschieden sehen muste. Zwey Jahr hernach ward des Herzogs Princeßin Anna Sabina an Herzog Julius Friderich zu Würtenberg 1618. vermählet, dagegen verlohr er seinen Herrn Schwieger-Sohn Philipp, Herzog zu Pommern, welchem dessen Frau Gemalin Sophia in eben dem Jahr den 3. Junius in die Ewigkeit folgte.

§. 30.

Es ist kurz vorher angezeiget, (*) daß Herzog Johannes, der jüngere, ohngefehr in dem Jahr 1608. doppelte Schilling unter seinen Namen münzen lassen. Solches ist vermuhtlich zu Sonderburg geschehen, wie dessen bey Lackmann ausdrücklich gedacht wird. (**) Um dies Münzwesen ferner fortzusetzen, ließ er in dem Jahr 1618. des Endes ein eigenes Gebäude zu Reinfeld aufführen.

Was

Was aber vor Geld-Sorten daselbst gemünzet worden, davon kan man aus Mangel der Urkunden hie keine Nachricht mittheilen.

(*) §. 26. (**) Lackmann l. c. pag. 78.

§. 31.

Um diese Zeit entstunden zwischen Herzog Johannes und der Stadt Lübeck einige Irrungen wegen des Gebrauchs des Flusses, die Trave genannt. Die Lübecker wollten auf derselben keine Plönische Fahrzeuge leiden, sondern bemeisterten sich vielmehr derselben unter dem Vorwand, daß die Trave ihnen eigenthümlich zugehöre. Es sind darüber verschiedene Schriften gewechselt worden, die aber für Plön nicht die erwünschte Würkung gehabt. Immittelst ging Kayser Matthias mit Tode ab und dis verursachte, daß eine neue Belehnung bey dem Kayser Ferdinand III. muste gesucht werden. Solche erfolgte auch in dem Jahr 1621. den 7. April in eben der Gestalt, wie sie der König und Herzog von Gottorp empfangen hatten. In eben demselben Jahr ward dem Gutachten der Stände überlassen, wie Herzog Johannes zur schuldigen Bezahlung der noch nicht völlig abgetragenen Fräulein-Steuer, welche derselbe von seinen zugekauften steuerbaren adelichen Gütern zu erlegen sich geweigert, zu bringen. (*) Man setzte Drohungen auf, die scharf genung waren, allein es blieb auch bey demselben.

(*) Lackmanns Einleitung P. II. p. 502.

§. 32.

Unter diesen mannigfaltigen Widerwärtigkeiten und Unruhen rückte das Lebens-Ziel des Herzogs immer näher heran. Er merkte eine tägliche Abnahme der Kräfte bey den hohen Jahren, und war also darauf bedacht, wie er durch ein ordentliches Testament unter seiner zahlreichen Familie alles so einrichten möchte, daß ein jeglicher zufrieden seyn und aller Verdruß und Uneinigkeit vermieden werden könte. Die Eintheilung ward so gemacht, daß fünf Herrn mit Ländereyen versehen, der sechste aber mit einer jährlichen Geldsumme abgefunden wurde. Solchergestalt bekam

1. Prinz Alexander das Fürstliche Schloß, Stadt und Amt Sonderburg mit dem ganzen Süder-Lehn;
2. Hans Adolph das Schloß und Amt Norburg mit dem ganzen Norder-Lehn und denen darin belegenen Höfen.
3. Christian die Insul Arroe, worauf drey Höfe Seebygarde, Gravenstein und Gottesgabe nebst unterschiedlichen dazu gekauften Mank-Gütern. Weil aber dieselben nicht mit Gebäuden zu einem Fürstlichen Sitz versehen; so wurden die andern Herrn Söhne im väterlichen Testament verpflichtet, 5000. Rthlr. dazu auszuzahlen.
4. Philipp das Fürstliche Schloß und Amt Glücksburg nebst verschiedenen in Sundewitt belegenen Höfen und Häusern, wie auch die Güter Roogard, Unewad, Nübel und Norgaard, welche Herzog Johannes für baar Geld angekauft.
5. Joachim Ernst die Fürstlichen Häuser und Ämter als: Plön, Ahrensböck, Reinfeld und Rethwisch.
6. Friderich hatte statt der Ländereyen von seinen Herrn Brüdern jährlich ein Geld-Deputat von 5000. Mark zu erheben,

die

die aber aufhören sollten, fals einer von seinen Herrn Brüdern ohne Erben abgehen und er demselben succediren würde.

Denen unverheurahteten beeden Princeßinnen ward mit einer Standesmäßigen Versorgung, jährlich 300. Rthlr. auch erforderten Falls ein gewisses Heurahts-Geld, und so lange bis noch nicht nöhtig, ein Aufenthalt in des jüngsten Herrn Bruders-Antheil zugeordnet. (*)

(*) Lackmanns Einleitung P. II. p. 550.

§. 33.

Schließlich befahl Herzog Johannes, daß die wider Prælaten und Ritterschafft rechtmäßige und unentschiedene Processe sollten fleißig fortgesetzet und endlich die Lehns-Empfängniß über die den Herrn Söhnen angestammten Land und Leute sowohl von dem Römischen Reich, als der Crone Dännemark, nach Ordnung der Rechte innerhalb Jahres Frist von Zeit der Erledigung angerechnet, gesuchet und eingenommen werden. (*)

(*) Lackmann l. c. pag. 551.

§. 34.

Als Herzog Johannes im May des 1622sten Jahres seine Holsteinischen Länder besuchte, ward er zu Ahrensböck von einer schweren Krankheit überfallen. Solche nöhtigte ihn nach Glücksburg zurückzukehren, woselbst er den 9. October in einem Alter von 77. Jahren die Welt verließ und in die Ewigkeit übertrat. Auf dies sein Absterben

ward

ward eine Medaille geprägt, auf deren einen Seite ein Todten-Kopf mit der Beyschrift: memento mori; auf der andern aber die Worte ausgedruckt. Natus 1545. den. 1622. Er war ein Herr von treflichen Eigenschafften und ausnehmenden Fürstlichen Gemühts-Gaben. Er hielte eifrig über die reine evangelische Religion. Er war gelehrt und ein Freund der Gelehrten. Die Kunst seine Unterthanen wohl zu regieren, hatte er vollenkommen inne. Von seiner klugen und sparsamen Haushaltung sind die stärksten Beweisthümer verhanden. Seine Angelegenheiten trieb er mit Ernst und Nachdruck. Er baute verschiedene Schlösser und Kirchen und verhielte sich allenthalben so, daß ihm der Ruhm eines weisen, klugen und gerechten Regenten von dem Neide selbst nicht kan streitig gemacht werden.

Das neunte Capitel.

Von Herzog Joachim Ernst.

§. 1.

Dieser Herr, welcher in eigentlichem Verstande der Stifter des Holstein-Plönischen Hauses kan genennet werden, ist zu Sonderburg in dem Jahr 1595. den 29. August geboren. Seine Eltern waren vorhochgedachter Herzog, Johann der jüngere, und Frau Agneta Hedewig, dessen zwote Gemalin, eine Tochter des Fürsten Joachim Ernst von Anhalt-Zerbst, von welchem er seinen Namen empfangen. Er ward in dem Hause seines Herrn Vaters in allen seinem Stande gemässen Wissenschafften wohl unterrichtet, bis er geschickt

war,

war, unter Führung seines Hofmeisters Johann von der Goltz die höheren Schulen zu Giessen und Tübingen zu besuchen. Auf der letzteren hielt er 1610. eine von ihm selbst in lateinischer Sprache verfertigte Rede: de Gallia & ejus præferentia præ reliquis mundi provinciis, welche, als ein würdiges Denkmahl seines Fleisses und Geschicklichkeit, bis auf unsre Zeiten aufgehoben ist. (*)

(*) Thomæ Lansii consultationes p. 139. sq.

§. 2.

Nach zurückgelegtem Besuch der hohen Schulen begab sich Herzog Joachim Ernst auf Reisen, um die Welt kennen zu lernen. Er besuchte verschiedene deutsche Höfe, die Niederlande, Engelland, Frankreich und Italien. Unter der Republick Venedig begab er sich in Kriegs-Dienste, die er aber nachhero bald wieder verließ, indem ihm unter der Crone Dännemark ein Regiment zu Fuß von 3000. Mann anvertrauet ward.

§. 3.

In dem Jahr 1623. trat er die Regierung über die ihm angeerbte Länder an und bestätigte der Stadt Plön ihre Freyheiten in einer besondern Urkunde. Es ward auch die vorlängst aufgerichtete Union, nach gehobenen einigen dabey gehabten Bedenklichkeiten, mit Herzog Joachim Ernst subscription ratificirt, weil die Herzoge Sonderburgischen Linie, als Compossessores, nicht aber als status ducatuum, von der daher zu erwartenden gemeinen Landes-Defension zu participiren gehofft, und da auch alles bey der Anno 1533. aufgerichteten Union verblieben und nur die Landes-Defension pro duplo auf 300. Reuter gesetzet. (*)

(*) Plönische Defensions-Schrift pag. 3. sq. Lackmanns Einleitung P. II. pag. 588. woselbst die Namen derer, so diese Union unterschrieben, p. 590. angeführet werden.

§. 4.

In eben demselben Jahr suchten die gesammten Herzoge des Sonderburgischen Hauses und unter solchen auch Herzog Joachim Ernst nach Masgebung des väterlichen Testaments die Belehnung über Schleswig bey dem König von Dännemark, welche von denselben auch den 25. Jul. auf dem Reichs-Tage in Gegenwart der Königlichen Reichs-Rähte durch ihre Rähte empfangen ward. (*) Ein gleiches geschahe durch die Fürstl. Plönische Gevollmächtigte am Kayserlichen Hofe, woselbst dem Herzog Joachim Ernst von dem Kayser Ferdinando. II. die Lehn zur gesammten Hand, gleichwie solche der König und Herzog ehedem erhalten hatten, ertheilet worden. (**) Herzog Joachim Ernst erwählte seine Residence zu Ahrensböck und regierete seine Länder mit der grösten Aufmerksamkeit und Sorgfalt.

(*) Olearii Holsteinische Chronic. p. 74. (**) Apologie lit. B.

§. 5.

In dem folgenden 1624sten Jahr gieng Herzog Hans Adolph, ein Bruder Herzogs Joachim Ernst, zu Norburg in einem unverehlichten Stande mit Tode ab. Herzog Friderich erbte darauf die Norburgischen Lande und befreyte seine Herrn Brüder von dem Abtrag der 5000. Mark, welche demselben in dem väterlichen Testament zu dessen

Erhal-

Erhaltung waren auferlegt worden. Wie Herzog Joachim Ernst selbst gelehrt und ein Freund der Gelehrten war; so ward er auch von den Gelehrten hochgeachtet. Ein Beweis davon war, daß er im Jahr 1625. in die damals so genannte Fruchtbringende Gesellschafft aufgenommen. Er empfieng in derselben den Namen des Sichern, zum Sinnbild einen Lorber-Baum mit der Ueberschrift: Führt Donnerschlag. (*)

(*) Neusprossender Palm-Baum von Georg Niemarck herausgegeben pag. 245.

§. 6.

In dem Jahr 1626. ließ Herzog Joachim Ernst güldene und silberne Münz-Sorten prägen. Auf der güldenen steht auf der einen Seite das Holsteinische Wapen, mit der Umschrift: Joachim Ernst Hæres Norvagiæ Dux Schlesw. Holſ. Auf der andern der Reichs-Adler mit der Umschrift: moneta aurea Romani Imperii 1626. Auf der silbernen ist auf der einen Seite das Holsteinische Wapen geprägt mit der Umschrift: Joachim Ernst D. G. Hæres Nor. Dux SL. Hol. S. E. D. C. I. O. E. D. Auf der andern Seite steht der Reichs-Adler und in dessen Mitten: 32., mit der Umschrift: Ferdinandus II. D. G. Rom. Imper. ſemp. aug. 1626. Die Stempeln dieser Münzen sind in der Hochfürstl. Rente-Cammer noch vorhanden.

§. 7.

Herzog Joachim Ernst hielte sich bey dem in dem Jahr 1625. entstandenen Kriegs-Troublen ganz neutral, ob er gleich zur Sicherheit seines Landes das Seinige zu den Kreys-Anlagen zu rechter Zeit abzutragen gemeynet. (*) Unterdessen konnte er doch nicht hindern,

 daß

daß nicht allerley streifende Partheyen ihm Unbequehmlichkeit und Schaden verursachten. Um wider dieselben die Stadt Plön in Sicherheit zu setzen, ließ er in dem Jahr 1627. von der grossen bis an der kleinen See einen Graben ziehen: auch nachhero hinter den Gärten der Bürger-Häuser an der kleinen See einen Canal zur Bequemlichkeit der Bürger ausgraben, dessen schon vorher gedacht worden.

(*) Plönische Defension pag. 25.

§. 8.

In diesem Jahr schrieb der König einen Land-Tag zu Rensburg aus und ließ den Herzog von Plön in einem unter den 25. Jul. abgelassenen Schreiben dazu einladen. Der Herzog schickte auch seine Gesandten dahin, welchen die abgehandelte Stücke besonders eröfnet wurden. Was daselbst an Auslagen beliebt wurde, nahm der Herzog auch auf sich. (*) Jedoch ward damit den Kayserlichen der Einbruch nicht verwehret. Sie drungen vielmehr im August aus Mecklenburg in Holstein, so, daß sich auch Herzog Joachim Ernst genöhtiget sahe, Sicherheit wegen nach Lübeck zu weichen.

(*) Plönische Defension pag. 152.

§. 9.

Nunmehro gedachten die Sunderburgischen Herzoge an die ihnen von ihrem sel. Herrn Vater anbefohlene Ausführung der Processe wider die Holsteinische Ritterschafft wegen der Erbhuldigung und Fräulein-Steuer: auch der Anwartschafft auf die Grafschafften Oldenburg und Dellmenhorst. Sie liessen dem Kayser deswegen eine allerunterthänigste Bittschrift um die Vollstreckung der in dieser Sache ergangenen

genen Befehle einreichen. Es ergieng darauf eine abermalige Kayserliche confirmirtes Paritori - Urtheil vom 28. Merz 1628. wider die Ritter- und Landschafft des Herzogthums Holstein des Inhalts: "Daß den Beklagten aller der bis dato angewandten Eintrede "auch was anderwerts hier eingebracht, ungehindert, Anzeige zu "thun, daß den ausgegangenen verkund- und reproducirten Kay- "serlichen Mandatis alles ihres Inhalts gehorsamlich gelebet sey, "Zeit zweyer Monate von Insinuation dieses anzurechnen pro omni "termino & prorogatione von Amts wegen angesetzt mit dem Anhange, "wo sie solchem nicht also nachkommen würden, daß sie jetzt alsdann "und dann als jetzo in die Poen berührtem Mandato einverleibet, "hiemit erkläret, ferner Process auch erkannt, und daß sie ihrem "Gegentheil die Gerichts-Kosten derentwegen aufgelaufen, nach "rechtlicher Ermessung zu entrichten und zu bezahlen schuldig seyn soll- "ten." (*)

(*) Apologie Beylage n. XI.

§. 10.

Die Ritterschafft wandte sich abermals an den König, welcher auch ein Abmahnungs-Schreiben an Herzog Joachim Ernst in dieser Process - Sache ergehen ließ. Solches aber hielte den Herzog nicht ab, durch seinen Gesandten bey dem Kayser um die Vollstreckung der Kayserlichen Befehle anzuhalten, worauf abermal ein Kayserl. Befehl unter den 30. Aug. an die Ritterschafft ergieng. (*) Selbige hielte drauf bey dem König von Dännemark und Herzogen von Gottorp wiederum um eine Vertretung an. Sie begleitete solche mit einer Schrift, die den Titul führte: **Kurzer Entwurf derer Gründen**, motiven

 und

und Ursachen, warum die Königliche Majestät zu Dännemark Norwegen und Jhro Fürstl. Gnaden FRIDERICH zu Schleswig-Holstein, als regierende Herrn, bey Dero von Jhro Fürstlichen Gnaden Herzog JOHANNSEN zu Sonderburg vor diesem am Kayserl. Hofe erhobenen und jetzt von dessen Erben wider die löbliche Holsteinische Land-Stände reassumirten Klage die Huldigung, Fräulein-Steuer und competentiam fori betreffend, merklich interessiret, demnach besagter Land-Stände sich gn. gn. anzunehmen und die angestellte Intervention billig zu prosequiren haben. (**)

(*) Wienersches Protocoll Manuscript. (**) Lackmanns Einleitung P. III. pag. 25.

§. 11.

Endlich erfolgte in dem Jahr 1629. zwischem dem Kayser und dem König von Dännemark der Friede, welcher den 22. May zu Lübeck geschlossen ward. Unterdessen ward von dem Pabst ein anderer Vorfall veranlasset, welcher dem Herzog Joachim Ernst nicht wenige Unruhe verursachte. Es ergieng den 6. Merz ein Kayserliches Befehl, daß alle Erz- und Bisthümer, Clöster und geistliche Güter, welche man vor dem Passauischen Vertrag dem Pabstum abgenommen, demselben wieder sollten in die Hände gegeben werden. Dieser Befehl ergieng auch in Ansehung der Clöster Ahrensböck und Reinfeld an Herzog Joachim Ernst nach dem Bericht, welcher also lautet: brevis enumeratio aliquorum negotiorum, quæ sub imperio Sacræ Maj. Cæs. Ferdinandi II. in puncto reformationis Religionis in cancellaria imperii tractata sunt ab anno 1620. ad 1629. Unter andern heisst es daselbst:

daselbst: anno 1628. Duci de Holstein mandatum est monasterium Arsenweck derelinquere pro Carthusianis. Daß unter Arsenweck, Ahrensböck angezeiget werde, ist höchst wahrscheinlich. (*) Doch dis Anmuhten kam nicht zum Stande. Es blieb vielmehr dabey, daß es bey dem, was für 1624. war secularisiret worden, sein Bewenden haben solte, welches auch nachhero durch den Osnabrüggischen Frieden 1648. festgesetzet worden. (**)

(*) Lackmanns Einleit. P. III. pag. 339. (**) Osnabrüggischer Friedens-Schluß. §. V. 9.

§. 12.

Die Ritter und Landschafften wollten das, was die Sonderburgischen Herrn vermöge der Union freywillig erlegt, zu einem Zwang machen, in der Meynung, daß sie verbunden wären, nicht nur von ihren adelichen Gütern, die sie zugekaufet, sondern auch von ihren Ämtern die gemeine Contribution zu tragen. Dis bewog den Herzog Joachim Ernst einen seiner Bedienten mit einem Posten Geldes wegen der verwilligten 4. Rthlr. à Pflug nach Kiel auf dem Land-Tag in dem Jahr 1631. den 2. October abzusenden, mit dem ausdrücklichen Befehl, sich besten Fleisses zu erkundigen, ob von den Königlichen und Fürstlichen Gottorpischen Ämtern etwas beygebracht worden. Wenn er dis vernommen, sollte er die ihm anbefohlne Gelder dem Einnehmer auch zustellen: im Fall er aber vermerken würde, daß die Königlichen und Fürstlichen Ämter nichts beygebracht, so sollte er Ihro Fürstlichen Durchl. wegen nichts von sich geben. Was aber Ritterschafft und Städte dieser Fürstenthümer etwan thun und nicht thun würden, darauf hätte er nicht zu sehen. (*) Gleichwohl bestunden die Land-Stände auf dem in dem Jahr 1632. den 11. April

zu

zu Rendsburg gehaltenem Land-Tage darauf, daß die Sonderburgische Herrn verbunden wären, nicht nur von den zugekauften adelichen Gütern, sondern auch von ihren Ämtern die Contribution zu erlegen und auf den Nohtfall mit den Roß-Diensten zu erscheinen. Allein es ward ihnen von Königlicher Seiten bedeutet, daß das, was die Herzoge von Holstein-Schleswig Sonderburgischer Linie von den Gütern, die ihr Herr Vater Herzog Johannes von König Friderich II. zur Abfindung erhalten, abzutragen schuldig, solches habe der König also beurtheilet, daß es seiner Meynung nach nicht in die Lege und Land-Kasten gehörig, sondern ihm alles zustehe und gebühre. (**)

(*) Plönische Defensions-Schrift p. 172. Lackmanns Einleit P. IV. p. 113.

(**) Lackmanns Einleit. P. IV. p. 170.

§. 13.

In dem Jahr 1633. gedachte Herzog Joachim Ernst auf eine Ehe-Verbindung. Er erwählte sich die Gottorpische Princeßin Dorothea Augusta, die älteste Princeßin des Herzogs Hans Adolph weil. regierenden Herrn zu Schleswig-Holstein Gottorp zur Gemalin: und das Beylager erfolgte den 12. Merz zu Gottorp. Zugleich ward durch den erwählten Prinzen Christian V. in dem Namen des Königs und den Herzog Friderich zu Gottorp die Vertheilung des in solchen Fällen zur Landes-Fürstlichen Aussteuer gebräuchlichen Fräulein-Schatzes den 5. April also gemacht, daß Prælaten und Ritterschafft sowohl, als die Eigenthümer, Besitzer und Einwohner der Land-Güter einen Ort Reichsthlr. in Spec. vor jeden Pfluge, die Städte hingegen ihr gewöhnliches und die Amt-Leute von denen ihnen anbefohlenen Unterthanen einen Reichs-Ort von jeder Hufe oder was auch sonst jedes Orts in dergleichen Begebenheiten gebräuchlich gewesen, in den 8. Tagen nach

nach heil. drey Könige des nachkommenden Jahres auf dem Raht-Hause zu Kiel bey den Bürgermeistern Paul Kohlblad, Rudolph Faust und Stephann Hennings gegen Empfang gehöriger Quitungen einzubringen hätten. (*) Aus dieser Ehe kam der erste Segen in der Geburt des Prinzen Johann Adolphs, welcher in dem Jahr 1634. den 8. April zur grossen Freude des Plönischen Fürstlichen Hauses erfolgte.

(*) Lackmanns Einleitung P. IV. pag. 339.

§. 14.

Es ergieng in dem Jahr 1634. abermal ein Kayserlicher Befehl an die Ritter- und Landschafft, sich demjenigen, was in Ansehung der von Plönischer Seiten gesuchten Erb-Huldigung und Fräulein-Steuer an sie ergangen, zu unterwerfen. (*) Darauf kamen Ritter- und Landschafft in dem Jahr 1635. bey dem König und Herzogen zu Gottorp ein und erlangten für derselben Gesandten Verhaltungs-Befehle, Creditive und Pässe; da inzwischen das Plönische Haus mit einem Prinzen August den 9. May zu Ahrensböck erfreuet ward. Auch ließ zu der Zeit Herzog Joachim Ernst den Grund zu Erbauung eines Fürstl. Schlosses in Plön legen.

(*) Arctiores Processus in der Rechtwischischen Befestigung Beylage. a. b. c.

§. 15.

Es ward in dem Jahr 1636. im Merz abermal ein Land-Tag zu Kiel angesetzet. Solches machte der König dem Herzog Joachim Ernst von Hadersleben aus im Jahr 1636. den 23. Febr. schriftlich kund. (*) Derselbe schickte auch seine Abgeordnete dahin mit dem

 Befehl

Befehl auf die Königliche und Fürstliche Gottorpische Entschliessungen fleißig Acht zu haben und sich denselben gemäs zu bezeigen. Von Königlicher und Fürstlicher Gottorpischer Seiten drang man auf einen ansehnlichen Beytrag zur Anwerbung einiger Kriegs-Völker. Die Land-Stände willigten auch endlich darin. Plönischer Seiten trug man den Beytrag in Ansehung der in Besitz habenden adelichen Güter ab: in dem übrigen aber richtete man sich nach dem König und Herzog zu Gottorp. In diesem Jahr ward dem Herzog Joachim Ernst seine erste Princeßin Ernestina den 10. Oct. geboren.

(*) Plönische Defension pag. 152.

§. 16.

Im Merz-Monat des 1637sten Jahres ward abermal zu Flensburg ein Land-Tag angesetzet. Solcher hatte zur Absicht die in dem Jahr 1533. aufgerichtete und im Jahr 1623. verbesserte Union auf 5. Jahr zu erhöhen. Doch dieser Vorschlag kam nicht eher, als im May, zum Stande, da den 1. May nach Masgebung der obigen Union 10. Articuln zu Gottorp entworfen worden. Diese verfaste Extension der erwehnten Union ward dem Herzoge von Plön Joachim Ernst erst den 26. Septembr. zur Subscription und Besiegelung übersandt, mit der brieflichen Nachricht, daß besage des jüngstgemachten Kielischen Land-Tags-Schlusses beyde regierende Herrn sich vereinbaret wegen der zugekauften adelichen Güter den gewöhnlichen Roß-Dienst zu leisten und abzuschicken, einfolglich Holstein-Plön nicht minder obliegen wollte, sothaner seiner Güter halber eben dieses zu bewerkstelligen. (*) In eben diesem Jahr ward Herzogen

Joachim

Joachim Ernst sein dritter Prinz geboren, welcher auch den Namen Joachim Ernst in der heil. Taufe empfangen.

(*) Lackmanns Einleitung P. V. pag. 225.

§. 17.

Die Gelegenheit, da der neue Kayser Ferdinandus den Thron bestieg, veranlassete, daß Herzog Joachim Ernst für sich und in Vollmacht seiner Herrn Brüder und Vettern um einen Anwartschaffts-Brief auf die Grafschafften Oldenburg und Dellmenhorst anhielte und solchen auch erlangte. (*) Dahingegen machten Ritter- und Landschaft gegen Herzog Joachim Ernst starke Erinnerungen wegen der zugekauften adelichen Gütern. Es ward den beeden Landes-Herren zu Gemüht geführet, daß hiedurch nicht allein die Roß-Dienste und Contributiones verringert, sondern auch in puncto jurisdictionis, competentiæ fori & executionis allerley Zwistigkeiten erreget und also dergleichen Ankaufung Kraft einer absonderlichen Constitution hinfort nicht zu gestatten. (**) Es ward aber dieses Unternehmen durch Herzog Joachim Ernst hintertrieben und die Sache blieb, wie sie von jeher gewesen.

(*) Diese Antwort steht in der ausführlichen Refutation pag. 293. n. 69.

(**) Lackmanns Einleit. P. V. p. 317.

§. 18.

Im August Monat des 1638sten Jahres gieng abermal ein Kayserliches Schreiben an den König von Dännemark und Herzogen von Gottorp ein, daß dem Herzog Joachim Ernst von Plön seine Gerechtsame wegen der Erb-Huldigung und Fräulein-Steuer von der Ritter- und Landschafft nicht weiter vorenthalten werden möchte. (*) In eben demselben Jahr ließ Herzog Joachim Ernst für sich und im Namen seiner Herrn Brüder und Vettern Sunderburgischen Linie am Kayserlichen Hofe um die Belehnung über das Herzogthum Holstein anhalten. Ehe aber der Lehn-Brief erfolgte, wurde zu Prag den 2. Septembr. die obangesetzte Anwartschafft auf die Grafschafften Oldenburg und Dellmenhorst auf obgedachten Herzog erstrecket und der im Jahr 1570. an König Friderich II. Herzog Adolph und Herzog Johann den ältern ertheilten Anwartschafft einverleibet. Doch mit der angehängten Clausel: Herzog Joachim Ernst sollte sich der Anwartung, so lange von den Holstein Gottorpischen Herzogen noch jemand im Leben, nicht anmassen, sondern ihren gänzlichen Abgang in Ruhe und Gedult erwarten. (**)

(*) Wiener Protocoll Manuscript. (**) Actenmäßige Ursache Beylage C. C. C.

§. 19.

In dem Holstein-Plönischen Hause ward in dem Jahr 1639. den 31. Jan. abermal ein Prinz geboren, welcher von dem berühmten Helden Bernhard von Sachsen-Weimar den Namen Bernhard empfing. Immittelst fehlte es anderwerts nicht an unangenehmen Vorfällen. Bey dem im Januar. zu Kiel gehaltenen Land-Tage beschuldigten die Ritter- und Landschafft das Sunderburgische Haus eines Rückstandes. Die Plönischen Gesandten wandten dagegen ein, daß die in dem Jahr 1634. eingebrachte 4. Rthlr. zur bestimmten Nohtdurft nicht gebraucht, und also wären die in dem Jahr 1636. und 1637. angesetzte 4. Reichsthaler billig hinterhalten und sie daher von der Execution befreyet. Diese Sache ward auf dem den 15. April

zu

zu Schleswig angesetzten Land-Tage näher untersucht, und da fand sich, es sey eigentlich also beschaffen: es wären die Herzoge Sunderburgischer Linie von den zugekauften adelichen Gütern, nicht weniger, wie Prælaten und Ritterschafft, ihr Antheil zu denen Ihro zu Schleswig-Holstein regierenden Hochfürstlichen Durchlauchten bewilligten 125000. Rthlr. zu erlegen, verpflichtet gewesen, hinfolglich die erwehnte 4. Rthlr. zur Abführung solcher Summa mitgebrauchet und also in diesem Betracht keine Compensation zuzulassen. (*) Auf einem anderweitigen Land-Tage zu Kiel beschäfftigte man sich mit demselben Gegenstand, wohin Herzog Joachim Ernst seine Leute mit dem Befehl absandte, alles, was die zugekaufte adeliche Güter beträfe, zu berichtigen, sich aber weiter über nichts einzulassen. (**)

(*) Lackmanns Einleit. l. c. p. 503. (**) Plönische Deduction p. 157.

§. 20.

Endlich erfolgte in dem Jahr 1640. den 19. May die Kayserliche Belehnung für Herzog Joachim Ernst und dessen Herrn Brüder und Vettern über das Herzogthum Holstein, so, wie es Dero in GOtt ruhende Vor-Eltern bis hieher inne gehabt. (*) In eben demselben Jahr ward Herzog Joachim Ernst eine Princeßin Agnes Hedewig den 29. September geboren. In dem folgenden Jahr meldete sich derselbe wegen der Oldenburgischen Succession: konte aber seinen Zweck wegen des Holstein-Gottorpischen Widerstandes nicht nach Wunsch erreichen. Doch was bis dahin nicht konte bewerkstelliget werden; das kam endlich im Jahr 1642. zum Stande. Man drang Plönischer Seits mit seinen Vorstellungen durch. Der Anwartungs-Brief ward umgeschrieben. Es ward das, was den Vorzug des Gattorpischen Hauses betraf, ausgelassen und die Clausel hinzugefügt, daß die Grafschafft demjenigen, welcher Jure Agnationis der nächste seyn würde, sollte gereichet und verliehen werden, welches alles von Kayserlicher Majestät unterschrieben und besiegelt wurde. (**) Den 20. Merz trat Herzog Joachim Ernst jüngster Prinz Carl Hinrich an das Licht der Welt, der aber in dem 13ten Jahr seines Lebens den 20. Jan. 1655. zu Wien wieder von derselben abgefordert ward.

(*) Der ganze Lehnbrief findet sich bey der Apologie Beyl. II. (**) Wahre Vorstellung des nähern Succeßions-Recht. p. 26.

§. 21.

Auch die Plönischen Lande musten die traurigen Wirkungen des zwischen Schweden und Dännemark obwaltenden Krieges empfinden. Denn als der Schwedische General Torstenson in dem Jahr 1643. im December Monat unvermuhtet in Holstein einfiel, wurden die Reinfeldischen Unterthanen scharf mitgenommen. Es hatte also Herzog Joachim Ernst viele Kosten und Mühe, fernern Schaden abzuhalten, damit nicht Plön und die übrigen Ämter gänzlich zu Grunde gerichtet würden. Von Gottorp erfolgte im Jahr 1644. den 12. Octobr. ein Schreiben von Herzog Friderich an Herzog Joachim Ernst, darin unter andern diese Worte enthalten: "Christianus IV. und Herzog Philipp hätten gewilliget, daß Herzog Johannes "die Belehnung des Fürstenthums Holstein zur gesammten Hand, "gleichermassen Christiano IV. und Herzog Philippen geschehen, gereichet und verliehen worden." (*)

(*) Plönische Defension p. 145.

§. 22.

§. 22.

Als in dem Jahr 1645. den Plönischen Landen eine Einquartirung gewisser Dänischen Trouppen von Ihro Königlichen Majestät angemuhtet wurde; (*) so wollten Ihro Durchlauchten doch lieber eine Summe Geldes zur Abdankung der Ranzauischen Compagnie hergeben. (**) In dem folgenden 1646. Jahr fiel Graf Anthon von Oldenburg auf die Entschliessung, im May auf der Vestung Ovelgönne einen Vergleich wegen seiner Erb- und andren Länder zu entwerfen. Der König und Herzog trafen auch dieser Graffschafften halber ohne Zuziehung des Herzogs von Plön, welcher in diesen die Gerechtsame aus dem Kayserlichen in der Folge nicht ohne Wirkung gebliebenen Anwartungs-Brief für sich behielte, einen besondern Vergleich und Theilungs-Accord, welcher den 27. Oct. kund worden.

(*) Plönische Defension p. 26. (**) p. 245.

§. 23.

Es willigten die Land-Stände eine Donation an den König auf etliche Jahre ein und solche wurde von Königlicher Majestät auch in einem Schreiben sub dato Friederichsburg den 16. Januar. des 1647. Jahres an Herzog Joachim Ernst wegen der zugekauften adelichen Güter angemutet. (*) Ein Gleiches geschahe nach Absterben des Herzogs zu Gottorp. Allein Herzog Joachim Ernst wollte das auf seiner Seiten für keine Schuldigkeit ansehen, was Prälaten und Ritterschafft selbst beliebig eingewilliget hatten. Zu der Zeit, da dieses

dieses vorgieng, starb Christian IV. König in Dännemark und sein Sohn Friderich III. folgte dem Herrn Vater in der Regierung.

(*) Plönische Defension pag. 61.

§. 24.

Noch in dem 1648sten Jahr gieng die Crönung des neuen Königs vor sich und Gottorp erhielte von Sr. Königlichen Majestät die Belehnung über Schleswig und Femarn. Herzog Joachim Ernst ließ für sich und seine Gebrüder auch um selbige ansuchen, aber dismal ward solche nicht erlanget. Immittelst erfolgte dieselbe in dem folgenden 1649sten Jahr. In dem dabey ausgefertigten Lehns-Briefen ward Hochgedachten Herzogen ihr angeerbtes Antheil des Fürstenthums Schleswig benebst der gesammten Hand daran und an Femarn zur Lehn gereicht und verliehen, so- wie es der zu Odensee in dem Jahr 1579. den 25. Merz aufg ..tete Vertrag und die vorigen Lehn-Briefe mit sich brachten. (*) Es ward abermal wegen Abtrag der Donation von dem König im Jahr 1649. den 14. Jun. an Herzog Joachim Ernst geschrieben, darauf von demselben die Antwort im Jul. erfolgte: sie wüsten wohl, daß die Onera, so zu des Landes Besten und Conservation angesehen ihren angeerbten Antheil sowohl als auch denen zugekauften adelichen Gütern inhærirten und nach proportion auf vorhergehende Bewilligung abgetragen und entrichtet werden müsten. Zu Donations aber wären sie nicht verbunden, hätten selbige auch nicht zugesagt oder versprochen ., bäten daher Ihro Königliche Majestät wollten wegen der Donation in J. F. D. nicht dringen, viel weniger es zu einer unfreundlichen Execution kommen lassen. (**)

(*) Der Lehn-Brief stehet in der Apologie Beyl. n. III. (**) Plönische Defension p. 206.

§. 25.

§. 25.

In dem Jahr 1653. den 14. April kamen zweene Königliche und Fürstliche Land-Rähte, Herr Hinrich Blome und Herr Paul Ranzau, als Deputirte nach Plön, den Herzog Joachim Ernst im Namen ihrer Königlichen und Fürstlichen Herrschafften zu ersuchen, daß sie geruhen wollten, was von ihrem Ort zum allgemeinen Besten annoch restirte, einzubringen, und also die Restanten tilgen zu lassen. Die Summa belief sich auf 3243. Rthlr. 2. Schill. Unter diesen waren einige 100. Rthlr. Krayß-Gelder begriffen, mit welchen es seine bewuste Richtigkeit hatte. Das übrige suchte der Land-Kasten sowohl wegen der adelichen Güter, als eines freywilligen von dem Fürstl. Antheil angemuhteten Beytrags zu liquidiren. (*) Zugleich suchten der König und Herzog von Gottorp bey dem Kayser wegen ihres in Ansehung der Oldenburgischen Succession aufgerichteten Vergleichs die Bestätigung und erhielten solche auch. Herzog Joachim Ernst kam mit Gegenvorstellungen ein und es erfolgte doch kein Schluß in der Sachen. (**) Unterdessen muste Herzog Joachim Ernst den traurigen Zufall erleben, daß sein Prinz Carl Hinrich, ein Herr von ungemeiner Gottesfurcht und treflichen Gemühts-Gaben in dem Jahr 1654. nachdem er sein Alter nur auf 13. Jahr und 16. Wochen brachte, zu Wien sein Leben endigte.

(*) Plönische Defension p. 212. (**) Refutation p. 228.

§. 26.

Der Betrieb dieser Oldenburgischen Succeßions-Sache ward in dem Jahr 1656. fortgesetzet. Gottorpischer Seite gründete man sich insonderheit auf den Vergleich, welchen man nebst dem König mit dem letzten Grafen in dem Jahr 1646. gemacht, und 1653. von dem Kayser bestätigen lassen. Man fügte hinzu, daß Herzog Joachim Ernst seinen Antwartschaffts-Brief vom Kayser Ferdinand III. nur als eine Gnade gesucht und erhalten. Dagegen ließ derselbe durch seine Gevollmächtigte am Kayserlichen Hofe darthun, daß Sunderburg und Gottorp einerley Stamm-Vater, folglich gleiches Recht an den Graffschafften hätten, daß Kayser Rudolphus II. die Graffschafften für ein altväterliches Stamm- und kein Gnaden-Lehn angesehen, dazu Herzog Johannis Nachkommen und unter denselben Herzog Joachim Ernst der nechste Anverwandte und Nachfolger wäre. Die Sache wurde bis auf weitere Untersuchung ausgesetzt, weil der König von Dännemark, der an diesem Streit Theil nahm, jetzo genung zu thun hatte, um auf Schweden ein wachsames Auge zu haben. (*)

(*) Plönische Refutation pag. 229.

§. 27.

Bey dem in dem Jahr 1657. unter Schweden und Dännemark fortdaurenden Krieg zogen die dem König zu Dännemark zu Hülfe gerufene Völker auch durch das Plönische, worunter die Polacken insonderheit viel Frevel und Bosheit ausübten. Dieses von der Fürstlichen Residence abzulehnen, ließ Herzog Joachim Ernst bey dem so genannten Rodoms-Thor von der kleinen bis zur grossen See Ostwerts in dem Jahr 1658. einen Graben ziehen, (*) welcher noch daselbst vorhanden. Um diese Zeit hielte sich der König von Schweden zu Oldeslo auf, dahin begab sich auch Herzog Joachim Ernst mit seiner Gemalin, dreyen Prinzen und dreyen Princeßinnen, welche insgesammt von Sr. Majestät wohl empfangen und aufgenommen wurden.

(*) Theatr. Europæum T. VIII. p. 929.

§. 28.

Der Krieg zwischen Dännemark und Schweden ward in dem Jahr 1658. durch den Rohrschildischen Frieden dismal beygeleget. Da nun das Hochfürstliche Gottorpische Haus bey diesem Frieden die Souvrainität über Schleswig erhielte; so gab auch dis der ganzen Landes-Verfassung in Schleswig-Holstein eine ganz andre Gestalt. Die Union zerschlug sich. Der gemeinschaftliche Lege-Kasten gieng zu Grunde. Die Anlagen auf die adelichen Güter wurden ungemein erhöhet, worin der König und Herzog von Gottorp sich zum willkührlichen Gebrauch theilten. Bey so beschaffenen Dingen wollten die Hochfürstlichen Häuser zu Sunderburg, Norburg, Glücksburg und Plön keinen Beytrag ferner thun, mit der Anzeige: man hätte die Union und die gemeine Landes-Defension aufgehoben; man könte ihnen nicht zumuhten, daß sie das, was sie vormals als uniti und confœderati beygetragen, jetzo etwann, als Land-Stände, abstatten sollten. Insonderheit beklagte sich der Herzog von Holstein-Plön, daß er für das viele vormals beygetragene Geld bey vorgefallenen Kriegen keine Defension genossen, sondern zu Krieges-Zeiten sich, so viel möglich gewesen, schützen müssen; hätte daher weit besser gethan, das vorige Defensions-Geld bey sich behalten zu haben, weil er sich und sein Land bey Kriegs-Zeiten damit völlig hätte conserviren können; bäte endlich, man wolle ihn mit Ansinnung weitern Beytrags übersehen, und dasjenige, so ihm GOtt und das Recht gönnte, in ungekränkter Ruhe geniessen lassen. (*)

(*) Plönische Defension p. 6. sq.

§. 29.

Herzog Joachim Ernst suchte für sich und seine Herrn Brüder und Vettern die Belehnung über Holstein bey dem neuen Kayser Leopoldus und erhielte solche auch in dem Jahr 1660. den 27. Jan. Um diese Zeit wurde von dem neuen Herzog zu Gottorp ein neuer Land-Tag ausgeschrieben, auf welchem von den Ständen 3. Rthlr. à Pflug bewilliget worden. Weil nun Herzog Joachim Ernst zu diesem Land-Tag nicht eingeladen war, worüber derselbe sich in einem an den Herzog von Gottorp in dem Jahr 1661. den 22. August abgelassenen Schreiben beschwerte, folglich zu diesem Abtrag sich nicht verstehen können; so schickte man 125. Reuter ins Plönische, um diesen Beytrag zu erzwingen. Der Herzog von Plön berichtete dieses Verfahren an den Kayser und bat um schleunige Hülfe. Weil aber diese Klage erst den 8. August und also etwas spät bey dem Kayser einlief: so folgte die Antwort erst zu Ausgang des Monats Novembris, während welcher Zeit der commandirende Officier mit seinen 125. Reutern wieder abgezogen war. (*)

(*) Plönische Defension p. 190.

§. 30.

Mit dieser Einquartirungs-Sache ward zugleich der Streit wegen Oldenburg und Dellmenhorst fortgesetzet. Der Plönische Anwald drang um desto mehr auf einen Kayserlichen Ausspruch, da der König und Herzog zu Gottorp schon eine Sammtregierung bey den Lebzeiten des alten Grafen in den Grafschafften eingeführet und zu dem Ende den Commendanten in Oldenburg in Eyd und Pflicht ge-

nommen.

nommen. Es ergieng darauf den 29. November ein Kayserliches Schreiben an den König und Herzog zu Gottorp. In dem Jahr 1661. den 15. December ward Herzogen Joachim Ernst von Kayserlicher Majestät aufgegeben, den wegen Clösterlicher Lübeckischen Güter zwischen Hinrich Adrian Müller, und Hans und Diederich Brömsen Gebrüder entstandenen Streit beyzulegen. (*) Wie derselbe imgleichen durch ein Kayserl. Schreiben 1662. auf dem Reichs-Tag zu Regensburg eingeladen ward. (**)

(*) Plönische Defension p. 31. (**) Das Reichs-Schreiben steht bey dem Lünig R. A. P. Gener. p. 640.

§. 31.

Nach erhobenen vielen Streitigkeiten wegen Annahme des Kayserlichen Befehls von dem Jahr 1661. den 29. November ließ Herzog Joachim Ernst denselben zu Kiel den 1/11. Januar. 1663. durch Notarium und Zeugen den Königlichen und Fürstlichen Rähten überantworten. Der Graf von Oldenburg verfertigte sein Testament und bestätigte in denselben den Rensburgischen Vergleich. Der Herzog ließ solches zu Wien anzeigen mit angehängter Bitte, die Gegenparthey mit Gewalt zum Gehorsam zu nöhtigen. Solches erfuhr der Königliche Resident: ob nun wohl derselbe zu zweyenmalen um eine Jahres Frist gebeten; so ward doch demselben nur eine Zeit von 4. Monaten zugestanden.

§. 32.

Die gegenwärtigen Zeiten waren für das Fürstliche-Plönische-Haus bedrückt, hart und beynahe unersteiglich. Die so oft erstrittene

Erb-Huldigung und Fräulein-Steuer ward durch mancherley Einwürfe und Hindernisse aufgehalten: und jetzo gieng man Königlicher und Fürstlicher Gottorpischer Seiten in dem Jahr 1663. und in dem Jahr 1664. so weit, daß man anfieng aus einer vermeintlichen Superiorität über Holstein-Plön, dessen Länder zur Erzwingung der Landtäglichen Collecten mit militarischer Einquartirung zu belegen. (*) Der König ließ eine eigene Commission niedersetzen, um diese geforderte Abgaben einzutreiben. Er ließ eine Compagnie von 80. Reutern ins Plönische rücken, um solche mit gewaltsamer Hand beyzutreiben. Es ergiengen verschiedene Kayserl. Befehle, diese Commission sammt der Einquartierung aufzuheben: aber bishieher blieb die gehoffte Würkung zurücke.

(*) Plönische Defension pag. 35.

§. 33.

Die dem Gegentheil zur Berahtschlagung in der Oldenburgischen Successions-Sache in dem vorigen Jahr zugestandene Frist von 4. Monaten war zum Ende, als der Plönische Anwald in dem Jahr 1664. den 23. Jan. an den Reichs-Hofraht berichtete, daß sein Herzog nach dem Absterben seines Herrn Bruders, des Herzogen Philipps zu Glücksburg der älteste, einzige und rechtmäßige Erbe an den Grafschafften Oldenburg und Dellmenhorst sey. Er bat also in dem Namen seines Herrn die wider diese Erbfolge gemachte Vergleiche aufzuheben, Gegentheil zur Erstattung der Kosten zu verurtheilen und den Herzog von Plön in seiner Anwartung zu bestätigen. Doch dawider setzte sich abermal der Dänische Gevollmächtigte und erhielte für den Königlichen und Fürstlichen Gottorpischen Hof noch

eine

eine Frist von zweenen Monaten. So sehr aber der Graf Anthon Günther dem Herzog Joachim Ernst in dieser Successions-Sache zuwider war; so konte er doch nicht verhindern, daß die von Herzog Joachim Ernst einmal erlangte Anwartung auf die Grafschafft erneuert und auf seine Person bestätiget wurde.

§. 34.

Von dem Kayserlichen Hofe ergiengen in der Collecten-Sache und der darauf gegründeten militarischen Execution in den Hollstein-Plönischen Landen ernsthafte Befehle. So rescribirte der Kayser sub dato Wien den 11. Januar. 1666. es wäre in reifer Erwegung alles, was bishero in dieser Sache verhandelt, für Recht befunden und erkannt, daß Ihro Königliche Majestät von Dännemark und Ihro Hochfürstlichen Durchl. zu Gottorp nicht gebühre J. F. D. zu Plön in ihren von der Röm. Kayserlichen Majestät zu Lehn tragende Ämtern und Gütern dergestalt mit eigenmächtiger Execution zu beschweren, sondern daß sie daran zu viel und Unrecht gethan. Eben so lautet es in dem Kayserlichen Schreiben, welches sub dato Wien den 24sten Decembr. 1666. abermal an den König und Herzog zu Gottorp ergangen. Ihro Kayserliche Majestät hätten nicht ermangelt, dasjenige, was sowohl anietzo als vorhin von ihnen am Kayserlichen Hofe jemals angebracht worden, zu allem Ueberfluß in eine neue und reife Deliberation ziehen zu lassen, alles aber so wenig jetzt als zuvor von einiger Erheblichkeit zu seyn befunden, sondern als nichtig und unzulässig abermal verworfen werden müssen. In dem an die Executores sub eodem dato ergangenen Kayserlichen Schreiben finden sich die Ausdrücke: es habe sich ganz klar und offenbar befunden, daß die Königliche und Fürstliche Gottorpische vorgenommene und in Actis

geklagte

geklagte Proceduren sich mit keinem Schein Rechtens justificiren liessen und da ihnen in solchem eigenmächtigen Verfahren länger nachgesehen werden sollte, solches nicht allein zu des Herzogs von Plön und dessen Unterthanen äusserstem Verderben, sondern auch zur höchst beschwerlichen Nachfolge im Reich gereichen würde. (*) Aber des allen ungeachtet daurete die Einquartirung noch in den Plönischen Landen, bis endlich der Kayser an Chur-Brandenburg und Braunschweig die Execution seiner Befehle auftrug, worauf im Jahr 1667. dieselben von den fremden Völckern gänzlich verlassen wurden.

(*) Plönische Defension pag. 36. sq.

§. 35.

Unter diesen vielen Widerwärtigkeiten hatte Herzog Joachim Ernst das Vergnügen seine Princeßin Sophia Eleonora mit Graf Wulfgang Julius zu Hohenlohe vermählt zu sehen, aus welcher Ehe aber keine Erben erfolget. Dahingegen gieng der letzte Graf von Oldenburg Anthon Günther mit Tode ab. Dessen natürlicher Sohn Graf Anthon übernahm vermöge des Rensburgischen Vergleichs alsobald die Statthalterschafft; ließ die Bürgerschafft vor sich fodern und dem König und Herzog den Eyd der Treue ablegen. Wider dis Verfahren gab Herzog Joachim Ernst unter dem dato Plön den 2. Jul. 1667. eine Protestations-Schrift ein, (*) und berichtete zugleich Kayserlicher Majestät von dem, was zu seinem äussersten Nachtheil in Oldenburg vorgefallen. (**) Man beliebte in dem Jahr 1668. von beeden Seiten eine Zusammenkunft zu Lübeck. Auf derselben funden sich ausser den streitigen Partheyen auch Chur-Brandenburgische und Braunschweigische Gesandten ein. Allein die Gottorpitorpischen konnten keine zulängliche Vollmacht vorzeigen und also war diese Tage-Fahrt, wie man sie nannte, vergeblich. (***) Man hielte darauf eine andere Zusammenkunft zu Hamburg, aber von gleichem Erfolg. Man ließ es Gottorpischer Seiten bis aufs äusserste ankommen.

(*) Wahre Vorstellung des nahen Successions-Recht, Beylage n. III.
(**) ib. n. IV. (***) Plönische Annotationes §. 5.

§. 36.

Zu Rethwisch starb im Jahr 1669. die Princeßin Eleonora, eine Schwester des Herzogs Joachim Ernst, in dem 79. Jahre ihres Alters. Die oberwehnte Streitigkeiten wurden in diesem und in den folgenden Jahren beständig fortgesetzet. Dabey ward dem König und Herzog zu Gottorp eine Frist über die andre verstattet und dadurch die Sache in die Länge gezogen. Gottorp fiel abermal mit etlichen Reutern in die Holstein-Plönische-Lande, um einen Beytrag, wozu Herzog Joachim Ernst sich nicht verpflichtet hielte, mit Gewalt beyzutreiben. Herzog Joachim Ernst hätte auch die Successions-Sache wegen Oldenburg gern den Weg Rechtens gehen lassen. Er konte aber nicht verhindern, daß nicht abermal zur gütlichen Verhandlung in Hamburg ein Tag angesetzt wurde. Solches geschahe am Ende des April Monats des 1670sten Jahres. Bey dieser Zusammenkunft suchte man Gottorpischer Seiten theils durch Anbietung gewisser kleinen Landschafften, theils durch baares Geld, Plön dahin zu vermögen, von seinem Recht an die Grafschafften abzustehen. Solches Anerbieten war aber so beschaffen, daß man Plönischer Seiten, es anzunehmen, für unmöglich hielte.

§. 37.

König Friderich III. in Dännemark starb in dem Jahr 1670. den 9. Febr. und König Christian V. übernahm die Regierung. Dieser erklärte sich, die Plönische Foderung an der Grafschafft mit 300000. Rthlr. abzukaufen, welche nachher zu 400000. Rthlr. erhöhet wurden; wogegen sich der Herzog Joachim Ernst erkläret: er verlange nichts mehr, als daß Kayserl. Majestät ihn zu seinem Rechte zu verhelfen geruhen möchten, welches die Land-Gräfin von Hessen-Cassel Hedewig Sophia durch ihre Vorschrift unterstützte.

§. 38.

Dis erweckte bey dem Könige einiges Mißvergnügen: wozu noch dis kam, daß derselbe über eine in dem Jahr 1669. von Plönischer Seiten aufgesetzte Declarations-Schrift, als welche harte und ernstliche Beschuldigungen Dero in GOtt ruhenden Herrn Vaters König Friderich III. in sich fassen sollte, wider Holstein-Plön war aufgebracht worden. Solches hatte für den Herzog Joachim Ernst die unangenehmen Folgen, daß, als derselbe wegen des Amts und Hauses Norburg, welches dieser Herr durch Abtragung der Schulden und einen Vergleich mit dem vorigen Herzog zu Norburg an sich gebracht, die Belehnung bey Königlicher Majestät suchte, selbige demselben abgeschlagen ward. Aber eben dieses begegnete dem König an dem Kayserlichen Hofe, als die Belehnung über Oldenburg und Dellmenhorst durch Dero Gevollmächtigte verlanget,

aber

aber von Herzog Joachim Ernst aus allen Kräften hintertrieben ward.

§. 39.

Endlich gewann es das Ansehen, als wenn dieser Successions-Streit seine Endschafft erreichen sollte. König Christian V. schien dazu geneigt zu seyn und Herzog Joachim Ernst, der auch endlich über demselben ermüdet, äusserte eine Neigung, sich mit Dännemark in eine besondre Unterhandlung einzulassen. Der König aber wollte, es sollte Gottorp mit dazu gezogen werden, welches sich Herzog Joachim Ernst auch gefallen ließ. Herzog Christian Albrecht zu Gottorp, welcher sich äusserte, dieser Handlung in Copenhagen in höchster Person selbst beyzuwohnen, ward zugleich mit dem Herzog von Plön nach Copenhagen eingeladen. Da aber demselben die hohen Jahre beschwerlich waren, trat dessen Herrn Sohn Prinz Hans Adolph in Gesellschafft des Holstein-Plönischen Rahts, Christof Gensch, der nachher den Namen von Breitenau erhielte, die Reise nach Copenhagen an.

§. 40.

Der König sandte ohne Zeit-Verlust seine Ministers, als C. J. von Guldenlow, F. G. von Ahlefeld, Peter Schumacher und Andreas Paul von Liliencron an die von Plön, um derselben Vortrag zu vernehmen. Solcher gieng dahin, die Streitigkeiten wegen der Oldenburgischen Successions-Sache, ingleichen wegen der Erb-Huldigung, der Fräulein-Steuer, auch der Collecten-Sache kurz und gut beyzulegen, mit dem Zusatz, fals man Gottorpischer Seiten fortführe, Schwierigkeiten zu machen, man geneigt wäre, sich mit Königlicher Majestät besonders zu vereinigen. Doch der König wollte, ohne weiter fortzufahren, erst die Gottorpischen erwarten. Es traf auch in dem Jahr 1671. den 10. Febr. der Herzog Christian Albrecht mit seinen Rähten zu Copenhagen ein. Demselben ward von Königlicher Majestät eröfnet, daß man Plönischer Seiten darauf bestünde, Land und Leute, welche unmittelbar zum Reich gehörten, zur Vergütung für den Abtrit von Oldenburg und Dellmenhorst zu haben. Aber dazu wollte Gottorp sich keinesweges verstehen, bis es endlich auf Zureden des Königes, das ganze Amt Steinhorst an Plön abzutreten, in Vorschlag brachte. Solches aber wollte unter andern auch deswegen, weil es von Sachsen-Lauenburg an Gottorp nur verpfändet, nicht angenommen werden.

§. 41.

Es giengen allerley Verhandlungen in dieser Sache vor. Unter andern wurde der Herzog von Gottorp mit dem Könige über eine gewisse Summe an Land und Geld eins, für welche er das an die Grafschafften habende Recht an den König überlassen wollte. Aber auch dieses ward wieder aufgerufen. (*) Nachdem sich also der Herzog von Gottorp von dieser Unterhandlung gänzlich absonderte; so ward solche mit Plön fortgesetzet und erfolgte endlich den 18. Merz ein Vergleich, der nachgesetzte Haupt-Puncte in sich fasst:

1. Der Herzog Joachim Ernst trat alles Recht und Ansprüche auf die halbe Grafschafft Oldenburg und Dellmenhorst, so er als nächster Lehns-Erbe an dieselbe hatte oder durch Urtheil und Recht haben möchte, an den König von Dännemark völlig ab, dagegen demselben 100000. Rthlr. Spec. gut gethan und dafür in dem Amte Segeberg so viel an das Plönische grenzende Güter und Dorfschafften, die 4000. Reichsthaler einbringen, mit aller Hoheit und Gerechtigkeit

keit gleich den übrigen Plönischen Ämtern übergeben werden soll. Dabey stehe es Plön frey, wegen der andern Hälfte der Grafschafft, wie und mit wem es wollte, zu handeln.

2. Plönischer Seiten verspricht man von den bereits habenden, als auch durch diesen Vergleich zu erlangenden Amts-Gütern in Schleswig-Holstein 4 Rthlr., als einen Beytrag zur Landes-Vertheidigung, von jedem Pflug jährlich an die Königliche Casse in Glückstadt zu bezahlen.

3. Mit den zugekauften adelichen Gütern soll es bey dem alten bleiben. Wollte aber Plön der adel. Güter oder andrer Gelegenheit wegen die Land-Täge beschicken, soll es dessen Rechten in keine Wege verfänglich seyn.

4. Die Reichs-Crayß-Steuer sollten zu einer andern Zeit, wenn eine beständige Eintheilung gemacht werden könte, besorget, nun aber nach, wie vor, zu Glückstadt eingebracht werden.

5. Die Huldigung und Fräulein-Steuer lassen Ihro Majest. auf folgende Bedingung geschehen, daß

6. wenn sich der Fall begiebt, der König bey Einnehmung der Huldigung von den Landes-Ständen, ehe der Eyd abgeleget wird, unter seinem Namen auf allen Fall des Plönischen Herzogs und seiner Leibes-Lehns-Erben jedesmal ausdrückliche Meldung thun wollen.

7. Was die Fräulein-Steuer betrift, wolle der König das Plönische Haus mit den Land-Ständen einmal für allemal zu verglei-

chen, veranlassen: wofern aber die Land-Stände entgegen wären, den Rechten den starken und ungehinderten Lauf lassen.

8. Das Land-Gericht soll über die Plönische Lande keine Macht haben.

9. Die Belehnung mit dem Herzogthum Schleswig und dem Lande Femarn soll geschehen.

10. Es soll in dem Umschlag dieses 1671sten Jahres der Anfang mit Abtragung der jährlichen Gefälle aus dem Hadersslebischen, Rensburgischen und Gottorpischen Zöllen nach dem alten Herkommen gemacht werden.

11. Dis alles soll innerhalb 3. Wochen seine Macht völlig erreichen, wie es auch den 30. Merz von Ihro Königl. Majest. unterzeichnet worden. (**)

Nach einigen von Gottorpischer Seiten vergeblich gemachten Versuchen und Schwierigkeiten ward dieser Vergleich von dem Kayser bestätiget. Der König empfing den 27. August über die Hälfte dieser Grafschafften die Kayserl. Belehnung und Herzog Joachim Ernst suchte solche über die andre Hälfte.

(*) Plönische Anmerkungen. §. 71 - 84. (**) Dieser Vergleich ist zu verschiedenen malen abgedruckt.

§. 42.

Unter diesen vielen Unruhen und Widerwärtigkeiten, in welchen Herzog Joachim Ernst sein Leben hingebracht hatte, gedachte er an seine letzte Veränderung. Er wollte gerne, daß unter seinen Herrn

Söhnen

Söhnen nach seinem Tode Friede und Einigkeit herrschen möchte. Deswegen machte er unter ihnen folgende Erbtheilung:

Herzog Johann Adolph bekam zu seinem Antheil das Schloß und die Stadt Plön nebst den Ämtern Plön, Ahrensböck und Reinfeld samt dem Antheil vom Amte Segeberg und den zugekauften adelichen Gütern. Nur sollte das Amt Ahrensböck der Fürstl. Frau Wittwe auf Lebens-Zeit zum Witthum gelassen werden.

Herzog August bekam das ganze Amt Norburg.

Herzog Joachim Ernst erhielte das Amt Rethwisch, wozu von dem Reinfeldischen Meddewade, Benstaven, klein Wesenberger Hof, Dorf und Kirche geleget ward.

Herzog Bernhard ward Sebygard auf Arroe nebst etlichen Bauren auf Fühnen beygelegt.

Solchem ward unter andern die Bedingung beygesetzt, daß, wenn einer der Herrn Brüder ohne Erben stürbe, dessen Antheil dem nächstfolgenden Bruder ohne Widerrede zufallen sollte. Imgleichen, daß keiner der Herrn Söhne Macht hätte, ihr angeerbtes Antheil ohne des andern Bewilligung zu veralieniren, zu versetzen oder zu verkaufen. Diesen letzten Willen unterzeichnete Herzog Joachim Ernst in dem Jahr 1671. den 6. September welches nachhero gleichfals von dessen vier Herrn Söhnen geschehen.

§. 43.

Bey dem Anfang des Octobers äusserte sich bey diesem Herrn eine grosse Mattigkeit seines Cörpers, welche er, als einen Vorboth

seines

seines Todes ansahe. Den 2. Oct. legte er sich aufs Kranken-Bette und als der 5. Oct. einbrach und die sechste Stunde des Abens war, sprach er voll Glaubens: Gottlob die Stunde ist kommen! und gab seinen Geist in Beysein seiner Frau Gemalin, Princeßinnen und der vornehmsten Bedienten seines Hofes in die Hände des, von dem er denselben empfangen hatte, nachdem er die Tage seiner Wallfahrt auf 76. Jahr 5. Wochen und 3. Tage gebracht und in denselben seine Regierung 49. Jahr mit vieler Arbeit, Gerechtigkeit und Klugheit geführet hatte.

§. 44.

Die allen Ruhm übersteigende Eigenschafften dieses treflichen Fürsten können nicht besser beschrieben werden, als mit den Worten, welche auf dessen Sarg in lateinischer Sprache eingegraben. Sie sind wehrt hier abgedruckt zu werden und lauten also:

Serenissimus Princeps & Dominus, Dominus JOACHIMUS ERNESTUS, Hæres Norwegiæ, Dux Slesvici, Holsatiæ, Stormariæ & Ditmarsiæ, Comes in Oldenburg & Dellmenhorst &c.

Princeps pius, justus, magnanimus, prudens, beneficus & quod rarissimum in rebus prosperis & adversis semper idem. Vixit ultra annos LXXVI. quod principum non multi: rexit patriam XLIX. annos, quod pauci, ubique inculpatus & æterna laude dignus, quod vix alius. Suis desiderium, subditis amorem principibus exemplum, malevolis invidiam, mundo quatuor sui æmulos reliquit. Princeps optime, cœlo dignissime, cœlo etiam recepte æternum ave & vale. Natus Sunderburgi die XXIX. Augusti Anno MDLXXXXV. denatus Plœnæ die V. Octobris

bris Anno MDCLXXI. vixit LXXVI. Annos V. Septimanas III. Dies.

Dem deutschen Leser zu gefallen, wollen wir dieselbe auch in deutscher Sprache anführen:

Der Durchlauchtigste Fürst und Herr, Herr Joachim Ernst, Erbe zu Norwegen, Herzog zu Schleswig, Holstein, Stormarn und Dithmarschen, Graf zu Oldenburg und Dellmenhorst ꝛc. Ein frommer, gerechter, grosmühtiger, kluger, wohlthätiger Fürst, und welches was seltenes, im Glück und Unglück immer derselbe. Er hat sein Leben über 76. Jahr gebracht, wohin wenige es bringen. Er hat sein Land 49. Jahr regieret, dessen sich wenige rühmen können, und dabey war er unsträflich und eines ewigen Lobes würdig, welches kaum von jemand kan gesagt werden. Er hat den Seinigen ein Verlangen, den Unterthanen Liebe, den Fürsten ein Beyspiel, den Uebelgesinnten Neid, der Welt aber vier Nacheiferer seines Ruhms hinterlassen. O treflicher Fürst, der du des Himmels vollkommen würdig bist und im Himmel aufgenommen. Lebe ewig wohl. Er ist zu Sunderburg den 29. Aug. 1595. geboren, zu Plön den 5. October 1671. gestorben und hat sein Alter gebracht auf 76. Jahr 5. Wochen und 3. Tage.

Das zehnte Capitel.

Von Herzog Hans Adolph und dessen Enkel Leopold August.

§. 1.

Herzog Hans Adolph ist zu Ahrensböck in dem Jahr 1634. den 8ten April an das Licht der Welt geboren. Sein Herr Vater war der vorbeschriebene Herzog Joachim Ernst, seine Frau Mutter Dorothea Augusta aus dem Fürstlichen Hause Gottorp. Nachdem er unter der Vorsorge seiner Fürstlichen Eltern in allerley seinem hohen Stande gemässen Wissenschafften in Plön erzogen; so ward er in dem 15. Jahr seines Alters nach Reinfeld mit zween seinen Herren Brüdern gesandt, woselbst ihr kluger Herr Vater gleichsam eine Fürsten-Schule angelegt hatte. Er hielte sich daselbst bis ins 5. Jahr auf und kam den 20. April 1654. wieder nach Plön zurück.

§. 2.

In eben demselben Jahr trat er im May mit seinem jüngsten Herrn Bruder Carl Hinrich eine Reise nach Wien an. Als es aber dem HErrn über Leben und Tod gefiel, diesen daselbst von seiner Seiten zu reissen, sahe er sich genöhtiget, in dem folgenden 1655sten Jahr wieder nach Plön mit dieser Leiche zurück zu kehren. Doch in demselben Jahr gieng er wieder nach Wien zurück und begab sich in den

den Spanischen Niederlanden in Krieges-Dienste. Dieselben aber verließ er in dem Jahr 1658. und erhielte von dem neuen Kayser Leopold ein Regiment, womit er in dem Jahr 1659. in Schlesien zog. Als sich aber der Kayser mit dem König von Polen in dem Olivischen Frieden in dem Jahr 1660. vertragen, kehrte er mit seinem Herrn Bruder Joachim Ernst nach Hause und traf den 24. Januar. glücklich zu Plön ein.

§. 3.

Nachdem er in eben demselben Jahr eine kurze Reise nach Dännemark gethan, um König Friderich III. seine Ehrerbietung zu bezeugen; so giene er von Plön aus zum andernmal in dem Jahr 1662. nach Wien. Er trieb daselbst seines Herrn Vaters Angelegenheiten nicht ohne Nutzen und seine kluge Aufführung verursachte, daß er in dem Jahr 1664. zum General-Wachtmeister bestellet wurde. Wie rühmlich Herzog Hans Adolph diesen Posten verwaltet und wie tapfer er sich mit seinem Herrn Bruder, dem Herzog August, gegen die Türken in Ungarn verhalten, davon zeugen öffentliche Uhrkunden. (*)

(*) Theatrum Europ. T. IV. p. 1102. sq.

§. 4.

Des Hochseligen Herzogs Joachim Ernst preiswürdige Gemalin Dorothea Augusta berichtete in Abwesenheit Dero Herrn Söhne nicht nur den Todt ihres Herrn Gemahls an dem Kayserlichen Hofe unter den 6. Octobr. des 1671. Jahres, sondern übergab auch dem Plönischen Raht Kunigham neue Vollmacht, nichts zu unterlassen, was zur Endigung der Oldenburgischen Streitigkeiten könnte vorgenommen

nommen werden. Selbiger ersuchte auch Kayserliche Majestät dieser Sache ein Ende zu machen und die Gegner nicht weiter zu hören. Aber desto stärker widersetzte sich Gottorp. Man that an verschiedene Universitäten gewisse Fragen und ließ sich darüber Responsa ertheilen. Daher fehlte es nicht an Schritten, welche von beyden Seiten in dieser Sachen gewechselt wurden.

§. 5.

Noch vor dem Ausgang des 1672sten Jahres gab sich nebst Gottorp ein neuer Gegner wegen der Grafschafft Dellmenhorst gegen Plön an. S. Königliche Majestät von Schweden liessen durch Dero geheimen Regierungs-Raht Esaias von Pufendorf den 23. December den Kayser um die Grafschafft Dellmenhorst ersuchen, weil sie ehedem zu dem Stift Bremen gehört, demselben solche wieder zuzustellen. Doch Plön blieb in seiner Stellung unbeweglich und bat nur, da Gottorp die Sache weiter aufzuschieben suchte, um eine gerechte Beschleunigung derselben.

§. 6.

Die Holstein-Plönische Herrn Hans Adolph, August und Bernhard hielten sich bey ihren Armeen auf und erwurben sich allenthalben den Ruhm einer grossen Klugheit und ausnehmenden Tapferkeit. Inzwischen vergassen sie auch nicht, ihre Haus-Angelegenheiten zu betreiben. Sie trafen insgesammt zu Plön ein und richteten unter sich den 17. Dec. einen Vergleich auf, daß sie über dem Inhalt und klaren Buchstaben des väterlichen Testaments einmühtig halten wollten. Solcher Recess ward von der Durchlauchtigsten Frau Mutter und den sämmtlichen

lichen vier Herrn Söhnen zu Plön unterschrieben. Diesem folgte ein Neben-Recess, in welchem verabredet, daß, dafern einer oder der andre nur einen Punct zu erfüllen versäumen würde, Alle oder auch Einer Macht haben sollte, den König in Dännemark um Beystand anzuflehen. Dieser Vergleich ward von Herzog Hans Adolph, und Herzog August in Vollmacht der bereits abgereist gewesenen jüngern Herrn Brüder den 19. Dec. unterschrieben und bestätiget. Hierauf erfolgte den 31. Dec. die Bestätigung der Privilegien der Stadt Plön von Herzog Hans Adolph.

§. 7.

In dem Jahr 1673. den 5. Januar. empfingen die Gevollmächtigten von Herzog Hans Adolph wie auch dessen Herrn Brüder und Vettern die Belehnung über Holstein coram Throno Cæsareo. Der darauf erhaltene Lehn-Brief ward nach dem, welcher in dem Jahr 1660. den 27. Januar. Herzogen Joachim Ernst, wie auch dessen Herrn Brüdern und Vettern gegeben, eingerichtet. Dis erregte abermal von Königlicher Dänischer und Holstein-Gottorpischer Seiten einige Unruhe. Man meynte, daß eine Neuerung darin vorgenommen. Herzog Johannes der jüngere hätte in dem Jahr 1590. Ansuchung thun lassen, daß ihm sein angererbtes Antheil Landes in dem Fürstenthum Holstein mit der gesammten Hand und Anwartung daran zur Lehn verliehen werden möchte; dagegen hätte man nun die Worte gebraucht, daß die Herzoge wegen ihres angeerbten und innehabenden Antheils in dem Herzogthum Holstein und dessen einverleibten Landen sammt der gesammten Hand um die Belehnung gebeten. Diese Beschwerung ward den 12. Januar. des folgenden 1674sten Jahres nach Plön gesandt, auch von daher den 12. Merz wieder beant-

beantwortet, daß man von keiner Neuerung wüste, mit angehengter Bitte, daß Gegentheil, insonderheit Gottorp, von dergleichen abgehalten werden möchte und dabey hat es auch sein Verbleiben gehabt. (*)

(*) Rethwischer Bestätigung Beyl. LX. LXI.

§. 8.

Endlich erfolgte in dem Jahr 1673. den 10. Jul. in der Oldenburgischen Successions-Sache ein für Plön erwünschtes Urtheil. Die beede Graffschafften Oldenburg und Dellmenhorst wurden dem Hause Gottorp gänzlich ab- und dem Holstein-Plönischen zugesprochen. Der in dem Jahr 1649. den 16. April mit dem letzten Grafen gemachte Vergleich ward für nichtig erkläret, und Gottorp zur Ersetzung aller Nutzungen und Unkosten verurtheilet: und dabey wurden Gottorp zur Erfüllung dieses Urtheils zweene Monate Zeit gelassen. Doch dieses war sogar nicht vermögend, das Haus Gottorp zum Nachgeben zu bewegen, daß es vielmehr diesem Urtheil auf alle Weise entgegen gieng. Es kamen deutsche und lateinische Schriften in Menge heraus, die aber grösten Theils von Plönischer Seiten widerleget worden.

§. 9.

Dis Jahr ward zugleich durch die Vermählung des Herzogs Hans Adolphs merkwürdig. Sie geschahe mit der Durchlaucht. Princeßin Dorothea Sophia aus dem Braunschweig-Wolfenbüttelschen Hause, Herzog Rudolph August, regierenden Herzogs, Princeßin Tochter. Mit derselben hielte Herzog Hans Adolph den 2. April sein Beylager zu Braunschweig auf das prächtigste. Er erhielte in derselben

selben eine Gemalin, deren Andenken zu Plön ewiglich im Segen bleibt.

§. 10.

Nachdem ein ganzes Jahr an statt der bestimmten zweenen Monaten verflossen, daß dem Kayserlichen Befehle in der Oldenburgischen Succeſſions-Sache kein Gnüge geleistet; so erfolgte in dem Jahr 1674. den 14. September ein andrer, in welchem dem Herzog von Holstein-Gottorp befohlen ward, innerhalb zween Monate dem Inhalt desselben völlige Genüge zu thun. Da aber auch diese fruchtlos verstrichen, wurde den 23. Novembr. von Plönischer Seiten angehalten, den Gewalt-Zwang zu gebrauchen und an den König von Dännemark zu schreiben, daß die Grafschafften in Sicherheit gesetzt und die jährlichen Gefälle aus denselben Gottorp vorenthalten würden.

§. 11.

Inmittelst versäumte Herzog Hans Adolph keine Gelegenheit, wobey er seine Klugheit und Tapferkeit im Felde sehen lassen könte. Es hatte sein Herr Schwieger-Vater Herzog Rudolph August demselben über 14000. Mann, welche dem französischen Marschall Turenne am Rhein entgegen gehen sollten, das Amt eines Feld-Marschalls anvertrauet. Was er mit denselben ausgerichtet, und wie tapfer er sich dabey verhalten; solches ist aus öffentlichen Urkunden bekannt genung. Es wurden dem Herzog zwey Pferde unter dem Leibe und der Graf Germond an dessen Seite erschossen. Zuletzt fiel der Sieg auf der Teutschen Seite. Der Marschall Turenne floh in einen

nahge-

nahgelegenen Wald und von dem Herzog wurden viele Fahnen und Paucken erobert. (*)

(*) Theatr. Europ. T. XI. pag. 581. sq.

§. 12.

Nach geendigtem Feldzuge kam Herzog Hans Adolph über Braunschweig nach Plön an. Hier fand er, daß seine Durchlauchtigste Frau Mutter Dorothea Augusta nichts versäumet hatte, was die Regierung und den Verfolg der Oldenburgischen Streit-Sache angieng. Selbige ließ in dem Jahr 1675. auf die Vollziehung des ausgesprochenen letzten Urtheils an dem Kayserlichen Hofe stark dringen. Solches geschahe funfzehnmal; aber der erwünschte Erfolg fehlte. Dis bewog das Fürstliche Plönische Haus, die Ausführung dieses Urtheils dem König von Dännemark zu übergeben.

§. 13.

Unterdessen fand sich bey Endigung des Winters Herzog Hans Adolph wieder bey der Armeé ein. Seine Gegenwart war auch von grossem Nutzen. Er half den Sieg wider die Franzosen unter dem General Crequi an der Mosel den 11. August erfechten. Es blieben in dieser Schlacht 3000. Mann auf dem Wahlplatz. Der General Crequi flohe mit einer Menge Officier nach Trier. Sie musten sich aber bey Eroberung der Stadt als Krieges-Gefangene ergeben, welche auch dem Herzog, welcher den Crequi in der grösten Wuht gefangen genommen, geschenket wurden. (*)

(*) Theatrum Europ. T. XI. p. 710.

§. 14.

§. 14.

Nach vielem Widerstand, welchen das Plönische Haus von dem Herzog zu Gottorp, welcher von Schweden beständig unterstützet ward, erlitten, kam es doch endlich dahin, daß in dem Jahr 1676. den 23. Januar. das dritte und letzte Urtheil in der Oldenburgischen Succeßions-Sache erfolgte. Solches hatte zum Inhalt, daß Gottorp den Erben des Hochseligen Herzogs Joachim Ernst innerhalb zween Monaten den halben Theil der Grafschafften Oldenburg und Dellmenhorst sammt Ersetzung alles Schadens abgeben, oder ausser der in den vorigen Urtheilen gesetzten Strafe noch dazu in den würklichen Zwang verfallen seyn sollte. (*) Gleichwohl kam diese Sache nicht eher als in dem Jahr 1681. zur Richtigkeit und der Streit wegen der Erb-Huldigung gerieht auch ins Stecken. Herzog Hans Adolph, der des langwierigen Streits müde, gieng selbst nach Copenhagen und überließ die ihm von Kayserlicher Majestät zuerkannte andre Hälfte der Grafschafft Oldenburg und Dellmenhorst mit völliger Einwilligung seiner Herrn Brüder unter der Vermittelung seines Rahts Christoph Gensch dem König von Dännemark gegen die in dem Herzogthum Schleswig belegene Norburgische Lande, bedung sich aber die Erb-Folge auf dieselbe aus, wenn das Königliche Haus ohne Lehns-Erben abgehen sollte. Darauf ließ sich der König auch über die andre Hälfte der Grafschafften huldigen. (**)

(*) P. II. act. publ. pag. 735. Beylage III. (**) Gottorpischer wahrhafter Bericht Beylage n. IV.

§. 15.

Bey dieser Gelegenheit ward der König Christian V. von den erhabenen Eigenschafften, insonderheit aber von den Kriegs-Wissenschafften, Klugheit und Tapferkeit des Herzogs Hans Adolphs dergestallt eingenommen, daß er demselben das General-Feld-Marschalls-Amt über alle seine Trouppen auftrug. Der Herzog fand Bewegungs-Ursachen, solches anzunehmen und ward in dem Jahr 1676. den 22. Januar. der Dänischen Armeé vorgestellet und zugleich in den geheimen Raht gezogen. Der Herzog machte diesen gefaßten Entschluß dem Kayserlichen Hofe kund und empfing statt einer Antwort eine in dem Jahr 1676. den 3. Merz datirte Bestallung, als Kayserlicher Feld-Marschall über alle Kayserlichen Völker zu Roß und zu Fuß. Der Herzog Hans Adolph aber blieb bey seinem einmal gefaßten Vorsatz; ließ an Kayserl. Majestät ein Entschuldigungs-Schreiben abgehen und empfing darauf ein Erlassungs-Schreiben in den gnädigsten Ausdrücken; so gar übergab der Kayser das von ihm gehabte Altholsteinische Curassier-Regiment auf dessen Recommendation dem bisherigen Obrist-Lieutenant Grafen Philipp von Oettingen.

§. 16.

Herzog Hans Adolph war nunmehro würklich in Königlichen Dänischen Diensten. Er hielte zu Jägersburg in Gegenwart des Königes die Munsterung über die Armeé: worauf den 8. Jul. die bekannte Landung auf Schonen mit einer Flotte von 50. Segeln und mit 8787. Mann zu Fuß und eben so viel zu Pferde, wobey der König selbst gegenwärtig, vorgenommen. Was daselbst vorgegangen, solches ist aus den Jahr-Büchern bekannt genung. Daben kan niemand

mand unserm Herzoge die Ehre streitig machen, daß er seinen Posten allenthalben wohl verwaltet und es so wenig an Klugheit als Tapferkeit fehlen lassen.

§. 17.

In dem Jahr 1676. ließ Herzog Hans Adolph zwey Silbermünze prägen, deren eines $\frac{1}{3}$, das andre $\frac{2}{3}$ Stücke waren. Auf der einen Seite stand des Herzogs Brustbild mit der Umschrift: D. G. Johann Adolph, H. N. D. S. Hol. und an dem desselben der wehrt des Geldes. Auf der andern Seiten ist ein Palm- oder Cypressen-Baum, so von der Last gedruckt wird, gepräget, mit der Umschrift: Inclinata resurgo. Das heißt: ich bin zwar ganz niedergebeugt, ich stehe aber wieder auf. Die Stempel zu diesen Münzen befinden sich noch in der Hochfürstlichen Rente-Cammer.

§. 18.

In dem folgenden 1677. Jahr ward das Münzwesen weiter fortgesetzet. Es findet sich ein Stempel, auf dessen einen Seiten die vördersten Buchstaben von des Herzogs Namen im Zug mit der Jahrzahl 1677. und der Umschrift: honestis armis gelesen werden: auf der andern Seiten steht das Herzogliche Wapen, mit der Umschrift: D. G. Joh. Adolph H. N. D. S. Hol. Es scheinet eine Goldmünze gewesen zu seyn. Es sind von eben demselben Jahr die Stempel von einer Silbermünze vorrähtig, auf welcher an der einen Seite das Holsteinische Wapen, mit der Umschrift: V. G. G. Hans Adolph, E. z. N. Herzog zu Schleswig-Holstein. An dem Wapen steht die Jahrzahl, 1677.

 und

und unter derselben 2. Marklüb. Auf der andern Seiten sind die Worte eingeprägt: mit GOtt wollen wir Thaten thun. Er wird unsere Feinde untertreten. Von eben demselben Jahr finden sich so genannte Dütgen oder 3. Schillingstücke. Auf der einen Seite ist des Herzogs Brustbild mit der Umschrift Hans Adolph, E. Z. N. H. Z. S. H. Auf der andern Seiten siehet man inwendig, XVI. ein Reichsthlr. mit der Umschrift: Inclinata resurgo. Die Stempel davon sind nicht mehr verhanden.

§. 19.

So emsig sich dieser Herr auswerts mit den Waffen beschäftigte; so sehr ließ er sich die Aufname seines Landes zu Herzen gehen. Er legte an der Trave eine Ölschlägerey an. Auch wurde eine Pulver-Mühle aufgerichtet. Man fieng an, allerley Leinwand zu verfertigen. Es funden aber diese Anstalten insonderheit bey den Hamburgern allerley Widerspruch, und sind auch mit der Zeit wieder eingegangen und aufgehoben.

§. 20.

Im Anfang des 1678sten Jahres traf Herzog Hans Adolph zu Plön ein und hatte das Vergnügen seinen Herrn Schwieger-Vater Herzog Rudolph August von Braunschweig bey sich zu sehen. Nimwegen war der Ort, wo man schon eine geraume Zeit mit Friedens-Vorschlägen war umgegangen. Es wurde unter beeden Herren verabredet, daß Herzog Hans Adolph selbst nach Holland gehen und bey den Friedens-Handlungen auch für seine Vortheile sorgen sollte, insonderheit, da Gottorp zu Nimwegen suchte, daß die Oldenburgische Successions-Sache den Friedens-Artikeln möge eingerückt und

und selbiges von der Verbindlichkeit, Holstein-Plön allen Schaden in der Oldenburgischen Succeßions-Sache zu ersetzen, befreyet werden.

§. 21.

Nach geschlossenem Nimwegischen Frieden kehrte Herzog Hans Adolph durch Deutschland über Wolffenbüttel wieder nach Plön zurück. Daselbst ward er in dem Jahr 1680. den 29. Merz mit der Geburt seines Prinzen Adolph August erfreuet. Auch hatte er in diesem Jahr die besondre Ehre S. Königliche Majestät zu Dännemark Christian V. mit seinem hohen Gefolge in Plön zu bewirten und demselben alle ersinnliche Ergötzung zu verschaffen. (*) In eben demselben Jahr wurde in einem Königlichen Schreiben sub dato Plön den 12. Jul. wegen einiger in den an Herzog Hans Adolph in dem Jahr 1675. überwiesenen Segebergischen Güter befindlichen Mangel-Pöste das Jus Episcopale & Patronatus der Kirchen zu Gleschendorf und Ratkau an denselben und dessen Lehns-Folger cedirt und überlassen.

(*) Diarium Europ. 1680. pag. 419.

§. 22.

So viele Unruhe die Oldenburgische Succeßion zwischen den Fürstlichen Häusern Gottorp und Plön bis hieher erreget; so gewann es nunmehr das Ansehen, daß solche ihre Endschafft erreichen würde. Der besonders Ruhmwürdige Bischof zu Lübeck, Herzog August Friderich, welcher mit dem Herzog Hans Adolph eine gute Freundschafft gepflogen, brachte es endlich bey seinem Herrn Bruder, dem Herzog Christian Albrecht zu Gottorp dahin, daß derselbe sich mit Plön in gütliche Handlung einzulassen, den Vorsatz faßte. Es wurde von Gottorpischer Seiten der geheime Raht Martin von Böckeln, von Plönischer aber Christoph Gensch von Breitenau, welcher bereits von dem König in Dännemark in den Adelstand versetzet worden, zu Gevollmächtigen bestellt und angenommen.

§. 23.

Nach gehaltenen verschiedenen Unterredungen kam endlich der Vergleich unter Vermittelung des Bischofs Hochfürstl. Durchl. den 16. April 1681. folgendergestalt zum Stande:

1. Beyde Theile sollten sich aller Ansprüche und Beschwerden, die sie in dieser Sache wider einander gehabt, völlig begeben, nur wollte sich Gottorp bey Abgang der Königl. und Plönischen Linie die Folge vorbehalten.

2. Gottorp sollte dem Hause Plön für den erlittenen Schaden das auf der Insul Arroe belegene Gut Gottes-Gäbe übergeben.

3. Die von Plön zugekauften adelichen Güter Clevez, Stocksee, Pehmen, Gronenberg, Wulfsfelde und Rethwisch sollten mit ihren 70. Pflügen von den adel. Eigenschafften losgesprochen und den übrigen Fürstl. Plönischen Ämtern gleichgeachtet werden, dabey Gottorp sie wider die Land-Stände schützen wollte.

4. Zur Befriedigung des Plönischen Hauses soll noch eine andre Unterhandlung, wo und wann es Plön gefallen möchte, angestellet werden, darinnen das, was an Land und Leuten auszufinden

und

und Plön am gelegensten, so 86000. Rthlr. Cronen austrügen, beschlossen werden sollte. Was aber nach Abzug an solcher Summe mangelt, sollte in denen Umschlägen 1683. 1684. und 1685. mit 5. pro Cent vergnüget werden, dafür ward das Amt Trittau zum Unterpfand gesetzet.

5. Alles Mißverständniß soll hinführo gehoben und Plön verbunden seyn, eine zulängliche Vollmacht von seinem Herrn Bruder einzuliefern.

6. Gottorp trit alle Rechte auf Stadt- und Budjadinger-Land ab.

7. Die Bestätigung dieses Vergleichs sollte von beyden hohen Theilen innerhalb 4. bis 5. Wochen eigenhändig folgen. (*)

(*) Plönische Vorstellung ꝛc. Beylage P.

§. 24.

Nachdem dieser Vergleich von beyderseits Bevollmächtigten zu Eutin unterschrieben und besieglet, folgte die Bestätigung vom Bischof August Friderich und Herzog Christian Albrecht den 11. Junii zu Gottorp. Plön that diesen Vergleich dem König nicht minder als dem Kayser kund, welches gleichfals von Seiten Gottorps geschahe. Auch bestätigte der König den 1. October insonderheit dasjenige, was wegen der adelichen Güter verabredet, daß solche, so lange Jemand von den damals und noch jetzt regierenden Plönischen männlichen Erben

im

im Leben seyn würde, den andern Fürstl. Aemtern sollten gleich geachtet werden. (*)

(*) Plönische Vorstellung ꝛc. Beylage Q.

§. 25.

Im Jahr 1687. begegnete dem Hause Plön ein Trauerfall, der für dasselbe recht schmerzlich war. Es ward die Fürstliche Wittwe Herzogs Joachim Ernst, Frau Dorothea Augusta den 31. Merz in dem 83sten Jahr ihres Alters aus dieser mühseligen Welt abgefodert. Sie brachte ihre letzten Jahre in Plön zu, beförderte die Ehre Gottes und die Wohlfart des Plönischen Hauses aus allen Kräften. Sie war ein Muster einer tugendhaften, gottseligen und sehr klugen Fürstin. Ihr entseelter Leichnam ward in dem Hochfürstlichen Begräbniß unter vielen Thränen Dero hohen Verwandten auch Fürstlichen Bedienten und Unterthanen beygesetzet.

§. 26.

Herzog Hans Adolph fand sich in demselben Jahr den 27. May bey dem König von Dännemark zu Itzehoe ein. Es war verabredet, daß der König sich daselbst mit dem Churfürsten von Brandenburg wichtiger Angelegenheiten halber mündlich besprechen wollte. Der Churfürst nebst Dero Frau Gemalin, Marggraf Ludewig, der Chur-Prinz und Prinz Philipp von Holstein zogen den 3. Jun. über Pinneberg und Elmeshorn und waren Nachmittags um 2. Uhr nicht weit von Itzehoe. Der König, begleitet von Herzog Hans Adolph, zog ihnen, ob das Wetter gleich regnicht war, zu Pferde entgegen: empfieng sie auf das freundlichste und hielt um vier Uhr den

Einzug

Einzug zu Itzehoe. Den 8. Jun. brach der Churfürst wieder auf, welchen der König abermal mit seinem Gefolge eine Meile von Itzehoe begleitete, der Herzog von Sunderburg aber folgte bis nach Hamburg.

§. 27.

Die Kirche zu Curau, einem Plönischen Kirch-Dorf unweit Lübeck, war enge und sehr zerfallen. Dis bewog den Herzog in dem Jahr 1683. dieselbe bis auf den Grund niederreissen und an deren Statt eine neue wieder aufbauen zu lassen. Er gab dazu Holz, Steine und Kalk und legte den ersten Grundstein den 27. Merz. Der Bau gieng so wohl von statten, daß diese Kirche den 2. December desselben Jahres, an welchem der erste Advents-Sonntag einfiel, von dem damaligen Hof-Prediger Schmidt konte eingeweyhet werden.

§. 28.

Es ward zu Rensburg zwischen König Christian V. und Herzog August zu Norburg in dem Jahr 1684. den 30. May ein Vergleich geschlossen, welcher hier nicht wohl kan übergangen werden. Nach dessen Inhalt extradiret Herzog August an den König eine von seinem Herrn Bruder Herzog Hans Adolph ihm cedirte Obligation auf 81833. Reichsthaler, welche dieser von Gottorp wegen der aus der Oldenburgischen Succeßions-Sache herrührenden Action restituendorum fructuum & expensarum empfangen. Auch ward dem König das Pretium von dem Gute Gottes-Gabe, welches sich auf 50696. Reichsthaler 16. Schilling und in dem mit Holstein-Gottorp in dem Jahr 1681. den 16. April gemachten Vergleich dem Fürstlichen

 Hause

Hause Plön zugestanden, überlassen, daß derselbe, diese Summe von Gottorp einzufodern, berechtiget seyn sollte. Den König wegen dieser beeden Forderungen zu versichern, verspricht Herzog Augustus wegen der cedirten Obligation der 81833. Reichsthaler in dem Amte Trittau Possession zu nehmen. Die Prætension wegen Gottes-Gabe wird in dem Amte Trittau nicht anders überlassen, als sub jure reluitionis, bis Holstein Gottorp dem König für die 50696. Reichsthaler Vergnügung gegeben. Dahingegen übergiebt der König für die Gottorpische Obligation, so bald die Possession in dem Amte Trittau ergriffen und demselben wieder übertragen, den Kalkberg sammt Gieschenhagen, welche auf $9\frac{7}{12}$ Pflüge gesetzt, gleich den andern dem Hochfürstlichen Hause Plön pro satisfactione vorhin abgetretenen Gütern nach Inhalt des darüber ertheilten Original-Kauf-Briefes 2c.

§. 29.

Dieses Gieschenhagen sammt dem Kalkberg wurde auch den 12. Jun. vermöge eines zu Itzehoe errichteten Königl. Schreibens an Herzog Augustus solchergestalt cediret, daß der Herzog den Kalkberg zu Segeberg mit der darauf stehenden alten Mauer und dazu gehörigen sieben Kalkhütten nebst Gieschenhagen, so zu $9\frac{7}{12}$. Pflüge angesetzt mit den gräflichen Ranzauischen Buden, denn auch das Closter Segeberg mit den dazu gehörigen Ländereyen übergeben worden, dahingegen Herzog August die in dem Amte Trittau Jure cesso von Dero Herrn Bruder Herzog Hans Adolph gehabtes und demselben von Herzog Christian Albrecht verhypothecierte 83833. Reichsthaler Capital und Zinsen dem König überlassen.

§. 30.

§. 30.

In einem abermaligen Königlichen Schreiben wird angezeigt, daß der zwischen König Christian V. und dem Herzog August in dem Jahr 1684. den 30. May errichtete Cessions-Vergleich wegen des Kalkbergs und Gieschenhagen von dem Herzog August an dessen Herrn Bruder Herzog Hans Adolph abgestanden, dabey wird zugleich angeführt, daß Herzog Hans Adolph verschiedene Häuser um besserer Richtigkeit der Scheiden willen dem König wieder überlassen: und da die Intraden davon sich auf 72. Reichsthaler 24. Schill. belaufen, welches ein Capital von 1812. Rthlr. zu 4. pro Cent austrägt; so haben der König $4\frac{1}{2}$. wüste Hufen in dem Segebergischen Dorf Tarbeck mit Befreyung von den jährlich paciscirten Defensions-Geldern, welche nach den Oldenburgischen Vergleich als Defensions-Reichs- und Crayß-Steuer-Gelder in Empfang genommen und also quitiret werden, dafür eingeräumet. Wenn auch die Gieschenhagener $9\frac{7}{12}$. Pflüge und die Hausmannsche beeden Häuser $\frac{1}{6}$. zusammen $9\frac{3}{4}$. Pflüge ausmachen; so würde dem Herzog für die abgehende Häuser $1\frac{1}{12}$. gekürzet und hat er an Defensions-Reichs Crayß-Steuer-Gelder nur für $8\frac{2}{3}$. zu bezahlen.

§. 31.

Das Haus Plön ward in diesem 1684. Jahr den 26. Merz durch die Geburt eines Prinzen erfreuet, welchem man den Namen Hans Adolph beylegte. Er ward aber auch bald hernach durch den Tod in das Ewige versetzet. Auch ward dem Herzog Joachim Ernst von Holstein-Rethwisch den 4. Dec. zu Brüssel, woselbst er sich mit seiner Frau

Gemalin aufhielte, ein Prinz, den man Johann Adolph Ernst Ferdinand Carl nannte, geboren, welcher nachhero dem Plönischen Hause wegen der Erbfolge viele Unruhe verursachet.

§. 32.

Daß der Herzog Hans Adolph für die Aufnahme und Erweiterung seiner Residentz-Stadt Plön in dem Jahr 1685. eine besondere Vorsorge getragen, davon ist in dem Vorhergehenden schon gedacht worden. (*) In dem 1686sten Jahr nahm er abermal eine Reise nach Wien vor, nachdem er noch vor seiner Abreise mit der Geburt einer Princeßin Augusta Elisabeth erfreuet ward, die aber in dem Jahr 1691. den 21. Jan. die Welt wieder verließ. Der Herzog kehrte noch in demselben Jahr wieder von Wien zurück und traf den 4. Dec. zur grösten Freude seines Hochfürstl. Hauses und aller seiner Unterthanen wieder zu Plön ein.

(*) Cap. II. 15.

§. 33.

In dem Jahr 1689. den 22. Januar. starb Herzogs Hans Adolphs Frau Schwester, die Fürstin Sophia Eleonora, eine Gemalin des regierenden Grafen zu Hohenlohe-Neuenstein ohne Kinder. In eben demselben Jahr den 20. Jun. kam der Friede zwischen dem König zu Dännemark und dem Herzog von Gottorp zu Altona zum Stande. In demselben versprach der König dem Hause Gottorp das Gut Gottes-Gabe mit der Souvraineté, wie auch das Amt Trittau, wiederzugeben. Dagegen entsagte Gottorp nicht nur allen An- und Zusprüchen, die es an den König hatte, sondern

ließ

ließ auch die Processe, welche es deswegen bey dem Kayserl. Reichs-Hofraht wider Plön erhoben, fallen. (*) Nachdem dieser Vertrag gezeichnet, ließ Herzog Hans Adolph den Major Rantzau und dessen Leute, mit welchen er das Amt besetzt hatte, abziehen. Von der Zeit her sind die bisherige Unruhen und Mißhelligkeiten mit dem König und dem Herzog von Gottorp aus dem Grunde gehoben und für das künftige abgestellet worden.

(*) Theatrum Europ. T. XIII. pag. 818.

§. 34.

Der letzte Oldenburgische Graf hatte seiner Schwester-Sohn, dem Fürsten von Anhalt-Zerbst Carl Wilhelm, die Herrschafft Jevern vermacht. Weil nun das Plönische Haus auf diese Herrschafft vermöge des Rechts an der Oldenburgischen Succession bis hieher Ansprache machte; so kam obgedachter Fürst selbst nach Copenhagen und verglich sich mit dem König und dem Plönischen Hause dergestalt, daß diese beyderseits alle Ansprüche auf Jevern dem Anhalt-Zerbstischen Hause überliessen und den Vergleich den 16. Jul. 1689. unterzeichneten. (*)

(*) Theatrum Europeum pag. 810.

§. 35.

In dem Jahr 1690. den 29. April ward das Plönische Haus abermal mit einem Prinzen gesegnet, welchem der Name Christian Carl beygelegt wurde. Man will versichern, es habe dieser angenehme Zufall dem Herzog Hans Adolph Gelegenheit gegeben, einen silbernen Reichsthaler prägen zu lassen. Auf der ersten Seite stehet das Brust-Bild des Herzogs mit der Umschrift: JOHANN ADOLPH D. G. H. N. D. S. H. C. O. & D. Auf der andern Seite stehet das Holsteinische und Oldenburgische Wapen und darum die Worte: Prisca virtute fideque. Der Stempel davon ist nicht verhanden. Dahingegen finden sich Stempel von nachfolgenden Silbermünzen. Einer derselben hat auf einer Seiten das Holsteinische Wapen mit der Umschrift: JOHANN ADOLPH D. G. H. N. D. S. Hol. Auf der andern: 12. einen Reichsthlr. 1690. mit der Umschrift: Cedunt prementi fata. Der andere trägt auf der einen Seite des Herzogs-Brustbild mit der Umschrif: JOHANN ADOLPH D. G. H. N. D. S. Hol., da an der Schulter $\frac{2}{3}$ geprägt: auf der andern findet sich das Holsteinische Wapen mit der Umschrift: Cedunt prementi fata 1690. Noch ist ein Stempel vorhanden, da auf der einen Seiten das Holsteinische Wapen, auf der andern aber in der Mitten $\frac{2}{3}$ gesetzt, mit der Umschrift: Moneta nova argentea 1690.

§. 36.

Die neuerbaute Haupt-Kirche in Plön, davon wir schon in dem vorhergehenden gedacht haben, (*) ward in dem Jahr 1691. den 29. Jul. bey einer volkreichen Versammlung eingeweyhet, und dabey verordnet, daß an diesem Tage alljährlich die Rechnung davon sollte aufgenommen werden. Damit ward auch in dem Jahr 1692. den 29. Jul. der Anfang gemacht. Zu dem letztern Jahr ward den 4. December die Princeßin Dorothea Sophia an das Licht der Welt geboren. Und diese ist es, welche um ihrer ausnehmenden Tugenden und Fürstlichen Gemühts-Eigenschafften willen von Herzog Adolph zu Mecklemburg-Strelitz zu einer Gemalin erwählet

und

und demselben ist dem Jahr 1709. den 11. April öffentlich beygeleget worden.

(*) Cap. II. §. 18.

§. 37.

Herzog Hans Adolph hatte sein Ober-Feld-Marschalls-Amt, so er unter dem König von Dännemark mit Ruhm verwaltet, niedergelegt. Man läst es dahin gestellt seyn, ob die Nachricht wahr ist, daß der König demselben in Ansehung seiner Verdienste die Stadt Segeberg, woran der Kalkberg belegen, habe für ihn und seine Nachkommen schenken wollen. (*) Indessen ist dis gewiß, daß, als das ansehnliche Gouvernement von Mastricht und das General-Feld-Marschall-Amt über die Holländischen Trouppen durch den Tod des Fürsten Georg Friderich von Waldeck ledig geworden, unser Herzog dazu besonders in Vorschlag gekommen. Die Staaten von Friesland hielten für ihren Erbstatthalter um diese Ehre an. Es ward aber Herzog Hans Adolph wegen seiner berühmten Tapferkeit und Kriegs-Erfahrenheit vorgezogen. Er ward zu Herzogenbusch von den General-Staaten zum General-Feld-Marschall der vereinigten Niederlande und Gouverneur von Mastricht den 7. Sept. erwählt und den 12. desselben Monats der Armée vorgestellet. Es ist weltkündig, wie würdig sich der Herzog dieser Ehre gemacht.

(*) Theat. Europ. T. XIV. pag. 522.

§. 38.

In Holland ließ sichs in dem Jahr 1696. zum Frieden an, welcher auch in dem folgenden 1697sten Jahr zu Ryswick erfolgte.

Herzog

Herzog Hans Adolph hatte seinen Erb-Prinzen Adolph August bereits in dem 1694. Jahr nach Holland zu sich kommen lassen und war jetzo auf dessen fernern Unterricht in allerley einem Fürsten anständigen Wissenschafften bedacht. Es hatte zu der Zeit ein berühmter Franzos La Valleé eine Ritter-Academie für junge vornehme Herren im Haag angelegt, um auf derselben solche in der französischen Sprache, mathematischen Wissenschafften und allerley Ritterlichen Uebungen zu unterrichten. Demselben ward der Erb-Prinz auf etliche Jahre anvertrauet.

§. 39.

Nach geschlossenem Ryswickischen Frieden fand sich, daß Herzog Hans Adolph von Holland noch 25000. Rthlr. zu fodern hatte. Ehe aber Herzog Hans Adolph Braband verließ, muste dessen Herr Sohn, der Prinz Adolph August, eine Reise nach Engelland thun. Von da begleitete er S. Grosbritannische Majestät bis nach Holland. Der König von Engelland setzte seine Reise bis Hannover fort und der Prinz traf den 11. Jul. wieder zu Plön ein. Doch ehe das Jahr sich endigte, trat der Prinz eine Reise nach Copenhagen und Stockholm an, woselbst er bey den Königlichen Höfen mit vielen Ehren-Bezeugungen aufgenommen ward. Er kam aber noch vor Ausgang des Jahres glücklich und wohlbehalten wieder nach Plön zurück.

§. 40.

Nachdem der Römische Kayser in dem Jahr 1699. den 26. Jun. zu Carlowitz einen 25. jährigen Stillstand der Waffen mit der Ottomannischen Pforte geschlossen; so faste derselbe die Entschliessung, seinen würklichen Geheimen-Raht und Reichs-Hofrahts-Præsidensidenten, den Grafen von Oettingen, als Botschaffter an die Pforte abzusenden. Der Prinz Adolph August bezeigte eine Begierde, auch diesen Theil der Welt zu sehen. Um nun diese Gelegenheit sich dazu zu Nutze zu machen, sandte Herzog Hans Adolph seinen Erb-Prinzen nach Wien mit einem Empfehlungs-Schreiben an den Kayser, den Römischen König Joseph und den Erz-Herzog Carl. Der Prinz Adolph August brach den 25. Jun. von Plön auf und kam in dem August Monat zu Wien an. Daselbst wurde die Reise in Gesellschafft des Herrn Botschaffters Grafen Ludewig Ferdinand zur Lippe nebst vielen andern Fürsten, Grafen und Herren angetreten und in einigen Wochen abgelegt.

§. 41.

König Christian V. trat in dem Jahr 1699. den 25. August von dem Schauplatz der Welt ab und ward den 12. Novembr. unter einem grossen Gefolge, wobey Herzog Hans Adolph auch gegenwärtig, gen Rotschild in das Königliche Begräbniß abgeführet. Nicht lange hernach den 9. Septembr. verwechselte Herzog August zu Norburg gleichfals das Zeitliche mit dem Ewigen. Er war ein Herr von ausnehmenden Gaben und Verdiensten. Unter dem grossen Chur-Fürsten zu Brandenburg Friderich Wilhelm war er anfänglich General-Lieutenant, hernach General-Feld-Zeugmeister und Gouverneur der Vestung Magdeburg. In Ungarn bey Neustadt und Linz bewies er eine solche Tapferkeit, daß der Kayser ihn selbst mit einem Ruhmvollen Handschreiben beehrte. Der Pommersche Feld-Zug, in welchem er die Brandenburgischen und Lüneburgischen Völker heldenmühtig angeführet, und die Vestungen Wolgast, Anklam, Demmin, Greifswald und Stettin erobern helfen, haben seinen Namen der Vergessenheit entrissen. Es wird dessen in der Memoire de de Brandenburg gedacht, davon der jetzige glorwürdigste König von Preussen selbst allerhöchster Verfasser sind.

§. 42.

Um diese Zeit zeigte sich in Holstein zwischen dem König von Dännemark und dem Herzog von Gottorp eine gefährliche Krieges-Flamme. Um nun dieselbe, ehe sie weiter um sich greifen möchte, zu dämpfen, traten nebst Dännemark und Holstein-Gottorp, Engelland, Schweden, Holland und das Haus Lüneburg zusammen. Sie erwählten Traventhal, ein Fürstl. Holstein-Plönisches Lust-Haus an der Trave in einer angenehmen Gegend belegen, zu dem Ort des Frieden-Congresses. Daselbst wurden die Friedens-Handlungen den 7. August angefangen und den 18. Aug. von den sämmtlichen Herrn Gesandten zum Stande gebracht und unterschrieben.

§. 43.

Der Erb-Prinz Adolph August hielte sich in dem Türkischen Reiche auf. Er war nicht nur bey den Gehören des Kayserlichen Botschafters gegenwärtig, sondern erhielte auch von dem Groß-Vezier eine Vorschrift, alle Merkwürdigkeiten ohne Gefahr in Augenschein nehmen zu dürfen. Er wird darin, als ein tugendhafter Prinz des Christlichen Glaubens, beschrieben. (*) Nachdem er seine Absicht mit grosser Vorsichtigkeit erreichet, trat er seine Rückreise nach Wien nicht ohne grosse Gefahr an und stattete von allem an dem Wienerischen Hofe einen solchen Bericht ab, daß derselbe mit Bezeugung vieler Gnade ihn seine vorhabende Reise nach Italien in dem Jahr 1700. antreten ließ. Er gieng nach Venedig und von da gen Rom, woselbst Pabst Clemens XI. den 23. November war erwählet worden.

Er besahe Neapolis, Florenz, Mayland und andere merkwürdige Örter Italiens. An dem Ende des 1700. Jahres trat er die Reise über Turin nach Frankreich an, woselbst er von dem König Ludewig XIV. besondere Ehre und Vorzüge genossen. Im May nahm er seinen Rückweg über Strasburg und langte den 3. Jun. 1701. zur unbeschreiblichen Freude seiner Durchl. Eltern, auch aller Hochfürstl. Bedienten und Unterthanen zu Plön an.

(*) Diese Schrift ist in dem Hochfürstl. Archiv in Türkischer Sprache noch vorhanden.

§. 44.

Um die Erbfolge in dem Holstein-Plönischen Hause desto fester zu setzen, war man jetzo darauf bedacht, den Erb-Prinzen Adolph August mit einer liebenswürdigen und tugendhaften Gemalin zu versehen. Dazu ward die mit vielen erhabenen Eigenschafften ausgerüstete Princeßin aus dem Hause Norburg Elisabeth Sophia Maria erwählet. Diese Fürstl. Ehe ward 1701. vollzogen und das Beylager den 8. October zu Wolfenbüttel auf das prächtigste gehalten. Die Heimführung in die Fürstl. Residenz Plön geschahe den 4. Nov. unter Frolocken des ganzen Hofes und aller getreuen Unterthanen. Diese Ehe blieb auch nicht ohne Segen, indem in dem folgenden Jahr 1702. den 11. Aug. die Durchl. Eltern und Groß-Eltern durch die Geburt des Prinzen Leopold August erfreuet wurden.

§. 45.

Dem Erb-Prinzen Adolph August war ein Regiment zu Fuß unter den Braunschweigischen Völkern als Obersten anvertrauet. Solches ward dem Kayser überlassen, um in dessen Diensten nach Italien zu gehen. Weil er nun ein und das andre bey demselben einzurichten, vor nöhtig fand, erhob er sich den 9. Merz 1703. nach Wien und gelangte nach gehabten guten Verrichtungen den 25. May wieder zu Plön an. Immittelst äusserte sich an seinem Cörper eine Schwachheit, die ihm viele Schmerzen verursachte. Da aber solche etwas nachgegeben, trat er den 11. Oct. eine Reise nach Schlesien an und hielte sich den Winter über, um seine Völker zu ergänzen, in Schlesien auf. Er gedachte in dem folgenden 1704. Jahr nach Italien zu gehen, ehe aber dis geschahe, begab er sich nach Cracau zu dem König von Pohlen. Auf der Rückreise hatte er das Unglück, mit einer Kutsche von einem hohen Damm umgeworfen zu werden. Dis hinderte sein Vorhaben zur Armée nach Italien fortzusetzen. Er kehrte also nach Holstein zurück und kam den 5. May mit einem sehr schwachen und kranken Cörper zu Plön an.

§. 46.

In eben diesen 1704. Jahr übte das strenge Gesetz der Sterblichkeit an den Herrn des Plönischen Hauses eine fürchterliche Gewalt aus. Solche traf zuerst den Erb-Prinzen Adolph August. Es hatte denselben eine auszehrende Krankheit schon lange abgemattet. Dis erweckte ihn, zu seinem heran rückenden Ende sich in beständiger Bereitschafft zu halten. Solches erfolgte auch bald darauf. Er nahm vorher von seiner innigst geliebten Gemalin und seinen sehr theuer geschätzten Eltern den zärtlichsten Abschied und entschlief den 29. Jun. Abends um 8. Uhr in dem 25. Jahr seines Alters sanft und selig.

§. 47.

Herzog Hans Adolph liebte in den letzten Tagen seiner Wallfahrt die Ruhe, nachdem er die Unruhe dieser Welt sattsam erfahren. Er erwehlte deswegen Ruheleben einen unweit Plön in einer angenehmen Waldung an der grossen Plöner See Ostwerts belegenen Meyerhof,

um

um daselbst seinen Tod in der Stille zu erwarten. Je zuweilen that er auch, so lange es die Beschaffenheit seines Cörpers leiden konte, eine kurze Reise auf seine Ämter und Land-Güter. Man hat die Legende, daß, als er das letzte mal zu Stocksee übernachtet, er drey Männer im Traume gesehen, davon einer ihm ein Buch mit der Erinnerung, sich zum Tode zu bereiten, überreichet: der andre hat ihm zwo blasse Rosen, welche vermuhtlich den Tod seiner beyden Prinzen angedeutet, dargeboten: und der dritte eine bald ausgelaufene Sand-Uhr gewiesen. Wie er wieder nach Ruhleben zurück kehrte, trat sein Sterbe-Tag an. Solcher war der 2. Jul., der vierte Tag nach dem Hochsel. Hintrit seines Herrn Sohnes. Um Mittag war er noch selbst bey Tafel. Nachdem selbige gehoben, legte er sich ein wenig zur Ruhe, befand sich aber nach einem kurzen Schlummer gar nicht wohl. Er verlangte mit seiner getreuen Gemalin allein gelassen zu werden und entschlief zwischen 10. und 11. Uhr in ihren Armen mit völliger Zuversicht auf den Tod seines Erlösers, nachdem er die Tage seiner Wallfahrt auf 70. Jahr 2. Monate und 24. Tage gebracht. Sein entseelter Leichnam ward nach seinem Verlangen in eine Gruft vor dem Altar in der Schloß-Kirchen eingesenkt und ruhet bis auf den Tag der frölichen Auferstehung. Er war einer der grösten Fürsten seiner Zeit; ein bey Kayser und Königen in höchster Achtung stehender Krieges-Held; ein Vertheidiger seines Fürstl. Hauses; ein Liebhaber der Religion; ein besonderer Freund des Lehr-Amts und mehr ein Vater, als Beherrscher, seiner Unterthanen, welche von ihm nur blos durch seinen Tod betrübet wurden.

§. 48.

Herzog Hans Adolph hinterließ einen Pr. Christian Carl und einen Enkel LEOPOLD AUGUST.

Selbiger ward nach Abgang seines Herrn Groß-Vaters regierender Herr der Holstein Plönischen Lande. Sein Herr Vater war der Erb-Prinz Adolph August und die Frau Mutter Elisa-

Elisabetha Sophia Maria. Von diesen Fürstl. Eltern ist er den 11. Aug. 1702. ans Licht der Welt geboren. Die Frau Mutter nahm die Vormundschafft ihres unmündigen Prinzen und mit derselben die Regierung über sich und bestätigte den 28. Jul. der Stadt Plön ihre wohl hergebrachte Freyheiten. Unter derselben ward diese Vomundschaft von Königl. Dänischer Seiten auch dem Königl. Herrn Geheimen-Raht Christoph Gensch v. Breitenau aufgetragen. Der erste traurige Zufall, welcher dem Hochfürstl. Hause dazumal begegnete, war der tödliche Hintrit des Prinzen Christian Carls, des zweyten Sohnes Herzogs Hans Adolphs. Solcher erfolgte den 27. Oct. 1704. in dem 15. Jahr seines Alters. Er ward den 28. Oct. in der Schloß-Kirchen beygesetzt. Er hat den Ruhm, daß er bey den schönen Wissenschafften eine besondre Gottesfurcht in seiner zarten Jugend und insonderheit in seinem Sterben geäussert.

§. 49.

Also war von Herzog Hans Adolphs Fürsten-Stamm nicht mehr, als ein einziges zartes Reißlein übrig. Es fehlte demselben nicht an Pflege und Wartung, um die Hofnung des Landes in demselben erfüllet zu sehen. Allein die ewige Vorsicht hatte ein andres beschlossen. Auch dieser Reiß solte in seinem ersten Wachsthum verwelken und damit der Stamm von dem so hoch berühmten Herzog Hans Adolph gänzlich erlöschen. Am 4. Nov. des 1706. Jahres gieng Herzog Leopold August in dem 5. Jahr seines Alters aus der Welt und ließ eine Mutter und Groß-Mutter in unbeschreiblichen Schmerzen und unaussprechlicher Traurigkeit zurück.

Das eilfte Capitel.

Von Herzog Joachim Friderich.

§. 1.

Herzog Joachim Friderich ist den 9. May 1668. zu Magdeburg an das Licht dieser Welt getreten. Sein Herr Vater war Herzog August zu Schleswig-Holstein-Norburg, und seine Frau Mutter Elisa-

Elisabeth Charlotte aus dem Hause Anhalt-Harzgerode. Sein Herr Vater hielte sich dazumal als Gouverneur zu Magdeburg auf, und solches war die Gelegenheit, daß er daselbst geboren wurde. Die Hochfürstl. Eltern trugen für eine Standesmäßige Erziehung ihres Erb-Prinzen alle ersinnliche Vorsorge, wie er denn in den Sprachen und Wissenschafften in seiner Jugend einen solchen Grund legte, welcher eine Liebe zu denselben in seinem ganzen Leben unterhalten.

§. 2.

Wie sein Herr Vater, Herzog August, ein grosser Krieges-Held war; so suchte auch unser Herzog Joachim Friderich in dessen Fußstapfen zu treten. Er diente schon 1688. unter dem Prinzen Wilhelm von Oranien wider König Jacobum II. in Engelland, als General-Major. (*) In eben demselben Jahr begleitete er nebst senem Herrn Vater die Leiche des grossen Friderich Wilhelms, Churfürsten zu Brandenburg, und führte die junge Churfürstin, als diese hohe Leiche den 12. Apr. zu Berlin auf das prächtigste in einem Begräbniß, welches der Churfürst selbst bauen lassen, beygesetzet wurde.

(*) Theatr. Europ. T. XIII. p. 563.

§. 3.

Herzog Augustus hatte schon 1688. seine letzte Willens Meynung dahin erkläret, daß nach seinem tödlichen Hintrit der älteste Prinz Joachim Friderich die väterliche auf der Insul Alsen liegende Länder mit dem Haupt-Hause Norburg haben, dagegen der jüngere Prinz sich mit den auf der Insul Arroe liegenden Gütern begnügen lassen sollte: jedoch mit dem Beding, daß, wenn etwa das Plönische Antheil ledig würde, solches der älteste Bruder sollte in Besitz nehmen, dagegen seinem jüngern Herrn Bruder das Norburgische völlig überlassen. Als nun Herzog August im Oct. 1699. mit Tode abgieng, trat Herzog Joachim Friderich die Regierung der Norburg. Lande an und überließ seinem Herrn Bruder Christian Carl die auf der Insul Arroe liegende Güter.

§. 4.

§. 4.

Als letzterer sich 1702. den 20. Febr. mit der damaligen Fräul. von Aichelberg nach allen Eigenschafften, die eine vollkommene Ehe haben muß, vermählte; so nahm dessen Herr Bruder Herzog Joachim Friderich daher Gelegenheit, denselben, in vermeynter Ungleichheit dieser Ehe dahin zu bewegen, daß er mit demselben den 24. Nov. 1702. einen seinen Nachkommen nachtheiligen Vergleich errichtete: es sollten nemlich, so lan„ge von Herzog Joachim Friderich männliche Descendenten übrig, seine aus „einer unstreitig rechtmäßigen Fürstl. Ehe erzeugte Kinder nur vor adeliche „gehalten und von der ihnen sonst nach Herzogs August Testament zu„kommenden Erbfolge ausgeschlossen werden, doch sollte dabey die Erb„folge für Herzog Christian Carls männliche Erben in dem Fürstl. Lehn „unentschieden ausgesetzet bleiben, bis sich über kurz oder lang der Fall „zutrüge, daß Herzog Joachim Friderich ohne Leibes-Lehns-Erben ver„stürbe.“

§. 5.

Es faste Herzog Joachim Friderich darauf den Entschluß, sich selbst zu vermählen. Er wandte seine Augen auf die Princeßin Magdalena Juliana. Selbige war eine Tochter des Pfalz-Grafen Johann Carls zu Birkenfeld in Gelnhausen: eine Fürstin von treflichen und ausnehmenden Gemühts-Eigenschafften. Das Fürstl. Beylager ward zu Frankfurt am Mayn den 26. Nov. 1704. feyerlich gehalten. (*)

(*) Hamburg. Remarque 1705. p. 40. woselbst das Geschlecht-Register dieser Princeßin befindlich.

§. 6.

Als 1706. den 4. Nov. Herzog Leopold August, als der letzte Lehns-Erbe von dem Herzog Hans Adolphs mit Tode abgieng; so war Herzog Joachim Friderich unstreitig der nächste Erbe an die Holstein-Plönische Lande. Es wollte aber auch Herzog Johann Adolph Ernst Ferdinand Carl zu Holstein-Rethwisch an dieser Erbfolge Theil nehmen, doch Herzog Joachim

Joachim Friderich kam ihm zuvor und hielte den 10. Nov. unter vielen Freuden-Bezeugungen seiner Unterthanen zu Plön einen glücklichen Einzug. (*)

(*) Hamburg. Remarquen p. 367.

§. 7.

Den 12. Nov. ej. a. meldeten sich zween Notarii Johann Christoph Tunder und Joachim Vick bey der Wache am Schloß-Thor in Plön mit der unterthänigsten Bitte, vor den Herzog, weil sie etwas wegen seines Herrn Bruders Sohns anzutragen hätten, gelassen zu werden. Da aber denselben solches abgeschlagen ward, begehrten sie einen von den Fürstl. Rähten zu sprechen. Wie nun darauf dem damaligen Fürstl. Cammer Director A. G. Babbe aufgegeben ward, diese Notarios zu vernehmen; so meldeten selbige, wie sie, nachdem der Herzog Joachim Friderich nunmehro die Regierung der Plönischen Lande angetreten, von der Frau Wittwen des Hochsel. Herzogs Christian Carls befehliget wären, wegen Dero Herrn Sohns Friderich Carls eine Vorbehaltung seiner Rechte wegen künftiger Erbfolge in dem Hochfürstl. Hause einzulegen. Der Cammer-Director gab zur Antwort, es sey dieses vor der Zeit nicht nöhtig, da der Fall nach dem Brüderlichen Vergleich noch nicht vorhanden. Der Herzog wäre noch selbst in blühendem Alter und gönne ihm die Folge gerne. (*)

(*) Vorstellung und Bitte rc. Beylage t. i.

§. 8.

Der Herzog von Rethwisch hatte seine Absicht darin nicht erreichet, daß er zur Mitregierung der Holstein-Plönischen Lande gelanget. Damit aber hörte dessen Forderung nicht auf. Er verlangte, daß, da vorher das Plönische Land in drey Theile getheilet, dessen Herrn Vater $\frac{1}{3}$. zugefallen, es jetzo in zwey gleiche Theile sollte getheilet werden. Er forderte also zu dem, was er bereits inne hatte, das Amt Traventhal, den Kalkberg und den Flecken vor Segeberg Giesschenhagen. Man meynt, Herzog Joachim Friderich sey nicht ungeneigt gewesen, diese Bedingungen einzugehen, allein durch Vermittelung des Königes von Dännemark, der nicht billigen konte, daß diese Ämter weiter zerstückt würden, kam den 24. Dec. 1706. ein Vergleich zum Stande, daß Herzog Joachim Friderich alles behalten, dahingegen an Rethwisch die Summe von 5000. Rthlr. jährlich erlegen sollte: welche Summe mit einen drittel aus den 4000. Rthlr. Witthums Geldern, so des Hochsel. Herzogs Hans Adolphs Wittwe zu geniessen hatte, nach dem tödlichen Abgang derselben sollten vermehret werden. Dieser Vergleich ward den. 4. Jan. 1707. von dem König zu Copenhagen bestätiget.

§. 9.

Der Herzog Joachim Friderich bestätigte in eben demselben Jahr den Bürgern der Stadt Plön den 20. Dec. ihre wohlhergebrachte Freyheiten: und ließ seine Fr. Gemalin von Norburg nach Plön abholen, welche den 19. Febr. 1707. zu Plön ihren vergnügten und frölichen Einzug hielte. Bishero war Dero sonst höchst vergnügte und glückliche Ehe noch nicht mit Kinder gesegnet. Im Jahr 1708. den 1. Merz aber wurden die Hochfürstl. Eltern durch die Geburt einer Princeßin Charlotta Amalia erfreuet, welche nachhero Chanoisse zu Ganderoheim geworden und durch ihre trefliche Gemühts-Neigungen sich bey Gott und Menschen angenehm macht.

§. 10.

Von dem weltberühmten Herzog Hans Adolph war noch eine Tochter Princeßin Dorothea Sophia im Leben übrig. Die erhabene und niemals genung gepriesene Eigenschafften derselben bewegten den damals zu Mecklenburg-Strelitz regierenden jungen Herzog Adolph Friderich, dieselbe zu seiner Gemalin zu erwählen. Solches erreichte auch die Würklichkeit, da selbige ihm zu Plön den 11. April 1709. bey vielen Festivitäten und Lustbarkeiten durch die Trauung beygeleget wurde. (*)

(*) Klüvers 3ter Theil der Beschreibung des Herzogthums Mecklenburg pag. 412.

§. 11.

Herzog Joachim Friderich war jetzt darauf bedacht, die Belehnung vom Kayser über sein inhabendes Antheil in Holstein zu suchen. Bey der Gelegenheit schrieb die Fürstliche Frau Wittwe Dorothea Christina, Herzog Christian Carls nachgelassene Gemalin, den 25. Jun. 1709. aus Sunderburg an den Preußischen Agenten Johann Gottfried Mörlin die Gerechtsame ihres Herrn Sohnes bey dieser Lehns-Muhtung bestens zu beobachten. Aber aller angewandten Bemühungen ungeachtet ward das Gesuch hintertrieben. Der Herzog von Holstein-Plön händigte dem Reichs-Hofraht den 31. Merz 1710. die allerunterthänigste Lehns-Muhtung ein; übergab den 4. April den Brüderlichen Vergleich von 1702., suchte solchen zu erklären und bat den Kayser, diesen Vergleich auch zu bestätigen. (*)

(*) Rethwischische Beschtigung Beylage XXI.

§. 12.

Es ward darauf den Bevollmächtigen des Herzogs Joachim Friderichs, Adam Hinrich Keller, Freyherr von Schlotheim und Isenburg und dessen Raht und Agenten Johann Adam von Diederich der gewöhnliche Lehns-Eyd vor dem Kayserl. Thron den 4. Jun. abgenommen und der Lehns-Brief, welcher nach dem vorigen eingerichtet, überreichet. Ob nun gleich der obgedachte Bevollmächtige der Fürstl. Fr. Wittwe Christian Carls muste geschehen lassen, daß ihr Herr Sohn Friderich Carl aus diesem Lehns-Brief ausgelassen worden; so fand er doch nöhtig den

den 16. Jun. bey dem Reichs-Hofraht mit der Gegenvorstellung einzukommen, daß, da er sich zwar des Herzogs Christian Carls einzigen Herrn Sohnes auf Befehl seines Königes und in Vollmacht dessen Fürstl. Fr. Mutter angenommen, die Belehnung aber mit Ausschliessung desselben geschehen, und die Vormünder des jungen Herrn sich in keinen weitläuftigen Proceß einzulassen gemeynet, er jetzo bitten müste, daß der Kayser denselben bey den Befugnissen, so aus dem Vergleich und den Verfassungen des Fürstl. Hauses herkommen, schützen und dereinst zum Genuß beyder Fürstenthümer gelangen lassen möchten. (*)

(*) Rethwischische Befestigung Beylage XXII.

§. 13.

Zwischen Holstein-Plön und Holstein-Rethwisch entstunden 1711. einige Zwistigkeiten wegen Einwilligung zur Aufnahme gewisser Geld-Summen, die man Plönischer Seiten nöhtig hatte und die von Rethwisch sollten consentiret werden. Insonderheit zog dieses die Hand zurück, als es 1712. eine Summe von 50000. Rthlr. unterschreiben sollte, ja es wollte den einmal zu Lübeck 1706. eingegangenen Vergleich nicht weiter für gültig erkennen. (*) In dem Jahr 1711. ward in dem Holstein-Plönischen Hause die Princeßin Elisabeth Juliana den 3. Merz geboren: selbiger folgte im Jahr 1712. die Princeßin Dorothea Augusta Friderica, welche auch Chanoisse zu Gandersheim geworden. Derselben folgte im Jahr 1713. den 27. Nov. die Princeßin Christiana Lovise. Letztere wurden 1735. an den hochgebohrnen Grafen und Herrn Albrecht Ludewig Friderich, Grafen zu Hohenlohe und Gleichen, Herrn zu Langenburg und Franzfeld vermählet.

(*) Rethwischische Befestigung p. 56.

§. 14.

§. 14.

Die Durchl. Fürstin Elisabeth Sophia Maria, gewesene Gemalin des Hochsel. Plönischen Erb-Prinzen Adolph August, lebte noch in ihrem Wittwen-Stande. Sie schmückte denselben mit Tugenden, die derselben eine allgemeine Verehrung zu Wege brachten. Dis rührte das Herz des damaligen Erb-Prinzen von Braunschweig-Lüneburg August Wilhelm in Erwählung einer Gemalin seine Augen besonders auf dieselbe zu richten. Diese Vermählung kam auch würklich zum Stande und ward den 27. Merz 1714. bey vollenkommener Zufriedenheit vollzogen.

§. 15.

Um diese Zeit verließ Kayser Josephus den Schau-Platz der Welt und dessen Herrn Bruder Carl VI. ward wieder Kayser. Dieses nöhtigte Herzog Joachim Friderich, eine neue Belehnung zu suchen. Er ließ die Vollmachten von Glücksburg, Sonderburg, Norburg und Rethwisch einbringen, aber an den nächsten Vetter Friderich Carl ward nicht gedacht. Seine Bevollmächtigte zu Wien Johann Rudolph Freyherr von Ow und Johann Albert Schumann übergaben den 23. Jul. 1714. eine Muht-Schrift und baten für ihren Herrn und dessen Herrn Vettern um die Belehnung. Selbige ward ihnen auch nach abgelegten Lehns-Eyd den 7. Oct. in der Favorite ertheilet und der Lehns-Brief nach dem von 1710. ausgefertiget (*)

(*) Rethwischische Beylage LXI. und XXV.

§. 16.

Wie das Hochfürstl. Haus Holstein-Plön durch das Absterben der zweiten Princeßin Elisabeth Juliana, welche den 1. April 1714. in dem 5. Jahr Dero Hoffnungsvollen Alters erfolgte, schmerzlich betrübt wurde; so kam hingegen ein Vergleich mit Rethwisch in Ansehung der Mißhelligkeiten, deren vorher gedacht, (*) zum Stande. Es wurden dazu die Königl. Herrn geheimen Rähte, Baron von Jessen, Gensch von Breitenau und Wulf Blome gebraucht, welche den 3. August ein ernsthaftes Schreiben an den Herzog von Rethwisch ergehen liessen. Der Inhalt des Vergleichs war kürzlich dieser: daß

1. der 1705. getroffene Vergleich feste stehen;

2. Rethwisch als nächster Anverwandter zu nohtwendiger Aufnahme und Versetzung der Gelder seine schriftliche Einwilligung geben;

3. Plön und Rethwisch gemeinschafftlich für das Beste sorgen und die Kosten der Belehnung, als Plön ⅔. und Rethwisch ⅓. zusammen tragen;

4. Die 5000. Rthlr. im Umschlag an Rethwisch richtig bezahlen und

5. Das Testament von Herzog Joachim Ernst dem Herz. von Rethwisch gezeiget werden sollte. (**) Dieser Vergleich ward zu Lübeck im August 1715. geschlossen und den 14. Jan. 1716. zu Plön besiegelt.

(*) §. 13. (**) Rethwischische Besest. Beyl. XLVIII.

§. 17.

Wie man in den Evangelischen Ländern überhaupt 1717. ein allgemeines Dank- und Jubel-Fest feyerte, daß für 200. Jahren das Licht des Evangelii durch den Dienst des sel. Lutheri wieder durchgebrochen und der Welt zum Heil erschienen; so geschahe solches auch in den Holstein-Plönischen Landen. Also stund alles wohl in dem Plönischen Hause, bis 1720. sich eine Veränderung angab, die demselben und allen getreuen Unterthanen äusserst schmerzlich seyn muste. Es gefiel dem HErrn über Leben und Todt in demselben die liebenswürdige Gemalin Herzog Joachim Friderichs, die niemals genung zu rühmende Herzogin Magdalena Juliana den 5. Nov. nach einer kurzen Krankheit aus der Welt abzufodern und in die frohe Ewigkeit zu versetzen. Ihr entseel-

entseelter Leichnam ward den 21. Dec. mit Christfürstl. Ceremonien in die Fürstl. Ruhe-Kammer gebracht und in ihrer ungeheuchelten Gottesfurcht und geführten Tugendvollen Wandel ließ sie der Welt ein Muster zurück, welches einer besondern Aufmerksamkeit und Nachahmung würdig war.

§. 18.

Herzog Joachim Friderich fand sich durch diesen Zufall in den Umstand gesetzt, daß er sich nach einer tugendhaften Gemalin wieder umsehen muste, an welcher er eine getreue Gehülfin und seine 3. Mutterlosen Princeßinnen eine liebreiche Mutter und Anführerin haben möchten. Er fand solche auch in der Person der damals Durchl. Princeßin Juliana Lovise. Sie war eine Tochter Fürsten Christian Eberhards zu Ostfriesland und Eberhardine Sophia, welche des Fürsten Albrecht Ernst zu Oettingen Tochter war. Von diesen Fürstl. Eltern ist sie 1698. an das Licht der Welt geboren. Im Jahr 1711. that sie der Fr. Gemalin des jungen Czarn zur Gesellschafft eine Reise nach Muscau, nachdem sie seit 1708. sich zu Blankenburg bey der unvergleichlichen Herzogin Antoinette Amalia aufgehalten und von derselben alle mütterliche Sorgfalt genossen. Sie kehrte 1717. nach Blankenburg zurück und erwarb durch ihre edle Gemühts-Neigungen eine allgemeine Liebe und Verehrung. Dieser Ruhm breitete sich bis nach Plön aus und bewegte den Herzog Joachim Friderich, sich um dieselbe zu einer Gemalin zu bewerben. Er ward auch seines Wunsches theilhaftig, daß zwischen ihm und dieser Princeßin den 17. Febr. 1721. die vollenkommenste Verbindung mit ausserordentlicher Freude zu Braunschweig vollzogen wurde. Plön hatte die Freude, daß in dem darauf folgenden Merz der feyerliche Einzug dieser vermählten hohen Personen daselbst gehalten wurde.

§. 19.

§. 19.

So vergnügt diese Ehe zu seyn schiene; so kurz war die Dauer derselben. Schon im Herbst des 1721. Jahres äusserten sich allerley Leiden bey dem Herzoge, welche als eine Vorbedeutung der bevorstehenden letzten Veränderung desselben konten angesehen werden. Als Höchstdieselbe sich auf Dero Lust-Hause zu Traventhal aufhielten, wurden Dieselben von einer starken Ohnmacht übereilet. Mit dem Anfang des folgenden 1722sten Jahres nahmen die Schwachheiten merklich zu. Dis erweckte den Herzog, sich zu einem seligen Abschied aus der Welt in stetiger Bereitschafft zu halten. Er nahm von seiner geliebten Gemalin, die in Thränen zerfliessen wollte, den zärtlichsten Abschied, segnete seine Kinder und empfahl solche der liebreichen Vorsorge ihrer Fr. Mutter: und darauf erfolgte nach göttlicher Bestimmung das Ende seiner Wallfahrt in dem Jahr 1722. den 25. Jan. An demselben entschlief er unter der Predigt, da es eben Sonntag war, in seinem Erlöser sanft und selig, nachdem er sein Leben auf 54. Jahr und 14. Wochen gebracht. Sein Leichnam ward den 23. Febr. Abends um 10. Uhr unter vielen Thränen in der Schloß-Kirchen zur gewöhnlichen Ruhestäte gebracht. Er war ein Herr von ansehnlicher Leibes-Gestalt, ein Eyferer um die wahre Religion, ein Freund der Wissenschafften, deren Liebhaber allezeit bey ihm wohl aufgenommen waren, und mit welchen er sich von Sachen, die zur Gelehrsamkeit gehören, gerne unterredete. Er hinterließ drey Princeßinnen Töchter, und eine schwangere Gemalin, davon in dem Folgenden wird gedacht werden.

(o)

Das

Das zwölfte Capitel.

Von dem gegenwärtig rühmlichst regierenden Herrn Herzog zu Schleswig Holstein-Plön, FRIDERICH CARL.

§. 1.

Se. Hochfürstliche Durchl. Herzog FRIDERICH CARL sind in dem Jahr 1706. den 4. August Abends zwischen 8. und 9. Uhr zu Sonderburg ans Licht der Welt geboren. Dero in GOtt ruhender Herr Vater war Herzog Christian Carl, welcher nach väterlicher Disposition zu seinem Antheil etliche Güter auf der Insul Arroe in dem Jahr 1699. empfangen hatte. Die Frau Mutter war Fr. Dorothea Christina von Aichelberg aus einem alten adelichen deutschen Geschlecht, wie solches die 16. adel. Ahnen in der Stamm-Tafel ausweisen. (*) Sie war schon über zweene Monat in dem Wittwen-Stande, als sie obgedachten Herrn zur Welt brachte, indem Herzog Christian Carl im Jahr 1706. den 23. May das Irrdische mit dem Ewigen in der besten Blüte seines Lebens verwechselte, da er noch keine 32. Jahr erreichet hatte.

(*) Man findet die Stamm-Tafel abgedruckt in Lünigs selecta scripta illustria a. p. 1086.

§. 2.

Dieser Herr hatte sich nicht weniger, als sein Herr Vater Augustus, um das Königliche Preußische Haus verdient gemacht, wie er denn unter demselben die Stelle eines General-Majors bekleidet, in welcher Qualité er auch dem Kriege in Brabante beygewohnt. Er war von einer ansehnlichen Leibes-Gestalt und von noch erhabenern Gemühts-Gaben und Eigenschafften. Er starb am ersten Pfingst-Feyertage, welches der 23. May 1706. war, des Morgens an den Blattern. Sein erblaster Leichnam ward laut seines letzten Willens in Norburg beygesetzt: nachhero aber, als dessen Herr Sohn zum Besitz der Plönischen Lande gekommen, in die Plönische Schloß-Kirche gebracht und daselbst bis an den Tag der frölichen Auferstehung aufgehaben. Auf dem Sarg stehet eine lateinische Aufschrift, welche, da sie die wichtigsten Umstände des Lebens-Laufs des Hochseligen Herrn enthält, und von dessen treflichen Eigenschafften ein unverwerfliches Zeugniß in sich fast, wohl wehrt ist, hieselbst angeführt zu werden. Sie lautet also:

Asservatur heu! Templum quondam Spiritus Sancti, Serenissimum nempe Corpus Serenissimi PRINCIPIS ac Domini, Domini CHRISTIANI CAROLI, Hæredis Norwegiæ, Ducis Schleswici & Holsatiæ, Stormariæ ac Dithmarsiæ, Comitis in Oldenburg & Dellmenhorst, qui aspirante Supremo Numine Anno MDCLXXIV. die xx Augusti & Patriæ & Borussiæ natus, Magdeburgi spirare cœpit. A Potentissimo Borussorum Monarcha ob speciales Spiritus Heroici dotes GENERALIS interque magnos ad Martis munia adspirantes MAJOR constitutus. Per brevissimum vitæ tempus pietate Christianum, fortitudine Carolum spiravit, conspirantibus inter se pietate, prudentia, consilio. Anno MDCCII. die xx. Februarii adspiravit ad castissimos amores illustrissimæ Dominæ Dnæ de CARELSTEIN, natæ de EICHELBERG, triplici prolis spe donatus, quarum prima exspiravit, secunda spirat, tertia speratur. Anno MDCCVI. die xxIII. Mai ipso Spiritus Sancti Festo inter ardentissima Spiritus suspiria Sondesburgi spirare desiit

Spiritu

Spiritu super Astra locato. Temperemus suspiriis, heu enim, quod non spirat, beatissimam tamen ac certissimam resurrectionem sperat.

§. 3.

Unter denen hierin angeführten Lebens-Umständen hat insonderheit die Ehe, aus welcher höchstgedachter Herzog Friderich Carl erzeuget und geboren, viele Aufmerksamkeit in der Welt, fürnemlich in dem Hochfürstl. Schleswig-Holsteinischen Hause, gemacht und wird deswegen einer umständlichen Ausführung würdig seyn, welche man auch von derselben nach denen davon vorhandenen vielen Urkunden desto leichter mittheilen kan. Unter den Ursachen, warum der Hochselige Herzog Christian Carl auf die Gedanken gerahten, sich mit einer adelichen Fräulein zu vermählen, wird unter andern auch die angegeben, daß seine noch zur Zeit habende Einkünfte, eine gleichbürtige Gemalin Standesmäßig zu ernähren, unvermögend. Wie weit solche gelten können, läst man dahin gestellet seyn. Viel glaublicher ist es, daß die ausnehmende Leibes- und Gemühts-Gaben der jungen Fräulein von Aichelbergen die ersten Funken der Liebe in des Herzogs Herz gestreuet, welche nachher um desto mehr zugenommen; je mehr der Herzog durch den Umgang dieselbe in ihren treflichen und Herzbezwingenden Eigenschafften kennen gelernet. Die Entschliessung wurde bey demselben fest gesetzet, dieselbe, alles Verdrusses und aller Widerwärtigkeiten, die daraus entstehen würden, ungeachtet, sich als eine ehetiche, ächte Gemalin antrauen und beylegen zu lassen.

§. 4.

Dieses Wunsches wären Ihro Hochfürstl. Durchl. niemals theilhaftig geworden, wenn sie sich gegen Dero Fürstl. Frau Mutter und übrigen hohen Anverwandten das geringste hätten merken lassen. Solchemnach war kein ander Mittel, Dero absicht zu erreichen, übrig, als sich an einem fremden Ort trauen zu lassen und daselbst ihre Ehe zu vollenziehen. Es eräugte sich dazu eine bequeme Gelegenheit, indem die Fräul. v. Aichelberg an einem oberdeutschen Fürstlichen Hofe berufen und dahero nach Frankfurt am Mayn zu verreisen, einen scheinbaren Vorwand bekam. Daselbst wurden sie von beeden Seiten einig, sich nach Christl. Gebrauch ordentlich copuliren zu lassen. Sie erwählten dazu ein nicht weit von Frankfurt liegendes Städlein, Umstadt. Sie vollzogen daselbst ihre Ehe, indem Herzog Christian Carl sich die Fräulein Dorothea Christina von Aichelbergen zu einer ächten, rechten, vollständigen Ehegemalin an der rechten Hand ad omnem effectum veri, justi & legitimi matrimonii durch den Reformirten Superintendenten Johann Jacob Müller zu Umstadt in dem Jahr 1702. den 20. Februar. in Beyseyn zweener adelichen Zeugen, als des Herrn Ober-Amtmanns von Curti und dessen Frau Ehegemalin, Abends um 10. Uhr antrauen ließ.

§. 5.

Da die Rechtmäßigkeit dieser Ehe der Grund der Fürstlichen Würde und Hoheit, auch aller daher fliessenden Rechte, womit Herzog Friderich Carl durch Dero Fürstliche Geburt versehen; so wird es unserm Zweck gemäß seyn, wenn wir das Zeugniß, woraus solches deutlich erhellet, hie beyfügen. Solches ist von dem obgedachten

Super-

Superintendenten und den dabey gewesenen Zeugen folgendergestalt abgefasset:

"Wir in dieser Schrift gemeldte und Ends-Unterschriebene, uhrkunden und bekennen hiermit, was massen sich zugetragen, daß der Durchl. "Fürst und Herr Christian Carl, Herzog zu Schleswig, Holstein, "Stormarn und der Dithmarschen, Graf zu Oldenburg und Dellmenhorst x. Montags den 20. Februar. dieses 1702. Jahres von "Frankfurt aus ganz in cognito anhero nacher Umstadt kommen, "und an mich Carl Wilhelm von Curti, Chur Pfälzischen gewesenen "Ober-Amtmann zu Umstadt und Ottsberg, in gnädigstem Vertrauen inständigst gesonnen, Seiner Hochfürstl. Durchl. mit guten "Raht und Anleitung dahin behülflich zu seyn, damit dieselbe ohne allen "Verzug und Aufschub, mit der Wohlgebohrnen Fräulein, Fräulein "Dorotheen Christinen von Aichelberg, Dero verlobten Braut, (welche "zu solchem Ende mit höchsterwehnter Sr. Hochfürstl. Durchl. von "Frankfurt heraus gefahren) durch ordentliche Priesterliche Copulation, "zusammen gegeben und verehelicht werden möchten. Welche verlangte "Christliche Copulation und Einsegnung damn auch durch mich, Johann "Jacob Müllern, der Zeit Chur-Pfälzis. Reformirten Inspectoren zu "Umstadt und Ottsberg, auf meine des gewesenen Ober-Amtmanns, mündt- und schriftlich interponirte Versicherung, (wie nemlich kein Impedimentum legitimum Matrimonii contrahendi, verhanden "wäre) eben desselbigen Tages, Nachts um zehn Uhr, in dem Frey-Adelichen Curtischen Hause, nach Inhalt der Chur-Pfälzischen Reformirten Kirchen-Ordnung verrichtet, und dabey von denen beyden "Respective Hochfürstl. und Hochadel. verlobten Persohnen, die beyde "rechte Hände in einander geschlagen, und die Trau-Ringe übergeben "worden, welchen Actum ich, der Inspector, auch nachgehends, auf gnä-

"gnädigstes Begehren, in das hiesige Kirchen-Buch, von der Refor-"mirten Gemeine, ordentlich eingetragen habe. Was dann nun, so "wohl mehr höchsterwehnte Sr. Hochfürstl. Durchl. als auch Dero "Ehe-Gemahlin, um Lebens und Sterbens Willen, auch zu Dero "hohen posterität Versicherung, auch zu aller Interessenten Nachricht, "an Uns, Ob- auch Endes-Benannte, gesinnen lassen, sothaner "Priesterlichen Copulation und vollzogener Ehe halben, denenselben ein "glaubwürdiges Attestatum zu ertheilen. Als haben wir uns schuldigst "erkannt, Sr. Hochfürstl. Durchl. und Dero Ehe-Gemahlin, des-"fals unterthänig und gehorsamlich zu willfahren, und bezeugen dero-"wegen hiemit, bey Unserm guten Gewissen, Treu, Ehre und Glau-"ben, auch unter Unsern eigenen Handschriften und Siegeln, daß die "Vollziehung dieser Ehe, sich an Ort und Ende, Zeit und Stunde, "zugetragen, wie hier oben umständlich erwehnet worden. So gege-"ben und in Duplo ausgefertiget, Umstadt den 3. April, im Jahr "unsers Erlösers 1702.

(L. S.) Johann Jacob Müller, Chur-Pfältzischer Reformirter Inspector zu Umstatt und Ottsberg.

(L. S.) Carl Wilhelm von Curti, Chur-Pfaltz gewesener Ober-Amtmann zu Umstadt und Ottsberg als Zeuge.

(L. S.) Anna Helena von Curti, gebohrne Schenkin zu Schweinsberg, als Zeugin.

§. 6.

Aus diesem Zeugniß erhellet deutlich, daß es so wenig Herzogs Christian Carls Wille gewesen, die Fräulein von Aichelbergen zur linken Hand und ad morganaticam sich antrauen zu lassen: so wenig solches würklich geschehen, indem kein einiges Requisitum, das zu einer vollständigen, ächten und rechten Ehe nach den Gründen der Christl. Religion erfordert wird, daran fehlet. Ob gleich diese Vermählung nachhero nicht ohne Widerspruch geblieben.

§. 7.

Dieser Widerspruch äusserte sich bald, als die geschehene Vermählung durch einen Expressen, welchen die Königin von Dännemark an des Herzogs Frau Mutter nach Norburg sandte, kund gemacht. Der Köngin hatte es Dero Herr Bruder, der Land-Graf von Hessen-Cassel, welcher Condominus von Umstadt war, geschrieben. Die Durchl. Frau Mutter des Herzogs Christian Carls ward durch diese unvermuhtete Zeitung äusserst aufgebracht. Doch als die erste Bewegung des Gemühts sich geleget, ward ihre mütterliche Zuneigung stärker, als solche ordentlicher Weise zu seyn pflegte. Insonderheit bezeugte sie dem aus dieser Ehe nachher erzeugten Herrn Sohn eine besondere Liebe und Zärtlichkeit.

§. 8.

Der Widerspruch, den diese Ehe bey der Frau Mutter des Herzogs fand, war stark: aber der, welchen Dero Herr Bruder, des Herzogs Joachim Friderichs Durchl. erregten, war viel stärker. Solcher gieng so weit, daß, dafern die Heuraht selbst nicht annulliret, doch die daraus zu erzielende Kinder des Fürstlichen Standes nebst aller Succession unfähig erkläret werden möchten. Der Vorwand blieb allemal, daß eine Fürstliche Familie nicht standesmäßig von den mäßigen Einkünften des Herzogs Christian Carls könte erhalten

und

und verpfleget werden. Und da dieser Herzoge Herr Vater Augustus die väterliche Disposition gemacht, daß, wenn das Plönische über kurz oder lang seinem Stamm erblich würde zufallen, der älteste solches besitzen und das Norburgische seinem jüngsten Bruder wieder heimfallen sollte; so kam die Bedenklichkeit dazu, daß solches bey des Herrn Bruders männlichen posterité bleiben würde, dafern die Ehe in ihrer Rechtmäßigkeit bestehen und die daraus entstehende Kinder ihre angeerbte Rechte behalten sollten.

§. 9.

Solchemnach wurden alle ersinnliche Mittel angewandt, die Rechtmäßigkeit dieser Ehe zu schwächen; die Gemalin von ihrer dadurch erlangten Fürstlichen Würde herunter zu setzen und den Kindern, was die Rechte der Geburt denenselben gegeben, zu entziehen. Man suchte diese Absicht durch Ihro Königl. Majestät zu Dännemark zu erreichen und auch den damaligen Herzog von Plön Hans Adolph, als Seniorem Familiæ, dazu zu gebrauchen. Die Forderung mag anfänglich noch härter gewesen seyn. Dismal lief sie darauf aus, daß, so lange Herzog Joachim Friderich lebte, die Gemalin und Kinder von Herzog Christian Carl sich als adeliche unter dem Namen von Carlstein betragen und mit einer Summe von . . . Rthlr. Spec. abgefunden seyn sollten. Das beste in diesem Vergleich war die Clausel, daß derselbe sich nicht weiter, als auf Ihro Durchl. Herzog Joachim Friderich und dessen Leibes-Lehns-Erben erstrekken und das Jus Successionis von Ihro Durchl. Herzog Christian Carls männlichen Erben in dem Fürstlichen Lehn undecidirt ausgesetzet werden sollte; bis nach kurz oder lang der Casus sich zutrüge,

trüge, daß Ihro Hochfürstl. Durchl. Herzog Joachim Friderich und Dero Leibes-Lehns-Erben aussterben sollten.

§. 10.

Doch ehe dieser Vergleich zum Stande kam, fand Herzog Christian Carl für nöhtig, seiner Gemahlin davon Eröfnung zu thun. Es war von dergleichen unerwarteten Begebenheit bey dem Anfang ihrer Ehe nicht das geringste vorgefallen. Der Herzog hatte sich dieselbe, als eine echte Ehe-Gemahlin, ad omnes matrimonii veri & justi effectus antrauen lassen. Sie und ihre etwa zu überkommende Kinder hatten an allem, was aus einer rechtmäßigen Ehe fliest, ein vollkommenes Recht. Es muste sie also ein solches Anmuhten gar sehr befremden. Sie hatte eine rechtmäßig geschlossene Ehe vor sich. Die hohen Rechte, welche ihre etwa zu erzielende Kinder durch ihre Geburt erlangen würden, lagen ihr sehr am Herzen. Um nun dis durch diese und andre Vorstellungen hart verwundete Gemüht der Gemahlin in etwas zu beruhigen, muste Herzog Christian Carl sich entschliessen, einen an Eydes statt versicherten Revers derselben auszustellen, des Inhalts, wie seine Absicht bey dem mit seines Herrn Bruders Herzog Joachim Friderichs Durchl. zu errichtenden Vergleich nicht weiter gienge, als daß sie und ihre mit einander zu erzeugende Kinder nicht länger der Fürstl. dignitet sollten entsetzet werden, als bis ihre Mittel durch Sterb- und Erb-Fälle anwachsen würden, oder sein Bruder ohne Leibes-Lehns-Erben verstürbe. Er versprach weiter, so lange er lebte, mit Ernst dahin zu streben, daß ihre beederseits Kinder bey Dero competirendem Rechte erhalten, und in vorfallenden Succeßionen zu dem, was ihnen zukomme, verholfen werden möchten. Dieser eydliche Revers ist im Jahr 1702. den 22. Sept.

datirt und beweist zur Gnüge, daß Herzog Christian Carl die Rechtmäßigkeit seiner Ehe, in welche er mit der Fräulen von Aichelberg getreten, nicht in den geringsten Zweifel gezogen habe. So viel ist gewiß, daß Herzog Christian Carl noch bey seinen Lebzeiten an dem Kayserlichen Hofe um eine Standes-Erhöhung Dero Frau Gemahlin einkommen wollen, auch auf Dero Sterb-Bette befohlen, solches nicht zu verabsäumen. Hätten auch dieselbe die Plönische-Succession erlebt und die Norburgischen Lande nach Inhalt des Väterlichen Testaments überkommen, so würden Sie dem Vergleich Ziel und Maasse gesetzet haben, indem die Ursache, daß sie nicht so viel nachliessen, davon eine Fürstliche Familie sich erhalten könnte, dadurch weggefallen wäre.

§. 11.

Nachdem das Gemüht der Frau Gemahlin des Herzogs Christian Carls durch diese Versicherung in etwas zufrieden gestellet und beruhiget, ward an dem Vergleich unter den beeden Herrn Brüdern Herzog Joachim Friderich und Herzog Christian Carl weiter gearbeitet auch endlich in dem Jahr 1702. den 24. November durch den Plönischen Hof-Marschall von Hohenschild, den Glücksburgischen Hofmeister von Worgewitz, den bey Ihro Durchl. Herzog Christian Carl in Diensten stehenden Hofmeister von Büzau und den Hofraht Böckelmann zum Stande gebracht. Die Absicht dieser Herren mag vielleicht gut gewesen seyn, doch hätten dieselben die künftigen Zeiten in bessere Erwegung ziehen sollen. Dieser Vergleich ward von beeden Herrn Brüdern, als dem Herzog Joachim Friderich und Herzog Christian Carl unterschrieben und bald darauf von dem König zu Dännemark im Dec. Monat des 1702. Jahres durch allerhöchst Deroselben eigenhändige

Unter-

Unterschrift bestätiget. Es ist zwar dieser Vergleich bereits vielfältig abgedruckt, doch wird es unserm Leser nicht zuwider seyn, wenn wir denselben hier einrücken. Er lautet dem wörtlichen Inhalt nach also:

Wir FRIDERICH der Vierte, von GOttes Gnaden, König zu Dännemark, Norwegen, rc. rc. "Thun kund hiemit, daß Uns Unsere freundliche liebe Vettere, Herr "Joachim Friderich und Herr Christian Carl, Herzoge zu Schleswig, "Holstein-Norburg, Gebrüdere, geziemend vortragen lassen, welcher "gestalt sie einen Vergleich, wegen künftiger Unterhaltung, seiner, "Herzogs Christian Carls Ehe-Gemahlin, Dorotheæ Christinæ v. Aichel- "bergen, und der, aus dieser Ehe, kommenden Kinder, miteinander "getroffen, welcher folgenden Inhalts lautet.

Kund und zu wissen sey hiemit, daß heute dato zwischen denen Durchlauchtigsten Fürsten und Herren, Herrn Joachim Fri- "derich und Herrn Christian Carl, Gebrüdern, Erben zu Norwegen, "Herzogen zu Schleswig, Holstein, Stormarn und der Dithmarschen "Grafen zu Oldenburg und Dellmenhorst rc. folgender beständiger und "unwiederruflicher Vergleich verabredet und geschlossen worden. Nem- "lich, es erbieten sich Ihro Durchl. Herzog Joachim Friderich, daß "Sie, aus wohlbedachtem freyen Muht und Willen, vor sich und "Dero Leibes-Lehns-Erben, die von Ihro Durchl. Herzog Christian "Carl, aus wohlbedächtigem freyen Muht und guten Willen, auch be- "ständiger Meynung, bey Ihro Königlichen Majestät zu Dännemark, "Norwegen rc. als beyderseits Ober-Lehn-Herren, wie auch bey "Dero Herren Bruders, Herzog Joachim Friderich, Durchl. selbst "proponirte und gesuchte Puncten, wegen hinkünftiger Unterhaltung "Dero Ehe-Gemahls, Dorotheen Christinen von Aichelbergen, mit

"welcher Sie ohnlängst in Mariage getreten, aus blosser Intention,
"das Fürstliche Haus Norburg zu conserviren, indem Sie Beden-
"ken getragen, dero weniges Antheil Landes, heut oder morgen, un-
"ter Fürstl. Kindern zu theilen, und eine Durchl. Familie unglücklich
"zu machen, weswegen Sie auch, die aus solcher Ehe entspriessende
"Kinder, vor adeliche nur wollten gehalten und erkannt haben, in al-
"lem beständigst einzugehen, wie folget. (1) Daß Ihro Durchl.
"Herzog Joachim Friderich, wann Ihro Durchl. Herzog Christian
"Carl, nach GOttes unerforschlichen Willen absterben sollten, an
"Dero Ehe-Gemahl Dorotheen Christinen von Aichelberg und Kinder
"von denselben, aus denen Gütern Sebygaardt und Gottes-Gabe,
"(so auf solchem Fall auf Sie oder Dero Leibes-Lehns-Erben
"devolviret würden) vor Sich und Dero Leibes-Lehns-Erben, bahr
"bezahlen wollen - - - - - - - - - Rthlr. in Specie, und fals diese
"Gelder nicht so gleich bahr bezahlt werden könten, daß alsdann Ihro
"Durchl. Herzog Christian Carls Ehe-Gemahl und Kinder, so lange
"in Possession des Geniesses, (worunter freye Jagd und Fischerey,
"doch also, daß beyde so zu geniessen, damit sie nicht ruiniret werden,
"nebst nöhtigen Fuhren von denen Unterthanen, mit verstanden wer-
"den) als auch Bewohnung gemeldter Güter, verbleiben, und jähr-
"lich aus denen Revenüen (welche zu nichts anders als zu Abtrag der
"- - - - - - in Specie, sollen emploiret werden) von Ihrer Durchl.
"Herzog Joachim Friderich oder Dero Administratore selbiger Güter, so
"Sie dazu werden verordnet haben, - - - - - - - - - - - Rthlr. in
"Specie haben sollen, bis sie an Capital und Zinsen, als fünf pro Cen-
"tum ebenmäßig Species, welche à die mortis anfangen, nach zugelegter
"Rechnung völlig abbezahlt und contentiret worden; Da aber die jährli-
"chen Revenüen mentionirter Güter mehr, als die - - - - - - Rthlr.
"in Specie austragen sollten, nehmen Ihro Durchl. Herzog Joachim
"Friderich den Überschuß, hingegen wann die jährliche Revenüen der
erwehn-

"ten Güter allemahl - - - - - - - - in Specie nicht ausmachen sollten, "ersetzen höchstgedachte Ihro Durchl. Herzog Joachim Friderich den "Rest aus ihrer eigenen Cassa, auch im Fall die Zahlung der - - - - - "in Specie nicht richtig erfolgen und jährlich abgetragen werden, sollen "Ihro Durchl. Herzog Christian Carls Ehe-Gemahlin oder Dero Lei-"bes-Erben völlige Macht haben, die beyden Güter Sebygard und "Gottes-Gabe selber in Administration zu nehmen, und sich, wegen "der vorhergemeldten Summa der - - - - - - - in Specie, bezahlt zu "machen. (2) Wird Ihro Durchl. Herzog Christian Carl allein ge-"lassen die freye Disposition über angeregte - - - - - - - - in Specie, "so wol, als über die bey Dero Lebzeiten selbst erwerbende Capitalia, "Bahrschafften, Geschmück, Güter und Mobilien, selbige unter Dero "Ehe-Gemahl und Kinder, Männ- und Weiblichen Geschlechts zu "vertheilen. (3) Da Ihro Durchl. Herzog Christian Carl, bey Ih-"rem Tode keine Kinder, oder Leibes-Erben, sondern nur allein Dero "Ehe-Gemahl, Dorotheen Christinen von Aichelbergen, hinterlassen "sollten, so versprechen Ihro Durchl. Herzog Joachim Friderich, vor "sich und Dero Leibes-Lehns-Erben, daß deroselben alsdann aus de-"nen Gütern Sebygard und Gottes-Gabe in Specie - - - - - - - "zum Witthum ausgezahlet werden, und sie so lange in Possession des "Geniesses als auch Bewohnung selbiger Güter verbleiben, auch in "dessen freye Jagt und Fischerey, auf maasse, wie obgemeldet, auch "freye Fuhren von denen Unterthanen haben soll, bis sie aus denen "Revenüen, an Capital und Zinsen, als 5. pro Centum, in vier Ter-"minen, nemlich, in den vier ersten nacheinander folgenden Jahren, "jährlich mit - - - - - - in Specie, und also insgesamt mit - - - - - - "in Specie, und folglich die Zinsen, völlig befriediget worden. (4) Wann "hiernächst Ihro Durchl. Herzog Christian Carls, Ehe-Gemahl, "Dorothea Christina von Aichelbergen, auch mit Tode abgehen sollte,

 so

"so ist zwischen beyderseits Herren Brüderen beliebet, daß von obbe-"sagten - - - - - - - - in Specie, die Hälfte, als - - - - - - - in "Specie, an das Fürstliche Haus Norburg, wieder zurück fallen, "und die übrige - - - - - - - in Specie, mehrgedachten dero Ehe-"Gemahls Erben ab intestato, oder welche sie durch ein Testament zu "ihren Erben darüber ernennen wird, verbleiben sollen. Und wollen "Ihro Durchl. Herzog Christian Carl desfals völlige Caution ausstellen, "dadurch das Haus Norburg, wegen der - - - - - Rückfals-Gel-"der, gnugsam gesichert seyn könne. (5) Dahingegen lassen Ihro "Durchl. Herzog Joachim Friderich, oder dero Leibes-Lehns-Erben, "bey vorgedachtem Ihrer Durchl. Herzog Christian Carls Sterbfall, "dero Güter Sebygard und Gottes-Gabe auf Arroe, als recht-"mäßige Successores, so gleich, wegen der Hoheiten, Gerechtigkeiten, "Jurisdictionen, und was deme anhänget, durch die Huldigung in Be-"sitz nehmen, und forthin durch jemand, den sie dazu bestellen wer-"den, administriren, auch wie vorgemeldet, die - - - - - in Specie, "von denen Revenüen, aus solchen Gütern, bis zu völligem Abtrag "der Capitalien und Zinsen, an oftgedachte Herzog Christian Carls Ehe-"Gemahl und Kinder jährlich abführen, doch mit dem Bedinge, daß "der Administrator der Güter, so wol in Eyd und Pflicht von Herzog "Christian Carls Ehe-Gemahl und Erben, als von Herzog Joachim "Friderichs Durchl. oder dero Leibes-Lehns-Erben, stehen soll, bis "mehrbesagtes Capital, respective der - - - - - - oder der - - - - - "wie öfters gemeldet, abgetragen worden. Auch sollen die alsdann "verfallene Hebungen, so entweder schon gehoben, oder noch restiren, "nebst Getrayde oder Saat, nach Beschaffenheit der Jahrs-Zeit, als "auch das übrige, nach dem Inventario befindliche Vieh, welches bey "Antretung Ihrer Durchl. Herzog Christian Carls Regierung, auf "Sebygard und Gottes-Gabe nicht verhanden gewesen, sondern

von

"von demselben angeschaffet worden, dessen Gemahlin und dero Lei-"bes-Erben, zu statten kommen, und Ihnen gelassen werden, bis zu "dem Tage, da Ihro Durchl. Sterb-Fall sich begiebet, wie imglei-"chen, wann Ihro Durchl. Herzog Christian Carl, in den letzten Jah-"ren, kurz vor ihrem Ende, etwa neue Gebäude auf denen Höfen und "Vorwerken, nohtwendig bauen müssen, solche Bau-Unkosten den "Seinigen gut gethan werden sollen. (6) Soll dieser Vergleich "nicht weiter als auf Ihrer Durchl. Herzog Joachim Friderich "und Dero Leibes-Lehns-Erben sich erstrecken, und bleibet "das Jus Successionis vor Ihrer Durchl. Herzog Christian Carls "männliche Erben in dem Fürstl. Lehn undecidiret ausgesetzet, "bis nach kurz oder lang der Casus sich zuträge, daß Ihro Durchl. "Herzog Joachim Friderich und Dero Leibes-Lehns-Erben, aus-"sterben sollten. Endlich und (7) haben beyderseits die Herren "Brüder Herzog Joachim Friderichs und Herzog Christian Carls Durchl. "Durchl. vor sich und ihre Erben, bey ihren Fürstlichen Würden und "Glauben verheissen und zugesaget, diesen Brüderlichen Vergleich in "allen seinen Puncten und Clausulen Fürstlich und aufrichtig zu halten, "und dawider nimmer zu thun, noch zu handeln, sondern über den-"selben Conjunctim Ihro Königl. Majestät zu Dännemark, Norwe-"gen &c. gnädigsten Consens und Confirmation unterthänigst auszu-"bitten, zu dem Ende sie dagegen keine Rescripta, Indulta, oder Privi-"legia noch sonsten einige Exceptiones, wie dieselben genannt werden "mögen, insonderheit die Exceptiones læsionis, etiam enormis, simulatio-"nis, rei non sic, sed aliter gestæ, nullitatis, novorum emergentium & "non cogitatorum, auch nicht das beneficium restitutionis in integrum, "noch andere Fünde, solche mögen Namen haben wie sie wollen, hel-"fen sollen, gestalt beyderseits Durchläuchtigkeit, vor sich und ihre "Erben, solchen allen renunciiren, auf Maasse und Weise, wie es am

beständ-

"beständigsten geschehen kan oder mag, sonder Argelist und Gefährde. "Des zu Uhrkund sind dieses Vergleichs-Recesses, zweene gleiches "Einhalts verfertiget, und mit obgedachten beyderseits Durchl. Fürstl. "Hand-Zeichen und Insiegeln bestätiget worden. So geschehen auf "dem Fürstl. Hause Norburg, den 24. Novembr. 1702.

JOACHIM FRIDERICH,	CHRISTIAN CARL.
Herzog zu Schleswig-Holstein.	Herzog zu Schleswig-Holst.
(L. S.)	(L. S.)

"Und dannenhero bey Uns, als Ober-Lehns-Herren, gebührend "angehalten, Wir geruheten Ihnen über solchen Vergleich, Unsere "Königliche Confirmation zu ertheilen.

"Wann Wir nun sothanem ihrem billigen Gesuch in Königli- "chen Gnaden statt gegeben, als confirmiren und bestätigen Wir ob- "inserirten Vergleich, in allen Puncten und Clausulen, hiemit gnädigst, "und wollen, daß solchem stets, fest und unverbrüchlich nachgelebet, und "dawieder zu keinen Zeiten etwas vorgenommen oder verhänget werden "solle, noch möge. Uhrkundlich unter Unserm Königl. Hand-Zeichen "und fürgedrucktem Insiegel. Geben auf Unserer Residence zu Copen- "hagen, den 5. Dec. Anno 1702."

(L. S.) FRIDERICH R.

C. Schestedt.

§. 12.

Wenn nun durch diesen Vergleich des Herzogs Christian Carls Kinder angeborner Fürsten Stand war gleichsam suspendiret worden, so muste auch denselben ein neuer Name und Wapen bis auf die Zeit, da Herzog Joachim Friderich ohne männliche Posterität würde abgehen, beyge-

beygelegt werden. Es ward dazu der Name von Carlstein erwählet, und ein Wapen, das mit dem Schleswig-Holsteinischen viele Ähnlichkeit hatte. Solches ward auch von Königl. Majestät zu Dännemark gnädigst auf schriftliches Anhalten Herzog Christian Carls gebilliget und angenommen.

§. 13.

Unter diesen Umständen ward Herzog Christian Carl den 20. Merz des 1703. Jahres eine Tochter geboren, die in der Taufe den Namen Charlotte Amalia Ernestina bekommen, welche aber in ihrer Kindheit wieder verstorben. Derselben folgte im Jahr 1704. den 13. Sept. die zweyte, welcher der Name Wilhelmina Augusta beygelegt wurde. Selbige ward in dem Jahr 1731. den 20. Septembr. an den Herrn Grafen Conrad Detlev, Grafen zu Reventlau und Christiansäde vermählet, gieng aber in dem Jahr 1749. den 16. Merz wieder mit Tode ab.

§. 14.

Die Fürstliche Gemahlin des Herzogs Christian Carls befand sich abermal schwanger und der Erfolg zeigte, daß es ein Sohn war: aber dem Herrn Vater war von der ewigen Vorsicht die Freude nicht beschieden, denselben in der Welt zu sehen. Denn Selbiger war schon den 23. May mit Tode abgegangen, als dessen Herr Sohn den 4. Aug. an das Licht der Welt geboren wurde. Immittelst gereichte es der Fürstlichen Frau Wittwen zu einem unaussprechlichen Trost, sich mit einem so theuren und Hoffnungsvollen Geschenck begabt zu sehen. Sie sahe gar wohl ein, daß ihrem neugebohrnen Sohn der Beystand hoher Häupter nöhtig seyn würde. Sie erwählte in der Absicht demselben solche Gevattern, von welchen solcher konte erwartet werden. Selbige

 waren

waren S. Majestät König Friderich IV. zu Dännemark und Norwegen; S. Majestät der König von Preussen Friderich I. Ihro Hochfürstl. Durchl. die verwittwete Herzogin zu Osterholm Elisabeth Charlotte; Ihro Hochfürstl. Durchl. Herzog Joachim Friderich zu Norburg und dessen Frau Gemahlin, welche drey letztere bey der Tauf-Handlung zugegen waren. Ferner Ihro Durchl. Durchl. der Fürst Wilhelm von Anhalt-Hatzgerode, und Dero Frau Gemahlin; Ihro Durchl. Durchl. der Fürst Wilhelm von Nassau-Dillenburg und Dero Frau Gemahlin; Die Herren General-Staaten der vereinigten Niederlande, und die Schweizerische Cantons Bern und Zürch.

§. 15.

Insonderheit erkannte die Fürstliche Wittwe gar wohl, daß ihres neugebohrnen Sohnes zeitliche Wohlfahrt nicht wenig auf die Freundschafft und Zuneigung dessen Herren Vetters, Herzog Joachim Friderichs, beruhe. Deswegen that sie sich alle ersinnliche Mühe, denselben zu gewinnen und sich dessen Freundschafft zu versichern. Fort nach verrichteter Tauf-Handlung empfohl sie denselben Ihro Durchl. hochgedachten Herzogs Hulde und Aufmerkung, wovon sie sich um destomehr Hoffnung machte; je theurer die Versicherung war, welche Hochgesagter Herzog Dero Herrn Gemahl mit den Worten gegeben: "Sie wünschten, daß man dereinsten so für die Ihrigen, "wenn sie einmal die Welt verlassen müsten, sorgen möchte, wie sie "für ihres Herrn Bruders hinterlassene Familie Sorge zu tragen ge-"dächten." Als derselbe auf seinem letzten Kranken-Bette denselben durch dessen Cavalier den Herrn von Bützau ersuchen liessen, sich, wenn eine Veränderung mit demselben nach GOttes Willen vorgehen solte, der

Seini-

Seinigen anzunehmen; so erhielte Sie dieselbe Versicherung unter den kräftigsten und liebreichsten Ausdrückungen.

§. 16.

Um von dieser Versicherung die erste Probe zu nehmen, faste die Fürstliche Wittwe nach ihren geendigten Wochen den Entschluß, nebst ihrer Frau Schwieger-Mutter der verwittweten Herzogin zu Osterholm nach Norburg zu gehen, um den Herzog Joachim Friderich zu ersuchen, die Vormundschafft für ihre unmündige Kinder, insonderheit Dero neugebohrnen Sohn, zu übernehmen. Sie fand aber alles Bittens und Flehens ungeachtet keine Erhörung. Man wandte sich in gleicher Absicht an den Herzog Philipp Ernst zu Glücksburg; aber auch von demselben ward diß Gesuch abgeschlagen. Wenn sich also dieselbe von den nächsten Anverwandten verlassen sahe; ihr gleichwohl ein Curator, welcher derselben in ihren bedruckten Umständen beystünde, höchstnöhtig; so ward hiezu der Geheime-Raht von Körschau, damaliger Ober-Hofmeister bey Ihro Majestät der verwittweten Königin von Dännemark Norwegen, erwählet. Indem aber Ihro Königl. Majestät König Friderich IV. Bedenken trug, denselben, da er in Dero Reichen und Landen nicht angesessen, zu bestätigen; so wandte man sich zu dem Königlichen Dänischen geheimen Raht auf Stubben, Herrn Friderich Reventlau. Dieser nahm die Curatel willig über sich, und ward auch darin von Ihro Königlichen Majestät confirmiret. Wie derselbe dem Hochseligen Herzog Christian Carl in seinem Leben viele Freundschafft und Zuneigung bewiesen; so nahm er sich auch dessen Frau Wittwen und hinterlassenen Waysen treulich an, und suchte in allen derselben Gerechtsame zu unterstützen und aufrecht zu erhalten.

§. 17.

Inzwischen hatten die Umstände unsers Herzogs Friderich Carls durch den in dem Jahr 1702. errichteten Vergleich eine starke Veränderung erlitten. Nach der Natur der Ehe, aus welcher er war gezeuget und gebohren worden, hätte er sogleich und ohne Widerrede ein Prinz von Schleswig-Holstein seyn sollen. Der Vergleich von dem Jahr 1702. machte aber hierin einen Aufschub, welcher indessen wie nachmals gezeiget werden wird, sich glücklich determiniret und woraus klärlich zu Tage lieget, daß die göttlichen Rahtschlüsse sich durch Menschen Witz und Kunst wol eine Zeitlang aufhalten, aber nicht verändern und aufheben lassen.

§. 18.

Als obgedachter Vergleich in dem Jahr 1702. errichtet ward, fehlte es dem Hochfürstlich-Plönischen Hause nicht an männlichen Erben. Der berühmte Herzog Hans Adolph war noch im Leben. Er hatte zweene Herrn Söhne Adolph August und Christian Carl und einen Enkel Leopold August, welcher von dem ältesten Prinzen Adolph August mit seiner Frau Gemahlin Herzogin Elisabeth Sophia Maria gezeuget und in dem Jahr 1702. den 11. Aug. gebohren worden. Es war also gar kein Anschein, daß Herzog Augustus Nachkommen jemals zu dem Besitz der Holstein-Plönischen Lande gelangen würden. Solchemnach konte der Vergleich sich blos auf Norburg und was dahin gehöret, beziehen. Immittelst hatte hochgedachter Herzog Augustus schon auf diesen Fall sein Augenmerk gerichtet. Er machte daher in dem Jahr 1688. eine väterliche Disposition, daß, wenn nach GOttes Willen die Holstein-Plönische Lande einst sollten ledig werden, dessen ältestem Herrn

Sohn

Sohn, Herzog Joachim Friderich, solche zufallen solten. Dahingegen solte dieser dasjenige, was er in Norburg inne gehabt, dem jüngern Bruder Herzog Christian Carl abtreten.

§. 19.

Dieser Fall, welcher zu der Zeit, da obgedachte Disposition errichtet ward, schwerlich konte vermuhtet werden, erreichte dennoch in dem Jahr 1706. die Würklichkeit. Herzog Adolph August, der älteste Sohn von Herzog Hans Adolph verließ die Welt den 29. Jun. 1704. Abends um 8. Uhr. Dem folgte dessen Herr Vater den 2. Jul. und also 4. Tage hernach in die Ewigkeit. Den 27. Octob. desselben Jahres traf die Reihe Herzog Hans Adolphs zweyten Prinzen Christian Carl. Also ruhete die ganze Hoffnung auf des Erb-Prinzen Söhnlein Herzog Leopold August. Aber auch an demselben äusserten sich Schwachheiten, die kein langes Leben von demselben hoffen liessen. (*)

(*) Dis ist mit mehrern Umständen Cap. X. bereits angeführet.

§. 20.

Inzwischen trug es sich zu, daß der Herzog Joachim Friderich sich zu Osterholm befand, woselbst auch die Fürstliche Wittwe von Herzog Christian Carl gegenwärtig. Derselbe that gegen solche sehr freundlich, versicherte, für sie und ihre Kinder als ein Vater zu sorgen, und erwehnte zugleich, wie er sichre Nachricht hätte, daß der kleine Prinz zu Plön nicht lange leben könnte. Er hätte solches bereits an den Herzog von Rethwisch nach Brüssel geschrieben, daß derselbe bey eröfneter Plönischen Succession sein Interesse wahrnehmen möchte. Die Fürstliche Frau Wittwe dankte für die gnädige Erklärung auf das verbindlichste, stellte aber zugleich vor, daß sie nicht absehen könte, wie der Herzog von Rethwisch, wenn der Prinz in Plön mit Tode abgehen sollte, einigen Antheil an der Succession nach Inhalt des Großväterlichen Testaments haben könte, indem er, der Herzog Joachim Friderich, der einzige und nächste Erbe wäre. Der Tod des Prinzen erfolgte den 4. November 1706. in dem fünften Jahr seines Alters und damit war der männliche Stamm von dem weltberühmten Helden Herzog Hans Adolph gänzlich erloschen.

§. 21.

Herzog Joachim Friderich, welcher dazumal Norburg im Besitz hatte, war ohnstreitig der nächste Erbe an den Holstein-Plönischen Landen. Er nahm auch in dem Jahr 1706. den 10. Nov. würklich Besitz von denselben und stattete vor seiner Abreise nach Plön bey der Fürstlichen Frau Wittwe zu Sunderburg seinen Besuch ab und wiederhohlte nochmals die zu Osterholm derselben gegebene Versicherungen. Hätte Herzog Christian Carl, welcher ohngefehr vor 6. Monaten verstorben war, diesen Zufall erlebt; so hätte er ohnstreitig Besitzer von Norburg werden müssen. Nun aber kam es auf die Frage an, in wie weit dessen Herrn Sohn, welcher durch den angeführten Vergleich unter gewissen Bedingungen war zurückgesetzt worden, sich dieser Hoffnung könte zu erfreuen haben? So viel ist gewiß, daß, wenn dieser Vergleich nicht wäre dazwischen gekommen, man unmöglich demselben Norburg hätte streitig machen können. Daß aber auch, des Vergleichs ungeachtet, diese Länder nach der Gerechtigkeit ihm zugefallen, solches erhellet aus den Responsis, welche gelehrte Männer hierüber ausgestellt.

§. 22.

Nicht nur die leibliche Frau Mutter unsers itzigen Herzoges, sondern auch selbst die Frau Groß-Mutter zu Hirschholm hätten denselben gern im Besitz des Norburgischen gesehen. Sie liessen nebst den Vormündern desselben nachfolgende drey Fragen an die Rechts-Gelehrten in Kiel ergehen, welche den 10. Jan. 1707. beantwortet zurück folgten:

I. Ob ein Vater mit seinem Bruder über väterl. Lehn zum Schaden seiner Kinder einen bündigen Vergleich treffen könne? Darauf wird Nein geantwortet, mit dem Zusatz, daß, wenn auch die Kinder mit einer adelichen Person erzeuget und der Oberlehnsherr den Vergleich bestätiget, solches doch nicht für Recht bestehen könne.

II. Ob dem nach dem Tode des Herrn Vaters zur Welt gebornen jungen Herrn Friderich Carl durch den Vergleich vom Jahr 1702. das Recht genommen, sich des Großväterlichen Testaments von dem Jahr 1688. anzumassen? Auch dis wird mit Nein beantwortet.

III. Ob nicht der Vergleich aufhöre, da die Erhaltung des Norburgischen Hauses durch den Plönischen Erb-Fall, welches die Absicht des Vergleichs war, bestätiget? Hierauf ward Ja geantwortet, weil sich dadurch der Zustand des Norburgischen Hauses merklich geändert.

§. 23.

Man frug zugleich etliche Rechts-Lehrer; ob die Ehe, welche Herzog Christian Carl mit seiner Frau Gemahlin eingegangen, für eine Morganatische Ehe zu halten? Der Herr von Coccejus schrieb darauf in dem Jahr 1707. den 14. Merz, daß mehrgedachter Vergleich diese Ehe weder zu einer morganatischen Ehe mache, noch daß man dem jungen Herrn das großväterliche Norburgische vorenthalten könne, ja derselbe gebrauche, als ein gebohrner Fürst, nicht einmal eine Standes-Erhöhung. Eine Antwort von gleichem Inhalt erfolgte den 6. April von Kiel, da der berühmte Rechts-Lehrer D. Simon Hinrich Musæus anzeigte, daß obgedachte Ehe mit einer morganatischen gar nicht übereinkomme. Man sandte diese §. 22. angeführte drey Fragen auch nach Halle und erhielte von den beeden berühmten Juristen von Ludewig und Thomasius eine Antwort, welche mit der Kielischen übereinstimmete.

§. 24.

Es ist bereits angezeiget, daß nichts versäumet worden, was die Rechte und Befugnisse des jungen Herrn Friderich Carls an die Hand gaben. Solches veranlassete dessen Frau Mutter, zweene Notarios als Johann Christoph Tunder und Joachim Vick nach Plön zu senden, wegen ihres Herrn Sohnes Forderung auf Norburg aus dem großväterlichen Testament, welches aber dismal vergeblich war; imgleichen wegen künftiger Erb-Folge in den Holstein-Plönischen Landen die behörige Vorstellung zu thun. (*)

(*) Cap. XI. §. 7.

§. 25.

§. 25.

Doch dis machte dieselbe nicht müde, sich sowohl der Ausführung der Ansprache auf Norburg, als auch der Belehnung über die Holstein-Plönischen Lande am Kayserlichen Hofe mit Nachdruck anzunehmen. Es hatte sich der Hochselige Herzog Christian Carl bey den am Plönischen Hofe sich eräugenden Veränderungen bereits im Jahr 1704. den 23. Dec. an den König von Preussen gewandt, mit der unterthänigsten Bitte: Allerhöchstdieselben geruheten sich seiner und der Seinigen auf bedürfenden Fall an dem Kayserlichen Hofe anzunehmen. Dieser König legte auch bald darauf Johann Gottfried Mörlin den Befehl bey, die Absicht des Herzogs nach Möglichkeit zu befordern. (*) So erfolgte auch von eben demselben König ein Schreiben vom 8. Oct. des 1706. Jahres an Herzog Joachim Friderich, des Inhalts: daß, da er mit keinem Lehns-Erben versehen, er die Erb-Folge lieber seines sel. Herrn Bruders Christian Carls Sohn, als einem weiter entfernten Vetter, gönnen möchte. (**) Die Antwort von Herzog Joachim Friderich erfolgte im Jahr 1706. den 12. Novembr. Sie enthält eine Nachricht von dem Brüderlichen Vergleich und eine Versicherung, daß er mit dem Catholischen Herrn, der sich zugleich mit angegeben, ob er gleich ein Grad weiter wäre, nichts verfängliches unternehmen wollte und bittet, auf benöthigten Fall ihn zu schützen. (***) Den 25. November, c. a. erfolgte ein abermaliges Königliches Gegenschreiben, daß man Preußischer Seiten jetzo begriffen, was es mit dem brüderlichen Vergleich für eine Bewandniß habe, und wie man versprach dem Herzog wider Rethwisch beyzustehen, so wollte man auch, daß dem itzigen Herzog auf allen Fall ein bündiges Folge-Recht bestimmet würde. (****)

(*) Plönische Vorstellung und Bitte. Beylage IV. (**) ibid. (R. (***) ibid. lit. (S. (****) ibid. lit. (T.

§. 26.

Demselben waren von Königlicher Dänischer Seiten auf Anhalten des vorwohlgedachten Herrn Geheimen Rahts von Revendau, als Curatoris der Fürstl. Frau Wittwe, zweene Vormünder bestellt, als nemlich der Herr Hansen von Ehrencron und C. G. v. Johm. Selbige hielten es ihre Schuldigkeit zu seyn, für die Rechte ihres Herrn Pupillen zu wachen. Sie waren der Meynung, daß das, was der Herr Vater hätte erben sollen, dessen aus rechtmäßiger Ehe gezeugtem Sohne zugehöre. Nun würde Herzog Christian Carl nach väterlicher Disposition das Norburgische unstreitig haben erben müssen, nachdem dessen Herr Bruder Herzog Joachim Friderich zu dem Besitz der Holstein-Plönischen Lande gelanget. Weil aber GOtt denselben etliche Monate vorher aus der Welt abgefordert; so muste das Recht auf dessen aus einer vollständigen Ehe erzeugten Sohn Friderich Carl nohtwendig fallen. Dis bewog obbenannte Vormünder nachfolgende allerunterthänigste Bittschrift an die Königl. Majestät in Dännemark unter folgendem Titul zu übergeben: **Unterthänigste Vorstellung der Vormünder des Herrn von Carlstein, Christian Carls zu Holstein-Norburg hinterlassenen Sohnes, an Ihro Königliche Majest. in Dännemark wegen ihres Pupillen Successions-Recht an den Arroeschen und Alsischen Gütern.** Das Memorial war unterzeichnet Glückstadt, den 7. Febr. 1708. die Gründe, welche angeführt, sind folgende:

1. Sey

1. Sey der junge Herr Friderich Carl aus einer rechtmäßigen Ehe gezeuget und geboren und folglich seines Herrn Vaters Erbe.

2. Die Güter Sebygaard und Gottes-Gabe wären Feudal-Güter, welche demselbigen unmöglich könten streitig gemacht werden.

3. Ratione der Alsenschen Güter hatte Herr Pupillus das großväterliche in dem Jahr 1688. errichtete Testament vor sich, welchem dessen Herr Vater Christian Carl niemals renunciirt noch renunciiren wollen.

4. Konte ihm nicht obstiren, daß er ex impari matrimonio geboren, indem solche weder in göttlichen noch weltlichen Rechten verboten, folglich legitime wäre und legitimam successionem zur Folge haben müsse.

5. Wäre hier gar kein matrimonium ad morganaticam contractum vorhanden, wie auch dessen mit keinem Wort in dem im Jahr 1702. errichteten Vergleich gedacht noch daraus erzwungen werden könte.

6. Genanntes pactum wäre contra legem initum, ipso jure nullum ob es gleich a superiore confirmiret, anzusehen.

7. Wie ipsa ratio constitutionis feudorum der Succession in den feudis paternis das Wort rede.

8. Endlich, wenn auch das im Jahr 1702. errichtete pactum in jure einigen Bestand haben könnte, wie es per antedicta nicht kan; so kan es doch in hoc casu nicht wider den jungen

Herrn Friderich Carl angezogen werden, da es das ihm zugefallene Erbtheil in die Succeſſion in den Gütern auf Alſen nichts angehe, und so es, den ungestandnen Fall gesetzt, anfangs einigermaassen wäre gültig gewesen, es doch nur auf den damaligen Zustand des Hochfürstlichen Hauses Nörburg seine Absicht gehabt, und nunmehro, da selbiger sich um ein gar grosses gebessert, auch an sich nicht weiter bestehen noch gelten könne. (*)

(*) Diese Schrift ist völlig in des Lünigs scriptis illustribus pag. 730. angeführet.

§. 27.

Als diese Schrift bey Sr. Königlichen Majestät zu Dännemark eingegeben, ward solche sofort dem Herzog zu Holstein-Plön Joachim Friderich communicirt, welche auch in dem folgenden Jahr darauf eine Antwort unter folgendem Titul wieder zurück gehen liessen: **Wohlgegründete Gegenvorstellung und Antwort auf unterthänigste Vorstellung der Carlsteinischen Vormünder** de Anno 1708. Der Haupt-Inhalt dieser Schrift kommt darauf hinaus, daß man sich auf das in dem Jahr 1702. errichtete Brüderliche Pactum beziehe. Man wolle des jungen Friderich Carls Legitimè in so weit solches durch gethanes Pactum nicht restringiret, nicht streitig machen. Man gesteht auch in dieser Schrift, daß die Vermählung des Herrn Herzogs Christian Carls nicht antecedenter sub pacto morganatico geschehen, sie sey aber bald darauf durch das getroffene oberwehnte pactum 1702. als ein matrimonium ad morganaticam subsequenter qualificirt. Man nennet es deswegen ein pactum ad morganaticam, welches von Ihro Königl. Majest. zu Dännemark confirmiret auch nochmals durch Herzog Christian Carls letzten Willen bestätiget worden, dem

dem zu Folge auch Herzog Joachim Friderich von Höchstgedachter Königl. Majestät wegen der Arroeschen Güter einen Muhtschein erhalten, mit angehängter Bitte, gedachte Herrn Tutores mit ihren unziemlichen Sollicitationen abzuweisen und im Gegentheil Ihro Durchl. zu Holstein-Plön bey dem im Jahr 1702. aufgerichteten und von Ihro Königl. Majest. gnädigst confirmirten pacto und dem dadurch erlangten Jure kräftig zu schützen.

§. 28.

Die vorgedachten Vormünder musten dismal nachgeben und der itztregierende Herzog die unangenehmen Folgen des von seinem Herrn Vater errichteten Pacti ferner ertragen. Alle Hoffnung, die für denselben übrig war, beruhete auf den 6. §. des Brüderlichen Vergleichs, nach welchem das Jus Successionis für Ihro Durchl. Herzog Christian Carls männliche Erben in dem Fürstlichen Lehn undecidirt ausgesetzt, bis nach kurz oder lang der Casus sich zutrüge, daß Ihro Durchl. Herzog Joachim Friderich und Dero Leibes-Lehns-Erben aussterben sollten. Zwar konte, wenn dieser Fall existiren sollte, es von Dänischer Seite nicht fehlen, daß nicht derselbe der ihm angebornen Rechte sollte theilhaftig werden. Weil aber Holstein-Plön ein Reichs-Lehn, der Vergleich aber unter Königlicher Dänischer Hoheit, als unter welcher die damals inne gehabten Güter belegen, gemacht; so könnte sich noch an dem Kayserl. Hofe, wenn der Fall etwa kommen sollte, Widerspruch und Schwierigkeit angeben. Um diesen, so viel möglich, zuvor zu kommen, schrieben des Königs von Preussen Majestät unter den 26. Octob. 1708. aus Potsdam an Dero Gesandten an dem Kayserlichen Hofe den Herrn von Berthold bey der bevorstehenden Plönischen Belehnung für den jungen Herrn Friderich Carl sein Bestes zu thun, und wie dessen

 Sachen

Sachen daselbst stünden, zurück zu berichten. (*) Dieses Glücks aber konte er bey seinem nächsten Vetter, dem Herzog Joachim Friderich nicht theilhaftig werden.

(*) Vorstellung und Bitte. Beylage A. n. V.

§. 29.

Die Frau Groß-Mutter unsers Herzogs väterlicher Seiten Herzogin Elisabeth Charlotte gaben inzwischen demselben ein anderes Merkmal Dero Zuneigung und Zärtlichkeit. Höchstdieselbe hielten bey dem Dom-Capitel zu Magdeburg für denselben um ein Canonicat an. Sie erhielten dazu die Einwilligung und sandten durch den Secretarium Conrad Braunsen den Stamm-Baum des jungen Herrn mit 44. Ducaten gedoppelt. Selbiger muste auch an statt desselben schweren, worauf den 21. Nov. des 1708. Jahres unter dem Betrieb des Advocati Herr Steinhäuser vom Dom-Dechant Ältesten und der Capitel-Gemeine ein Schein erfolgte, daß er in das Stift zu Magdeburg aufgenommen, (*) mithin in Ansehung seiner hohen Geburt für Stiftsfähig erkannt worden.

(*) Vorstellung und Bitte. Num. XV.

§. 30.

Der Hochselige Herzog Joachim Friderich war jetzo darauf bedacht, die Lehn über sein in dem Herzogthum Holstein angeerbtes und inhabendes Antheil sammt der gesammten Hand an ermeldten und damit verbundenen übrigen Herzogthümern am Kayserlichen Hofe zu empfangen. Der damalige Herzog von Holstein-Rethwisch sandte demselben den 12. Jan. 1709. die Vollmacht zu, auch in seinem Namen um um die Kayserliche Belehnung anzuhalten. Selbige ward von Herzog Joachim Friderich angenommen, aber an unsern itzigen Herrn Herzog ward, der Königlichen Preußischen Vorschrift ungeachtet, dazumal nicht gedacht. Weil inzwischen der König von Preussen seinem Gesandten an dem Kayserlichen Hofe, für dessen Recht zu sorgen, den Befehl beygelegt; so machte dessen Frau Mutter sich diese Gelegenheit zu Nutze. Sie schrieb in dem Jahr 1709. den 25. Jun. an den Preußischen Agenten Johann Gottfried Mörlin zu Wien und ertheilte ihm vollkommene Vollmacht, die Rechte ihres Herrn Sohnes bey erfolgender Lehn-Empfängniß aufs Beste zu besorgen. (*) Diese Vollmacht machte allerley Bewegungen, und man will versichern, der Kayser selbst sey nicht ungeneigt gewesen, sich desselben anzunehmen, weil der im Jahr 1702. errichtete Vergleich nicht vom Kayser, als Oberlehnsherren in Holstein, bestätiget worden.

(*) Vorstellung rc. Num. IV.

§. 31.

In dem Jahr 1710. den 4. Jun. erfolgte endlich die Belehnung coram throno cæsareo und der gewöhnliche Lehns-Brief ward den Herrn Gevollmächtigen des Herzogs Joachim Friderichs überreichet. Wie nun in demselben der junge Herr Friderich Carl war ausgelassen; so kam der Gevollmächtigte der Frau Mutter desselben den 16. Jun. desselben Jahres bey dem Reichs-Hofraht mit der Vorstellung ein, daß er sich des Herzogs Christian Carls einzigen Herrn Sohnes auf Befehl seines Königes möglichst angenommen, wozu ihm zugleich dessen Frau Mutter eine vollenkommene Vollmacht ertheilet: gleichwohl sey die Belehnung mit dessen Ausschliessung geschehen.

Wenn

Wenn nun die Vormünder desselben, um das gute Vernehmen wieder herzustellen, sich in keinen weitläuftigen Procefs einlassen wollten; so wollte er bitten, daß der Kayser bey den Befugnissen, so aus den Vergleichen und Verfassungen herkämen, denselben allergnädigst schützen, und dereinst bey entstehendem Fall zu dem Genuß seines Erbtheils gelangen zu lassen, geruhen möchten.

(*) Rethwischische Befestigung XXIV. Beylage.

§. 32.

Also muste unser Herzog seinem Schicksal nachgeben und vor der Hand in den Umständen, darin ihn der für ihn sehr harte Vergleich von 1702. gesetzt hatte, bleiben. Es kam jetzo auf GOTT und die Zeit an, ob sich solche ändern würden, und er das, was er durch eine rechtmäßige Fürstliche Geburt war, auch äusserlich in der Welt werden würde. Unterdessen trug die Frau Mutter für dessen Fürstliche Erziehung alle mögliche Sorgfalt. Sie hielte demselben die geschicktesten Informatores, unter welchen insonderheit ein Candidatus Juris von Bergen aus Schleswig gebürtig, einer von Oldenburg aus dem Mecklenburgischen, ein Magister Philosophiæ Quistorp aus Rostock, ein Candidatus Juris aus dem Lüneburgischen Oppermann angeführt zu werden verdienen. Für allen muß hier des Herrn Canzlers bey der Universität zu Copenhagen und ehemaligen Bischofs zu Bergen, des wegen seiner Wissenschafften und andrer vortreflichen Gaben hochberühmten Herr Pontoppidans mit besonderm Ruhm gedacht werden. Solcher legte nebst andern schönen Wissenschafften den Grund zur Erkenntniß der Glaubens-Wahrheiten der Christlichen Religion in dem Herzen unsers itzigen Herzogs, so, daß bey einer schönen Leibes-Gestalt auch die Seele herrlich geschmücket und zu einem Christanständigen Wandel treflich ausgezieret wurde.

§. 33.

§. 33.

Jedermann, dem derselbe bekannt war, ward durch seine anmuhtige Gestalt und freundliches Betragen eingenommen: nur war er nicht so glücklich, die Zuneigung und Gewogenheit seines Herrn Vatern Bruders, des Herzogs Joachim Friderichs, zu gewinnen. Vielleicht waren übelgesinnte Rahtgeber schuld daran. Indessen schmerzete solches unsern Herzog bey dessen dermaligen jungen Jahren ungemein, daß ihm so viele Hindernisse, der Gnade seines an Vaters statt zu verehrenden Herrn Vater Bruders theilhaftig zu werden, in den Weg geleget würden.

§. 34.

In dem Jahr 1722. den 25. Jan. giengen Se. Hochfürstl. Durchl. Herzog Joachim Friderich den Weg alles Fleisches. Sie hinterliessen drey Princeßinnen und eine schwangere Gemahlin, welche den 28. May von einer todtgebornen Prinzeßin entbunden ward. Damit trug sich der Fall zu, daß Se. Durchl. ohne Leibes-Lehns-Erben verstarben. Wenn nun der unter beeden Herrn Brüdern im Jahr 1702. den 24. Nov. errichtete Vergleich sich nicht weiter als auf Herzog Joachim Friderich und Dero Leibes-Lehns-Erben enstrecken sollte; so war derselbe damit aus und erloschen, und die Succession in den Plönischen Landen für des verstorbenen Herrn Herzogs Christian Carls hinterlassenen Herrn Sohn eröfnet.

§. 35.

Es waren in dem Brüderlichen Vergleich die Worte eingerückt, daß das Jus Successionis von Se. Durchl. Herzog Christian Carls männlichen Erben in dem Fürstl. Lehn bis dahin undecidirt ausgesetzt seyn sollte. Um nun diese Decision nach Wunsch zu erreichen, sandte die Fürstl. Frau Wittwe ihren Herrn Sohn unter Begleitung eines Candidati Juris Wasmuht, so vorher Hofmeister bey dem Prinzen von Glücksburg gewesen war, nach Copenhagen, um denselben in die Gnaden-Hände Ihro Majest. des Königes gleichsam einzuliefern, und Dero väterlichen Vorsorge gänzlich zu überlassen. Der erste Zutritt bey Hofe war sehr gnädig, indem sich aber einige funden, welche sichs einfallen liessen, als wenn ihnen die Norburgische Succession zukommen könte; so ward dem Herrn Wasmuht sein Geschäfte etwas schwer gemacht. Es verfloß ein Monat nach dem andern, ehe der Hof auf seine Vorstellungen die gehofte Entschliessung fassen wollte. Nur liessen der König nach Ableben des Herzogs Joachim Friderichs, der eine schwangere Gemalin hinterlassen, von den Plönischen und Norburgischen Landen die militairische Possession nehmen, welche, als die Frau Wittwe desselben mit einer todtgebornen Princeßin nieder kam, in Ansehung der Plönischen Landen in einen Sequester verwandelt wurden.

§. 36.

Nachdem sich derselbe mit seinem Hof-Meister Wasmuht eine geraume Zeit zu Copenhagen aufgehalten; so trug sichs endlich in dem Jahr 1722. im November ganz unvermuhtet zu, daß dieser befehliget ward, mit seinem Herrn vor der gewöhnlichen Cour-Zeit auf das Schloß zu kommen. Solches wurde unvorzüglich ins Werk gerichtet. Als derselbe daselbst erschien, ward er sofort in das Königliche Audienz-Zimmer genöhtiget. Er fand bey dem Eintrit in dasselbe Ihro Königl. Majest. Friderich IV. unter einem Baldachin stehen. Zu dessen rechten Seite stand der Cronprinz, nachmals König Christian VI.

imingleichen zur linken das Königliche Conseille, als der Herr Groß-Canzler Graf von Holstein, der Herr Geheime-Raht von Holstein, der Herr Geheime-Raht von Lerche und der Herr Geheime-Raht und Ober-Secretair von Hagen. Ihro Königl. Majestät declarirten hierauf in allerhöchster Persohn, wie sie, nachdem sie von den Gerechtsamen des jungen Herrn Friderich Carls sattsam unterrichtet, nunmehro entschlossen wären, denselben in Ansehung seiner rechtmäßigen Geburt für einen gebornen Hertzog von Schleswig-Holstein zu erkennen und anzunehmen, wie sie denn denselben hiemit dafür erkannten und annahmen, und könte derselbe sich in allen vorkommenden Fällen des Königes Schutz und Gnade versichert halten.

§. 37.

Als solches geschehen, retirirte sich der König und der Cronprintz; das Audienz-Zimmer ward geöfnet und der gantze Hof trat herein, um dem nunmehro von dem Haupt des Schleswig-Holsteinischen Hauses erkannten und angenommenen Printzen die Gratulations-Complimente abzustatten. Solches geschahe von einem jeden insonderheit, und wurde diese Ehren-Bezeugung von einem jeglichen in dessen Behausung in der Stadt wiederhohlet. Unser Printz verweilete hierauf den Winter in Copenhagen, genoß bey Hofe viele Gnade und kehrete im April Monat vergnügt nach Norburg, um daselbst sich zu etabliren, zurücke.

§. 38.

Solchergestalt ward dem im Jahr 1702. errichteten Vergleich durch die Gerechtigkeits-Liebe des glorwürdigsten vierten Friderichs zu Dännemark Norwegen die rechte Explication gegeben und unser Printz in

 den

den Stand der ihm angebornen Fürstlichen Vorrechte durch nachfolgendes Diploma 1722. den 18. Dec. versetzt:

FRIDERICUS QUARTUS, DEI gratia, REX Daniæ & Norvegiæ, Vandalorum Gothorumque, Dux Slesvici, Holsatiæ, Stormariæ atque Dithmarsiæ, Comes in Oldenburg & Dellmenhorst &c. Præsentibus & futuris, tam hæreditariis nostris Successoribus, quam aliis universis & singulis, quorum interest, per præsentes literas constare volumus. Quod dilecti nostri Agnati jam pie defuncti, Dominus Joachimus Fridericus, & Dominus Christianus Carolus, ambo fratres, & Duces Slesvici, Holsatiæ, Stormariæ atque Dithmarsiæ, Comites in Oldenburg & Dellmenhorst, ex Nostro, tanquam supremi Domini Feudi, Consensu, certum aliquod pactum, à nobis etiam gratiose confirmatum, a. d. 24. Novembr. Anni 1702. inierunt, & desuper conventionem sive Recessum literis consignaverunt, ut constaret, quid de liberis fieret, quos ex conjuge sua, Domina Dorothea Catharina (*) de Eichelberg, Dux Christianus Carolus relinqueret. Et inter alios Articulos præfatus Dux Christianus Carolus, ut nimirum Ducalis Domus Norburgicæ imprimis rationem haberet, & mature caveret, ne modica, quæ ad se pertineret, terræ portio citius vel serius inter liberos ducali dignitate gaudentes divideretur, eoque modo Ducalis familia infortunata redderetur, liberos suos, licet ex Christiano & legitimo matrimonio cum nobilis Sanguinis persona procreatos, non pro Ducibus, sed tantum pro nobilibus habendos & censendos esse, tenore dictæ conventionis, spospondit & declaravit. Qua tamen expressis verbis cautum est, ne ista ad tempus solummodo facta renunciatio, ultra Domini Ducis Joachimi Friderici Ejusque hæredum feudalium vitam extenderetur, ita quidem ut successionis jus, quod masculis Domini Ducis Christiani Caroli hæredibus aliquando competere posset, eousque indecisum relinqueretur, donec post breve vel longius temporis intervallum contingeret, ut omnis

præ-

prædicti Ducis Joachimi Friderici hæredes feudi capaces deficerent. Et vero iste casus tum existit, dum memoratus Dux Joachimus Fridericus vita functus nullos hæredes masculos reliquit. Quo permoti Domini Ducis Christiani Caroli Liberi, filius nimirum, Fridericus Carolus, & filia Wilhelmina Augusta, ad solium nostrum accedentes, qua par est veneratione, petierunt, ut Nos, tanquam supremus feudi Dominus totiusque familiæ caput, ipsos in eo, quod DEUS & Naturæ jus ipsis dederat, gratiose tueri dignaremur. Nos ergo hisce circumstantiis ritè & maturè perpensis validisque rationibus moti, ipsorum petitioni annuere æquum & justum esse censuimus. Quemadmodum & per præsentes non tantum publicè testamur, ambos prædictos Domini Ducis Christiani Caroli Liberos, Fridericum Carolum nempe, & Wilhelminam Augustam pro legitimis & ex Christiano & legali, non vero ad Morganaticam, contracto matrimonio susceptis liberis reputandos, præcipue cum istud matrimonium Nobis præsciis, consentientibus & approbantibus contractum sit & consummatum, verum etiam memoratum Domini Ducis Christiani Caroli filium Illustrissimum Ducem Fridericum Carolum, tanquam Agnatum Nostrum & natum Ducem Slesvici, Holsatiæ, Stormariæ atque Dithmarsiæ, Comitem in Oldenburg & Dellmenhorst, ejusque Sororem, Illustrissimam Principem, Wilhelminam Augustam, tanquam Agnatam nostram & natam Principem Slesvici, Holsatiæ, Stormariæ atque Dithmarsiæ, Comitem in Oldenburg & Dellmenhorst agnoscimus & declaramus, concedentes simul, ut omnibus & singulis juribus, Privilegiis, Prærogativis & Dignitatibus, quæ ipsis, tanquam Legitimis Liberis Domini Ducis Christiani Caroli quocunque demum modo, competere possunt aut debent, tuto atque libere gaudeant & fruantur, promittentes insuper, utrumque Eorum omni ope & authoritate Nostra tueri & defendere.

Qua de causa præcipimus atque mandamus omnibus & singulis, Eos pro veris & legitimis Ducibus Slesvico-Holsaticis habere, eoque nomine concompellare, quin & omnibus honoram Titulis, qui Ducibus Slesvico-Holsaticis competere possunt, exornare. In quorum omnium fidem, majusque robur præsens Diploma manu Nostra signavimus & majore Sigillo Nostro Regio appenso firmari & corroborari curavimus. Datum in Arce Nostra Regia Havniensi, Anno à Nativitate Domini JESU CHRISTI millesimo septingentesimo vicesimo secundo. Regni nostri vicesimo quarto. Die vero mensis Decembris decimo octavo.

FRIDERICH R.

U. A. v. Holstein.

(*) Anstatt dieses Namens muß Christina gelesen werden.

§. 39.

An dem folgenden Tage ward von Allerhöchstgedachtem König die Frau Mutter des Herzogs Friderich Carls durch ein besonderes Diploma in den Fürstenstand gesetzet. Solche lautet dem wörtlichen Inhalt nach also:

FRIDERICUS QUARTUS, DEI gratia, REX Daniæ & Norvegiæ, Vandalorum Gothorumque, Dux Slesvici, Holsatiæ, Stormariæ atque Dithmarsiæ, Comes in Oldenburg & Dellmenhorst &c. Notum testatumque facimus tam hæreditariis Nostris Successoribus, quam aliis Universis & Singulis, quorum interest. Siquidem Dilectus Noster Agnatus, Dominus Joachimus Fridericus, Dux Slesvici, Holsatiæ, Stormariæ atque Dithmarsiæ, Comes in Oldenburg & Dellmenhorst, absque masculis hæredibus decessit, ejusque Fratris, Domini Ducis Christiani Caroli Filius Fridericus Carolus, occasione certi cujusdam inter Parentem ipsius & prædictum ejus Patruum Dominum Joachimum Fridericum a. d. 24. Nov.

Anni

Anni 1702. ex Nostro Consensu initi & conclusi, atque a Nobis confirmati Pacti sive Recessus, ea, qua par est, Veneratione a Nobis petiit, ut Nos tanquam Supremus Feudi Dominus, totiusque Familiæ Caput ipsum una cum Sorore, in eo, quod Deus & Naturæ Jus Ipsis dederat, gratiose tueri dignaremur. Nos itaque hujus Rei momentis rite perpensis, & quoniam casus ille, qui in supra nominato recessu reservatus erat, jam existit, quod scilicet Mascula Domini Ducis Joachimi Friderici Linea plane exstincta sit, ambos præfati Domini Ducis Christiani Caroli Liberos, Fridericum Carolum nempe & Wilhelminam Augustam, non tantum tanquam Legitimos & ex legali matrimonio procreatos Liberos agnovimus, præcipue cum Ipsum illud matrimonium, quod Illorum Pater Dominus Dux Christianus Carolus cum Matre Ipsorum, Prænobili & Generosa Dorothea Christina de Eichelberg inierat, non ad Morganaticam Contractum sed Legitimum & Nobis præsciis & Consentientibus conclusum fuerat & consummatum: Verum etiam Filium Dominum Fridericum Carolum, tanquam Verum & Natum Ducem Slesvici & Holsatiæ, &c. & Filiam Dominam Principem Wilhelminam Augustam tanquam Veram & Natam Principem Slesvici & Holsatiæ &c. renunciavimus & declaravimus, & desuper singulare Diploma Manu Nostra Regia Signatum hesterno Die confici jussimus.

Ut autem universis testatum amplius reddamus, quam simus propensi prædictorum liberorum Matrem, supra Nominati Domini Ducis Christiani Caroli superstitem Conjugem honorare, & favoris Nostri Regii participem facere, imprimis cum de ipsius laudabili vivendi ratione, & singularibus Christiana & Principe persona dignis virtutibus abunde edocti simus, præfati Nostri Agnati Domini Ducis Christiani Caroli relictam viduam Prænobilem & Generosam Dorotheam Christinam de Eichelberg ante memorati Domini Friderici Caroli, Sclesvici & Holsatiæ, &c. Ducis Ejusque Sororis, Dominæ Wilhelminæ Augustæ, Slesvici & Holsatiæ &c.

Prin-

Principis Matrem ad Amplitudinem & Dignitatem Principis evehere voluimus: Quemadmodum & per præsentes prædictam Agnatam Nostram Illustrissimam Dominam Dorotheam Christinam Principem agnoscimus, renuntiamus & declaramus, Eidemque permittimus, omnibus Honorum titulis, prærogativis, Privilegiis, Juribus & immunitatibus, quæ Principi competere possunt aut debent, frui atque gaudere. In quem finem omnibus & singulis mandamus ac præcipimus, Eandem pro Principe habere, atque hoc nomine appellare, & omnes Principi debitos honores Ipsi exhibere. Et simul promittimus, Eam ratione hujus collatæ dignitatis omni ope & auctoritate Nostra defendere & apud singulos tueri. In quorum omnium fidem majusque robur præsens Diploma propria manu Nostra signavimus & Majoris Sigilli Nostri appensione firmari curavimus. Datum in Arce Nostra Regia Havniensi Anno a Nativitate Domini Nostri JESU CHRISTI millesimo septingentesimo vicesimo secundo Regni Nostri vigesimo quarto, Die vero Mensis Decembris decimo nono.

FRIDERICH R.

(L. S. M. R. A.)

U. A. von Holstein.

§. 40.

Dieser Erklärung zu Folge hatte bereits Se. Königl. Majestät Dero geheimen Raht und Amtmann von Platen unter dem 26. Jun. des 1722. Jahres den allergnädigsten Befehl beygelegt, in Beyseyn des abgeordneten Herrn Bartholomæi von Minutuli in beeden Lehnen

Nor-

Norburg und Mielsgaard im Namen Herzog Friderich Carls in Eyd und Pflicht zu nehmen, mithin denselben in den Besitz der Lande, welche unter Königlicher Dänischer Lehns-Hoheit demselben angefallen, zu setzen.

§. 41.

Die Vorsehung wollte, daß die Frau Groß-Mutter unsers Herzogs Friderich Carls die Herzogin Elisabeth Charlotte noch den Tag erleben sollte, an welchem die Rechte seiner Geburt ihm wieder hergestellet würden. Sie starb kurz hernach den 20. Jan. 1723. Sie war in dem Jahr 1647. geboren. Ihr Herr Vater war Fürst Friderich, welcher die neue Anhalt-Bernburgische Linie zu Harzgerode gestiftet. Sie ward in dem Jahr 1663. an Fürst Wilhelm Ludewig zu Anhalt-Cöthen vermählet. Als selbiger 1665. mit Tode abgieng, trat sie mit Herzog Augustus zu Norburg in die zweite Ehe. Sie ward durch denselben eine Mutter von zween Prinzen und eben so vielen Princeßinnen, die ihr aber insgesammt in die Ewigkeit vorangegangen. Seit 1699. hat sie in ihrem Wittwenstande mancherley Schicksale erlebt, welche sie aber mit christlicher Standhaftigkeit und einem gelassenen Gemühte ertragen. Sie gieng in dem 76sten Jahr ihres Ruhmvollen Alters aus der Welt und ward zu Norburg in dem Hochfürstl. Begräbniß beygesetzt.

§. 42.

Herzog Friderich Carl war indeß, wie schon erwehnet, durch die Gerechtigkeit des glorwürdigen Königes in Dännemark in die Rechte, welche ihm angeboren, wieder hergestellet. Aber damit war er noch nicht von allem Widerspruch befreyet. Der Herzog von Holstein-Rethwisch

wisch Johann Adolph Ernst Ferdinand Carl wollte sich den unter beeden Herrn Brüdern Herzog Joachim Friderich und Herzog Christian Carl errichteten Vergleich zu Nutze zu machen, und unsern Herzog Friderich Carl von der eröfneten Plönischen und Norburgischen Succession ausschliessen, ob gleich dieser Vergleich ihn gar nichts angieng, seiner auch nicht mit einem Tittel darin gedacht worden war.

§. 43.

Obbenannter Herzog zu Holstein-Rethwisch hatte bereits in dem Jahr 1706. bey Abgang der Plönischen Linie die erledigte Holstein-Plönische Lande pro rata mit dem Herzog Joachim Friderich von Norburg zu gleichen Theilen besitzen wollen. Es war aber in dem großväterlichen Testament von Herzog Joachim Ernst dem ältern ausdrücklich verordnet, daß, wenn eine Linie verlöschen würde, die nächst auf selbige folgende allein ohne aller übrigen Widerrede und ungehindert erben sollte. In dieser Betrachtung kam Herzog Joachim Friderich dem Rethwischer zuvor und behielte die Holstein-Plönische Lande bis an seinen Tod ganz allein. Wenn indessen der Herzog von Rethwisch seine Forderungen noch immer verfolgte; so ließ sich Herzog Joachim Friderich auf Königl. Dänische Vermittelung bewegen ohne einzige Schuldigkeit und blos pro redimenda vexa, demselben durch einen zu Lübeck den 24. Dec. 1706. errichteten Recess aus den Plönischen Revenüen ein jährliches Deputat von 5000. Rthlr. mit einer auf erfolgende Erledigung derer Witthums Præstationen auf 2000. Rthlr. sich erstreckenden Vermehrung desselben zu accordiren.

§. 44.

In dieser Verfassung stand der Herzog von Rethwisch mit Plön, bis der Herzog Joachim Friderich ohne männliche Erben mit Tode

Tode abgieng. Als dieser Fall existirte, wandte er alle mögliche Kräfte an, den rechtmäßigen Herrn Successorem zu verdringen und sich zu einem Besitzer nicht allein von Holstein-Plön, sondern auch von Norburg und den dazu gehörigen Gütern zu machen. Der erste Versuch geschahe fort nach dem den 25. Jan. 1722. erfolgten Sterbfall des Hochsel. Herzogs Joachim Friderichs. Es funden sich verschiedene von des Herzogs zu Rethwisch Leuten, welche etliche Tage vorher auf des Herzogs von Plön Abschied in der Nähe gelauret, vor dem Stadt-Thor zu Plön ein, mit dem Verlangen eingelassen zu werden. Sie hatten einen würklich in Kayserlichen Diensten stehenden vornehmen Minister bey sich. Weil man nun die Absicht, warum des Herzogs von Rethwisch Leute gekommen waren, leicht errahten konte, wurden selbige zwar für ihre Person nicht eingelassen, die mit gebrachte Briefe aber an die Fürstliche Frau Wittwe angenommen. Solche bestunden in einem Condolenz-Schreiben, trugen aber weiter an, daß selbige den Herzog von Rethwisch neben sich zur Compossession in den Holstein-Plönischen Landen zulassen möchte. Der Kayserl. Minister selbst ward in der Vermuhtung eingelassen, daß er zum Vortheil des Herzogs von Rethwisch nichts verfängliches antragen würde. Nachdem er aber eingelassen und nach Gelegenheit wohl war bewirthet worden; so entdeckte er endlich, wie er als Kayserl. Minister deswegen gekommen, um so wohl dahin zu sehen, daß die Fürstliche betrübte Wittwe nicht von den Successoribus möchte beunruhiget werden, als auch in der Nähe zu seyn, damit demjenigen, der in den Kayserl. Investituren das nähere Recht zur Succession habe, (Hierunter wird der Herzog von Rethwisch verstanden) kein Præjuditz zugezogen würde. Man frug ihn nach der hiezu habenden Kayserl. Ordre. Er entschuldigte sich aber, sie sey etwas alt. Man habe am Kayserl. Hofe zu der Zeit noch nicht gewußt, daß die Fürstl.

 Frau

Frau Wittwe schwanger wäre. Er bestand zugleich darauf, daß die mit ihm gekommene Fürstliche Rethwischische Bevollmächtigte möchten in die Stadt und aufs Schloß gelassen werden, einen actum apprehensæ possessionis zu begehen. Es ward aber solches in allertiefsten Respect gegen Ihro Kayserl. Majest. mit guter Manier abgelehnet. (*)

(*) Bericht von der Holstein-Plönischen Successions-Sache. p. 95.

§. 45.

Als dis vorgieng, war überall noch keine Königliche Dänische Besatzung in Plön. Aber dergleichen und andre Vorfälle verursachten, daß solche dahin gelegt ward, damit von Seiten Rethwisch nichts nachtheiliges möchte vorgenommen werden. Ohne die Zeit der Entbindung der verwittweten Herzogin abzuwarten, schrieb der Herzog von Rethwisch im Jahr 1722. den 3. Febr. so wol an den Kayser, als König von Dännemark, daß ihm die vermöge der Verträge existirende leere Fürstenthümer Norburg und Plön zu einem ruhigen Besitz möchten eingeräumet werden. Wie dis aber auf Königl. Dänischer Seiten übel empfunden ward; so muste der Königliche Resident in Hamburg Herr von Hagedorn die Eröfnung thun, daß Rethwisch sich wider die Verträge, so der König, nicht aber der Kayser bestätiget, sich an dem Kayserl. Hof gewandt und der hinterlassenen Frau Wittwe zu nahe getreten wäre. (*)

(*) Rethwischische Befestigung. pag. 12.

§. 46.

Immittelst wagte es der Herzog von Rethwisch die Possession von Norburg nehmen zu wollen. Sein Cammer-Junker von Normann

langte

langte in der Absicht daselbst den 4. Februar. an. Als aber derselbe das Schloß auf allen Seiten zugemacht und verschlossen fand, ließ er in der Holländerey den Amts-Verwalter und Haus-Voigt zu sich kommen. Er eröfnete denselben, wie er gekommen, das Norburgische, welches mit der Grafschafft Oldenburg und Dellmenhorst vertauschet und nun seinem Herrn anheim gefallen wäre, in Besitz zu nehmen; deßwegen so wohl Geist- als Weltliche den Eyd der Treue zu leisten hätten. Es ward aber demselben die Antwort ertheilet, wie in Ansehung der Herzogin von Plön ihrer Schwangerschafft alles in dem Stande, darin es gegenwärtig sich befünde, müsse gelassen werden. (*) Er zog also unverrichteter Sache ab und stattete von diesem Vorfall dem Herzog von Rethwisch den 6. Febr. zu Hamburg seinen Bericht ab.

(*) Rethwischische Befestigung. pag. 12.

§. 47.

Um diese Zeit hatte sich des Hochsel. Herzog Hans Adolphs Fr. Wittib die Herzogin Dorothea Sophia zu Plön eingefunden, um der schwangern verwittweten Frau Herzogin bey ihrer herannahenden Geburt beyzustehen. Sie erlebte aber den Tag nicht, sondern ward den 21. Merz 1722. in die frohe Ewigkeit versetzet. Sie hat den Ruhm einer ungeheuchelten Gottesfurcht, einer ausserordentlichen Gemühts-Festigkeit, einer zärtlichen Menschen-Liebe, einer unermüdeten Wohlthätigkeit hinter sich gelassen. Sie brachte die Tage ihrer Wallfahrt auf 69. Jahre 11. Monate.

§. 48.

Da inzwischen der Herzog von Rethwisch sich, wie in andern Stücken, also auch vermuhtlich über die mißgelungene Possession-Nehmung auf Norburg an dem Kayserlichen Hof beschwerte; so erfolgte von dem Kayser ein Schreiben an den König in Dännemark unter dem 23. April des Inhalts, daß, da der Kayser vernommen, als masse sich der König des Kayserlichen oberrichterlichen Amts an, und da Allerhöchstderselbe die Oberaufsicht über die Landes-Regierung bis zur Entbindung der Fürstl. Wittwe dem Grafen von Metsch aufgetragen, der König seine Leute aus Plön schaffen sollte. Zugleich ließ der Kayser an Hannover und Braunschweig ein Schreiben ergehen, gegen den König, als Herzogen von Holstein, fals er sich an dem obigen Kayserlichen Befehl nicht kehren wollte, Gewalt zu gebrauchen, damit des heil. Römischen Reichs Hoheit und Rechte keinen Abbruch leiden möchten. (*)

(*) Rethwischische Befestigung Beylagen XXIX. XXX.

§. 49.

Des Hochseligen Herzogs Joachim Friderichs Frau Wittwe ward den 28. May von einer todtgebornen Princeßin entbunden: Dieser Zufall stärkte den Herzog von Rethwisch in der Meynung, daß er nunmehro vollenkommner Herr und Besitzer der Holstein-Plönischen Länder wäre. Er gab daher den 29. May zu Hamburg Johann Dieterich Freyherrn von Eichholz Vollmacht, alles in Plön in Besitz zu nehmen; sich des Archivs zu bemächtigen; seine Vollmacht allen und jeden vorzuzeigen und sich der Geist- und Weltlichen Treue durch einen

Hand-

Handschlag zu versichern, bis er selbst die Huldigung einnehmen könte. Selbiger kam den 30. May mit einem Notario Gustav Wilhelm Fus vor das Plöner Stadt-Thor Abends um 7. Uhr an. Sie funden aber die Stadt inwendig mit einer Bürger-Wache und von aussen mit Königl. Dänischen Dragonern besetzt. Auf ihr verlangen den commandirenden Officier zu sprechen, kam ein Lieutenant zu ihrem Wagen. Als derselbe erfuhr, welche sie wären, und was ihr Vorhaben, ward ihnen bedeutet, daß Königl. Befehl da wäre, weder sie noch den Herzog von Rethwisch selbst einzulassen. Sie zogen also den 1. Jun. unverrichteter Sachen wiederum ab und richteten über diese Handlung ein Notariat-Instrument auf. (*)

(*) l. c. Beylage XXXI. woselbst alles umständlich erzählet wird.

§. 50.

Als der junge Herzog von Norburg sich zu der Zeit zu Copenhagen befand; so ward der Herzog von Rethwisch auch dahin eingeladen, um durch Vermittelung Sr. Majestät des Königes die unter selbigen obwaltende streitige Sache beyzulegen. Der Herzog von Rethwisch entschuldigte sein Aussenbleiben auch unter andern damit, daß er sich die Kayserl. Ungnade dadurch zuziehen würde. Er sandte indessen seinen Hof-Raht Friderich Zitzscher dahin. Selbiger überreichte den 25. Jul. eine Vorstellung von 16. Sätzen, welche wider des Herzogs von Norburg Fähigkeit beydes in Norburg als in Plön succediren zu können, gerichtet. Der Inhalt lauft darauf aus, daß der Herzog Friderich Carl aus einer ungleichen Ehe, welche nach Inhalt des von seinem Herrn Vater mit dem Herzog Joachim Friderich errichteten Vergleichs morganatisch, erzeuget, vor adelich erkläret, und dessen

Recht durch ein Urtheil ausgemacht werden sollte und dergleichen mehr. (*)

(*) Rethwischische Befestigung Beylage. XXXII.

§. 51.

Wie nun solches von Seiten des Herzogs Friderich Carls gründlich widerleget ward; so ließ Zitzscher seines Gegentheils Einwürfe fahren und legte es den 10. August unter verschiedenen nichtigen Propositionen aufs Dingen, nach welchem er unserm Herzoge verschiedene nichts bedeutende Vortheile zuzustehen gedachte, wann dieselben auf die Plönische und Norburgische Succession renunciiren würden? Diesem Vorschlag fügte er in 11. Absätzen kurzgefaste Ursachen bey, warum die catholische Religion den Herzog von Rethwisch an der Succession in den Norburgischen Landen nicht behindern könne. Gedachter Hof-Raht Zitzscher brachte 12. Wochen in Copenhagen vergeblich zu und muste erfahren, daß Herzog Friderich Carl durch ein öffentliches lateinisches Diploma, das wir oben (*) bereits angeführet, für einen gebornen Herzog zu Schleswig-Holstein von dem König angenommen und erkläret wurde.

(*) §. 38.

§. 52.

Wollten nun des Herzogs von Rethwisch Anschläge an dem Königlichen Dänischen Hofe nicht nach Wunsch von statten gehen; so hatten solche desto stärkern Eindruck an dem Kayserlichen. Es ward nicht nur von dem Reichs-Hofraht erkannt, daß der Herzog von Rethwisch in possessorio summarissimo von Holstein-Plön sollte gesetzet

werden,

werden, sondern es ward auch, wie schon in dem Jahr 1722. den 23. April und im Jahr 1723. den 12. Jul. geschehen, den 11. Jan. 1724. nicht nur an Hannover und Braunschweig, sondern auch an Chur-Sachsen und an den Niederrheinischen-Westphälischen-Crayß, ein Ausschreiben verfertiget, daß Holstein-Plön in einer Frist von zween Monaten dem Herzog von Rethwisch sollte frey geschaffet werden.

§. 53.

Wie man aber Königlicher Dänischer Seiten den Herzog Friderich Carl in Betracht des 1702. errichteten und nunmehro gänzlich erloschenen Fürst-Brüderlichen Vergleichs zu dem Besitz der Norburgischen Lande gelangen lassen; so fand man auch wichtige Ursachen, den Herzog von Rethwisch, aller seiner Bemühungen ungeachtet, nicht zur Possessions-Ergreifung und noch weniger zum würklichen Besitz der Holstein-Plönischen Lande kommen zu lassen; vielmehr wurden solche von dem König in Sequester und sorgfältige Administration genommen.

§. 54.

Wäre nicht der Plönische Successions-Fall in dem Jahr 1722. geschehen; so würde Herzog Friderich Carl schon dazumal seine Reise in fremde Länder angetreten haben. Nun aber gieng solche im Jahr 1724. unter Begleitung des Hofmarschals von Hollstein, der Cammer-Junker Niels Rosencrantz, von Hollstein und Johann Rudolph Rumohr vor sich. Ihro Durchl. wurden benachrichtiget, daß der Herzog August Wilhelm von Braunschweig-Lüneburg nebst Dero Frau Gemahlin Durchl. auf einige Zeit nach Hamburg zu kommen, entschlossen. Selbige verfügten sich auch dahin und hatten das Vergnügen, höchstgedachte Herrschaften daselbst vorzufinden, von welchen dieselbe auch mit vieler Freundschafft und Güte empfangen und aufgenommen wurden.

§. 55.

Von Hamburg giengen Se. Hochfürstl. Durchl. nach Berlin, um Ihro Majestät, dem damals lebenden König Friderich Wilhelm, ihre Ehrerbietung zu bezeigen. Sie genossen daselbst viele Gnade und Aufmerkung. Wie denn Ihro Königliche Majestät sich öfters der Dienste erinnerten, welche Ihro Durchl. in GOtt ruhende Vorfahren dem Chur-Brandenburgischen Hause geleistet. Nach einem Aufenthalt von etlichen Wochen reiseten Ihro Durchl. über Magdeburg nach Hannover, woselbst Ihro Majest. der König von Großbrittannien Georg I. sich damals aufhielten. Ihro Durchl. machten Allerhöchstderoselben ihre Aufwartung und hatten Ursache von der gnädigen Aufnahme vollenkommen zufrieden zu seyn. Nach Verlauf einiger Tage trafen Ihro Majestät der König von Preussen bey Dero Schwieger Herrn Vatern zu Herrnhausen ein. Diese Gelegenheit machten sich Ihro Durchl. zu Nutze und hielten bey beeden Majestäten um Dero hohe Protection in der Plönischen Succeſſions-Sache geziemend an. Wie solche huldreichst versprochen ward; so wurde denen von den beyden Höfen sich am Kayserlichen Hofe aufhaltenden Miniſtres die erforderliche Ordre beygelegt, diese Succeſſions-Sache zum Vortheil Herzog Friderich Carls mit allem möglichen Fleiß und Ernst zu treiben.

§. 56.

Es ward eben die Michaelis Messe zu Braunschweig gehalten, als Ihro Durchl. sich von Herrnhausen dahin verfügten und von der dasigen Hochfürstl. Herrschafft sehr gnädig und wohl aufgenommen wurden. Von hier setzten Dieselbe ihre Reise über Bremen durch die Grafschafft Oldenburg fort und gelangten glücklich zu Uetrecht an. Ihro Durchl. wählten diese Welt-berühmte hohe Schule, um von demjenigen, was sie bereits durch einen Privat-Unterricht gefasset, weiter zu gehen und sich in höhern Wissenschafften zu üben. In der Absicht hielten dieselbe sich beynahe ein Jahr daselbst auf und traten ihre Abreise im April 1725.

1725. an. Sie besuchten darauf die übrigen Holländischen Provinzen, besahen die in denselben belegenen Städte und was in denselben merkwürdig, hielten sich einige Wochen im Haag auf und giengen von daher über Antwerpen, Brüssel, Gent und Lille nach Paris.

§. 57.

Daselbst hielten sich Ihro Durchl. eine geraume Zeit auf und genossen an dem Königlichen Hofe viele Gnade und Ehrenbezeugungen. Ein Beweis davon war dieses, daß Ihro Majest. der König von Frankreich dem damaligen Cardinal von Fleury auftrugen, bey Ihro Durchl. sich zu erkundigen, ob nicht Dieselbe in Dero Militair-Dienste zu treten sich entschliessen sollten; als auf welchem Fall Allerhöchstdieselbe ein teutsches Regiment Ihro Durchl. anzuvertrauen gedachten. Weil aber Ihro Durchl. aus verschiedenen Ursachen sich genöhtiget sahen, diesen gnädigsten Antrag zu verbitten; so beurlaubten sich dieselbe und giengen durch verschiedene Provinzen nach Strasburg und von da weiter durch Mannheim, Frankfurt, Cassel und Hannover nach Hamburg, gelangten auch endlich im Herbst glücklich und vergnügt in Dero Residenz Norburg an. Sie brachten daselbst den Ueberrest des Winters hin, begaben sich im Frühling des folgenden Jahres nach Copenhagen und kehreten nach genossenen vielen Gnaden-Bezeugungen von der Königl. Herrschafft, nachdem sie sich einige Monate daselbst aufgehalten, nach Norburg wieder zurück.

§. 58.

Als unterdessen der Fürstliche Norburgische Agent von Schlegel zu Wien mit Tode abgieng; so wählten Ihro Durchl. an dessen statt einen andern Namens Aloysius von Gay. Es gewann jetzo an dem Kayserl. Hofe das Ansehen, als wenn der Holstein-Plönische Succeslions-Streit seine Endschafft erreichen und ein End-Urtheil in dem Reichs-Hofraht darin abgefasset werden sollte. Es ist bekannt, daß die Zahl der Catholischen Reichs-Hofrähte allemal stärker, als der Protestantischen. Wenn inzwischen ein Protestantischer Reichsstand mit einem Catholischen in Process geräht und alle Protestantische Reichs-Hofrähte auf seiner Seiten hat, solches, obgleich ihre Anzahl geringer, als der Catholischen, vota paria ausmacht: und in diesem Fall eräugete sich, daß einer von den Evangelischen zu den Catholischen übertrat, wodurch es denn geschahe, daß das Urtheil zum Nachtheil Ihro Durchl. des Herzogs von Norburg ausgesprochen ward. Dieselbe ergriffen sofort das beneficium restitutionis in integrum, und bedienten sich zur Entwerfung des dieserhalben zu exstibirenden impressi der Feder des berühmten Doct. Juris Franz Ernst Voigts, welcher nachmals in Dero Diensten als Justice-Raht trat. Man wollte dieses Remedium Juris anfänglich nicht zustehen. Unterdessen ward es unter der glorwürdigsten Regierung Kaysers Carl VI. allergnädigst zuerkannt, und der Process also aufs neue fortgesetzet.

§. 59.

Weil der Herzog von Rethwisch sich beständig auf die ungleiche Ehe und die daher entspringende Successions-Unfähigkeit berief; so fand man für nöhtig, jenen mit gründlichen Gegenvorstellungen zu begegnen und ihm nebst dessen Schriftsteller dem Reichs-Hofraht Agenten von Kleibart das Stillschweigen aufzulegen. Es ward also dem berühmten Herrn Christoph Gensch von Breitenau aufgetragen, hierüber sein Bedenken zu ertheilen. Solches erfolgte auch im Jahr 1728. unter folgendem Titul: "Rechtliches Bedenken, betreffend die Ehen, welche deutsche Für-„sten mit Weibes-Personen von adel. Abkunft schliessen, daß solche weder „den Reichs-Gesetzen und Herkommen entgegen, noch auch dadurch an „und vor sich die aus solcher Ehe erzeugte Söhne von der Succession in „Reichs-Lehn und Ländern ausgeschlossen werden mögen, wobey denn „zugleich die Schwäche und Nichtigkeit der dawider in einer zu ver-„meyntlicher Behauptung der Plönischen Succession für S. Hochfürstl. „Durchl. Herrn Herzog Johann Adolph Ernst Ferdinand zu Schleswig-„Holstein Anno 1724. zu Wien durch den Druck publicirten Schrift „angeführte Gründe offenbar gezeiget und ans Licht gestellet wird."

§. 60.

Er behauptet in dieser Schrift wider 20. Einwürfe, so von Rethwischischer Seiten gemacht, daß die Vermählung zwischen einem Fürsten und einer Adelichen keine Mißheuraht sey. Aus dem Alterthum wird bewiesen, daß die Kinder ebenbürtig und Lehnsfähig. Er führet an, daß die Reichs-Fürsten frey geboren, und wenn sie thun, was sie nach den Reichs-Gesetzen zu thun schuldig, so möge ein jeder heurahten, welche er wolle. Zum Uberfluß führet er 16. Zeugnisse alter und neuer Rechts-Lehrer an, darunter n. 13. 14. 15. 16. der Hallischen und Kielischen Lehrer Urtheile angedruckt zu finden.

§. 61.

Bey dem Schuß des 1728sten Jahres nahmen Se. Durchl. Herzog Friderich Carl nebst Dero Hof-Marschall und nachherigen geheimen Raht und Præsidenten Bogislaus Ernestus von Holstein, eine Reise nach Breslau vor. Die Absicht gieng dahin mit der verwittweten Frau Gräfin zu Molzan, gebohrnen Reichs-Gräfin zu Erpach ein Ehe-Verbündniß zu treffen. Solches würde auch gewiß seinen Fortgang gehabt haben, wenn sich der Kayserliche Hof nicht widersetzt hätte. Man wandte vor, daß die grossen Mitteln, mit welchen die Gräfin von Molzan versehen, nicht könnten aus den Kayserlichen Erblanden gelassen werden. Dis verursachte, daß diese Ehe nicht zum Stande kam und Se. Durchl. Dero Absicht nicht erreichten. Um eben diese Zeit wurden obgedachter Hofmarschall und der damalige Hofraht Voigt mit Königlicher Bewilligung nach Plön gesandt, um die daselbst geführte Administration und besonders den Abtrag der Schulden zu untersuchen.

§. 62.

In dem Anfang des 1729sten Jahres muste Ihro Durchl. Herzog Friderich Carls Anwald zu Wien die Sache seines Herrn noch einmal gegen seinen Gegner vorstellen. Damit aber diese Vorstellung desto gründlicher und nachdrücklicher geschehen möchte; so muste nicht nur der damalige Hof-Raht und Canzeley-Secretarius N. L. Esmarch die nöhtigen Uhrkunden aus dem Plönischen Archiv mittheilen, sondern auch der Königl. Dänische Etats-Raht von Babbe eine schriftliche an Eides statt ertheilte Antwort über einige Fragen, Herzogens Joachim Friderichs zu Plön Erklärung wegen der seinem Bruder Sohn Herzog Friderich Carl gebührenden Erbfolge betreffend, 1728. abstatten. Daraus entstand folgende Schrift: An Ihro Römisch-Kayserl. auch in Hispanien, zu Hungarn und Böhmen Königl. Majest. unumgängliche abermalige allerunterthänigste Vorstellung und Bitte pro clementissima restitutione in integrum in causa successionis Holsato-Ploenensis Anwalds Herrn Herzogs Friderich Carls zu Schleswig mit Beylagen sub Lit. A. bis U. inclusive.

§. 63.

Während der Zeit, da diese Schrift unter der Presse war, starb Herzog Johann Adolph Ernst Ferdinand Carl von Holstein-Rethwisch zu Hamburg im Jahr 1729. den 21. May. und machte durch seinen Tod diesem Successions Streit ein Ende. Er war im Jahr 1684. den 4. Decembr. zu Brüssel geboren und in der Römisch-Catholischen Religion erzogen. Sein Herr Vater war der dritte Prinz Herzogs Joachim Ernst und hieß auch Joachim Ernst. Selbiger gieng in Spanische Dienste und da er die Römisch-Catholische Religion angenommen; so ward er ein Grand d'Espagne. Er heurahtete Elisabeth Margaretha von Merode-Westerlo, deren Vorfahren anfänglich Edelleute sollen gewesen seyn, bis einer Johann von Merode im Jahr 1423. den Freyherrl. Titul erlangte. Von diesen Eltern stammte der letzte Herzog zu Holstein-Rethwisch her. Er verehlichte sich in dem Jahr 1703. mit Maria einer Marquisin von Terlo. Mit derselben zeugte er einen Prinzen, der aber früh verstorben. Im Jahr 1704. ward er gleichfals Grand von Spanien, scheidete sich aber nachher von seiner Gemahlin, welche in dem Jahr 1720. die Welt verlassen. Der Herzog selbst folgte im obgedachten

1729.

1729. Jahr und ward zu Plön in dem Fürstl. Begräbniß mit Christ-Fürstl. Ceremonien beygesetzet.

§. 64.

So bald Se. Durchl. Herzog Friderich Carl von diesem Sterb-Fall benachrichtiget wurden, giengen dieselbe nach Copenhagen und funden daselbst alles für sich in guter Verfassung. Es wollte sich zwar daselbst ein neuer Widerspruch in Ansehung der Succession in den Holstein-Plönischen Landen äussern; solcher aber erhielte bald seine Abfertigung. Dabey ward obgedachte Schrift am Kayserl. Hofe im Junio übergeben, und zugleich berichtet, daß Herzog Johann Adolph Ernst Ferdinand Carl zu Rethwisch aus der Welt abgefordert und keinen Erben hinterlassen habe, wodurch der Successions-Streit völlig aufgehoben und dem Herzog Friderich Carl, als nächstem Anverwandten, die Holstein-Plönischen Länder zugefallen. Diesemnach ersuchte der Herzog durch seinen Anwald zu Wien die Kayserl. Majest. geziemend, die gegen Se. Durchl. gefällte Urtheile aufzuheben, ihn für den rechtmäßigen Erbfolger zu erkennen, dabey zu schützen und zur Sammtlehn zu lassen. (*)

(*) Europ. Fama P. VI, pag. 546. sq.

§. 65.

Immittelst fasseten Ihro Königl. Majestät zu Dännemark zu Ende des October Monats die gerechteste Entschliessung, Ihro Durchl. dem Herzog Friderich Carl den Besitz der Holstein-Plönischen Lande zu übertragen: wogegen diese sichs gefallen lassen, die Norburgische Lande Ihro Majestät zur unterthänigsten Dankbarkeit hinwiederum zu überlassen. Ihro Durchl. liessen hierauf durch Dero Regierungs- und Hof-Rähte Vogt und Ritter die Possession dieser Länder ergreifen. Sie selbst aber hielten im Jahr 1729. den 5. Novemb. Abends ohngefehr um 6. Uhr ihren Einzug. Höchstdieselbe wurden von den Gliedern der Regierung, der Geistlichkeit und den vornehmsten aus der Bürger-

schafft

schafft mit den zärtlichsten und inbrünstigsten Glückwünschungen auf dem Schlosse empfangen. Aller Herzen waren mit Vergnügen und Freude angefüllt, daß ihre Hoffnung endlich so erwünscht eingetroffen. Die ewige Vorsicht hatte ihnen einen Landes-Herren geschenkt, der bey einer schönen Leibes-Gestallt mit solchen erhabenen Eigenschafften des Geistes ausgerüstet war, von welchem sie sich eine Regierung, unter welchem niemand, als durch seine eigene Laster und Verbrechen unglücklich seyn würde, versprechen konten.

§. 66.

Diese Besitznehmung ward den 8. Nov. desselben Jahres an dem Kayserlichen Hofe zu Wien einberichtet, wobey zugleich der König von Dännemark, der glorwürdigste Friderich IV., ein Empfehlungs-Schreiben ergehen ließ. In selbigem ward das, was für Herzog Friderich Carl bereits öfters gesucht und gebeten worden, wiederhohlet. Solches lief den 28. Nov. zu Wien ein, aber die Antwort blieb noch einige Zeit zurück.

§. 67.

Unterdessen sahen Ihro Durchl. Herzog Friderich Carl sich nach einer Liebenswürdigen Gemahlin um und funden dieselbe in der mit einer besondern Gottesfurcht und andern ausnehmenden Tugenden geschmückten Person, der Hochgebornen Comtesse Christina Armgardis, des Hochgebornen Grafen und Herrn, Herrn Christian Detlevs, Grafen zu Reventlau und Christiansfeede einzigen Comtesse Tochter. Die hohe Vermählung und das Beylager ward den 18. Jun. 1730. auf dem Königlichen Schloß zu Copenhagen feyerlich vollzogen. Den Tag darauf reiseten Ihro Königl. Majestät nach Schleswig, um bey Dero schwächlichen Leibes-Umständen sich des Rahts auswärtiger Ärzte zu bedienen. Auf dieser Reise folgeten Ihro Durchl. dem König. Als nun Ihro Majestät im Begrif waren, wiederum

nach

nach Dännemark zurück zu kehren; so gefiel es Allerhöchst derselben, Ihro Durchl. Dero hohen Elephanten-Orden beyzulegen und damit Ihro Durchl. einige Stunde vor Dero Abreise zu beschenken. Ihro Hochfürstl. Durchl. kehrten darauf nach Plön zurück und hielten mit Dero Durchlauchtigsten Frau Gemalin unter dem Frolocken Dero treugesinnten Bedienten und Unterthanen den 4. Nov. Dero vergnügten und feyerlichen Einzug.

§. 68.

Nachdem die Vorsicht Ihro Durchl. jetzo eine völlige Ruhe gönnete; so waren Dieselbe darauf bedacht, wie sie dasjenige, so durch die langwierige Interims-Regierung war versäumet worden, in Ordnung bringen und auf einen bessern Fuß setzen möchten. Sie funden zuerst nöhtig, den Gebrauch des gestempelten Papiers, welches in diesen Landen noch nicht gebräuchlich gewesen war, unter den 5. April 1730. einzuführen. Wie auch unter eben demselben Dato eine Verordnung wider die Roß-Täuscher, von welchen die Unterthanen zu ihrem Verderb Pferde auf Credit zu nehmen gewohnet waren, ans Licht gestellet.

§. 69.

Wie in dem Jahr 1730. von allen Evangelischen Ständen ein allgemeines Jubel-Fest wegen der 1530. geschehenen Ubergabe der Augspurgischen Confeßion gefeyret ward; so geschahe solches auch auf gnädigsten Befehl Herzog Friderich Carls in den Holstein-Plönischen Landen. Höchstdieselbe liessen deswegen eine Verordnung, wie es damit sollte gehalten werden, unter den 15. May 1730. durch den öffentlichen Druck bekannt machen, worauf dieses Fest drey nach einander folgende Tage als den 25. 26. und 27. Jun. in den Kirchen und den 28. Jun. in der Schulen feyerlichst begangen wurde. In eben demselben Jahr erfolgte der Sterbfall des glorwürdigsten Königes in Dännemark Friderichs des vierten. Dieß veranlasste Ihro Durchl. nach Copenhagen zu gehen, woselbst Dieselbe auf einige Tage nach der Königl. Beysetzung anlangten. Ihro Hochfürstl. Durchl. hielten sich daselbst etliche Wochen auf und kehreten sodann, nachdem Dieselbe sich des neuen Königes Gnade empfohlen hatten, wieder nach Plön zurück.

§. 70.

Endlich erfolgte in dem Jahr 1731. den 11. Sept. die so lang gehofte und erbetene Kayserl. Resolution zu Ihro Hochfürstl. Durchl. vollenkommenen Zufriedenheit. Selbige lautet dem wörtlichen Inhalt nach also:

Martis den 11. Septembr. 1731.

Holstein-Plönische Succession, in Specie Friderich Carl von Carlstein betreffend.

Publicatur Resolutio Cæsarea, Ihro Kayserl. Majest. haben gehorsamsten Reichs-Hofrahts allerunterthänigstes Gutachten Allergnädigst approbirt, nachfolgenden Innhalts:

1.) Ihro Römisch Kayserl. Majest. haben auf Allerhöchstderoselben ausführlich und gründlich beschehenen allerunterthänigsten Vortrag nach reifer der Sachen Erwegung allergnädigst entschlossen und erkläret: daß die zwischen weil. Christian Carl Herzogen zu Schleswig-Holstein, und seiner hinterlassenen Fürstl. Frauen Wittib Dorothea Christina von Aichelberg getroffene Ehe für ein ordentliches und Fürstl. rechtmäßiges Matrimonium zu achten, und um deswillen der darin erzeugte Sohn Friderich Carl (des Fürst-Brüderlichen Pacti de dato

Nor-

Norburg den 24. Nov. 1702. und andern dagegen vorkommenden Umständen ungehindert) des Herzoglich Holsteinischen Namens, Standes und Würden, und der Succession in alle Reichs-Fürstl. Holsteinische gerechtsame, und prærogativen ohne Ausnahme, und in besonderheit in die Holstein-Plönische Reichs-Lande, sammt aller Zubehörung, fähig, und demnach von Jedermänniglich für einen wahren Fürstl. Holsteinischen Stammes-Agnaten zu erkennen, und bey Dero Besitz und Genuß der rechtmäßig anererbten Fürstl. Holstein-Plönischen Landen und Zubehörungen ruhiglich zu belassen sey.

Diesemnach

2.) Detur demselben Herrn Herzogen Friderich Carl eine zwey monahtliche Frist zu Beybringung deren nöhtigen Lehns-Requisiten.

3.) Rescribatur Eidem: Ihro Kayserl. Majest. lassen denselben ohnverhalten, wasmaassen Allerhöchstdieselbe auf den Ihro von Dero gehorsamsten Reichs-Hofraht ausführlich und gründlich beschehenen Vortrag, demselben besag der unterm heutigen dato publicirten und in Abschrift hiebey gehenden Kayserl. Resolution die Reichs-Fürstl. Holsteinische Stammes-und Standes-Geburt, auch ins besondere die Succession in die Holstein-Plönische Reichs-Landen samt allen Zubehörungen allermildest zuerkannt, und sofort zu Beybringung der gehörigen Lehns-Requisiten eine zwey monahtliche Frist anberamet haben: Diesemnach wollten Ihro Kayserl. Majestät Ihn auch in dem Besitz solcher Plönischen und anderen zugehörigen Landen hiermit dergestalten und mit dem Effect allergnädigst bestätigen, als wäre Er in Kraft Kayserlichen Allerhöchsten Richter-Amts darin ordentlich gesetzet worden. Diesemnach wolten Ihro Kayserl. Majestät ihme auch in dem Besitz solcher Plönischen und andern zugehörigen Landen (wiewohl ihme vor ausgemachter Sachen und erfolgten Kayserl. Obristrichterlichen Ausspruch mit

mit deren eigenmächtigen Possess-Ergreifung noch an sich zu halten, und solchemnach sodann zuförderst authoritate Cæsarea die würckliche Einweisung unterthänigst abzuwarten, in allweg gebühret hätte,) hiemit dergestalten und mit dem Effect allergnädigst bestätigen, als wäre er in Kraft Kayserl. allerhöchsten Richter-Amtes darin ordentlich gesetzt worden.

Und wie demnechst aus denen in seinem Namen Judicialiter exhibirten Schriften verschiedentliches anstößig, besonders aber dieses der Kayserl. allerhöchsten Gerichtsbarkeit und Obristen-Lehen-Herrlichkeit abbrüchig, auch Seinem nunmehro erklärten Reichs-Fürsten-Stand und Wesen selbsten nachtheilig befunden worden, daß Andern gleichsam eine besondere und eigene Ober-Herrschafft und Jurisdiction in Sachen und Geschäfften Reichs-Fürstl. Personen und ihre Güther und Gerechtsame betreffend, nicht undeutlich eingeräumet werden wollen: Ihro Römische Kayserl. Majestät aber als das alleinige obriste Haupt aller Fürsten des Reichs dergleichen irrige und weit aussehende mit Ihrem Kayserlichen Amt und obristen Reichs-Herrlichkeiten ganz nicht verträgliche, auch denen Reichs-Fürstlichen hohen Gerechtsamen schädliche Principia ins heil. Römische Reich einschleichen zu lassen, durchaus nicht gestatten können, noch wollen; also verseheten Sie Sich zu ihm allergnädigst, derselbe werde ins künftige Seine Schriftsteller dahin anzuweisen nicht unterlassen, auf daß sie sich hierinnfals dergestalt jederzeit fassen, wie es der Kayserlichen allerhöchsten Authoritæt gemäs und denen Reichs-Fürstlichen Prærogativen zuständig ist.

(L. S. Cæsar.)

Arnold Hinrich v. Glandorff.

§. 71.

§. 71.

Schon unter der Herrschafft der vorigen zu Schleswig-Holstein-Plön regierenden Herrn waren verschiedene Verordnungen, den äusserlichen Wohlstand der Kirchen und derselben Gebräuche betreffend, ans Licht gestellet. Weil aber in denselben nicht alles, was dahin gehöret, bestimmet; so liessen Ihro Hochfürstl. Durchl. eine besondere Kirchen-Ordnung verfertigen und solche den 10. Septemb. 1732. ans Licht stellen. Selbige besteht in 13. Capiteln und fasset das wichtigste, was zu dem äusserlichen Gottesdienst, auch sonst zu guter Ordnung in dem ganzen Kirchenwesen gehöret, in sich. In eben demselben Jahr und zwar den 5. Novemb. ward das Hochfürstl. Haus mit der Geburt einer Princeßin erfreuet, welcher der Name Sophia Christina Lovise beygeleget wurde.

§. 72.

In eben dem Jahr ward auch die Lehns-Empfängniß über die Holstein-Plönische Lande zum Stande gebracht. Des Endes waren die Lehn-Träger von Sr. Hochfürstl. Durchl. mit der Vollmacht zu der Samt-Belehnung über das Herzogthum Holstein am Kayserl. Hofe versehen. Nachdem nun Selbigen die Lehn gewöhnlicher Maassen gereichet und sie den Lehns-Eyd abgelegt; so wurden solche im Namen Herzogs Friderich Carls vor dem Kayserlichen Throne mit dem Herzogthum Holstein belehnet, und ihnen der Lehns-Brief, dessen Inhalt mit dem von dem Jahr 1714. den 3. Oct. völlig einstimmig, dem Ostfriesischen Herrn Legations-Raht Baron von Gerstorf als erstem Gesandten und dem Agenten von Cey als zweiten Committirten, welche mit einem ansehnlichen Gefolge versehen waren, überreichet. Diese

Lehns-Empfängnis ist bey Ihro itzt Glorwürdigst regierenden Kayserl. Majestät in Anno 1751. unter den vorhergedachten Solennitäten aufs neue wiederholet worden.

§. 73.

Kurz nachher trug sichs zu, daß der Hochgeborne Graf zu Hohenlohe und Gleichen, Herr zu Langenburg und Cranigfeld eine eheliche Zuneigung fassete zu der damaligen Durchl. Princeßin Christina Lovise, des Hochsel. Herzogs Joachim Friderichs jüngste Princeßin Tochter. Die Vermählung geschahe den 18. Aug. im Jahr 1735. zu Ahrensböck. Die Stief Frau Mutter der Durchlauchtigsten Braut, die verwittwete Herzogin Juliana Lovise, gab den Neuvermählten das Geleite bis Weickersheim. Sie kehrte von daher über Blankenburg und Wolfenbüttel, woselbst sie wegen des schwächlichen Zustandes Dero Cörpers den Winter über verbleiben musten, erst nach Pfingsten des 1736. Jahres nach Ahrensböck zurück.

§. 74.

Um diese Zeit sahen sich Ihro Hochfürstl. Durchl. der regierende Herzog zu Schleswig-Holstein-Plön noch in einem sehr schweren Proceſs an dem Kayserl. Hofe verwickelt. Die Gelegenheit dazu war diese. Es hatte der letztverstorbene Herzog zu Rethwisch eine ansehnliche Menge Schulden hinterlassen. Die Bezahlung derselben ward von Ihro Durchl. dem regierenden Herrn zu Plön verlanget. Die sämmtlichen Creditores wandten sich an den Kayserlichen Hof und würkten daselbst verschiedene Mandata aus, in welchem Höchstgedachtem Herzog diese Bezahlung anbefohlen wurde. Da aber Höchstdieselbe nach den Pactis Domus unmöglich sich dazu verstehen konnten, indem sie

sie weder debitor noch debitoris hæres waren; so nahmen Dieselbe nebst ihren Agenten in Wien noch einen wegen seiner Geschicklichkeit sehr berühmten Rechts-Gelehrten von Harprecht an, der die Gerechtsame Ihro Durchl. bestens beobachten und mit Nachdruck treiben könnte. Ueberdis engagirten Ihro Durchl. einen vormals in Hochfürstl. Würtenbergischen Diensten gestandenen Regierungs-Raht Scheid in gleicher Qualité und zugleich als Justiz-Raht in Dero Regierungs-Canzeley. Derselbe war so glücklich, daß er durch seinen Betrieb und besondere Geschicklichkeit diesen Proceß, der bey 20. Jahre gedauret hatte, solchergestalt durch ein Kayserl. allergnädigstes Urtheil geendiget sahe, davon Ihro Durchl. vollenkommen zufrieden seyn konnten.

§. 75.

Des Kayserl. Reichs-Hofrahts Schluß und End-Urtheil erfolgte unter den 28. Jul. 1753. dahin:

Daß impetrantischer Herr Herzog FRIDERICH CARL zu Holstein-Plön gegen die Kayserliche vorherigen Judicata, insonderheit das von dem Jahr 1738. den 20. Jun. in integrum zu restituiren, in der Haupt-Sache aber nunmehro dahin zu erkennen, daß Er weiland Herrn Herzogen Johann Adolph Ernst Ferdinand zu Holstein-Rethwisch bey Kayserl. Majest. eingeklagte Schulden zu zahlen nicht anzuhalten sey, sondern itztbesagten Herrn Herzogen sämtliche Creditores aus desselben freyen Allodial-Nachlaß bey einem darüber anzustellenden Concurs, in rechtlicher Ordnung Ihre Nohtdurft abzuhandeln und die Befriedigung zu erwarten hätten. Gleichwie aber besagter Herr Impetrant

trant einige zu der Rethwischischen Massa gehörige Stücke, nemlich 1.) die von Zeit seines in dem Herzogthum Plön 1722. genommenen Besitzes Defuncto vorenthaltene jährliche Deputat-Gelder ad 5000. Rthlr. nebst dem dazu gehörigen Augmento bis auf dessen Tod, samt denen a tempore moræ davon bis jetzo aufgeschwollenen Interesse zu 5. pro Cent, sodann 2.) das Interesse von denen in actis benannten 18000. Rthlr. Dänischen Cronen fideicommis-Capital ebenfals bis auf den Todes-Tag des besagten Herrn Herzogen von Rethwisch, insoweit jedoch beyde erstbesagte Schulden von Ihm Herrn Impetranten oder in seinem Namen durch erweisliche rechts-beständige Zahlungen nicht vermindert worden; Ferners 3.) dasjenige, was etwa sonsten von der zum Lehen oder fideicommis nicht gehörigen freyen Mobiliar-Verlassenschafft des Defuncti zu seinen Händen gekommen wäre, intra duos menses zur Herzoglich-Rethwischischen obersagten Massc herauszugeben, und abzuliefern schuldig erkläh-ret wird; also bleibet Ihm hingegen seine in actis angezogene Forderung an die Massa bey dem Concurs in rechtlicher Ordnung anzubringen, ins besondere hiemit vorbehalten.

§. 76.

Durch diesen für Ihro Hochfürstl. Durchl. obsieglichen Rechts-Ausspruch ward also nicht nur derer Kläger vieljähriger und mühsamer Kunstgrif, durch Unwahrheiten zu ihrem Zweck zu gelangen, auf einmal vereitelt, sondern auch dasjenige, was ohnehin kundbar genung genug war bestätiget, daß nemlich Jhro Durchl. in keine Wege ein Erbe des Herrn Herzogs von Rethwisch geworden, und daß der von Deroselben in Besitz genommene vormalige Herzogl. Rethwischische Landes-Antheil überall nicht, als eine freye Allodial-Verlassenschafft des Herrn Herzogs von Rethwisch, anzusehen sey, indem derselbe sonst nohtwendig in nur-angezogenen Kayserl. Urtheil unter denen zu der Herzogl. Rethwischischen Concurs-Masse abzuliefernden Pösten mit hätte benannt werden müssen; zu dessen mehreren Bestärkung dann auch in dem unterm 4ten Jun. 1756. fernerweit ergangenen Kayserlichen Reichs-Hof-Rahts-Concluso unter andern ausdrücklich erklähret worden;

Daß das Amt Rethwisch, als ein fideicommis zu der Massa des verstorbenen Herrn Herzogen von Rethwisch nicht gehöre.

§. 77.

Zugleich mit obigem Allerhöchsten Urtheil vom 28. Jul. 1753. ergieng ferner ein Kayserliches Rescript an Jhro Hochfürstl. Durchl. worinn Deroselben der Auftrag geschah, durch zwey aus Dero Regierungs-Collegio zu ernennende Glieder den vermöge des Urtheils selbst angeordneten Concurs derer Herzoglich Rethwischischen Gläubigern unter Kayserl. Authorität zur Vollstreckung zu bringen, wie solches mit mehreren folgende Ausdrücke des Rescripts ergeben:

Da Jhro Kayserl. Majest. nunmehro diese Procefs-Sache geendiget, und über des verstorbenen Herrn Herzogen zu Rethwisch Nachlaß einen Concurs veranstaltet, so hätten Allerhöchstdieselben zu Ersparung derer Kosten am besten gefunden, des Herrn Herzogen Regierungs-Collegio die ganze Direction des hiebey nöhtigen Verfahrens gratis und mit alleiniger Berechnung derer zum Concurs nöhtigen baaren Auslagen per Commissionem Cæsaream zu übertragen, dergestalt daß der Herr Herzog darzu zwo Personen aus besagtem Regierungs-Collegio, wogegen die Creditores nichts einzuwenden fünden, auswählen, solche nach behöriger Entlassung derer Ihm, dem Herrn Herzogen, geleistete Pflichten Authoritate Cæsarea in Præsentia Creditorum aut eorum Procuratorum zu diesem Concurs-Proceſs vereyden lassen, und erwehnte geschworne Deputirte darauf die legaleste Art eines Concurs-Processes hiebey beobachten, die Sache möglichst befördern, conclusa legitime Causa die sämmtlichen Acta in præsentia omnium vocandorum inrotuliren, und an eine Juristen-Facultæt, wogegen von allerseitigen Interessenten sich kein erheblicher Einwand eräugne, versenden, sodann aber das Urthel, wie es eingekommen, facta recognitione Sigilli Authoritate Cæsarea publiciren sollten, und erwarteten Ihro Kayserl. Majest. über den Anfang dieser Sache des Herrn Herzogen Vorbericht sub termino duorum mensium.

Und wie solchem allen nach dieser langwierige Proceſs endlich zu dem Herzoglich-Plönischer-Seiten von Anfang an abgezielten Ausgang gediehen; so ward hierauf das von Ihro Kayserl. Majestät angeordnete Commissions-Geschäfte zu seiner Zeit vorgeschriebener Maassen eingeleitet; Und da vor selbiger die erforderte Concurs-Verhandlung, demnächst auch nach Schliessung derselben die Versendung der Acten an eine Juristen-Facultæt zu Einholung eines Prioritæt-Urthels geschehen; so hänget das weitere von dessen Einlangung ab.

§. 78.

Ausser diesem und andern wichtigen Processen, welche Ihro Durchl. glücklich ausgeführet, ist noch derjenige beträchtlich, welchen das Holstein-Plönische Haus mit dem Gräflichen Hohenlohe-Neuensteinischen von vielen Jahren her gehabt. Es war des Hochseligen

seligen Herzogs Joachim Ernst Princeßin Tochter Sophia Eleonora 1666. an den Hochsel. Grafen Wolfgang Julius von Neuenstein vermählet. Da aber aus dieser Ehe keine Kinder erfolgten, so hätten die Dotal-Gelder nach Absterben derselben wieder an das Holstein-Plönische Haus zurück fallen sollen. Indem aber dieselbe von Hochgräfl. Seiten waren vorenthalten worden; so waren endlich Ihro Durchl. so glücklich, auch von diesem Proceß das Ende zu sehen und die lange vergeblich gesuchte Zurück-Bezahlung zu erlangen.

§. 79.

In dem Jahr 1735. den 22. Sept. befestigten Ihro Durchl. der Alt-Stadt Plön ihre wohlhergebrachte Gerechtigkeiten und Erb-Freyheiten: wornächst im Jahr 1736. den 17. Nov. die Geburt der zweyten Princeßin Friderica Sophia Charlotta erfolgte. Wie auch Ihro Durchl. Aufmerkung beständig dahin gerichtet, daß die Aufname und der Wohlstand Dero Länder durch allerley heilsame Verordnungen, möchten befördert werden; so liessen dieselbe auch in der Absicht um diese Zeit verschiedene ans Licht treten. So ward unter andern in dem Jahr 1735. den 17. Merz die Fürstl. Schleswig-Holstein-Plönische Feuer-Ordnung zum Nutzen der Alt- und Neu-Stadt Plön ans Licht gestellet. In dem Jahr 1736. den 15. Febr. ward eine nützliche Schuld- und Pfand-Protocoll-Verordnung gemacht. Solchem folgte in dem Jahr 1737. den 23. Merz eine Policey-Ordnung, welche nachher den 3. Jun. 1749. wiederholet und in verschiedenen Stücken erweitert wurden. Diese nebst andern herausgegebenen Stücken sind unter dem Titul: Sammlung der sämtlichen Holstein-Plönischen Verordnungen und Befehle durch den Cammer- und Revisions-Secretair Brünner im Jahr 1757. ans Licht gestellet worden.

§. 80.

Das Jahr 1738. schien dem Hochfürstl. Plönischen Hause und dem ganzen Lande eine besondere Freude zu bringen, indem in demselben den 2. Nov. unter dem öffentlichen Kirchen-Gebet, indem es ein Sonntag war, ein Prinz geboren wurde. Selbiger ward den darauf folgenden Tag getauft und empfing den Namen Christian Carl. Wie sehr hohe und niedrige über dieser erfüllten Hoffnung in Plön gefrolocket, ist nicht zu beschreiben. An dem Tage, da die Durchl. Frau Herzogin ihren erwünschten Kirchgang hielten, brandten des Abends um die in einem Schau-Gerüste vorgestellte Abbildungen, Ueberschriften und Denk-Sprüche eine menge Lampen. Die Häuser in der Stadt waren insgesammt erleuchtet. Alles war vergnügt und frölich. Aber, ach! eine gar zu kurze Freude! Etwa fünf Wochen nach dessen Entwöhnung von der Brust starb der Erb-Prinz. Solches geschahe den 27. Febr. 1740. zum unaussprechlichen Schmerz der Hochfürstl. Eltern, der Groß-Frau Mutter und übrigen hohen Angehörigen, auch aller treugesinnten Bedienten und Unterthanen.

§. 81.

Im Jahr 1739. sahen Ihro Hochfürstl. Durchl. sich genöhtiget, abermal eine Reise nach Copenhagen vorzunehmen. Die Gelegenheit dazu gab die Krankheit Dero Frau Schwieger-Mutter, der verwittweten Frau Gräfin zu Reventlau und Christiansseede. Selbige lagen zu Tollöse, einem Gräfl. Gut auf Seeland, gefährlich nieder, wie denn Selbige bey Ihro Durchl. Anwesenheit den 7. Jul. 1739. das Zeitliche gesegneten. Es wäre bald wegen des Nachlasses der Hochsel. Frau Gräfin zwischen Ihro Durchl. und dem Gräflich-

Revent-

Reventlauischen Erben zum Procefs gedieen. Es ward aber durch allerhöchste Vermittelung Ihro Majestät des Königes Christian VI. alles glücklich beygelegt. Ihro Durchl. erhielten durch einen mit dem Herrn Grafen Conrad Detlev zu Reventlau errichteten Vergleich ansehnliche Vortheile an baarem Gelde, wodurch der von Dero Frau Gemahlin Hochfürstl. Durchl. vorhin schon eingebrachte ansehnliche Braut-Schatz um ein erkleckliches vermehret worden. Den 6. Febr. 1740. erfolgte der Sterb-Fall der Durchlauchtigst. Fürstin und Frauen Juliana Lovise, hinterlassenen Frau Gemahlin des Höchstsel. Herzogs Joachim Friderichs, gewesenen regierenden Herrn zu Schleswig-Holstein-Plön. Solche war im Jahr 1698. den 3. Jun. zu Aurich in Ostfriesland an das Licht der Welt geboren. Ihr Herr Vater war Christian Eberhard Fürst und Herr zu Ostfriesland, Herr zu Esens, Stedesburg und Wittmund und die Frau Mutter Eberhardina Sophia, geborne Fürstin zu Oettingen. Als die Braunschweig-Lüneburgische Prinzeßin Charlotta Christina Sophia 1711. an den Czarischen Cron-Prinzen Alexius Petrowitz vermählet ward, ließ sich auf Anhalten derselben die Prinzeßin Juliana Lovise bewegen, derselben auf Dero Reise nach Petersburg Gesellschafft zu leisten, woselbst sie sich auch bis an den Sterb-Tag der Czarowitzen, welcher 1715. erfolgte, aufhielte. Sie kehrte darauf nach Deutschland wieder zurück und gelangte im Frühling des 1716. Jahres glücklich zu Aurich an. Wenn inzwischen die damalige Durchl. Herzogin zu Blankenburg in dem Umgang der Princeßin Juliana Lovise ein besonderes Vergnügen fand; so begab sich selbige in dem folgenden Jahr dahin und hatte abermal ihren beständigen Aufenthalt daselbst, bis endlich dieselbe mit dem Hochseligen Herzog zu Schleswig-Holstein-Plön den 17. Febr. 1721. vermählet worden. Da aber dis Band durch den Tod des Herzogs, nach Abgang eines Jahres und einiger Monate darüber wieder gelöset wurde, trugen sie zwar eine Frucht der Ehe unter Dero Herzen, waren aber nicht so glücklich, solche lebendig zu sehen, indem sie von einer todten Princeßin enbunden wurden. Nach der Zeit hielten Höchstdieselbe sich in Plön bis ins Jahr 1726. auf, als in welchem sie ihren Witthums-Sitz in Ahrensböck bezogen. Daselbst wandten Dieselbe bey unermüdeter Ausübung der Gottseligkeit und guter Werke insonderheit ihr Augenmerk auf eine Christ-Fürstl. Erziehung Dero drey mit ihrem Eheherrn empfangenen Princeßinnen Töchter. Diese Erziehung ist auch so wohl gerahten, daß Dieselben, als ein Muster der Tugend und eines gottseligen Wandels, aller Welt können vorgestellet werden. Sie hat die Tage ihrer Wallfahrt auf 41. Jahr 7. Monate 3. Wochen und 3. Tage gebracht.

§. 82.

So erfreulich dem Hochfürstl. Holstein-Plönischen Hause in dem Jahr 1744. die Geburt einer Princeßin war, welche bey der den 23. April geschehenen Taufe den Namen Charlotta Amalia Wilhelmina empfangen; so schmerzlich war es Jhro Hochfürstl. Durchl. dem regierenden Herzog ein neuerbautes Reit-Haus nebst andern daran gränzenden Gebäuden auf dem Hochfürstlichen Hof-Platz 1745. den 4. Merz im Rauch aufgehen und von der Gewalt des Feuers verzehret zu sehen. Es hatte diese unglückliche Begebenheit ihren Ursprung von nachläßigen Stall-Bedienten, welche mit dem Licht unbehutsam umgegangen und dadurch einen ansehnlichen Schaden verursachet, wie denn dergleichen Brand-Schaden Jhro Durchl. in Dero Regierung in einer ziemlichen Anzahl von Vorwerks-Gebäuden hin und wieder betroffen und deren Wiedererbauung beträchtliche Summen gekostet. Doch dieser Verlust ist durch den Fleiß und die trefliche Einsicht, welche Jhro Durchl.

Durchl. von dem Bau-Wesen haben, vollenkommen ersetzt. Man hat das Vorwerk oder die Meyerey, welche vorher auf dem Hof-Platz lag, um solche der Feuers-Gefahr desto weniger auszusetzen, von da weggenommen und solche an dem Land-Wege wieder hingebauet. Dahingegen ist der Hof-Platz mit allerley schönen Gebäuden, als Reit- und Wagen-Häusern, Pferde-Ställen und dergleichen versehen und wohl gezieret. Ueberhaupt muß ein jeder, der Plön vor 30. Jahren gekannt, gestehen, daß seit der Zeit eine merkliche Veränderung mit demselben vorgegangen. Man findet viele Häuser durch den Beytrag und die Freygebigkeit des Durchl. Regenten in einer ganz andern Gestalt, und verschiedene von Grund auf neu angebaut, worunter selbst das hiesige Raht-Haus kan gerechnet werden. Die Verbesserung oder vielmehr die ganz neue Anlage des Fürstl. Gartens, in welchem alles nach dem besten Geschmack die Sinnen einnimt, ist von der Beschaffenheit, daß solche eine besondere Beschreibung verdiente.

§. 83.

In dem Jahr 1746. vertauschte König Christian der sechste seine irrdische Crone mit der Himmlischen. Ihro Hochfürstliche Durchlaucht versäumeten nicht, sich sogleich nach Copenhagen zu begeben, um ihre unterthänigste Condolence abzustatten und zugleich Ihro itztregierenden Königliche Majestät Dero tiefste Ehrerbietung zu bezeugen. Selbige wurden von Ihro Majestät ungemein gnädig aufgenommen und genossen nebst den übrigen anwesenden Herzogen und Prinzen von Augustenburg und Glücksburg, die ihnen, als vom Königlichen Hause abstammenden Fürsten, zukommende Ehrenbezeugungen und Vorzüge. Nachdem Ihro Durchl. sich verschiedene Wochen in Copenhagen aufgehalten beurlaubten sich dieselbe bey Ihro Majestät, wobey Allerhöchstdieselbe zu erkennen gaben, wie es

Ihnen

Ihnen lieb seyn würde, Dieselbe bey dem in dem nächstfolgenden Jahr angesetzten Salbungs-Fest wiederum bey sich zu sehen. In dem folgenden Jahr traten Ihro Durchl. abermal Dero Reise nach Copenhagen an, woselbst kurz nach Dero Ankunft das Salbungs-Fest mit gewöhnlichen Solennitäten gefeyret ward. Ihro Durchl. waren nebst den Herzogen und Prinzen von Augustenburg und Glücksburg dabey gegenwärtig, hielten sich noch einige Wochen zu Copenhagen auf und reiseten darnach mit gnädigster Königlichen Einwilligung wieder nach Plön ab.

§. 84.

Ihro Hochfürstl. Durchl. sahen sich durch Dero Gesundheits-Umstände in dem Jahr 1748. genöhtiget, den Gesundheits-Brunnen in Pyrmont zu besuchen, und hatten das Vergnügen, daß in Dero Abwesenheit, da sie sich zu Pyrmont befunden Dero Frau Gemahlin Durchl. von einer Princeßin den 21. Jul. entbunden ward, welche in der Taufe den Namen Lovise Albertine erhielte. Diesem nächst fiel das in Dännemark angeordnete Jubel-Fest ein, welches zum Lobe GOttes, daß der Oldenburgische Stamm nunmehro schon 300. Jahr die Nordische Länder beherrschet, gefeyert ward. Wie Ihro Hochfürstl. Durchl. dazu, gleich den übrigen Herzogen und Prinzen in Augustenburg und Glücksburg, huldreichst eingeladen, so wohneten Dieselben dieser hohen Feyer erfreulichst bey und kehreten darauf vergnügt nach Plön zurück. Im Jahr 1748. den 17. Oct. legten Höchstdieselbe Dero Superintendenten den Befehl bey, ein besonderes Kirchen-Ritual für die Holstein-Plönische Kirchen zu verfertigen; indem Ihro Durchl. bey persönlicher Besuchung der Kirchen gefunden, daß fast bey einer jeden derselben in den äusserlichen Kirchen-Gebräuchen sich ein Unterscheid bemerken lasse. Das Ritual ward in dem

Jahr

Jahr 1753. an das Licht gestellet und von der Zeit ist der Gebrauch desselben in den sämmtlichen Holstein-Plönischen Kirchen eingeführet worden. In eben dem 1753. Jahr funden Ihro Hochfürstl. Durchl. nöhtig, in Dero Angelegenheiten noch eine Reise nach Copenhagen vorzunehmen. Solche ist um deswillen besonders merkwürdig, weil dazumal der sichere Grund zu dem nachhero erfolgten Successions-Tractat geleget, davon schon einige Unterhandlungen in den Jahren 1737. und 1738. gepflogen. Es wird hievon in den folgenden ausführlich gehandelt werden.

§. 85.

In dem Jahr 1757. begegnete dem Hochfürstl. Holstein-Plönischen Hause ein Zufall, welcher demselben nicht anders, als höchst schmerzlich seyn konte: Es ward die älteste Princeßin desselben Sophia Christina Lovise in der Blühte Dero Jahre unvermuhtet durch die Gewalt des Todes hingerissen. Höchstdieselbe hatten sich bey Ihro Herzogl. Durchl., der verwittweten Frau Herzogin Elisabeth Sophia Maria zu Braunschweig-Lüneburg, zu Dero Gesellschafft in einem höchst vergnügten Umgang aufgehalten. Sie wurden in dem Jahr 1753. den 4. Octobr. zu einer Canonissin und nachher zu einer Decanissin bey dem Kayserl. frey Weltlichen Hochstift zu Quedlingburg den 21. Febr. 1755. erwählet. Daselbst wurden sie von den rothen und weissen Frieseln überfallen. Diese Krankheit setzte Ihro Durchl. dergestalt zu, daß sie ihr edles Leben im Jahr 1757. den 18. Merz einbüssen musten. So kurz Dero Lebens-Wallfahrt;

so rühmlich ist dieselbe. Ihre Gottesfurcht war rein und ohne Heucheley. Solches kam ihr bey ihrem frühzeitigen Hintrit aus der Welt treflich zu statten, indem Dieselbe mit der Kraft eines lebendigen Glaubens, der sich in Standhaftigkeit, Gelassenheit und vollenkommener Gemühts-Stille äusserte, den Tod und dessen Bitterkeit besiegte. Sie segneten die Ihrigen und sturben mit der grösten Freudigkeit. Die Zeit, welche von Vielen ihres Standes und Alters der Eitelkeit geschenket wird, wandten Dieselben auf Lesung erbaulicher und geistreicher Schriften, davon der Vorraht, den sie nachgelassen, ein unverwerfliches Zeugniß geben kan. Durch ihr freundliches und holdseliges Betragen zogen sie die Herzen aller derjenigen an sich, welche das Vergnügen und die Gnade hatten, ihren Umgang zu geniessen, oder auch Dieselbe in ihren treflichen Gemühts-Neigungen sonst kennen zu lernen. Sie war mit allen Eigenschafften geschmücket, die eine Person von ihrem Stande bey GOTT und Menschen können angenehm machen. Sie wäre nach Menschen Urtheil eines höhern Alters würdig gewesen, wenn GOtt nicht wichtigere Ursachen gehabt, mit Derselben aus diesem bösen Leben zu eilen.

§. 86.

Da mit dem tödtlichen Hintrit des Hochseligen Erb-Prinzen Christian Carls sich die Hoffnung gröstentheils verlohren, daß die Holstein-Plönische Lande von den Leibes-Lehns-Erben des gegenwärtig regierenden Herzogs werden besessen werden; so faßten Ihro Hochfürstl. Durchl. den Entschluß, sich mit der glorwürdigst regierenden

Königl.

Königl. Majestät zu Dännemark und Norwegen in einen Tractat wegen der Erb-Folge in Dero Landen und Herrschafften einzulassen, davon man hie, den Verlauf der Sachen kürzlich mitzutheilen, nicht Umgang nehmen können.

§. 87.

Allbereits in vormaligen Zeiten und zwar in denen Jahren 1737. und 1738. sind einige Unterhandlungen zwischen Ihro in Gott ruhenden Königl. Majestät zu Dännemark ꝛc. Christian dem VIten und Ihro Hochfürstl. Durchl. gepflogen, welche dahin abgezielet, die künftige Erb-Folge in dem Fürstenthum Plön und selbigen incorporirten zugekauften adelichen Gütern, auf den Fall, wann der Abgang des Fürstl. Joachim Ernestinischen Manns-Stammes erfolgen, und mithin das aus dem Testament Herzogs Joachim Ernst des älteren auf den zugekauften Gütern haftende fideicommiss erlöschen würde, dem Königlichen Hause zu versichern. Allein solches hatte dazumal keinen Fortgang.

§. 88.

Hiernächst aber, als Ihro Hochfürstl. Durchl. wegen verschiedener Dero Fürstl. Hauses Angelegenheiten zu Anfang des 1753sten Jahres in Copenhagen sich aufhielten, eräugte es sich, daß die Errichtung eines Erb-Folge-Vertrages zwischen der itztregierenden Königl. Majestät zu Dännemark ꝛc. und Hochgedachter Hochfürstl. Durchl. von neuen in Anrege kam, und obzwar in solcher Zeit alles nur noch bey einigen allgemeinen mündlichen Äuserungen an beyden Seiten verblieb, so ward dennoch dieses Werk nach Ihro Hochfürstl.

 Durchl.

Durchl. Rückkehr von Copenhagen weiter fortgesetzt, und in der Folge unter andern vorläufig beliebet, daß die aufzurichtende Succes-sions-Vereinigung sich über die gesamte Herzoglich Holstein-Plönische Lande, so wohl Feudal- als Allodial erstrecken, jedoch hierzu derer Beykommenden nähesten Fürstl. Herren Lehns-Vettern Einwilligung, insoferne es die Feudal-Stücke beträfe, einzuziehen, wie auch dabey die Kayserliche Confirmation vorbehalten seyn müßte. Nachdem nun hierauf auf den mit dem Königl. Dänischen Hofe concertirten Fall mit nurermeldten Herrn Lehns-Vettern, nemlich mit denen Herrn Herzogen und Prinzen derer Fürstl. Häuser Glücksburg, Augustenburg und Beck die Unterhandlung zur Erlangung Ihres Beytrits von hie aus eingeleitet worden, und selbige durch die Ihnen geschehene gründliche Darstellung der wahren innerlichen Verfassung der Plönischen Lande und Güter und derer darauf haftenden Lehns-Lasten und Schulden, dergestalt gut von statten gegangen, daß, ausser dem ohne Hinterlassung einiger Leibes-Lehns-Erben in der den 6. May 1757. bey Prag vorgefallenen Schlacht gebliebenen Herrn Herzog Friderich Wilhelm von Holstein-Beck, keiner der übrigen den angesuchten Consens und Verzicht auszustellen, sich entleget; so liessen beyde Hohe Theile Sich gefallen, mit dem Haupt-Geschäfte näher zum Werk zu schreiten, zu welchem Ende Ihro Königl. Majestät Dero ehemaligen, nunmehro aber verstorbenen Geheimen-Conferenz-Raht und Canzler zu Glückstade, den Herrn von Beulwitz nach Plön an Ihro Hochfürstl. Durchl. Hof-Lager abzuordnen geruheten, mit welchem dann die hiezu befehligte Hochfürstl. Räthe als der Justitz-Raht Frantz Barthold Schroedter und der Justitz-Raht Leopold August Cirsovius, jedoch unter Ihro Durchl. höchst

höchst eigenen Direction, in verschiedenen Zusammenkünften die eigentlichen Vereins-Puncten zur Richtigkeit, und einen Recess über den ganzen Erb-Folge-Vertrag bis auf Königl. und Herzogl. Ratification am 29. Nov. 1756. zum Stande brachten und vollzogen. Es ward auch dieser Recess im Anfang des Januarii Monats 1757. so wohl von Königl. als von Herzogl. Seiten würklich ratificirt, und nachdem die Auswechselung derer Ratifications-Uhrkunden geschehen, der solchergestalt völlig zum Stande gediehenen Tractat an Ihro Römisch-Kayserliche Majestät zur Confirmation gebracht und übergeben.

§. 89.

In Kraft solchen Successions-Vertrages sind demnach Ihro Königl. Majestät zu Dännemark rc. und Dero Königl. Erbfolgere auf den Fall, da Ihro Hochfürstl. Durchl. das Zeitliche ohne Fürst-Männliche Leibes-Lehns-Erben gesegnen sollten, zum alleinigen Successoren in denen gesammten Herzogl. Holstein-Plönischen Landen und Gütern ernannt; wohingegen Ihro Königl. Majest. für Sich und Ihro Königl. Erbfolgere nicht nur wegen der sämmtlichen auf den Plönischen Landen und Gütern haftenden Lehns- und Allodial-Schulden, nach dem dem Vertrag beygefügten Verzeichniß, die Gewehrs-Leistung übernommen; sondern auch Ihro Durchl. Princeßinnen Töchtern zu Dero Pflicht-Theil in Hinsicht der Fürst-Väterlichen Erbschafft ein namhaftes freyes ansehnliches Capital nebst einigen andern Pösten ausgesetzet, und Ihnen anbey Dero dereinst zu erwartende Fürst-Mütterliche und Groß-Mütterliche Erbschafften samt demjenigen, so

Ihnen auf den Vermählungs-Fall, und bis dahin bey unvermählten Stande, dem Herkommen gemäß aus dem Lehn gebühret, vorbehalten und zugestanden haben. Nicht weniger ist in diesem Successions-Verein so wohl wegen derer von Ihro Hochfürstl. Durchl. Frauen Gemahlin eingebrachten Capitalien, und Dero erhaltenen Witthums-Verschreibungen, als in Betracht derer anderweit in Zukunft abzugebenden Witthums-Alimenten- und Heurahts-Gelder das Nöhtige versorgt; Auch sind die vormaligen Haus-Verträge, Verfassungen und Herkommen bestätiget worden, und haben überdem Ihro Königl. Majestät die dereinstmalige Beybehaltung derer von Ihro Hochfürstl. Durchl. während Dero Landes-Regierung ertheilten Privilegien und Begnadigungen, in eventum zum voraus versichert.

§. 90.

Bey Gelegenheit der itzt erzehlten zwischen dem Königl. Hause zu Dännemark und Ihro Hochfürstl. Durchl. getroffenen wichtigen Vereinbahrung kam noch eine andere zum Stande, welche die Landes-Hoheit in geistlichen Sachen betraf. Es war nemlich vorhin der Gebrauch gewesen, daß nach denen canonischen Rechten die Herzoglich-Plönische bey Königl. Kirchen eingepfarrte Unterthanen die Königliche Consistoria und hinwiederum die Königl. bey denen Herzogl. Kirchen eingepfarrte das Herzogl. Consistorium in geistlichen Sachen zu befolgen hatten. Dieser Gebrauch ward nunmehro abgestellet, und die Einrichtung nach dem Westphälischen Friedens-Schluß gemacht, mithin verabredet, daß hinkünftig die geistliche Jurisdiction von der

Herr-

Herrschafft, unter deren Landes-Hoheit die in den Kirchen der andern Herrschafft eingepfarrte Unterthanen gehören, allein, so wohl in Ehe- als andern Consistorial-Sachen ausgeübet, und gehandelt werden solle.

§. 91.

Immittelst regieren Ihro Hochfürstl. Durchl. Dero Ihnen von GOtt anvertraute Lande und Unterthanen mit vieler Klugheit und Mäßigung. Höchstdieselbe haben durch verschiedene heilsame Verordnungen in Oeconomicis, Ausmässung der Ländereyen, Umlegung verschiedener Vorwerker in Pacht-Stücke und andere neue Einrichtungen die Cammer-Intraden um ein merkliches vergrössert. Jedoch ist davon alle Härte abgesondert, auch alles so eingerichtet worden, daß beydes die Landes-Herrschafft und auch die Unterthanen damit zufrieden seyn können. Wie auch Ihro Durchl. in dem Betrieb Dero Geschäfte und Landes-Angelegenheiten ernsthaft, arbeitsam und unermüdet sind, so sehen sie auch gerne, daß Dero Bediente, ein jeder in seinem Theil, das Seinige mit Fleiß und aller ersinnlichen Aufmerksamkeit und Treue ausrichte. Sie lieben die Ordnung, davon man in allen Collegiis die deutlichsten Merkmale und Beweisthümer warnimt. Keiner von Dero Bedienten und Unterthanen hat sich zu fürchten, unglücklich zu werden, als insofern er es selber seyn will. Es sind mehr, als ein Exempel vorhanden, in welchen Ihro Durchl gewiesen, daß das Milde für dem Strengen bey Deroselben den Vorzug habe, wenn auch das Letztere die Gerechtigkeit zu erfordern scheinet. Mit denen, die ohne ihr Verschulden in Armuht oder andere unglückliche Umstände gerahten, tragen Dieselben ein wahres Mittleiden und helfen ihnen nach äusserstem Vermögen auf. In verdrieslichen Vorfällen wählen sie unter den möglichen die gelindeste Parthey und suchen grössern Verdrieslichkeiten mit Vernunft und Klugheit auszuweichen. Dero Umgang hat etwas Herzbezwingendes und Dero Herrschafft ist so beschaffen, daß Dero Bediente und Unterthanen Ursache haben, Ihnen das äusserste Ziel des menschlichen Alters anzuwünschen, welches Ihro Durchl. aus devotestem Herzen hiedurch angewünscht und von GOTT kräftigst erbeten wird.

E N D E.

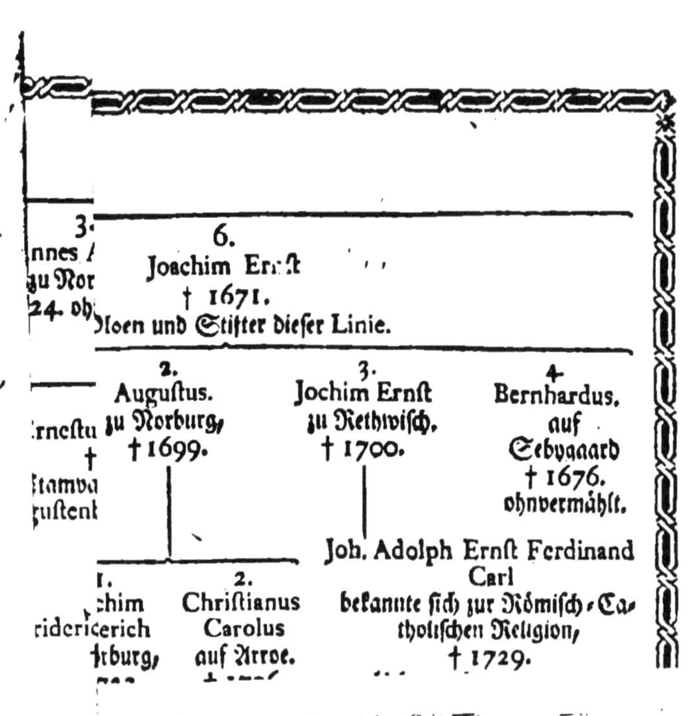
6.
Joachim Ernst
† 1671.
und Stifter dieser Linie.
2.
Augustus.
zu Norburg,
† 1699.
3.
Jochim Ernst
zu Rethwisch.
† 1700.
4.
Bernhardus.
auf
Sebygaard
† 1676.
ohnvermählt.
Joh. Adolph Ernst Ferdinand
Carl
bekannte sich zur Römisch-Catholischen Religion,
† 1729.
2.
Christianus
Carolus
auf Arroe.

Register.

A.

B.

Bark-

C.

wird

Eber-

Hol-

F.

Can-

 Char-

G.

H.

J.

auf

andern

wird

T.

Thie-

ERRATA.

Pag. 205. kommt ein Fehler vor, welcher auf folgende Art muß gebessert werden. Die ersten beeden Reihen werden weggelassen, und an deren statt gesetzt: In dem Jahr 1580. ward die Princeßin Elisabeth geboren.